"十二五"普通高等教育本科国家级规划教材

新编21世纪档案学系列教材

档案管理学

第四版

Records and Archives Management Science

王英玮　陈智为　刘越男　编著

中国人民大学出版社
·北京·

编 者 简 介

　　王英玮　管理学博士，中国人民大学信息资源管理学院（原档案学院）教授、博士生导师。主要研究领域是档案学基础理论、政府与企业档案管理、专门档案管理、信息管理基础理论。目前已经发表学术论文数十篇，并主编、参编、撰写了多部教材和专著，其中《档案管理学基础》、《专门档案管理》、《信息管理导论》、《档案行政学》、《信息时代的人事档案管理》等教材，被我国高校和档案管理部门广泛采用。

　　陈智为　中国人民大学信息资源管理学院（原档案学院）教授、硕士生导师。主要研究领域是档案管理应用理论、档案社会学、档案行政学。发表过大量有社会影响力的学术论文，并主编、撰写了多部教材、专著，其中《新编档案管理学》、《档案管理学》、《档案行政学》等教材，被国内许多高校采用。

　　刘越男　管理学博士，中国人民大学信息资源管理学院（原档案学院）教授、副院长、博士生导师。主要研究领域是电子文件管理、数字档案馆、信息资源管理。目前已经发表学术论文数十篇，并且主编、参编、撰写了多部教材和专著，其中《电子文件管理国家战略》、《建立新秩序》、《电子文件风险管理》、《政府网站的构建与运作》等教材和专著，均受到社会的普遍好评。

内 容 简 介

　　《档案管理学》（第四版）是"十二五"普通高等教育本科国家级规划教材。教材共分四编17章，内容包括：档案实体管理、档案信息资源开发利用、专门档案管理、档案信息化等四个档案管理知识模块。系统讲述了档案管理的理论、原则、规则、技术和方法。其中，档案实体管理知识模块的内容包括：档案实体管理的一般原则和方法，档案价值鉴定、档案的收集、档案的整理、档案的保管、档案的登记和统计等原理、技术和方法。档案信息资源开发利用知识模块的内容包括：档案信息资源开发的意义和原则，档案检索、档案编研、档案提供利用等方面的原理和方法。专门档案管理知识模块的内容包括：专门档案的概念及专门档案的管理体制，人事档案、会计档案、声像档案的管理原理和方法。档案信息化知识模块的内容包括：档案信息化的内容与原则，电子文件管理、档案数字化等原理、技术和方法。

　　21世纪的档案管理对象已经发生了较大的变化，既包括传统的以模拟方式记录的档案，也包括以数字方式记录的档案。档案管理模式也从既往的较为单一的管理模式，发展成为目前的多元混合管理模式。伴随着这些发展和变化，中国档案管理学的内容也在不断总结实践经验和吸纳中外档案管理理论研究的先进成果的基础上，得到丰富和发展。

《档案管理学》教材，是长期从事档案专业教育的专家、学者们集体智慧劳动成果的集成。在中国的档案管理学的学科建设历程中，学界前辈们的贡献是值得我们永远铭记的。我们正是站在他们的肩膀上，继承了他们开创的事业，才完成了本次教材的修订工作。

《档案管理学》（第四版）主要补充和丰富了档案价值鉴定、档案分类、档案检索、档案保管、档案编研、专门档案管理等方面的内容，更加深入地阐述了档案价值鉴定的原则、规则和方法，进一步明确了档案分类的要求和做法，增加了建设档案目录数据库的知识，补足了档案保管和档案编研的工作内容和方法，介绍了对专门档案管理的新要求和新做法。从内容上看，《档案管理学》（第四版）比第三版的内容更为系统、全面。

《档案管理学》（第四版）不仅可以作为国内普通高等学校的档案专业教材，而且也可以作为各级各类档案行政机构、档案馆、档案室、文件中心等组织开展档案在职教育、继续教育、档案工作人员职业技能培训的教材。同时，也可以作为各种社会组织的从业人员、信息管理人员了解本行业基本档案管理知识和技能的学习参考书。

第四版说明

　　《档案管理学》的教材建设凝聚了几代人的心血和智慧，同时也是中外档案管理工作者实践经验和理论研究成果的集成。现今的档案管理工作正处在一个混合、交融、变革发展的时期。档案管理实践所面对的管理对象、管理业务内容、管理原则、管理理论、管理模式和方法等，都在不断发生变化；档案管理工作的新经验、新理念、新方法、新技术层出不穷。为此，能否及时地对所出版的档案管理专业教材进行补充、完善，使其具有更好的理论指导意义和实践价值，就成为本书编写组应当完成的一项重要任务。

　　本次修订工作是在中国人民大学信息资源管理学院（原档案学院）和中国人民大学出版社的大力推动与支持下，历经一年多的时间完成的。具体的修订工作是按照"十二五"普通高等教育本科国家级规划教材的编写要求，在中国人民大学出版社 2008 年 9 月出版的《档案管理学》（第三版）（"十二五"普通高等教育本科国家级规划教材）基础上完成的。

　　《档案管理学》（第四版）的主要修订内容包括：

　　（1）对原书稿的第二章内容进行较多的修改和补充。重新定义和阐述了档案价值鉴定工作的概念，进一步明确了档案价值鉴定工作需要遵循的思想原则和工作规则，借鉴和吸纳了国外档案价值鉴定理论中的宏观鉴定法、内在价值鉴定法等合理的思想和做法，完善并深化了对档案价值鉴定的相对价值评估法的思想内容，总结归纳了在各种特殊情况下可以采用的档案价值鉴定方法。同时，还对诸如档案价值鉴定工作中的传统"弹性处理方法"的表达，根据国内外的科学实践经验和理论研究成果，进行了更正；对档案价值鉴定工作应采用的档案"整体价值评估法"进行了重新阐释和解读。

　　（2）对原书稿的第五章和第九章进行了重新编写。增加了现代档案管理所需要的档案保管知识、编研工作知识的阐述和说明。

　　（3）对原书稿的第八章"档案检索"的内容进行了新的补充。增加了"档案目录数据库"的建设理论与实践方法等方面的新内容。

　　（4）对原书稿的第十二章的第一节和第三节进行了新的修订，并根据我国人事档案管理实践的发展需要，对人事档案的收集与鉴别、人事档案的分类等，做了新的补充和完善。

　　（5）对原书稿的第十三章"会计档案"的内容，根据国家财政部、国家档案局的新规定，结合各立档单位会计档案管理的实践经验，进行了补充和完善，进一步明确了电子会计文件和电子会计档案的管理要求与管理方法。

　　（6）对原书稿的第四编的内容，根据新的实践经验和国家规定，也进行了必要的补充和完善。

（7）对原书稿的第四章、第七章等章节的个别内容，也进行了必要的补充和修正。

参加本书编写及修订工作的人员及分工如下：

陈智为：绪论、第一章、第三章、第四章、第六章。

王英玮：第二章、第七章、第八章、第十章、第十二章、第十三章。

刘越男：第十五章、第十六章、第十七章。

李颖、王海虹、倪晓春：第五章、第九章、第十一章、第十四章。

全书由王英玮统稿。

本书是受国家教育部委托编写、修订的高等学校专业教材，可供各高等学校的档案学、信息管理和信息系统、图书馆学、情报学、公共管理学、行政管理学、法学、秘书学等专业的本科生、专科生、在职研究生班的研修生使用，也可供各级各类档案管理部门、企事业单位开展业务培训、继续教育、档案管理业务能力提升教育使用。

本书实际上是在中国人民大学信息资源管理学院及相关院校几代人的档案管理理论和实践研究成果的基础上，编写和修订完成的。让我们永远记住这些学者的名字及他们的学术贡献，他们是陈兆祦教授、和宝荣教授、邓绍兴教授、冯惠玲教授。

本书在编写和修订过程中，得到了中国人民大学出版社潘宇老师、宋义平老师的指导和帮助，在此一并致谢。

本书在编写和修订过程中难免会出现一定的错讹乃至观点方面的错误，敬请广大读者不吝赐教并予以斧正。

编者

2014 年 12 月

第三版说明

档案事业的快速发展，尤其是档案信息化的突飞猛进，势必对档案教育以及档案教材内容提出更多、更高的要求。为了适应新的形势，我们以原国家教委高教司编著的《档案管理学教学大纲》为依据，对中国人民大学出版社1996年11月修订出版的《档案管理学》（高等学校文科教材）进行了修订，并补充了一些新的内容。

（1）去掉了原来的"导论"，改为"绪论"，对档案管理学的历史与现状、档案管理的基本理论、档案管理学的学科定位与特点等问题，做了全面、系统的阐述。

（2）根据目前档案管理现代化发展趋势的要求，增加了"档案信息化"这一编，但它也仅仅是探索性的介绍与叙述。

（3）全书共分四编、十七章，每编首章即为该编概论，简要介绍该编的主要内容。

参加本书撰写的人员及分工如下：

陈智为：绪论、第一章、第三章、第四章、第五章、第六章、第十一章、第十三章、第十四章。

邓绍兴：第二章、第七章、第八章、第九章、第十章、第十二章。

刘越男：第十五章、第十六章、第十七章。

本书是受国家教育部委托撰写、修订的高等学校专业教材，可供高等学校档案、信息管理、文秘等专业的本科生、专科生使用，亦可供函授大学、广播电视大学、职业大学、夜大学、网络远程教育大学以及自学考试等有关专业学生使用，并可供档案工作者学习参考。

本书是在《档案管理学》1996年修订本的基础上，汲取其中许多有益的论述修订而成的，在此向原书参与编写者冯惠玲、张辑哲、王英玮同志一一致谢。

本书在编写、修订、出版过程中，得到了教育部，中国人民大学校、院、系领导和老师的支持，同时也得到中国人民大学出版社以及潘宇等同志的悉心指导与帮助，在此一并致谢。

由于我们水平所限，本书难免存在缺点甚至错误，敬请读者批评指正。

编者

2008年5月1日

修订本说明

社会主义市场经济体制的确立，档案事业的快速发展，必将对档案教育以及教材内容提出更多、更高的要求。为了适应这一新的形势，我们以国家教委高教司编的《档案管理学教学大纲》为依据，对1989年1月出版的《档案管理学》（高等学校文科教材）进行了较大范围的修订，突出了部分章节。

（1）对全书框架结构重新进行了调整，补充了新的内容，全部是重新编写。

（2）去掉了"前言"，增加了"导论"，对档案管理学的历史与现状，档案管理的基本理论、全宗原则和开发利用档案信息等重大问题作了全面、系统的阐述。

（3）考虑到档案价值鉴定工作应该贯穿整个档案管理工作的始终，故把这一章内容提前，并在内容与体例上作了较大补充与变动。

（4）根据目前档案管理现代化的发展趋势的需要，增加了档案的计算机检索与电子档案管理等方面的内容。这一部分仅仅是具有探索性的一般介绍。

（5）为了使档案教育与实际工作结合更紧密，本书新增加了"档案馆、室的资料与实物"一章。

参加本书撰写的人员及分工如下：

邓绍兴：第九章、第十三章；

陈智为：第十章、第十一章；

冯惠玲：第一章、第五章、第七章、第十二章；

张辑哲：导论、第三章、第四章、第八章；

王英玮：第二章、第六章。

全书由邓绍兴、陈智为担任主编并修改、定稿。

本书是受国家教育委员会委托撰写、修订的高等学校专业教材，可供高等学校档案专业的本科生、专科生使用，亦可供函授大学、广播电视大学、职业大学、夜大学、自学考试档案专业学生使用，并可供档案工作者学习参考。

本书在编写、修订过程中，得到了国家教委和中国人民大学校系领导的支持和中国人民大学出版社的帮助，在此一并致谢。

由于我们水平有限，本书难免存在缺点甚至错误，敬希读者批评指正。

编者

1996年3月

目　录

第二编　档案信息资源开发利用

第三编　专门档案管理

第四编　档案信息化

绪 论

档案管理学是一门理论性与实践性很强的应用学科，是研究档案管理工作基本原理、原则、技术和方法的学科，是档案学中最先建立、历史最长、发展成熟的一门分支学科。对档案管理学的历史与现状、学科定位和学科特点等方面的问题，进行一定的反思和深入研究，对档案学的学科发展具有重要意义。

一、档案管理学的历史

在我国，对档案管理的专门研究始于 20 世纪的二三十年代，而这种研究开始是直观的、经验性的，而后逐渐趋于系统化和科学化。20 世纪三四十年代先后出版了 13 本档案学著作。其中代表性的有：1935 年周连宽的《县政府档案处理法》；1936 年程长源的《县政府档案管理法》；1938 年何鲁成的《档案管理与整理》；1940 年龙兆佛的《档案管理法》等。这些书籍的相继问世，标志着以档案管理学为代表的中国档案学初步形成。

中华人民共和国成立后，百业待兴，旧中国的档案工作经验又不完全适合，在几乎一片空白的情况下，苏联的档案工作的理论与实践，对我国档案学的建立与发展起到了重要的作用。1950 年 10 月苏联派档案专家到中国，介绍苏联档案工作的理论与实践经验，对中国档案事业建设提出了许多宝贵意见。至 1957 年，苏联送给中国档案业务资料 150 余种；中国已翻译、出版了《档案工作的理论与实践》、《苏联档案工作的历史和组织》等业务书籍近 10 种、30 万册。这些书籍与资料，对我国档案学研究和档案工作实践产生了深刻的影响，使我国 20 世纪 50 年代的档案管理学研究打上了苏联档案工作理论与实践的印记。正如吴宝康教授所说的那样："苏联档案学理论由此而系统地传入中国，苏联档案学教材也在我国大量翻译出版，为我们创建以马列主义、毛泽东思想为指导的并与中国实际情况相结合的档案学提供了有利条件，它帮助我们加速了在自己的档案工作实践基础上建立新档案学的过程。"①

苏联档案工作理论与实践的研究与大量著作传入我国，促进了我国档案管理学的创建过程，并使我们在以下几方面有所借鉴：

第一，集中统一管理档案工作的社会主义原则，成为我们研究档案管理学的基本原则。1918 年 6 月 1 日列宁签署的《关于改革与集中统一管理档案工作的法令》以及苏联档案工作集中统一管理，为档案管理学的创建提供了基本原则与思想基础。

---

① 吴宝康：《档案学理论与历史初探》，199 页，成都，四川科学技术出版社，1986。

第二，全宗理论的引进，使档案实体的管理建立在科学的基础上。保持全宗的完整与不可分散性，对于档案的收集、整理、鉴定、保管、统计以及提供利用，都具有现实意义。

第三，档案馆工作研究成为档案管理学的主要着眼点。在苏联档案学著作中，关于档案馆工作的内容占了很大篇幅，这对后来我国形成的档案管理学有一定启发。众所周知，新中国成立前以及新中国成立初期，档案学研究基本上是以研究机关档案室的工作为研究范围的，对档案馆网的形成和档案工作建设的研究，还几乎是一片空白。在这种情况下，苏联有关档案馆建设方面的经验，以及1958年后我国档案馆网的初步形成，对于创建我国的档案管理学确实有不少值得借鉴之处。

苏联经验需要学习和借鉴，但在学习与借鉴苏联档案学过程中，曾出现过忽视实际、机械搬用等教条主义倾向。尽管后来很快得到了纠正，但对档案管理学的创建与发展，还是产生了一些消极影响。在回顾与展望时，这一点也必须予以充分估计。

20世纪50年代后，在学习苏联档案学理论与工作经验的同时，开始着手对新中国成立前档案学的研究与批判吸收。由于教学与科学研究的迫切需要，1958年，中国人民大学历史档案系翻印了新中国成立前出版的有关档案学旧著13本。研读了上述诸书，就可以对旧中国的文书处理和档案管理的研究有一个概括的了解，并便于我们批判地吸收旧档案学的历史遗产。

对旧中国档案管理学批判地吸收，主要基于以下几点原因：

第一，旧中国的档案管理学研究，带有深刻的时代烙印。新中国成立前的档案管理学研究，"一方面，它冲击了腐朽的封建档案工作传统，另一方面由于它本身就是激烈的国内政治斗争、阶级斗争的产物，因此一开始就服务于强化政府机构的政治目的。在理论上，旧中国档案学基本停留在机关文书档案的水平之上。这不仅由于旧档案学本身就脱胎于机关文书工作，而且因为中国当时没有像法国那样在资产阶级革命后，建立全国规模的档案馆网体系，尚缺乏档案馆工作的实践，档案工作也远没有发展成为一项全国性、社会性事业。因此，它的基本思想、观点、原则和方法，它的基调和主题，都必然烙有深刻的机关文书档案的印记"[①]。正因为如此，旧中国的档案学是不适用于新中国成立后档案事业发展需要的，也不能指望以旧档案学来指导新中国档案事业的建设与发展。只有通过批判地吸收，才能"去其糟粕，取其精华"。

第二，旧中国档案管理学研究带有很大局限性。如前所述，旧中国档案管理学研究，是在研究机关档案室工作的经验中产生的。它虽然已初步形成一个体系，但水平不高，只反映了机关档案室工作的实践，而且文书研究和对文书工作的研究又占了很大比重。而对档案事业的主体——档案馆等问题的研究，几乎是一片空白，存在着很大的局限性。如果对此不加批判地继承下来，势必使我国档案学的研究走上畸形发展的道路。

第三，旧中国档案管理学受西方档案管理学影响较大，其中以档案分类受欧美各国图书分类法的影响最为明显，人们甚至试图照搬美国杜威十进图书分类法来解决档案的分类的问题。正如吴宝康教授所指出的那样，当时档案的分类方法"在实际工作中是有许多缺

---

① 王李苏、周毅：《回顾与展望》，载《上海档案》，1988（6）。

点的，如层级繁多，号码连串，有的还机械死板，有的分类与立卷相混"① 等等，不一而足。因此，这种照搬的结果，必然是"南辕北辙"，与我国档案工作实际情况相去甚远。

尽管如此，旧中国档案学以及档案管理经验，有一些还是可以吸取，为新中国成立后创立新档案学（包括档案管理学）所用的。具体表现为：

（1）关于档案的定义、性质、种类和作用问题。

（2）关于档案管理的原则与方法问题（比如业务工作环节的划分、档案分类、档案编目、档案价值的鉴定）。

（3）关于档案行政问题。新中国成立前的档案学著作中曾说道，今天谈改革档案管理者，大都忽视行政而重技术，他们可能不太清楚，只有具备了良好的行政，良好的技术才有表现的机会。上述言论对于我们今天档案工作的行政组织与管理也有参考价值。

（4）档案人才的培养与使用问题。新中国成立前出版的档案学著作中，对档案管理人才的选拔与培养使用问题，有过很好的论述。在档案管理人、财、物诸因素中，唯独人才最重要。他们有关服务的修养、丰富的知识、谦和的态度以及主办人员、协理人员、档案管理人员三个层次人员选用条件的论述，对新中国成立后的档案工作与档案管理学研究，都有借鉴与参考价值。

新中国成立后，百业待兴、百事待举，但党和国家对档案工作和档案学研究给予了极大关注，批准和颁发了一系列规章和条例，召开了有关会议，尤其是 1956 年 4 月 16 日国务院颁发了《关于加强国家档案工作的决定》，明确要求加强档案学研究以提高科学水平。与此同时，制定了 12 年哲学、社会科学向科学进军的发展规划，把档案学列为该规划的独立学科之一。档案工作的实践，也在不断的丰富与发展，1958 年广大档案工作者的政治热情，同样也被吸引到档案学研究领域中来。尽管受当时整个社会环境的影响，提出过一些不适当的口号，做过一些不适当的估计，但动员领导和群众关心与支持档案事业的热情都是空前的。举办展览、开办培训班、建立档案科学研究所、编教材、写文章、著书立说等工作，为档案管理学的创建，提供了一定的群众基础与实践源泉。

陈兆祦主编的《档案管理学》的出版，标志着具有中国特色的档案管理学著作的问世。其特色主要体现在两个方面。

第一，形成了独立的学科体系。《档案管理学》的最初版本（共两版七次印刷）共分九章，有 17.5 万字。其中既有基础理论（如第一章《档案》、第二章《档案工作概述》），又有档案管理原则与方法（如档案的收集、整理、鉴定、保管、统计与利用），还有档案馆（室）对资料与实物材料的管理。这种结构与体系是符合 20 世纪 60 年代我国档案工作实际情况的，而且这种结构与体系是在 20 世纪 50 年代后期与 60 年代初期档案工作丰富的实践、大量调查研究的基础上形成的。

第二，与《苏联档案工作的理论与实践》一书既有联系又有区别。《苏联档案工作的理论与实践》（T. A. 别洛夫等编）于 1959 年 12 月由中国人民大学出版社出版。该书是苏联当时比较完整的档案管理学方面的著作。它对我国档案管理学的建设具有很大的借鉴作用。三年后形成的具有中国特色的档案管理学借鉴了如下几点：

（1）文件材料补充的原则与方法，对档案的收集有启发意义。

① 吴宝康：《档案学理论与历史初探》，199 页。

（2）全宗文件材料的系统整理与科学整理、文件材料价值的鉴定、文件材料的编目、文件材料的登记和检查等，对档案整理、鉴定、统计章节的形成有借鉴作用。

（3）档案馆参考工具与参考资料、文件材料的利用，对档案检索工具的编制和利用工作的开展有参考价值。

这两部著作的区别在于：

（1）《档案管理学》言简意赅，内容集中明确，结构合理，逻辑性强。而《苏联档案工作的理论与实践》除档案管理的原则与方法外，还包括技术档案、影片、照片、录音档案、文件的缩微复制、档案馆的房屋与设备、对档案馆的指导与检查等，内容庞杂，面面俱到，几乎包括了档案学所有分支学科的内容。相比之下，《档案管理学》内容单一，问题明确，使读者易于了解与实施。

（2）《档案管理学》通俗易懂，反映了我国档案工作的实际。该书作者从我国档案工作实际情况出发，把《苏联档案工作的理论与实践》中的"文件材料存量与状况的登记和检查"改为"档案登记与统计"，并补充与完善了档案登记与统计的具体内容与方法。

（3）《档案管理学》理论部分有一定比重。该书对档案具体工作方法能升华到理论高度。如"档案及其形成"、"档案工作性质"、"档案整理工作原则"、"鉴定档案价值的原则"、"档案利用工作概述"、"档案统计的一般原理"等。相比之下，《苏联档案工作的理论与实践》具体业务方式方法交代多，理论概括较少。正如吴宝康所指出的那样："对一些基本理论问题不怎么注重，某些理论化了的问题有时比较简单生硬，有些技术方法搞得比较烦琐和死板。"[①]

当然，任何事物在历史发展过程中，不可能一开始就很完善，尤其是像档案管理学这样一门新兴学科，肯定还有不足之处。尽管如此，在"文化大革命"前仅仅作为档案学的分支学科——档案管理学，对丰富档案学、对档案管理工作的指导与参考作用，是有目共睹的。

二、档案管理学的发展与现状

党的十一届三中全会至今的 30 多年中，档案工作虽然也走过一些弯路，但经过恢复、整顿，目前已取得较大发展。可以毫不夸张地说，这一段是新中国成立后档案工作发展的黄金时期，档案管理学研究也出现了繁荣景象。陈兆祦著的《档案管理学》1979 年经局部删改，1980 年 1 月再版；1982 年 9 月和宝荣、陈兆祦编著的《档案工作基本知识》由档案出版社出版；1986 年 5 月和 10 月，邓绍兴、陈智为编著的《新编档案管理学》由档案出版社、中国人民大学出版社相继出版；1988 年 5 月，王德俊编著的《档案管理学》由文化艺术出版社出版；1989 年 1 月，邓绍兴、和宝荣主编的《档案管理学》作为高校文科教材由中国人民大学出版社出版；1991 年 10 月，何嘉荪主编的《档案管理理论与实践》由高等教育出版社出版；1991 年 12 月，赵嘉庆、张明福编著的《档案管理》由档案出版社出版；1996 年 6 月，王秀文主编的《档案管理基础》由高等教育出版社出版；1998 年 3 月王向明主编的《文件与档案管理》由中国劳动出版社出版；1999 年 3 月，郑文编著的《档案管理学原理》由云南科技出版社出版；1999 年 12 月冯惠玲主编的《档案管理学》由

---

① 转引自国家档案局：《档案学理论新探索》，184 页，北京，档案出版社，1987。

中国人民大学出版社出版；2002 年 2 月王云庆、苗壮编著的《现代档案管理学》由青岛出版社出版；2003 年 8 月杨红主编的《档案管理》由上海社会科学出版社出版；2004 年 7 月王立维、陈武英主编的《档案管理学简明教程》由浙江大学出版社出版；2005 年 4 月由陈兆祦、和宝荣、王英玮主编的《档案管理学基础》（第三版）由中国人民大学出版社出版。至此，档案管理学的建设，在原有基础上又有了新的发展，具体表现在如下几方面：

第一，引进一些新思想、新概念。受国际、国内研究环境的影响，中国学术界开始打破封闭，投入多元取向的激流中，新的思想、新的观念、新的方法，甚至新的名词术语层出不穷，形成了一股强大的冲击波。我们这些"保守"、"僵化"的"实用经验者"，在这股强大的冲击波面前，不能无动于衷，虽然谈不上"彻底革命"、"重起炉灶"，但还是"吸取了信息论、系统论、控制论以及情报学等相关学科的成果"①，使《档案管理学》编写的指导思想更为明确："以马克思主义的理论为指导，总结我国档案工作的实践经验，根据中国档案事业的特点和档案管理学的特点，吸取相关学科的成果和借鉴外国档案学的理论和方法，力求使其理论性和实用性同步提高。"② 其具体表现为：在新思想、新观念指导下，形成并使用了一批新的概念，并给予较为明确的定义。如档案的情报价值与凭证价值、档案用户、档案柜用率、档案主题标引与分类标引、档案咨询、机读文件、档案信息的输入和输出等。上述这些，都是 1962 年版《档案管理学》中所不曾有过的新概念。这些被引进的名词术语，并不是赶时髦，而是档案管理学从恢复到发展的重要标志之一。

第二，在固有的基础上有些更新。从《新编档案管理学》、《档案管理学基础》到高校文科教材《档案管理学》，档案管理学固守着"档案管理"这一学科概念，坚持"研究档案信息系统运行的规律，阐述档案管理的一般原理、技术和方法"。近几年出版的一些档案管理学著作，有一个共同的特点，就是研究对档案的管理问题，而且骨干部分仍然是"六个环节"或"八个环节"（在原有六个环节基础上，增加"检索"与"编研"两个环节）。正如方荣评介《档案管理学基础》所说的那样："如果说是'固守'的话，那也是不能不固守的。因为他们毕竟形成了具有中国特色的档案管理学理论体系。这个从无到有的努力过程是新中国档案学理论工作者难以磨灭的功绩和贡献，并占据了中国档案管理学理论发展的几十年历史，对此，轻易否定并不难，但结果却割断了历史。"③ "《档案管理学》反映并指导了新中国档案事业和档案管理的体系和实践。要不理睬它，那就等于无视我国档案管理工作的客观事实，新的理论就难以在实践中驻足。比如说'六个环节'，不管它怎样显得'老生常谈'，但在实际的档案工作中，有谁能说这六个环节可以全部或部分不要呢？"④ "固守并不等于保守，不等于不能在原有基础上予以修改、补充和发展。恰恰相反，在传统的档案管理学理论基础上，加以更新与改造，使之更臻于完善，这也是我们档案教育与理论研究工作者的心愿。"⑤ 近几年"一批档案工作者，尤其是一些勇于探索的中青年，不再满足于传统的恢复，而是大胆广泛地吸取国内外新兴学科的理论和方法"⑥。"一些新观念，也被引进古老的档案学。他们试图用新的科学理论、概念和方法，来解释

①② 邓绍兴、和宝荣：《档案管理学》，前言，北京，中国人民大学出版社，1989。
③④⑤ 方荣：《提高档案学理论水平的不懈努力》，载《档案学通讯》，1998（5）。
⑥ 王李苏、周毅：《回顾与展望》，载《上海档案》，1988（6）。

档案工作的现象，来揭示档案工作规律，在新的科学基础上，创立新的档案学理论体系。"① 这是一个十分令人振奋的局面，长江后浪推前浪，中国档案学的发展与提高的重任，正是落在他们身上。由于他们的勇于探索与追求，使原来比较冷寂的档案学界，吹来阵阵清风，掀起道道涟漪，使人觉得档案学在百花园中也占有一席之地，不可小视。

受这种改革新风的影响，近几年出版的档案管理学著作至少有如下几点更新：

1. 档案管理学的性质和对象更加明确

有关档案与档案工作的一些基本问题，不再属于档案管理学的范畴，而档案管理学则成为档案学中一门应用学科，主要研究档案管理的应用原理以及档案管理的原则、技术和方法。总的来讲，它是研究档案信息资源系统运行的规律性。具体来讲，它研究档案馆馆藏建设、档案的日常管理、档案信息资源的开发和利用。其基本内容也比过去充实，分为五部分：（1）以档案收集为重点的档案馆（室）藏建设；（2）档案的日常管理、整理、鉴定、保管的业务原则、技术与方法；（3）档案的检索与编研；（4）档案的利用服务；（5）档案的综合管理与组织。

2. 与有关学科的界限比较清楚

档案管理学在界定与其他学科关系时，抓住了本学科所要解决的特殊矛盾，既不彼此"挖墙脚"，又要合理地衔接与不可避免地交错。同时在处理这些关系时，应该遵循档案学整体优化原则。档案管理学的建设不能只顾自己"丰富而美丽"，而不管档案学学科总体建设得如何。"根深才能苗壮"，事实证明，不顾总体目标，甚至以削弱或破坏档案学整体功能为代价，片面追求本学科的局部优化，其后果也是不堪设想的。因为"每一种科学都是分析单个的运动形态或一系列互相关联和互相转变的运动形态的，同时科学的分类就是这些运动形态本身依据其内部所固有的次序的分类和排列，而它的重要性也正是在这里"。

3. 试图采用新理论作为本学科的方法论

最近修订版的高校文科教材《档案管理学》的"绪论"中明确说明："从档案管理学的方法论来说，以辩证唯物主义和历史唯物主义的哲学方法论作为本学科的最高层次的方法论；以信息论、系统论、控制论、形式逻辑等作为本学科的一般方法论。"当代世界科学技术和社会科学高度发展，并日趋综合、交叉和渗透，呈现一派欣欣向荣的景象。这些新的理论与方法，对档案管理学的深入研究，的确是注入了新的活力，进一步拓宽了档案管理学的研究领域，并且将其提高到了一个新的层次。信息论、控制论和系统论，分别为档案信息的传输、控制与系统稳定，为研究档案信息的管理和组织提供了某些可取之处。因为档案是一个密集的信息源，它有取之不尽、用之不竭的档案信息。同时这些信息具有原始性与再生性，用信息论可以进一步揭示档案的信息属性，强调档案的现实功能，为档案工作从封闭性、半封闭性服务转向开放型服务奠定了理论基础。

档案管理甚至还可以用更新一点的理论——耗散结构论作为指导，因为档案管理必须通过档案信息的输入、加工（整理与鉴定）和输出（提供利用）与外界交换信息与能量，才能使自身达到有序的平衡状态。

所谓试图运用，也仅仅是一种主观愿望，能否运用得好，对于我们来讲，困难实在不小。在运用过程中，我们力求防止或避免生搬硬套。把新的理论引进档案管理学领域，无

---

① 王李苏、周毅：《回顾与展望》，载《上海档案》，1988（6）。

疑是一件好事，因为这是一种不可抗拒的历史潮流。当然引进新的理论与方法，不可能期望一开始就十全十美。对新理论的运用，既不能"不屑一顾"，又不能过分拔高。前些年我们在讨论教材建设时，大家认为从档案管理学的角度谈论方法论的逻辑结构，可以分为如下三个层次：一是马克思主义的哲学方法论，这是构成科学方法的最高层次；二是一般方法论，即信息论、系统论、控制论、形式逻辑等，这是构成科学方法论的中等层次；三是档案管理学学科中有关的技术手段、操作方法等，这是构成科学方法论的最低层次。可见，辩证唯物主义与历史唯物主义的方法论，对档案学研究仍是最高指导原则。

综上所述，档案管理学作为档案学的一门分支学科，它与整个档案学一样，是在马克思主义、毛泽东思想指导下，经过几代人的艰苦努力创建与发展起来的。然而，它所走过的道路，既不能是"汹涌奔腾"那样不可一世，也不是"黄土地、高围墙"般故步自封，而是经历了许多困难与曲折，近 10 年又取得了比较大的进步。

三、"档案管理学"的学科类型、定位与特点

档案管理学是以档案管理活动及其运动规律作为研究对象的学科。在我国，由于历史原因和条件所限，在相当长的时期内一直把档案学与档案管理学混为一谈，甚至以档案管理学代替档案学。当然，在研究档案管理学时，自然要涉及档案学的一些基本问题，但从学科属性上看，档案管理学只是档案学的一门分支学科。为此，1985 年 8 月国家教委和国家档案局在成都召开的全国档案专业教育改革座谈会上正式确定把"档案学概论"从"档案管理学"中分离出来，作为高校档案专业的一门独立的基础理论课。简言之，从宏观上和理论上探讨档案、档案工作和档案学学科体系及其基本规律的学科称为"档案学概论"；从理论和实践的结合上，对档案室和档案馆的档案管理活动进行应用性研究的学科称为"档案管理学"。

（一）"档案管理学"的学科类型

"档案管理学"的学科类型主要分为以下四种：

（1）文书档案或普通档案管理学。即主要研究机关、团体和企事业单位在党、政事务活动中产生的，由通用文件转化而来的档案的管理原理、原则、技术和方法的管理学。

（2）科技档案管理学。即研究在自然科学研究、生产技术、基本建设等活动中形成的，由科学技术文件材料转化而来的档案的管理原理、原则、技术和方法的管理学。

（3）专门档案管理学。即研究在专门业务活动中形成的，具有特殊内容或形式的文件材料转化而来的档案的管理原理、原则、技术和方法的管理学。

（4）综合性档案管理学。即研究档案管理的一般原理、原则、技术和方法的管理学。它涉及文书档案、人事档案、会计档案、声像档案、电子档案等不同种类和各种载体档案的管理。

（二）"档案管理学"的学科定位

档案学是以档案及档案管理活动为研究对象的各门系统性专业知识体系的总称，是社会科学领域中一门实践性很强的应用学科。"档案管理学"的特点是以档案管理的全过程

为研究对象，其更偏重于对档案管理纵向的、全面的、系统的研究，它虽然与"档案编纂学"、"档案保护技术学"有一定联系，但它们之间也有区别。在"档案管理学"中，"档案编研"和"档案保管"仅是作为其课程体系中的一个组成部分存在；而"中国档案史"与"外国档案管理"和"档案管理学"虽然也有一定的联系，但它们是从史学的角度去设置的。因此，"档案管理学"在教学计划中一般都作为以上课程的前置课程，在档案学专业整个教学过程中，它起着一种奠基性的作用，具有比较重要的学科地位。

（三）"档案管理学"的学科特点

作为档案学专业的一门基础学科，档案管理学具有以下几个特点：

（1）理论性和应用性的统一。档案管理学是一门研究如何运用科学的原理、原则、技术、方法和手段管理档案，并使之有效地服务于社会的应用性学科，它所研究的问题都是档案管理实践中需要回答和解决的问题。而它通过科学研究所提出的档案管理的原理、原则等，又具有很强的理论性。所以，它是集理论性与应用性于一身的基础性学科。

（2）综合性与专业性的统一。档案管理学是一门综合性、交叉性的学科。它广泛地运用了文书学、管理学、心理学、逻辑学、统计学、信息学和系统科学等许多学科的基本理论和知识来研究档案管理问题。但它又是一门有着独立的研究对象、专业范畴和一定体系的学科。所以它是一门综合性和专业性相统一的学科。

（3）社会性与服务性的统一。档案管理学是研究档案馆（室）对档案进行有效管理规律的学科，具有鲜明的社会性和服务性。一方面，档案是人们进行社会活动的产物，是社会性的重要信息，所以，档案管理学要按照社会活动的联系性，如机构、组织、个人和时间、空间、内容、形式、价值等，来揭示档案管理的一般规律；另一方面，档案管理学又要面向社会实践把管理有序的档案输送出去，为社会各方面的利用需要服务。因此，它是集社会性和服务性于一身的一门学科。

学习档案管理学要坚持如下原则：从我国国情出发，重视总结我国历史和现实的经验；坚持理论联系实际的原则，倡导实事求是的科学批判精神。

在学习档案管理学时，应掌握如下具体方法：

1. 历史研究法

其主要特点是从前人留下的大量资料中，研究前人在档案管理中的经验与教训，找出档案管理的规律。

2. 调查研究法

在现实的档案管理活动中，通过观察、调查、试验、实践、了解和掌握第一手材料，并对之进行归纳、分析、综合，从中找出规律性的东西来。

3. 比较研究法

挑选有代表性的档案管理事例，研究不同的档案管理思想、理论、模式、方法和技术，在比较中找出其优劣，进行借鉴或归纳出能够普遍运用的规律来。

4. 案例研究法

主要通过对正反两方面的案例研究，尽量多地把握不同情况下处理问题的不同手段，从而提高档案管理的能力。

5. 理论研究法

主要是研究理论工作者的学术著作，继承他人已经总结出的经验，从而提高自己的理论修养。这种方法必须与上述方法结合起来运用，否则容易脱离实际，陷入空泛。

四、我国档案管理学的研究成果与本书构想

我国档案管理学的现状是喜忧参半。喜的是近 20 多年来，该学科有了长足的发展，有些理论与方法更加成熟与完善；忧的是该学科并未达到尽善尽美的境地。尤其在 21 世纪当电子文件大量出现并形成档案之后，档案学的理论与实践相对滞后，面对档案管理出现的新情况、新问题，显得束手无策。档案管理学，从比较理想的角度看，它的研究范围与内容似乎应涉及所有门类的档案的管理问题，但严酷的现实却是档案的门类极其繁多而且杂乱，各门类档案不仅在形成规律、形式、内容等方面具有不同的特点，而且在具体的管理方法上差异较大，各有其特殊要求和专门的技术方法。所以现在的档案管理学尚无法将所有门类档案的管理全部纳入其研究范围之内，形成一种涉及所有档案门类的即广义的档案管理学，而只能在传统的、以公务活动档案管理为主要研究对象的基础上，适当拓展其涉及的范围与领域，并在这种继承与发展中去不断补充与完善。

我国目前档案管理学的研究成果大致有三种具体表现形式：一种是直接用于指导档案工作实践的普及性知识读物，亦可称作工作用书；另一种是在档案专业教育中使用的专业教科书，即教材；再一种是侧重于理论探讨的学术专著。上述三种形式虽然都是对档案及档案管理问题进行研究、探讨、阐述，但具体内容和研究角度明显不同，各有侧重。其中教科书，尤其是高校文科教材，其主导作用更为突出，从一定意义上来看，它代表着档案管理学这一学科研究的总体水平。

我国目前已正式出版并在教学实践中使用的各种档案管理学教科书，在对学科内容的具体表述上有两种方式：一是集档案与档案管理的基本理论和实践的管理方法、技术于一身的档案管理学；二是基本理论和管理方法、技术分别自成体系，形成两本教材，一本为《档案学概论》，另一本为《档案管理学》。本书作为教育部指定的高等学校文科教材，属于第二种方式。从近年来档案专业教育实践来看，这种方式存在着理论与方法相分离的问题。为了弥补这种缺陷，本书在近些年档案管理学教学实践的基础上，在不改变目前档案学学科基本格局、体系的前提下，对档案管理学的内容及表述进行了一些局部的调整与改进。这种调整与改进主要有两点：一是在传授方法与技术的叙述中，力求加强其理论性；二是在专门讲述方法、技术各章节之前，设绪言与每编概论，对学科基本情况和档案管理的基本理论以及每编各章节的主要内容作专门介绍与阐述，以弥补理论与方法分离之不足。

本书的内容主要由以下五个基本部分构成：绪论，介绍档案管理学的历史与现状并阐述档案管理的基本理论；第一编，档案实体管理，即对档案的收集、整理、鉴定、保管等实体管理的一般方法与技术，档案管理活动的专项内容（即过程）按顺序展开介绍；第二编，档案信息资源开发利用，即对档案信息开发的基本原理、原则、方法与技术，以及档案检索、档案的提供利用、档案编研等作系统论述；第三编，专门档案管理，即介绍与阐述几种具有普遍性的专门档案、新型载体档案的管理的一般原理和方法与技术；第四编，档案信息化，即对电子档案、档案数字化等问题作系统介绍与阐述，并针对目前实践过程中出现的矛盾，提出应对措施。

第一编

档案实体管理

第一章

档案实体管理概论

内容提要

本章重点讲三个方面的内容：一、何谓档案实体管理。二、档案实体管理的原则。三、档案实体管理的方法。

第一节　何谓档案实体管理

一、档案实体管理的概念

档案实体管理是指针对处于实体状态的档案所进行的一系列科学有效的专业性管理活动。

这一概念是相对于针对处于虚拟状态的档案信息所进行的一系列管理工作而言的。

档案实体管理的基本特点是，根据事物现实存在状态及情况对其实施管理。而档案的虚拟管理主要是根据事物抽象的属性、特征（是一些只存在于人们头脑之中的观念性的东西，并不是客观事物本身）所实施的管理。

二、档案实体管理的内容

档案实体管理的内容主要包括档案的收集、整理、鉴定、保管和统计。

档案的收集：各立档单位在工作和生产活动中形成的文件，是由各单位或单位内部的各个机构分散形成的，数量很多，而查找利用档案，则要求一定的集中。为了解决文件形成后的分散状态和利用要求集中的矛盾，就需要将分散的文件经过挑选，按照一定的制度集中保存起来，这就形成了档案的收集工作。

档案的整理：收集起来的档案内容十分庞杂，数量很大，有的甚至成包成捆，处于相对零乱状态，不好管理和无法提供利用，需要加以系统化。为了解决收集来的档案的零乱状态与条理系统便于查找利用的矛盾，必须把这一类档案进一步分门别类，这就形成了档案的整理工作。

档案的鉴定：随着各项工作的发展和时间的推移，新的档案不断补充，使档案的总量日益增长，而档案材料保存一定时间以后，有些还需要继续保存，有些则已失去价值，致使库存档案庞杂。为了解决档案庞杂和实际利用需要有价值档案的矛盾，要对档案进行审查和鉴别工作，去粗取精，将确实已失去保存价值的档案剔除，这就形成了档案的鉴定工作。

　　档案的保管：由于自然的和社会的各种原因，档案总是处于渐进性的自毁过程中，或者可能遭受到突发性的破坏，而社会则需要长远利用档案，要求尽可能延长档案的寿命。为了解决档案的不断毁损和长远利用要求的矛盾，就需要采取各种保护措施，防止档案遭受损失，保证档案的完整与安全，想方设法使其"延年益寿"，这就形成了档案的保管工作。

　　档案的统计：档案的数量很多，如果只是进行收集、整理、鉴定、保管等工作，对档案的基本情况还是处于不清楚的状态。要科学地管理好档案，还需对档案进行调查研究，全面地了解档案的情况，做到心中有数。为了解决档案数量不清的状态与要求心中有数的矛盾，就要求对档案的状况进行数量的观察和分析研究，这就形成了档案的统计工作。

三、档案实体管理与内容信息开发利用的关系

　　档案实体管理与内容信息开发利用之间的关系是密不可分的，但在具体管理上应有所侧重。虽然档案实体集载体与内容信息于一身，但是纯粹载体意义上的实体却不能成为档案，而只是一些纸张、笔墨、胶片、磁带、光盘等物质材料。所谓实体管理也必然包括对其内容信息的管理。但档案的信息内容却可以借助一些媒介、方式和手段脱离其实体存在去单独发挥作用，比如档案检索工具、档案复制品，等等。档案实体管理在方法上具有稳固、单一的特点和要求，而内容信息开发利用在方法上具有灵活和多样的特点和要求。从一定意义上理解，档案实体管理是手段，而档案内容信息开发利用是目的。档案实体管理具有基础意义，没有档案实体管理的支撑，档案内容信息开发利用、档案信息在社会生活中发挥作用的根本目的就无法实现。

第二节　档案实体管理的原则

　　在档案实体管理过程中应遵循来源原则、全宗原则、有机联系原则以及简化与方便利用原则。

一、来源原则

　　所谓来源原则就是："把同一机构、组织或个人形成的档案作为一个整体加以管理的原则。"（《档案工作基本术语》，国家档案局 2000 年 12 月 6 日批准，2001 年 1 月 1 日实施。）在纸质档案占统治地位的时代，来源原则是对档案实体进行整理、分类的一项基本原则。在电子文件和电子档案时代，"来源"不仅指文件的形成机关，而且包括其形成目的、形成活动、过程、处理程序和职能范围等。只有对传统的来源原则的思想内容进行新的发展与完善，才能使该原则依然保持其作为档案专业核心原则的地位，并在档案的管理实践中，发挥积极的指导作用。

　　对这个原则可以从以下几个方面去理解：

（一）对同一机构、组织的认识

一般情况下，独立的机构、组织或个人，都有着严谨的、持久的法律地位。但在特殊情况下，对有些机构、组织的地位却难以确定。从档案实体管理实践来看，如下几点可以作为鉴别机构、组织独立性的参考：

（1）公共机构、私人机构或组织，必须有一个名称和以注明日期的正式文件（如条例或法令等）为依据的法定地位。

（2）这些机构或组织必须有相应的文件，明确其职能与任务。

（3）该机构或组织的地位、隶属关系必须有相应的文件规定。

（4）该机构或组织必须有一个经过上级组织明文任命的领导班子（领导人）和相应事务的决定权。

（5）该机构或组织在其内部组织章程中有明确的表述和规定。

遵循来源原则管理档案实体，还必须明确一个机构或组织的内部单位（比如：处、科、室）不是独立的实体，它所形成的档案，只能作为整体的一个组成部分。

（二）机构或组织职能的变化对来源原则的影响

如下几种情况，由于机构、组织职能的变化，对来源原则的贯彻与实施，会有一定影响。

1. 职能取消

档案形成机构由于某种原因在某个时候取消某种职能。

2. 产生新的职能

随着形势的发展与客观需要，新的职能会被授予一个机构或组织。

3. 职能从一个机构或组织移交到另一个机构或组织

这种移交就等于取消一个机构或组织的职能，而使另一个机构或组织得到它。

4. 临时性的职能

一些临时性、应急性要求，有时被授予现存机构或组织，增加了它们的正常职责。一旦这种情况要求终止，这种临时性职能即告撤销。

（三）对来源原则可以简单理解为，产生于一个特定机构或组织的全部档案应当集中保存，不能把它与其他来源的档案相混合

具体来说，作为任何一个机构、组织或个人在职能活动中有机地积累起来的全部种类的文件，应当作为一个单独的整体集中保存，不同来源的档案不能混合。在档案实体管理过程中，即使档案已被转移和分散保存，还是应该考虑以档案的形成者作为来源。总之，遵守来源原则是档案实体管理的理论与实践的基础，"如不遵循来源原则，全部档案工作将只能是任意的、主观的和缺乏条理的"[①]。

[①]　［法］彼得·瓦尔纳主编：《现代档案与文件管理必读》，86 页，北京，档案出版社，1992。

（四）在电子文件、电子档案管理实践中，对来源原则的应用要建立在对其传统经典思想的完善与发展的基础上

具体来说，档案工作者应充分认识到电子文件、记录的形成方式和特点，与传统的纸质档案相比，已经发生了很大变化，并已突破了一个立档单位与文件群体唯一对应的管理模式。档案数据往往源于各种不同结构的组织体，单一来源的概念已然发生了改变。为此，应当拓展"来源"概念的内涵和边界，从维护电子文件、电子档案的形成与使用背景信息完整性、真实性的高度，深化对来源原则的思想认识。

二、全宗原则

全宗原则是来源原则的具体化。关于全宗的定义，后面的章节中还要涉及，这里不详述。在中华人民共和国档案行业标准《档案工作基本术语》中对全宗的描述为："一个国家机构、社会组织或个人形成的具有有机联系的档案整体。"

（一）全宗原则的理论意义

1. 全宗原则是对客观存在的真实反映

全宗原则的确立与提出，并不是人们主观臆想的结果，而是对档案实体管理中客观现实的真实反映。档案是机构、组织或个人历史活动的原始记录，档案的本质特性对其管理方法的要求，都是客观存在的现象与规律。全宗原则就是在这些客观现象和规律的基础上产生并逐步加以深化的。

2. 全宗原则深刻揭示并维护历史活动的有机联系

全宗原则是将一个全宗的档案看作一个有机整体，并以这一有机整体的不可分散性作为基本的管理原则提出。它通过揭示并维护全宗档案之间内在的有机联系，来维护一个机构、组织或个人历史活动的完整性。

3. 全宗原则对实践具有普遍的指导作用

全宗原则要求人们在档案管理中时时牢记档案的本质特性，处处贯彻维护历史本来面貌的基本思想，比如全宗内文书档案的分类主要以年度、机构等特征为标准进行分类，以及档案的内容和外在形式不允许人为的改变、替换甚至伤害等，均体现着全宗原则理论对实践的指导作用。

4. 全宗原则在方法上简便求实

全宗原则在方法论上的价值主要体现在简便和求实两方面。全宗原则运用历史主义方法对档案实体进行管理，比逻辑方法简便。同时，全宗原则没有受图书资料等领域主要以逻辑的方法进行管理的影响，而选择确定了更符合档案特点要求的历史的、全宗的方法，作为档案实体管理的基本原则和方法，这符合对不同对象采用不同方法进行档案管理的科学准则。

（二）全宗原则的实践价值

全宗原则作为档案实体管理原则，对于档案工作实践具有十分重要的价值。

1. 全宗原则维护了历史的本来面貌

按全宗原则管理档案，能够最大限度地维护并体现档案的本质特性，使忠实记录历史的根本价值得到充分体现。无论机关（机构）、社会组织或个人都是社会结构中最基本、最稳定的成员，他们所进行的活动是构成历史活动内容的基本单元。而在他们进行活动中所形成的档案以机关、社会组织或个人为单位，按全宗原则进行管理，可以比较好地维护并再现历史的真实。

2. 全宗原则可以使分类方法简便易行

按全宗原则管理档案，要求所有的管理活动要在全宗的基础上以全宗为单位进行，不允许打破全宗界限在不同的全宗之间去构造实体性的档案保管单位。由于全宗已将档案总体分成了若干个在现实中真实存在的类别单位。全宗内的档案继续分类（即下位类）比较容易把握，而全宗层次之上的分类（即上位类）只能是逻辑或观念上的分类，不是实体划分的类别，而是认识上的虚类。

3. 全宗原则不是万能的

全宗原则虽然可以较好地解决档案实体管理的基本原则和方法问题，却不能解决档案管理现实中的所有问题。随着社会生活和档案工作的不断发展，有些问题已对全宗原则构成了某种程度的挑战。全宗原则要长久地存在下去并发挥作用，就必须正视这些问题并面对挑战。比如，有学者主张全宗应分为"主体全宗"和"客体全宗"，"主体全宗"用于一般情况下的档案管理；"客体全宗"用于对上述共同参与且自我完整性很强的档案的管理。另外，随着社会生活内容的复杂化，各社会组织的组织机构之间的关系、界限也日益复杂化，例如，总公司与分公司之间，公司与工厂之间，各经济集团、联合集团、跨国公司之间等。这种复杂多变的情况，使得界定机构、组织的独立性变得越来越困难，全宗原则在实践操作上出现了很大危机。

面对上述矛盾与问题，要采取积极而慎重的态度去应对，在不违背全宗原则的大前提下，从技术层面上去寻求一些妥善的方法，使全宗原则的基本精神成为指导档案管理实践永远的理论基石。

三、有机联系原则

档案是人类通过创造性的劳动，并在科学的理论和方法指导下，从数量庞大、质量良莠不齐的文件、记录中选留下来的一种资源。文件形成时的联系，也会很自然地成为档案之间的有机联系。而机构、组织、团体以及单位内部机构在行使工作职责时，都会形成一定数量的档案，这些档案是具有有机联系的整体，在管理档案实体时不应随意拆散这种整体。

档案是历史活动的产物，具有鲜明的时间联系。各个历史时期内，各机关、企事业单位形成的档案，记述和反映了各个历史时期的政治、经济、科学、文化教育等各方面的历史活动情况，它们之间有着密不可分的有机联系。同时还应注意到，机构、组织或个人的工作活动，无论计划或总结，无论布置或检查工作，基本上都是逐年按时间进行的，保持一定时间内（例如一年）档案的完整与安全，已被实践证明是行之有效的档案实体管理原则。

四、简化与方便利用原则

一般情况下，按照来源与全宗原则，在保持档案有机联系的前提下，采用简便、有效的方法去管理实体档案，就可以基本上达到便于保管、方便利用的目的。但在某些特殊情况下，上述二者之间可能发生一定的矛盾。这就需要具体情况具体分析，不能机械理解和套用上述原则，比如某些载体材料比较特殊的档案、机密程度显然不同的档案，就应该区分情况，分别采用不同的方式和方法进行管理。

第三节 档案实体管理的方法

档案实体管理的主要方法就是历史的方法。它是根据档案事物这一客观存在状态，对档案实体进行划分和有序化管理的一种方法。除此之外，逻辑的方法在档案实体管理中也具有一定作用。

一、历史方法与逻辑方法

面对数量众多，内容、形式、来源复杂多样的档案，要实施有序化管理，大体上可以归纳为历史的和逻辑的两种方法。

历史的方法，也可以称之为客观或自然的方法。其优势主要在实践领域，尤其是档案实体管理的实践领域。因为面对复杂的客观世界，人们固然可以在观念中去进行分门别类的抽象认识，但现实中的客观事物并不是严格按逻辑类别去分门别类的，而是按事物存在的状态去认识的。

逻辑的方法，就是对档案实体管理进行概念和抽象的管理。它根据档案这一事物抽象的属性、特征或某一方面的异同去分类，其所分出的类别实质上都是一些抽象的概念，是一些只存在于人们头脑之中的观念性的东西，并不是档案实体本身。但是仅有这种分类方法是不够的，它虽然具有对档案实体进行宏观管理的巨大优越性，但还要有其他的方法与其配合才能发挥更大的作用，其中应用最多的就是历史的方法。

二、档案的本质对历史方法的诉求

管理对象对其管理方法都有一定的要求。这种要求决定了管理不同的对象需要采取特定的方法。而档案实体管理主要采用历史的方法，也是由档案的本质与特性对其管理方法的要求所决定的。档案的本质是社会活动和社会生活的原始记录，其根本价值在于真实地记录并再现人类社会生活的历史。如果用逻辑的方法来管理档案实体，就会将档案这一随着历史进程自然留存下来并具有其形成状态上的历史完整性的原始记录，切割成一些碎片，从根本上伤害乃至阉割档案的本质特性，使档案不成其为档案，而变成与图书、资料等其他信息没有什么本质区别的东西。因为历史的完整性和真实性无法用逻辑方法从实体状态上切割分析出来。至于档案，其内容信息可从逻辑的角度去切割、分析、认识，而实体状态的档案，在其形成过程中本来固有的完整性和真实性，则不允许这种主观的任意切割和分解，而只能用历史的方法去管理，以保持其历史状态的本来面目，维护其忠实记录并再现历史的根本价值和本质特性。

三、历史的方法在档案实体管理中的应用

档案实体管理较少采用逻辑的方法，较多采用历史的方法。而逻辑的方法比较多地适用于档案内容信息的开发利用领域。因为档案信息内容涉及社会生活的方方面面，人们对档案信息内容的利用需求是多种多样、复杂多变的，仅仅保持其形成时的固有状态的实体管理，就无法满足各种各样的利用需求。所以，从档案管理工作的整体来看，逻辑的方法和历史的方法正是两种兼用并重、不可偏废的基本方法，而历史的方法则较多地用于档案实体管理。在档案实体管理中应用历史的方法，需要注意以下问题：

（1）尊重和突出档案的本质特性，遵循档案的形成规律，维护档案的有机联系，从而维护历史本来面貌的历史主义思想，应该作为一种基本的管理思想贯彻于档案管理工作的方方面面。这是档案实体管理的基本立足点与出发点。

（2）历史的方法较多适用于档案实体管理，逻辑的方法较多适用于档案内容信息开发利用这一基本结论，是从宏观与总体上而言的，并不是绝对的、无条件的。例如，在以全宗原则为基本管理原则的档案实体管理领域，虽然不允许打破全宗界限，但可以在不同全宗之间去构建实体类别或保管单位，而全宗补充形式中的档案汇集也可以从逻辑角度去构建；在全宗内部继续分类时，仍可采用问题分类法等逻辑性方法。在档案内容信息开发方面，逻辑的方法也不是"一统天下"，比如，编制专题目录、专题概要等检索工具与参考资料，它以历史事实性的专题为主，所以也可以采用历史主义的方法。

总之，随着日益复杂的社会过程相应地使档案种类、成分和形式呈现多样化的特点，从而突破了档案管理方法中历史的与逻辑的适用范围与界限。档案实体管理中，程度不同地承认按逻辑方法管理档案的合理性；档案信息资源开发中，也程度不同地承认历史方法的合理性。这种趋势的出现，要求档案工作者以辩证的观点去观察和处理档案实体管理中出现的矛盾与问题。

思考与复习题

1. 何谓档案的实体管理？
2. 档案实体管理的原则是什么？
3. 简述档案实体管理的方法。

第二章

档案价值的鉴定

内容提要

　　本章重点讲五个方面的内容：一、档案价值鉴定工作的内容与要求。二、档案价值鉴定工作的规则与方法。三、档案价值鉴定标准。四、档案保管期限表。五、档案鉴定工作的制度与组织。

第一节　档案价值鉴定工作的内容与要求

一、档案价值鉴定工作的概念

　　档案价值鉴定工作，就是以科学的档案价值鉴定理论为指导，合理运用档案价值鉴定的原则、法律规范、标准、程序和方法，判定档案的保存价值，确定档案保存期限，决定档案"存"与"毁"的一项专业性档案业务管理工作。

　　在纸质档案占主导地位的时代，档案价值鉴定工作的重心，是对档案保存价值的评价与预测，旨在解决档案实体数量大量增长与档案管理部门有限存储空间之间的矛盾，并为组织和人类社会保存相对充分的历史活动证据和集体记忆。在电子文件和电子档案占主导地位的时代，档案价值鉴定工作的重心，则是切实保障归档电子文件、电子记录的质量，并为组织和人类社会留存可以长期保存的真实、完整、可读、安全的数字证据和数字记忆。本节将重点说明以纸质档案为主体的档案价值鉴定工作。

　　档案价值鉴定工作概念的内涵特征主要包括：

　　第一，档案价值鉴定工作必须以科学的档案价值鉴定理论为指导。没有科学理论指导的档案价值鉴定工作，必然是盲目的实践活动，也会给组织和社会证据体系的完整性、系统性和安全性带来巨大的风险和损失。为此，中外档案学理论研究都非常重视对档案价值鉴定理论的研究和探索，并提出了诸如"双重价值论"、"职能鉴定论"、"年龄鉴定论"、"宏观鉴定理论"、"文献战略"、"相对价值论"等理论思想。

　　第二，档案价值鉴定工作必须遵从切合实际的档案价值鉴定原则、法律规范、标准、程序和方法。"合法合规"，已经成为一种通行的指导档案价值鉴定工作组织开展档案价值鉴定活动的原则。这种原则可以有效地避免档案价值鉴定实践中随意、主观地毁损档案资源问题的发生，并可以统一参与鉴定工作人员的思想，规范其鉴定行为，保证档案价值鉴定质量，提高档案价值鉴定工作效率。

第三，档案价值鉴定工作是对档案保存价值的评价和预测。档案之所以有保存的必要，首先是因为它可以为其形成者提供较为充分的业务活动证据和法律证据，并可以为组织和人类社会积累和保存具有参考价值的经验、数据、信息和知识。其次是因为在纸质档案占主导地位的时代，因文件和记录的数量以几何级数增长，人类社会没有能力保存数量如此巨大的文件和记录，只有通过鉴定，"去粗取精"，并根据有限的保存空间决定文件和记录的"存"与"毁"，将其中保存价值较大的留存下来，而对那些保存价值不大或没有保存价值的加以销毁。

第四，档案价值鉴定工作应对确定留存的档案划定保存期限。档案作为一种证据性记录和历史信息记录，其发挥作用的时限是不同的。有的档案发挥作用的时限是短期的，有的档案发挥作用的时限是长期的，有的档案发挥作用的时限却是永久的。档案价值鉴定工作组织和鉴定人员应根据对档案发挥作用时间长短的估价和预测，合理划定留存档案的保存期限。

第五，档案价值鉴定工作是一项专业性很强的档案管理业务工作。从事档案价值鉴定工作的人员，不仅应当熟悉和掌握档案价值鉴定的理论、原则、规则、程序、规范、标准和方法，而且要拥有足够的业务工作经验、严谨的工作作风、科学的工作态度和团队合作精神。只有如此，才能保证档案价值鉴定工作的质量，避免组织和国家档案财富的损失。

二、档案价值鉴定工作的基本内容

档案价值鉴定工作的基本内容包括：

（1）建立档案价值鉴定的工作组织，完善档案价值鉴定工作机制。需要开展档案价值鉴定工作的组织，应按法律法规的要求，成立档案价值鉴定工作委员会或档案价值鉴定工作小组，并在单位主管（分管）领导的统一指挥下，开展档案价值鉴定工作。完善的档案价值鉴定工作机制是确保档案价值鉴定质量的重要保证性条件。其中应包括：有效的沟通机制——确保鉴定工作中遇到的难点问题得到合理解决；有效的管控机制——确保国家有关法律法规和标准得到切实落实；经验记录机制——使档案价值鉴定工作中取得的经验得到记录；风险防范机制——确保列入销毁范围内的档案得到合法合规的处置，杜绝擅自销毁有保存价值的档案和档案处置过程中的失密、泄密等风险的发生。

（2）制定科学的档案价值鉴定工作政策和规则，订立合理的工作程序、制度和标准。档案价值鉴定工作政策应明确说明档案价值鉴定工作的主要目的和目标，承担档案价值鉴定工作任务的组织和人员的责任和义务，档案价值鉴定工作中的重点、难点问题的应对措施，以及开展档案价值鉴定工作的人、财、物的条件保障等。档案价值鉴定工作的规则、程序、制度和标准是开展此项工作的要件，缺一不可。档案价值鉴定工作规则，可以有效地保证参与鉴定的人员明确自己在整个鉴定工作中的行事要求和权限，有利于统一鉴定人员的思想和行为，防范违规事件的发生。档案价值鉴定工作程序，是根据档案价值鉴定工作的目标和任务，做出整体工作业务的流程安排。档案价值鉴定工作制度和标准，是根据鉴定对象的实际情况，以国家的有关法律法规为依据，制定的各项档案鉴定工作制度和档案保管期限表。

（3）具体判定档案的保存价值，划定需要保存档案的具体保管期限。档案价值鉴定人员，可根据对档案保存价值的判断和估价结果，按照档案保管期限表，划定列入保存范围的档案的保管期限。

（4）处置列入销毁范围的档案。在保证档案内容安全的前提下，档案价值鉴定工作组织可以根据档案销毁制度和档案安全保密制度的要求，选择合理的方式和方法，销毁经过鉴定已失去保存价值或保存价值不大的档案，并做好处理工作。

三、档案价值鉴定工作的要求

开展档案价值鉴定工作必须从国家和社会的整体利益出发，既要考虑到档案形成者的业务工作需要，又要考虑到国家和社会历史记忆保存的需要，用全面的、历史的、发展的和效益的观点，科学合理地判定档案的保存价值。

（一）应从国家和社会的整体利益出发去判定档案的保存价值

档案价值鉴定工作是一项直接关系到一个国家和民族的社会历史记忆能否得到有效维护、传承和保护的重要工作，应从国家和社会的整体利益出发，科学地组织和开展。那种只考虑本单位利益，而忽视国家和社会整体利益的档案价值鉴定思想是十分有害的。因为，每个立档单位之所以会保存档案，其直接的动力来源是为本单位的业务工作的可持续进行，留存足够的业务活动证据和法律所要求的证据，同时也为保证本单位业务活动的健壮性，留存那些具有参考价值的文件和记录。但是，随着时间的流逝和立档单位的业务发展，原来留存的档案就会逐渐失去其业务证据价值和业务参考价值，这时立档单位继续保存这部分档案的"原动力"就不存在了。如果一个组织只顾及自身的利益，而缺乏国家、民族的整体利益意识，那么必然的结果就是整个国家和社会的历史记忆不断流失。为此，在开展档案价值鉴定工作时，尤其是在对"保存期满"的档案进行"定期鉴定"时，各立档单位和国家档案管理部门只有遵循"从国家和社会的整体利益出发去判定档案的保存价值"的原则性要求，才能保证我们的国家记忆、民族记忆、社会历史记忆的相对完整性，才能保证我们民族文化的长久传承和发展。

（二）应采用全面的观点指导档案价值鉴定工作

不谋全局者，难以谋一域。所谓用全面的观点指导档案价值鉴定工作，从立档单位角度看，就是在判定档案保存价值时，应全面分析影响档案保存价值的相关因素，综合判定档案的保存价值；从社会角度看，就是在判定档案保存价值时，应避免只从一个机关、一个部门（机构）或个人的需要出发去开展价值鉴定工作，而应从社会的需要出发去开展工作。从档案管理的整体效益角度看，坚持全面的观点开展档案价值鉴定工作，也是实现整个国家档案资源体系建设整体优化目标的需要。如何有效地消除全宗之间的"档案重复留存"问题，关键的解决办法之一，就是在档案价值鉴定工作中切实采用"全面的观点"，通过有效的整体控制手段和措施来实现。

用全面的观点指导档案价值鉴定工作，有助于档案价值鉴定人员从整体上把握和认识有关全宗、类别（系列）、案卷的保存价值，避免孤立地判定每一份文件的保存价值。

（三）应采用历史的观点指导档案价值鉴定工作

档案是历史记录，具有鲜明的历史时代性特征。那种只从"现实需要"出发判定档案保存价值的思想和行为，会给人类社会档案记忆的完整性和连续性造成极大的损害。在鉴定档案价值时，坚持历史的观点，就是要根据档案产生的历史条件及其在历史上的作用，科学地评价其对维护人类社会历史记忆的有用性，确定其保存价值。在档案价值鉴定工作实践中，坚持历史的观点，就必须坚决反对片面的实用主义观点。

（四）应采用发展的观点指导档案价值鉴定工作

在档案价值鉴定工作中，按照发展的观点开展档案价值鉴定工作，就是要充分考虑到档案保存的未来意义。档案的保存不仅是现实社会存续和发展的需要，也是子孙万代的生存与发展需要。档案价值鉴定工作人员应具有一定的预测未来社会发展需要的能力。随着数字时代的到来，一些在纸质档案占统治地位的时代被鉴定为"保存价值不大"的文件和记录，其数字形态的记录却因为蕴藏着丰富的、可分析和加工的"数据"和"信息"，而成为一种非常具有留存价值的资源。所以，那种简单地认为"纸质文件和记录"与"电子文件和记录"的保存价值相同的观点和做法，是非常武断和有害的。正确的做法是：纸质档案按传统的价值鉴定标准去判定其保存价值；数字档案（电子档案）的价值鉴定标准则应重新确定。

（五）应采用科学的效益观点指导档案价值鉴定工作

对于纸质档案等传统载体形态档案的价值鉴定，必须考虑立档单位和国家档案管理部门的保存能力。那种认为只要文件和记录具有些许利用价值就应作为档案加以保存的思想观念，不仅脱离实际，而且一旦实施就会劳民伤财。为此，开展档案价值鉴定工作时，鉴定人员应对列入保存范围的文件和记录的利用价值和利用效益，进行充分的预测和评价。只有当档案发挥作用所带来的经济效益和社会效益大于我们所付出的管理成本时，才能认为档案是具有保存价值的。诚然，单纯的"效益"观点（即只评价档案保存的经济效益，却忽略档案保存的社会效益的观点），在档案价值鉴定中也要坚决避免。

第二节　档案价值鉴定工作的规则与方法

一、档案价值鉴定工作的规则

档案价值鉴定工作的规则，是依据国家档案价值鉴定工作的法律规范和制度要求规定的供参与档案价值鉴定工作的全体成员共同遵守的制度性行为规范。其内容通常包括：

（1）规范有据。该规则要求机构、组织开展档案价值鉴定工作，应自觉遵从国家法律、法规、行政规章、地方规章及地方法规的有关规定进行。机构、组织及各级各类档案管理部门开展档案价值鉴定工作，应依据《中华人民共和国档案法》（简称《档案法》）、《中华人民共和国档案法实施办法》、《机关文件材料归档范围和文书档案保管期限规定》（国家档案局第 8 号令）、《企业文件材料归档范围和档案保管期限规定》（国家档案局第 10 号令），各专业主管部门制定的相关实施细则、部门规章，地方人大和人民政府制定的行政规章、行政法规等规范性文件中的有关规定执行；并注意遵循"法无规定即禁止"的原则要求。

（2）统一管控。该规则要求机构、组织开展档案价值鉴定工作，应自觉接受国家档案行政管理部门的行政监督和业务指导。《档案法》第十五条规定："鉴定档案保存价值的原则、保管期限的标准以及销毁档案的程序和办法由国家档案行政管理部门制定。禁止擅自销毁档案。"《机关文件材料归档范围和文书档案保管期限规定》第十二条规定："各机关应根据本规定，结合本机关职能和各部门工作实际，编制本机关的文件材料归档范围和文书档案保管期限表，经同级档案行政管理部门审查同意后执行。有垂直领导关系的中央、国家机关应依据本规定，结合本系统工作实际，编制本系统的文件材料归档范围和文书档案保管期限表，并经国家档案局审查同意后执行。"国家档案行政管理部门通过档案保管期限表的"审批制"，可以使我国各级党政机关、人民团体及具有行政管理职能的事业单位的档案价值鉴定工作得到有效的管控，防止国家档案财富的流失。军队系统、民主党派、企业事业单位要在同级档案行政管理部门的帮助指导下，开展本单位的文书档案保管期限表编制工作，不须经同级档案行政管理部门审批。

（3）依理行鉴。该规则要求机构、组织开展档案价值鉴定工作，应自觉践行科学的档案价值鉴定理论和方法，如体现系统鉴定思想的"职能鉴定论"、"双重价值论"，体现"高龄案卷应当受到尊重"思想的"年龄鉴定论"，体现内容分析思想的"内在价值论"，体现辩证拣选思想的"相对价值论"等理论和方法。

（4）标准先行。该规则要求机构、组织开展档案价值鉴定工作，应事先编制适合本单位（或本系统、本行业、本地区）形成文件归档鉴定需要的具体标准——档案保管期限表；没有编制经过档案行政管理部门审核通过或认可的档案保管期限表之前，不能开展本单位的档案价值鉴定工作。

（5）擅存禁止。该规则要求机构、组织开展档案价值鉴定工作，应按照《档案法》第十条的规定"对国家规定的应当立卷归档的材料，必须按照规定，定期向本单位档案机构或者档案工作人员移交，集中管理，任何个人不得据为己有。国家规定不得归档的材料，禁止擅自归档"。机构或组织所确定的本单位文件归档范围，是其开展档案价值鉴定的重要依据和标准，凡是未被列入"归档范围"的文件，一律禁止擅自作为档案保存。

（6）证据保全。该规则要求机构、组织开展档案价值鉴定工作，应从保持本单位业务工作活动连续性的需要出发，注重本单位业务证据、法律证据留存的完备性，使所保存的档案可以满足本单位业务工作的存续和发展的需要。

（7）记忆保健。该规则要求机构、组织开展档案价值鉴定工作，应为本单位的组织记忆留存相对完整的历史记录，以保证本单位历史记忆的健壮性，为本单位的组织文化建设及社会历史文化建设提供充分的档案资源保证。

（8）以我为主。该规则要求机构、组织开展档案价值鉴定工作，应将本单位形成的记录和反映其主要职能活动、重大任务、重要活动、重大事件的档案作为保存的重点，而对来自其他机构或组织的文件的留存则应"从严把关"；留存档案保管期限的划分，本单位的档案应从宽，外单位的档案则应从严。

（9）宽严适度。该规则要求机构、组织开展档案价值鉴定工作，应在不影响本单位业务活动证据体系完整性和系统性的前提下，掌握好"孤本从宽，复本从严；原件从宽，复制件从严；正件从宽，过程件从严；高龄从宽，低龄从严；涉及公民权益的从宽，涉及基础性、常规性、事务性的从严；本单位的文件从宽，外来文件从严”等鉴选尺度。

（10）期满重鉴。该规则要求对那些保存已满最初所划定年限的档案，应定期进行重新鉴定和复核，并根据业务工作需要、历史研究需要，进行相应处置。这是因为档案价值鉴定工作是带有一定主观色彩的业务工作，不能一蹴而就。特里·库克认为，鉴定不可避免地是一个主观过程，任何"价值"判断都会随着时间、地点、政府结构/定位，以及社会和民族文化的变化而变化，而现在的档案工作者正在建构未来将要知道的过去。"时间是最好的鉴定师"，通过对保存期满档案的重新鉴定，可以保证有价值的档案得到有效留存，并可以对那些确实没有继续保存必要的档案，及时加以销毁。

（11）程序合规。该规则要求机构或组织的档案价值鉴定工作，应按照规范的业务工作流程，有领导、有组织地进行；要杜绝无领导、无组织的鉴定销毁档案的行为。

（12）业务留痕。该规则要求机构、组织应通过编写"档案价值鉴定工作报告"（或"档案价值鉴定工作分析报告"），编制"档案销毁清册"（或"档案销毁清单"）等方式，总结档案价值鉴定工作的经验，明确档案价值鉴定工作的主要问题及应对措施和办法，并为已销毁档案留下可追溯的业务活动证据。由于鉴定的复杂性、鉴定的社会重要性以及鉴定的主观性，档案工作者及其所在的机构应该通过对背景研究、鉴定过程、存毁决定，以及最终的档案文件移交等做充分和透明的记录，以保证他们对鉴定决定的负责态度。

二、档案价值鉴定工作的方法

综合国内外档案价值鉴定工作的方法，主要包括档案整体价值评估法和档案内在价值鉴定法等几种类型。

（一）整体价值评估法

整体价值评估法是从整体上评价和预测档案价值鉴定工作的方法总称。这类档案价值评估方法，目前最具影响力和理论与实践意义的主要包括宏观鉴定法、档案双重价值鉴定法两种。宏观鉴定法的主要适用对象是电子文件、记录和档案的价值鉴定；档案双重价值鉴定法的主要适用对象是纸质文件、记录和档案的价值鉴定。档案双重价值鉴定法在纸质文件、记录和档案依然大量存在的时代，依然是一种指导档案价值鉴定工作实践的经典专业方法；但是，随着电子文件、记录和档案的大量涌现，其局限性也逐渐暴露出来了。宏观鉴定法却可以较好地解决电子文件、记录和档案的价值鉴定难题，其有效运用不仅可以使留存的电子档案的数量得到有效控制，而且更为重要的是，它简化了档案价值鉴定工作，保证了留存电子档案的整体质量，使人类社会建立覆盖社会治理的"全景档案"综合体成为可能。

1. 宏观鉴定法

（1）宏观鉴定法的概念及其提出。

宏观鉴定法是基于职能来源，以形成档案的社会背景及目前可知的档案利用需求（而非预测的研究利用需求）为根据，从整体上判定档案价值的方法。宏观鉴定法是确定哪些形成者、职能、工作项目、活动，哪些相关的文件或记录，将反映在档案之中的鉴定工作方法。它也是从整体上判定哪些人和事将不被载入档案的档案价值分析与评价方法。

1989 年，加拿大的特里·库克提出了这种档案价值鉴定工作方法。宏观鉴定法中的"职能"概念作为其中心理论假设，揭示了什么有价值、什么没有价值，什么值得被社会铭记、什么不值得，什么文件或记录应成为档案永久保存、什么文件或记录可以销毁。通过宏观鉴定的职能分析，确认应长久保存的档案。

（2）宏观鉴定法的基本思想。

运用宏观鉴定方法开展档案价值鉴定工作，档案工作者不是运用"直接鉴定法"具体针对每份文件或记录进行鉴定，而是要鉴定这些文件或记录的各种形成背景及其在当下被利用的状况，即对文件或记录的职能来源进行鉴定。因此，运用这种鉴定方法，档案工作者可以同时对围绕某一特定职能形成的文件或记录，实施综合性鉴定活动。

宏观鉴定法的应用前提条件是：要求档案工作者对组织文化、机构职能，对文件或记录的管理体系、信息流、记录载体及其在时空转换中的变化等方面的信息，进行深入研究。

运用宏观鉴定法，档案工作者需要做出如下两种价值判定：

第一，依据档案形成者形成和利用这些文件的职能，即相关的组织背景和文化，进行价值判定。

第二，根据各种社会活动主体（包括公民、客户、团体、公司、协会等）如何与该背景和文化进行互动，如何受其影响等情况，进行价值判定。

宏观鉴定理论和方法，对文件或记录的职能来源建构的思想内容包括：

一是机构依据法律、法规、政策规定等确立其正式、内部的职能。

二是这些机构的存在就成为社会的趋势、活动、需要、观念、愿望，以及社会"珍视"的那些事物和概念的"过滤器"和"镜子"。

三是这些机构的价值和愿望，通常会借助非常宏观的若干类大职能得到表达。如，就政府而言，其职能主要包括社会职能，文化、遗产职能，经济发展职能，自然资源开发职能，国防和外交职能等。

四是这些大的宏观职能中的一部分，再由高层中央机构分派给不同的组织，先是大部，然后是较小规模的机构（但并非总是如此）。

五是针对这些指派的职能，相关机构要确定各项分职能，然后再把它们分派给机构内部不同的部门或单位，授权一个部门履行或实施一个职能或一个职能的一部分或若干职能的若干部分。

六是这些重要的职能部门为了履行其职任，又会制定和开展各项持续性或一次性的工作项目和活动，而这些项目和活动又引发具体的行动和事务处理；同时职能部门为了有效地处理这些事务，建立了信息系统。

七是各种社会活动主体（公民、客户、团体、公司、协会等）与这些职能、组织、项目、活动等发生互动，凭借互动所能达到的高度和灵活度，他们反过来又在不同程度上直接对这些工作提出挑战并加以塑造、修改，从而通过这一直接的互动式职能行为对社会价值再次产生有力的影响。

数字社会媒体的出现，使这种互动变得更为普遍。在这种互动的过程中，档案就是在那些事务处理信息系统（公民、社会与国家互动的信息系统）中形成的最终证据。

档案工作者分析形成文件或记录的背景，应注重把握如下因素（见表 2—1）：

表 2—1　　　　　　　　　　　　影响政府档案价值的职能背景因素表

序号	背景因素			因素说明
	宏观职能（政府基本职能）是指国家行政机关依法对国家和社会公共事务进行管理时应承担的职责和所具有的功能。政府职能反映着公共行政的基本内容和活动方向，是公共行政的本质表现。其中包括政治职能、经济职能、文化职能和社会职能等四种类型。			
1	宏观职能		政治职能	政府为维护国家统治阶级的利益，对外保护国家安全，对内维持社会秩序的职能。
			经济职能	政府为国家经济的发展，对社会经济生活进行管理的职能。
			文化职能	政府为满足人民日益增长的文化生活的需要，依法对文化事业所实施的管理。它是加强社会主义精神文明，促进经济与社会协调发展的重要保证。
			社会职能	指除政治、经济、文化职能以外的政府必须承担的其他职能。这类事务一般具有社会公共性，无法完全由市场解决，应当由政府从全社会的角度加以引导、调节和管理。
2	职能	政治职能	军事保卫职能	维护国家独立和主权完整、保卫国防安全、防御外来侵略的职能。
			外交职能	通过政府的外交活动，促进本国与世界其他各国正常的政治、经济往来，建立睦邻友好关系，促进国与国之间互惠互利，反对强权政治，维护世界和平等方面的职能。
			治安职能	维持国家内部社会秩序、镇压叛国和危害社会安全的活动、保障人民的政治权利和生命财产安全、维护宪法和法律尊严的职能。
			民主政治建设职能	通过政府活动，推进国家政权完善和民主政治发展的职能。
		经济职能	宏观调控职能	政府通过制定和运用财政税收政策和货币政策，对整个国民经济运行进行间接、宏观调控的职能。
			提供公共产品和服务职能	政府提供良好的经济发展环境（基建）和市场信息（数据）的职能。政府通过政府管理、制定产业政策、计划指导、就业规划等方式对整个国民经济实行间接控制；同时，还要发挥社会中介组织和企业的力量，与政府一道共同承担提供公共产品的任务。
			市场监管职能	政府为确保市场运行畅通、保证公平竞争和公平交易、维护企业合法权益而对企业和市场所进行的管理和监督等方面的职能。
			社会管理职能	政府为维护社会生产安全，处理突发性、群体性事件，解决纠纷，协调市场主体的利益所承担的职能。
		文化职能	发展科学技术的职能	政府通过制定科学技术发展战略，加强对重大科技工作的宏观调控，做好科技规划和预测等工作，重视基础性、高技术及其产业化研究。
			发展教育的职能	政府通过制定社会教育发展战略，优化教育结构，加快教育体制改革，逐步形成政府办学与社会办学相结合的新体制。
			发展文化事业的职能	政府通过制定各种方针、政策、法规等，引导整个社会的文学艺术、广播影视、新闻出版和哲学社会科学研究等各项事业健康繁荣发展。
			发展卫生体育的职能	政府制定各种方针、政策、法规等，引导全社会的卫生体育事业发展。

续前表

序号	背景因素		因素说明
2	社会职能	调节社会分配和组织社会保障的职能	政府为保证社会公平、缩小地区发展差距和个人收入差距，运用各种手段来调节社会分配、组织社会保障，以提高社会整体福利水平，最终实现共同富裕。
		保护生态环境和自然资源的职能	政府通过各种手段，对因经济发展、人口膨胀等因素所造成的环境恶化、自然资源破坏等进行恢复、治理、监督、控制，从而促进经济的可持续发展。
		促进社会化服务体系建立的职能	政府通过制定法律法规、政策扶持等措施，促进社会自我管理能力的不断提高。
		提高人口质量，实行计划生育的职能	政府对计划生育工作的管理，包括计划生育的法制建设，方针、政策的制定，规划组织计划生育科学研究，加强计划生育的宣传、咨询和技术服务工作。
3	运行职能	政府的运行职能是指政府管理社会公共事务的程序、方式和方法，即管理过程当中所起的作用。政府职能必须通过各个管理环节才能实现，从政府职能管理过程来看，行政职能又包括一系列的运行职能。其中包括决策职能、组织职能、协调职能、控制职能、监督职能等。	
		决策职能	决策职能是行政管理过程的首要职能。决策贯穿于管理的全过程。
		组织职能	为有效地实现既定的行政管理目标和任务，通过建立行政组织机构，确定职位、职责和职权，协调相互关系，将组织内部各个要素联结成有机的整体，使人、财、物得到最合理的使用，就是组织职能。
		协调职能	协调活动是行政管理过程的重要环节。因为行政管理归根到底就是要设计和保持良好的行政环境，使人们能在组织内协调地开展工作，有效地完成行政目标。
		控制职能	是按行政计划标准，来衡量计划完成情况并纠正计划执行中的偏差，确保目标实现的管理活动。
		监督职能	政府在社会中应当起到一个掌舵人的作用，按照符合社会道德法律、规范标准，引导、监督社会各个生产生活环节。当然，政府的监督必须是在一定范围内的，不能无限扩大其职能。

资料来源：根据百度百科、搜狗百科所提供的资料整理而成。

（3）宏观鉴定法的应用要点、解决的鉴定问题及其意义。

宏观鉴定法要求鉴定人员应把鉴定工作的重点放在分析、鉴别那些数量上可控的职能、项目、活动及公民互动的重要性方面，而不是放在鉴定那些数量庞大的文件、记录或事务处理信息系统方面。

档案工作者如果能知晓整个背景（职能、项目、活动及公民互动的重要性），就可容易地辨认和剔除那些价值不大及重复性的文件，迅速锁定、鉴别出重要职能部门形成的、记录在最佳介质上的那些最简明、最准确、最重要的文件，并将它们作为档案长久保存。

宏观鉴定法把鉴定的主要焦点，从档案及档案本身所具有的研究特征或研究价值，转移到了形成档案的职能背景上，即档案的概念来源、虚拟来源或职能来源上。

档案工作者通过对机构职能的分析（包括对职能与组织的互动、组织文化的动力、文档管理系统、公民或客户的参与及其与机构或职能互动等情况的分析），并运用从分析中获得的知识，就可以顺利地开展档案价值鉴定工作。

对档案工作者而言，档案价值鉴定工作需要回答的主要问题就变为如下三个层面的问题：

第一，形成者的哪些职能和活动应该被记录（而不是哪些文件应该被保存）？

第二，谁在制定和执行关键性的职能及项目计划？在机构的事务处理中，谁会有动机和责任去形成文件，所形成的可能是哪种类型的文件，形成者在这些文件的形成或使用中与谁发生了互动关系？

第三，哪些文件形成者或"职能"（而不是文件本身）最为重要？

只有在回答了上述问题后，档案工作者才能从"宏观鉴定"的角度，按其认定的详细程度（或者按传统鉴定所采用的诸如年代、广度、唯一性、时间跨度、完整性、破损度、可靠性等"判定标准"），切实锁定哪些文件或记录最具潜在的档案价值。同时，档案工作者也只有在这种情况下，才能确定哪些私人领域形成者的文件或记录，可用来充实或补充政府档案的不足，从而建立起可以覆盖社会治理的"全景档案"综合体。

鉴于这些宏观层面的问题是由政府一方回答的，这便意味着大量的文件不用做细致调查即可销毁。在此基础上，机构和档案馆用在鉴定和文件处置工作上的时间、空间和资金成本，可以大为节省。

宏观鉴定法是基于职能而不是基于档案的鉴定方法。首先，宏观鉴定法不仅聚焦职能，它还聚焦职能、组织、公民的三方互动。其次，用来评判（或鉴定）职能的方法是评估一个项目计划对社会的重要性（进而也是相关文件或记录的重要性）的手段。鉴定理论的焦点在于社会性，即要鉴定那些为政府有力影响社会提供证据的文件，而不是为政府职能本身提供证据的文件。最重要的是聚焦社会（公民）治理和公民与政府的互动，而不仅仅是记录政府的职能。

由上而下的职能路径，不仅是理论之需求，也是实践之诉求。宏观鉴定实践就是把基于背景的来源放归鉴定，不再关注文件的具体主题内容。在宏观鉴定实践中，档案工作者主要的鉴定研究焦点及随后的决策，应放在职能互动过程这个治理概念的核心上。处在不稳定的自动化办公空间或持续变化的关系数据库中，或面对浩瀚的现代纸质文件，档案工作者要在文件级阶段做出存毁决定，要么不可能，要么极其困难和极不准确。因此，基于来源背景，文件在现代机构中被形成和管理，它既包括政府的职能运作和各个项目的实施，也包括公民与政府职能活动的互动（他们是怎样接受、拒绝、抗议、申诉、改变、修正以及影响这些职能工作的，反过来又是怎样被其影响的）。通过把鉴定焦点放在社会治理和公民与国家互动这个双向职能作用上，而不只是关注政府职能，宏观鉴定使档案工作者有机会为未来挑选出更有价值的档案。

宏观鉴定法的应用是信息时代档案鉴定工作的必然选择，是对各种业务信息系统中生成、存储、归档的电子文件和记录，进行"批处理"鉴别的重要理论方法和实践工具。

2. 档案双重价值鉴定法

档案双重价值鉴定法是一种从整体上预测和估价档案保存价值的专业方法。我国档案管理学中所讲的档案双重价值鉴定法的思想，源自美国档案学者谢伦伯格的"文件双重价值论"。谢伦伯格在《现代档案——原则与技术》（1956）一书中，系统说明和阐述了其"文件双重价值论"。他认为，公共文件具有两种不同的价值：一是对原机关的原始价值，即第一价值；二是对其他机关与私人利用者的从属价值，即第二价值。具体来说，第一价值是指文件对其形成部门工作事务的有用性，分别体现为行政管理价值、法律价值、财务价值和科技价值。第二价值是指文件对形成机关以外的其他利用者的有用性，包括证据价值和情报价值。"文件双重价值论"为美国档案价值的鉴定奠定了理论基础，谢伦伯格也因此被誉为"美国档案鉴定之父"。

我国学者陈兆祦、和宝荣先生将谢氏的"文件双重价值论"，依据我国档案价值鉴定工作的实际，结合我国档案概念术语的边界，创造性地提出了"档案双重价值论"。他们认为，档案的价值具有双重属性——档案的第一价值和第二价值。即档案对其形成者所具有的作用（有用性和有益性）构成了档案的第一价值；档案对其形成者之外的其他利用者的作用，构成了档案的第二价值。在档案价值实现的历程中，首先实现档案的第一价值，然后实现档案的第二价值。档案所具有的第一价值，是每个立档单位自愿积累和保存档案的内在动力。但是，档案的作用不仅限于对其形成者有用，而且对社会其他利用者也具有有用性。在档案价值鉴定实践中，档案工作者也是基于对档案的第一价值和第二价值的综合分析和判定，来确定档案的"存"与"毁"，评估档案发挥作用的时间长短，从而合理地划分档案的保管期限，并剔出那些已经失去档案保存价值的文件或记录予以销毁。

从某种意义上说，档案双重价值论既是揭示档案价值实现过程及其规律性的一种档案学基础理论思想，也是一种指导我国档案价值鉴定工作实践的应用理论和方法。其实质是根据文件生命周期理论，从整体上分析、评价和预测档案保存价值、确定档案保管期限、决定档案如何处置的一种专业理论和方法。

档案双重价值鉴定法，就是在档案价值鉴定工作实践中，运用"档案双重价值论"的思想，综合分析影响档案保存价值的各种档案自身因素和档案形成单位的业务需求及社会用户的工作、生活和研究等方面的需求因素，进而合理评价和预测档案的保存价值，划分档案的保管期限，并对已经失去保存价值的档案予以销毁的一种整体性档案价值鉴定工作方法。

档案双重价值鉴定法，在纸质档案占统治地位的时代，对有效解决各种社会机构、组织的文件数量激增和整个人类社会有限的保存档案空间之间的矛盾，确实起到了不可低估的作用，也取得了较好的保存人类社会历史记忆的作用。因此，作为一种指导以纸张文件和记录为主体的档案价值鉴定工作实践的专业方法，它不失为一种有效的经典理论和专业方法。即使在现时代（纸质文档和电子文档并存的混合时代），它也依然具有较强的生命力。例如，国家档案局分别于 2006 年 12 月 18 日和 2012 年 12 月 17 日，发布的第 8 号令（《机关文件材料归档范围和文书档案保管期限规定》）和第 10 号令（《企业文件材料归档范围和档案保管期限规定》），都是对这种档案整体价值鉴定方法的应用性成果。

（二）内在价值鉴定法

1. 内在价值概念的提出及其含义

内在价值概念及其鉴定法是 1980 年由美国的"国家档案与文件局"（the National Archives and Records Service）的一个专门研究"内在价值"的委员会提出并付诸实践的一种档案价值分析方法。

所谓"内在价值"，是一个档案术语，用以说明具备永久价值的记录的属性和特征。它使这些记录以档案部门唯一接受的原始物理形式加以保存。记录的原始物理形式所具备的属性和特征不能被保留在其副本中，故具备内在价值的档案必须以记录的原始物理形式保存。

决定档案内在价值的属性或特征，可能是记录的物理形式或智力内容，即它们可能与记录的物理载体、记录信息的方式或记录所包含的信息相关。档案工作者有责任确定哪些记录具有内在价值。档案工作者通常是在记录的系列层级上做出这种判断的。因为在所有其他档案鉴定活动中，做出判断的关键是记录之间的联系（背景关系），通常通过考察所有系列，可更好保持这种联系。但是，档案工作者也可以在一个系列范围内判断某些个体记录的内在价值，尤其是那些因具备特殊物理特征而被保存的个体记录。

2. 影响档案内在价值的属性或特征

具备以下一个或多个特定的属性或特征的所有记录，均具有内在价值。这些属性或特性与记录的物理特征、潜在用途及其所包含的信息相关。

在档案价值鉴定实践中，档案工作者通常通过分析和评价记录是否具备如下属性或特征，判定其内在价值（见表2—2）。

表 2—2　　　　　　　　　具有内在价值的档案的属性和特征一览表

序号	属性和特征	备注与说明
1	物理形式	记录的物理形式可能成为研究课题——如果记录提供关于这种物理形式的有意义的证据或值得注意的例证。某些文件因其可作为技术发展的证据而被以原始形式加以保存。例如：新闻稿件、玻璃底片、蜡质圆柱录音等。虽然不是所有记录都因为具备某种特定的物理形式而被视为有内在价值的，但那些足以提供技术发展历史证据的记录则被认为具有档案保存价值。
2	美学或艺术性	具备美学或艺术性的记录，包括照片，用铅笔、墨水绘制的素描，地图，建筑图纸，雕刻，印刷品等，往往具有独特的或奇特的物理特性。独特的或奇怪的物理特性可能包括质量和纸张的纹理，颜色，火漆印，印、水印，油墨等。虽然不是所有记录因为具备某种特定的物理特征而被认定具有内在价值，但每种类型的代表性记录，则具有档案保存价值。
3	年龄（独一无二的时代性）	年龄因素是相对的而不是绝对的内在价值特征。一般来说，早期形成的记录比晚期形成的记录具有更大的意义。这可能是因为记录形成者职能活动的历史性转变所造成的。早期形成的记录往往具有稀缺性，意味着记录方式的改变或这些因素的组合。年龄甚至可以成为比较最近记录的一个内在价值因素。例如，在无线电行业或核电的发展历程中最早形成的记录，都可能因为年龄特性具有内在价值。
4	在展品中具有使用价值	常被用于展出的记录，通常具备一些可赋予其内在价值的属性和特点。具备展出价值的记录所传达的一个事件的紧迫性，所描述问题的重要性，以及记录的主体或发起人是谁等信息，往往给人以深刻印象。在这些情况下，原始记录的影响不能被其复制品替代。
5	真实性可疑的日期、作者或其他特征	指有研究意义的，但通过物理检查确定在真实性、日期、作者或其他方面存有疑义的记录。某些记录的真实性是值得怀疑的或含有可公开质疑的信息内容，我们不可能预见到这些记录在未来会受到怎样的质疑。某些记录的真实性是众所周知存有争议的。在有些情况下，人们可以通过检查手稿和签名，鉴别纸张的年龄，或运用其他物理测试等方法，验证记录的真实性。在某些情况下，争议可以通过诉诸原物的方法解决（如通过检查笔迹、纸张的年龄、影印照片的原底片等），而在其他情况下，该方法将不会是决定性的，但可为研究者提供最好的证据，帮助他们得出结论（比如不明飞行物的原始照片等）。

续前表

序号	属性和特征	备注与说明
6	引起广泛的和实质性的公众兴趣	记录因为与著名的或具有历史意义的人物、地点、问题或事件等存在直接关联，而能够引起广泛的和实质性的公众兴趣。这个标准不仅最难运用，而且将其运用于哪些记录也非常重要。档案的历史重要性，可以用来支持应以原始形式保留全部具有永久价值的记录的观点。记录是否可以引发广泛的和实质性的公共兴趣，是否是直接相关的，是否是著名的或具有历史意义的，都是档案价值鉴定应考虑的至关重要的因素。通常，含有这类高浓度信息的记录应保存下来。
7	对一个部门或机构的建立或存续有法律依据意义的文献	部门或机构通过行政、立法及政府司法部门而成立并获得或失去其职能。记录这些行动的文件可能集中在某个系列或分散在各个系列中。它们在最高层面上共同记录了部门或机构职能的变化特征。
8	作为制定政策文件的意义	这种记录对最高行政机构的政策制定具有重要意义——超越了对其形成机关或机构的影响，而具有重要意义和广泛影响。反映决策的记录数量很多；然而，大多数政策性记录只有相对有限的影响，反映出相对较小的地区影响力。具有内在价值特征的政策记录的特点是：最高行政级别记录的起源，具有深远的影响，包含重要的主题。

资料来源：*Intrinsic Value in Archival Material*，Staff Information Paper Number 21，Published by the National Archives and Records Administration，Washington，DC，1982。

3. 内在价值鉴定法的应用

如果可能，具有任何内在价值属性或特征的记录，都应以其原始形式加以保存。所以，内在价值概念不是相对的。关于记录是否具有内在价值的认识，不同的档案工作者之间、不同时代的档案工作者之间是变化的。因此，必须在所有关于内在价值的决定中进行专业性的档案判断。在一个档案机构内，记录保存机构之间的协调，也许是必要的。例如，保存着相似研究课题记录的各单位，应当相互协商以避免重复。尽管内在价值概念应用于古老记录可能比较容易，但是与内在价值有关的决定能够应用于所有具有充分价值的决定尚需验证。

包括研究人员使用过的，具有内在价值的记录的副本，可以进行必要的备案。事实上，由于记录的脆弱性、稀有性或重要性，研究人员可能需要通过复制品开展工作。

具有内在价值的记录应受到保护或修复；但是，在做出长期保存的连续性判断活动中，记录具有内在价值的判断也只是第一步而已。保存活动的优先顺序，还应考虑其他影响因素。例如，记录的重要意义和利用频率，恶化率，未来潜在的保存问题的严重性，以及现有的修复方法的效果和费用成本等。

尽管具有内在价值的记录是档案机构应该以原始形式保存档案的核心组成部分，但是档案机构也必须保留那些不能进行档案复制的副本性记录。在研究活动中，这些副本的使用可以使原始记录的耐久性和使用性得到延长。如果不能用这种记录制作足够的复制件，那么缺乏内在价值的原始记录副本就不能考虑销毁。例如，目前采用视听记录的副本制作的复制品通常比依据原件制作的复制品的质量低，故大多数视听记录的原始副本均应予以保存。只有根据记录的复制品制作的备份质量相当于或优于原始记录副本，才可考虑销毁原始记录的副本。

某些记录虽然不具有内在价值，但因法律要求保存，所以还必须保留原有的物理形式。

对内在价值的概念应用这里举三个实例。在这些例子中，首先，档案工作者按照内在价值标准审查了这些记录。其次，如果确定记录不具有内在价值，则会考虑审查是否有法律层面的记录保存要求。最后，如果前两者是否定的，档案工作者还需要研究记录的备份是否充分。

档案工作者也许不需要准备包含下述问题的正式文件，但是在处置原始记录时应当提出并回答相似的问题。

例1：RG 33，美国联邦政府推广管理局的记录，劳动力计划、战争囚犯的管理计划，1943—1946，1英尺（排架长度），按字母顺序排列。

鉴定对象描述：是同农业生产中雇用战争囚犯的需求、地点和地位有关的通信记录。这些记录反映了所使用的战争囚犯劳动力和从墨西哥与加勒比海地区来的移民劳动力之间的关系。

档案工作者在鉴定工作中所进行的价值判断过程如表2—3所示。

表2—3　　　　　内在价值判断示例1的问题、答案和鉴定结论一览表

序号	问题	答案	鉴定结论
1	记录的物理形式是否具有典型性？	没有，这些记录是20世纪中叶常见记录的物理形式。	
2	记录是否具备美学或艺术性？	没有，这些记录不具有直观有趣性。	
3	记录是否具有独特的或奇特的物理特征？	没有，这些记录上没有不寻常的印章、纸张或油墨等。	
4	记录是否具有年龄方面的代表性特征？	没有，根据年龄因素判断，这些记录不具有独一无二性。因形成于第二次世界大战时期的此类记录众多，在永久保存的档案中这个时期的战俘记录也较多。	
5	记录是否具有展览方面的潜在价值？	不可能。	
6	记录的真实性是否受到了质疑？	没有，人们对这些记录的真实性，包括其中的签名和字迹鉴定，不存在任何疑义。	这些记录不具有内在价值。保管单位可以复制并要求处置这些记录。
7	记录是否会引起公众的普遍兴趣？	没有，虽然这些记录反映了一些美国历史中有意义的问题（如在第二次世界大战中的战俘待遇问题），但其中没有涉及重要历史人物和历史事件的内容。这些记录并没有经常使用的情况。	
8	记录是否为某个部门或机构存在的法律依据？	不是，它们只是执行性的记录。	
9	记录是否为高层政府机构政策的思想来源？	不是，它们只是操作层面的记录。	
10	记录是否被某个法令要求以原有的物理形式保留？	没有。	
11	是否可以用这些记录制作质量良好的复制件？	可以，因为这些记录在复制过程中不存在尺寸、规格、色调、隐私权保护等方面的问题。	

资料来源：*Intrinsic Value in Archival Material*，Staff Information Paper Number 21，Published by the National Archives and Records Administration，Washington，DC，1982。

例 2：RG 49，美国联邦土地管理局的记录，公有土地的处置，废弃的军事用地，1818—1945，60 英尺，根据保留地的最初处置或行动时间顺序排列。

鉴定对象描述：记录联邦土地管理局的行政命令、信函、头衔证件、图版、地图、蓝图、描图纸及其他印刷材料。这些记录反映了该局在处置和管理美国陆军部和海军部所放弃的公共土地活动中所起的作用。记录包括该局在履职过程中使用物资和服务等方面的信息。在公共土地管理局的其他记录系列中也保留有相关的记录，在内政部、首席工程师管理局、军需办公厅、副官的办公室、美国陆军司令部，以及军法署署长办公室（军）的记录系列中也存在相关记录。

档案工作者在鉴定工作中所进行的价值判断过程如表 2—4 所示。

表 2—4　　　　　　　内在价值判断示例 2 的问题、答案和鉴定结论一览表

序号	问题	答案	鉴定结论
1	记录的物理形式是否具有典型性？	否，这些记录都是 19 世纪和 20 世纪常规类型的政府档案。	
2	记录是否具备美学或艺术性？	偶尔，虽然有些记录上带有艺术性的装饰，但制图和建筑记录通常是功利性的。	
3	记录是否具有独特的或奇特的物理特征？	否，这些记录上没有不寻常的印章、纸张或油墨等。	
4	记录是否具有年龄方面的代表性特征？	是，对比南北战争时期的记录，内战前的美国军事记录数量较少。在这些案卷中，内战前和内战后的材料均有归档。	
5	记录是否具有展览方面的潜在价值？	是，这些记录可用于军事展示，以及西部大开发、组织的边界、测绘、土地配置、军事组织，甚至名人签名（William Tecumseh Sherman、Joel Poinsett）的展示。	这些记录具有内在价值。
6	记录的真实性是否受到了质疑？	没有。	
7	记录是否会引起公众的普遍兴趣？	是，许多军事历史学家和爱好者会使用这些材料，尤其是对废弃的军事委员会特别感兴趣的人。	
8	记录是否为某个部门或机构存在的法律依据？	否，这些都是土地收购和处置政策的实施记录，没有提供制定基本政策的依据性记录。	
9	记录是否为高层政府机构政策的思想来源？	否，虽然这些记录中包含了美国国内战争期间各部门之间的重要通信与实施土地处置政策的最初记录，但这种记录并不是关于土地处置政策制定的通信。	

资料来源：*Intrinsic Value in Archival Material*，Staff Information Paper Number 21，Published by the National Archives and Records Administration，Washington，DC，1982。

例 3：RG 341，美国空军总部的记录，由航空技术情报中心、莱特帕特森空军基地、俄亥俄空间现象研究机构等形成的三个相关联的视听记录，由反映"蓝皮书计划"的照片

（7 280）、录音记录（23）、影片（20）组成，1950—1967，共 7 323 件，按箱号排列。

鉴定对象描绘：通过三种不同的形式制作的视听记录，是美国空军在其正式调查不明飞行物（UFO）存在期间获得或收集的。其中有所谓的不明飞行物目击事件照片（35 毫米底片）21 幅，包括一些记录在胶卷上的表明所观察到的现象的雷达响应时间的照片；影片（8 毫米和 16 毫米），主要由军事人员和平民用原始摄像机镜头（未修改）拍摄；由美国空军记录或收集的录音，还包括对宣称见过不明飞行物的目击者的访问记录，以及在所谓的目击时间留下的声音记录；伴随着"蓝皮书计划"项目档案和案件档案形成的相关的文字记录。

档案工作者在鉴定工作中所进行的价值判断过程如表 2—5 所示。

表 2—5　　　　　　内在价值判断示例 3 的问题、答案和鉴定结论一览表

序号	问题	答案	鉴定结论
1	记录的物理形式是否具有典型性？	否，表现形式为标准的、常见的音像复制形式。	
2	记录是否具备美学或艺术性？	否。	
3	记录是否具有独特的或奇特的物理特征？	否。	
4	记录是否具有年龄方面的代表性特征？	否。	
5	记录是否具有展览方面的潜在价值？	是。	
6	记录的真实性是否受到了质疑？	是，对 UFO 的历史和围绕整个现象，以及关于"蓝皮书计划"的目的和作用问题存在争议，研究需要 NARS 保存的、由空军获得或制作的原始记录，能提供可用于审查、实验、检测及验证证据的材料。	这些记录具有内在价值。
7	记录是否会引起公众的普遍兴趣？	是，UFO 的历史，虽然是一个专门性研究课题，但却存在着广泛的公众兴趣和情感魅力。	
8	记录是否为某个部门或机构存在的法律依据？	否。	
9	记录是否为高层政府机构政策的思想来源？	否，这些记录属于操作层面的记录。	

资料来源：*Intrinsic Value in Archival Material*，Staff Information Paper Number 21，Published by the National Archives and Records Administration，Washington，DC，1982。

（三）相对价值评估法

从某种意义上说，人们对档案价值的预测与判断都只具有相对意义。所谓相对价值评估法，就是要求档案工作者在正确的档案相对价值鉴定理论的指导下，从不同角度出发，综合判断和估价档案对人类社会存在和发展所具有的各种积极意义。

首先，就档案的整体而言，只有在档案有机体保存相对完整的情况下，其保存价值和利用价值（业务价值和文化价值）才会最大化；而在档案有机体遭到自然和人为因素破坏的情况下，其整体价值就会受到严重的损害，并会严重影响其业务价值和历史文化研究价值。

其次，就档案文件的个体来说，多数只是记录和反映了组织和个人业务活动的零星、片段性的数据和信息，任何个体文件都不足以满足业务持续性和发展性的需要，诚然也不足以为组织和社会留下相对完整的"记忆"。因此，过分强调残存档案的价值会相应提高"原理"和"方法"的重要性，而忽视对档案有机体"完整性"之重要意义的肯定，或者片面地强调"档案的完整程度越高、绝对数量越多，每一份档案文件的价值就相对降低"的思想，无疑都会将鉴定工作实践引入歧途。实践表明，如果在档案价值鉴定工作中，过分地强调"个体"档案价值的相对性判断，则会严重影响档案全宗整体价值的相对性判断。

最后，就人类历史文化、历史记忆的保存而言，完整的档案有机体的价值也远远高于"残缺不全"的零散档案文件的价值。当档案有机体可以有效保证各种现实业务活动正常运作和持续发展时，其价值最大，管理档案的效益最高；而当档案有机体不能有效保证各种现实业务活动持续正常开展的时候，其价值就会大大降低。

档案工作者可以从以下几个层面，分析和鉴别档案文件及其有机体所具有的相对价值。

1. 基于"来源"因素导向的档案相对价值判断方法

在影响档案相对价值的各种因素中，"来源"因素是一个非常重要的关键性"价值因子"。一般来说，档案的"来源"价值因子的主要呈现形式包括：形成档案有机体的"立档单位"的社会地位、责任者的社会责任与社会影响力、相关业务活动项目的重要性及其社会关注度等。在具体鉴定实践中，鉴定人员必须注重分析上述三个方面的因素，比较分析"立档单位"的社会地位高低、责任者的社会责任重要性与社会影响力的大小、相关业务活动项目的重要性及其社会关注度的大小。根据已有的档案价值鉴定工作经验，结合国外先进的理性认识成果，我们可以得出这样一些档案相对价值判定的基本标准：

其一，档案价值会随着单位地位的高低而变化，两者一般成正比关系。

其二，档案价值的大小与其形成者所承担的社会责任的重要程度及其社会影响力成正比关系。

其三，档案价值的大小与形成档案的项目来源及其重要程度成正比关系。

2. 基于"内容"因素导向的档案相对价值判断方法

档案的内容因素是影响档案相对价值的核心性"价值因子"。档案内容的真实性、完整性、可替代性、稀缺性、保密性和时效性等"子因素"，均会对档案的相对价值产生重要影响作用。通过对档案内容因素的对比分析、真实性分析、完整性分析、可替代性分析、稀缺性分析、保密性分析和时效性分析，理清档案内容所含数据和信息的集中性、独特性和重要性，将有助于人们合理判断档案的相对价值。实践经验表明，档案文件及其有机体所包含数据和信息的集中度高低，是否具有独一无二性，所涉及"事件"的重要性和受社会关注的程度等，均会影响档案的相对价值。以往的档案鉴定实践和理论研究成果虽然已经对此有所认知，但多是将关注的焦点放在"个体"档案文件上，缺乏对档案有机体的有效关注，所以对档案价值鉴定实践的实际指导意义也受到了一定影响。为此，将关注点和关注的重心转移到"档案有机体"层面，是深化我国档案价值鉴定实践的必然要求。通过对已有研究和认识成果的总结，我们目前可以得出以下结论性认识：

其一，档案文件及其有机体所涵盖数据的集中度高低与其保存价值的大小成正比；文件内容反映的信息内容的新颖度与其保存价值成正比。

　　其二，档案文件及其有机体内容的独特性（独一无二性），在很大程度上影响着档案价值的大小。同样，档案文件及其有机体内容的真实性、完整性也影响着其价值的大小。

　　其三，档案文件及其有机体内容的可替代性、保密性、时效性及所涉及事件的重要性和社会影响性等因素，也在一定程度上影响着档案的保存价值。

　　3. 基于"形成时间"因素导向的档案相对价值判断方法

　　档案的形成时间因素是影响档案相对价值的重要因素之一。构成档案形成时间因素的"子因素"主要有档案文件及其有机体的形成时期、年代和产生的业务工作阶段。在档案相对价值的判定实践中，鉴定人员如果能切实分析档案文件及其有机体"形成时期的重要性"、"形成年代的重要性和久远性"、"产生业务工作阶段的关键度"，则会更有助于取得合理的价值判断成果。基于此，我们可以得出如下三点结论性认识：

　　其一，组织确立后早期形成的文件及其有机体，尤其是支持和证明其存在合法性的文件价值较大。"高龄案卷"应当受到尊重。

　　其二，重要历史时期（如发生变革、转型时期）的组织文件及其有机体通常具有较高的保存价值。非常时期、非常年代形成的文件应多留存一些。

　　其三，关键性、总结性业务工作阶段形成的文件及其有机体的保存价值较高。

　　4. 基于"职能"因素导向的档案相对价值判断方法

　　档案及其有机体是围绕着有关组织的职能活动形成的，为此，职能活动的重要性无疑对档案的相对价值存在着重要影响。随着档案存在形态的日益数字化，传统意义上档案价值鉴定所要解决的"文件数量几何级数增长与人类社会有限的存储空间"之间的矛盾已经逐步化解，目前我们需要关注的新矛盾是"数字档案的质量与人们的业务需求和文化需求多样性、有效性、及时性"之间的矛盾，即人们需要有较为充分的、高品质的档案资源来满足其不断增长的业务连续性需求和文化知识性需求。档案价值鉴定工作组织对各种职能活动中形成的文件处置，更多地依赖文档管理系统，并以"批处理"的方式来加以实现，档案价值判断已逐步走向智能化的发展道路。而这种转变的关键是要求人们在文档管理系统的设计和开发实践中，更为重视对诸如"职能重要性"、"任务重要性"、"事件或项目重要性"的分析与说明。那种认为现代档案价值鉴定更加"粗放"的观点是非常有害的，相反较为"精细化的职能活动分析"才是我们应当选择的正确道路。档案价值鉴定人员和鉴定工作组织，应当有能力编制和管理相关单位的"职能活动重要性分析地图"，确定各种职能、任务、事件、项目的相对价值等级，并对"地图"实施动态管理，以保证其相对合理性。基于上述分析，我们可以得出如下结论性认识：

　　其一，围绕单位重要或主要职能活动形成的文件及其有机体的价值高于辅助职能活动形成的文件及其有机体的价值。

　　其二，围绕重要工作活动、任务形成的文件及其有机体的价值，高于围绕一般性工作活动、任务形成的文件及其有机体的价值。

　　其三，围绕主要任务事项形成的文件及其有机体的价值，高于围绕事务性任务事项形成的文件及其有机体的价值。

　　5. 基于"形式"因素导向的档案相对价值判断方法

　　"形式"因素是影响档案相对价值的"价值因子"之一。通过分析档案文件的内在形式、外在形式特征，可以在一定程度上帮助我们解决某些通过上述"价值因子"分析无法最终得出结论的问题。在运用这种方法的实践中，我们应注意明确这样几个问题，即"是否为首次采用的形式"、"是否为独一无二的形式"、"形式与内容的关联度如何"。之后，我们可以依据下述标准来实施判断：

其一，含有首次出现之"形式"的文件价值高于其后出现的相同"形式"的文件价值。

其二，特殊文种、形状、结构、规格的文件价值高于常规文件的价值。

其三，形式与内容关联度高的文件价值高于形式与内容关联度低的文件。

综上所述，档案的相对价值问题研究不能仅仅停留在对"相对价值"概念的探讨层面，更应当深入鉴定工作亟待解决的"方法"层面。从整体上（即从档案有机体）认识档案的相对价值，远比从个体上认识档案的相对价值更为有效、科学。在现实的理论研究实践中，我们不仅要考虑到传统纸质档案的鉴定工作需要，还要考虑到电子文件的鉴定工作需要。对档案相对价值的判断，应充分考虑到"档案有机体"的存在意义，考虑到它与社会组织的职能活动之间的密切关联，确立宏观的、整体性鉴定思想意识。可以说，没有科学理论指导的档案价值鉴定工作是盲目且无实效的。只有选择好正确的路径并依据合理的方法工具，才能使我们对档案及其有机体的相对价值认识更为清楚、明了。

（四）其他档案价值评估方法

在现实的档案价值鉴定实践中，档案鉴定人员和鉴定工作组织有时会遇到一些较为特殊的矛盾和问题。合理地化解这些矛盾和解决所面临的问题，对促进档案价值鉴定工作效率的提高、鉴定工作质量的提升等，均具有非常重要的意义。本书主要介绍如下几种可以在特殊情况下选择使用的档案价值评估方法：

1. 弹性方法

在进行归档鉴定工作中，档案鉴定人员有时会遇到这样的情况：某些文件可以归档也可以不归档；纳入归档范围的某些文件的保管期限可以划定为 10 年，也可以划定为 30 年；某些文件可以长期保存也可以永久保存；档案馆或档案室在开展期满档案价值鉴定时，某些档案可以销毁也可以不销毁，某些档案的保存年限可以延长 5 年也可以延长 10 年等。这些是各种介于"两可"之间的难题。

能否科学合理地解决好这类问题，不仅会影响鉴定工作的效率，而且也会影响档案的价值鉴定质量。

传统的档案价值鉴定理论认为，当遇到上述问题时，档案鉴定人员应当采取"就高不就低"的处理方法：可归档也可不归档的文件，一律归档保存；保管期限划分存在争议时，一律从长；档案可以销毁也可以不销毁时，一律留存；期满档案进行重新鉴定时，一律从长。但是，通过我国的档案价值鉴定工作实践的检验，已经证明了这种"弹性方法"的存在许多弊端。其中包括：

（1）由于滥用"弹性方法"，造成一些立档单位文件归档范围被人为"放大"，甚至出现了"有文必档"的严重问题。其不良影响是，加大了档案管理成本，造成了档案库房和档案装具紧张，增加了无效的档案管理工作量，损害了真正具有长远保存价值档案的保管条件的改善。

（2）由于采用传统的"就高不就低"方法划分档案的保管期限，人为地造成了档案鉴定人员和鉴定工作组织的"惰性"，并在档案保管期限的划分上出现了过度"从宽"的问题，使得所留存档案呈现出"两头小中间大"（短期保存档案的数量少、永久保存档案的数量少，长期保存档案的数量多）的不正常情况。例如，按照"介于两可之间的档案保管期限一律从长"的做法，本来可以保存 10 年的档案，就被人为地保存 30 年，甚至更长的时间。这样的实践结果，不仅大大降低了档案价值鉴定工作的质量，而且也给机关、组织和国家档案管理部门增加了大量的管理负担。

（3）由于采用传统的"弹性方法"，粗放的鉴定思想风气获得了生存的土壤，进而又进一步助长了档案价值鉴定工作中某些人员的官僚作风，得过且过，严重影响了档案价值鉴定专业人才队伍的建设与发展。

由此可见，如何重新界定"弹性方法"就成为现代档案学理论必须面对的一个重要问题。

通过总结我国档案价值鉴定工作的实践经验和教训，本书提出如下改进策略：

第一，将传统的"就高不就低"的提法，改造为在合法合规的前提下，对于列入档案保存范围的文件、记录的保管期限进行划分，如若发现其保管期限"介于两可"之间，则应采取"就低不就高"的处理方法。即首先为归档文件、记录确定一个最低的保存时限，待保存期满后，再进行二次价值鉴定；如果发现某些保存期满的档案不再需要延长保管期限，即可销毁档案；但如果发现某些保存期满的档案，依然具有保存价值，则可以确定一个新的保存年限。

第二，对于介于"销毁"和"保存"之间的文件或档案，则应用"保存年限从低"的方法来处置。即对于介于"归档"与"不归档"两可之间的文件，先应按规定将其纳入归档范围，然后再划定一个最低的保存期限，待保存期满后，再对这些档案的保存需要进行重新评估。

第三，在档案销毁鉴定中，对于介于"销毁"和"保存"两可之间的档案，应按规定，先"判处死刑"，再确定一个两年左右的观察期，待观察期满后，如果经过重新评估，确定确实没有继续保存必要者，则应加以销毁；但如果观察期满后，经过重新评估后发现档案依然具有一定的有用性或保存价值，则应予以继续留存。

第四，对那些保存已满一定年限，经过反复斟酌与评价，依然无法确定可否销毁的档案，则应考虑做出抉择：一是如果档案被销毁后，无法通过其他档案或资料来满足可能会出现的"零星"性用户需求，则应选择继续留存的处置方法；二是如果期满档案被销毁后，利用者依然可以通过查找到其他相关的档案或资料来满足需求，则可以对期满档案进行销毁处理。

值得注意的是，弹性方法只是一种在上述特殊情况下，才可以考虑采用的档案价值鉴定工作方法。

2. 典型抽样法

在档案价值鉴定工作中，所谓典型抽样法是指从具有相同或相似保存价值的样本（文件有机体）中，抽取某一个完整的样本加以保存的方法。

应用这种方法开展档案价值鉴定应注意如下两个问题：

（1）涉及对象的特殊性。只有当需要进行档案价值评估的对象存在多个具有相同或相似保存价值的样本时，才可以考虑采用这种方法。

（2）抽取对象的完整性和代表性。不同于随机抽样方法，该方法的应用要求是，必须在具有相同或相似保存价值的样本（文件有机体）中，抽取某一个完整的样本加以保存。

3. 随机抽样法

在档案价值鉴定工作中，所谓随机抽样法是指从具有相同或相似保存价值的，且数量巨大的样本（文件个体或有机体）中随机抽取一些样本加以保存的方法。

应用这种方法开展档案价值鉴定应注意如下两个问题：

（1）涉及对象的大量重复性。只有当我们发现需要鉴定的文件、记录存在具有相同或相似保存价值的但数量巨大的样本（文件个体或有机体）时，才能考虑采用这个方法。

（2）抽取样本活动的随机性和适当选择性。尽管该方法所采用的抽样方法是随机性的，但档案鉴定人员依然需要认真检查所抽取保存的文件或记录样本的质量。如果发现所抽出的文件或记录样本的质量有问题，则应重新进行抽取，直到能够确认所抽出的样本文件或记录的质量可以满足档案留存的需要时，才可结束抽样活动。

4. 暂留观察法

所谓暂留观察法，是指对那些一时难以判断其保存价值的文件或文件有机体，可暂时保存一段时间，待时机成熟时再做鉴定。但观察期一般不要超过 5 年。

立档单位或档案馆的档案鉴定工作组织，在鉴定工作中确定列入销毁范围的档案，通常应当再保存一段时间。这段继续保存的时间，称为"观察期"，一般可以分为短期、中期、长期三种。短期观察的时限可确定为 1～6 个月；中期观察的时限可确定为 1～2 年；长期观察的时限可确定为 3～5 年。设立观察期的主要益处，就是为了防止人为性的档案价值判断失误、失当，错误地销毁依然有保存价值的档案。

应用这种鉴定方法，还可以使立档单位和档案管理部门有效避免"鉴而不销"、"鉴后急销"等问题的产生。例如：有的单位在档案价值鉴定工作已经确定了档案的销毁对象后，无限期地拖延依法准销档案的销毁时间；有的单位分管档案工作的领导，迟迟不肯再"档案销毁清册"或"档案销毁清单"上签字，担心日后承担责任；有的单位出于"规避"法律风险和"躲避"责任追究风险的考虑，对于列入销毁范围的档案，采取了"判处死刑、立即执行"的急迫销毁行动等等。这些做法，从法律意义上说，都有违程序正当原则和权责统一原则，应尽早改正。

5. "计划生育"法

所谓"计划生育"法，是指根据每一项职能工作的需要，预先制订文件的出生计划，并同时确定文件的保管期限的方法，实现前端控制。

各立档单位的档案管理部门与各业务部门之间应加强业务沟通和工作联系，并通过业务协同、业务融合的方式，让各个业务部门了解档案留存的需要和具体的价值鉴定标准要求。在现阶段，各立档单位应按照国家档案行政管理规范的要求，认真编制好本单位的档案保管期限表。在编制保管期限表的实践中，各单位的档案工作者不能仅凭自身的经验或简单模仿的方法，就草率地、应付性地完成编制档案保管期限表的任务。正确的工作程序方法是：

第一，各单位应成立档案保管期限表编制工作组，专门负责编制本单位的档案保管期限表。单位主管或分管领导应承担工作组的管理和组织责任。工作组的人员构成应包括档案人员、各部门熟悉本部门业务工作的人员、单位分管领导、专家等。

第二，工作组要认真学习国家档案行政部门发布的规范性文件、本行业的档案保管期限表、同行业其他单位的档案保管期限表，提升对档案价值鉴定理论、原则、规则、方法的认识水平，提高编表人员的业务能力。

第三，档案人员应提出一个要求各个业务部门的相关人员填写的调查问卷，以便查明各个部门的主要职能分工情况、业务类型及业务活动内容、文档类型、业务工作的文档需求等方面的信息。

第四，档案人员应对回收的调查问卷内容，进行必要的数据整理分析。对那些没有得到确切回答的问题，档案人员还应主动与有关人员进行反复沟通，直至问题解决。在此基础上，提出本单位档案保管期限表草案或建议书。

第五，档案保管期限表编制工作组对所提出的档案保管期限表草案或建议书进行认真研讨，修订完善。

第六，将修订后的档案保管期限表分发给每个组织成员，广泛征求意义，博采众长，真正实现文档价值鉴定工作的全员参与。

第七，档案保管期限表编制工作组再次对保管期限表进行修改和完善，并形成定稿，报送给同级档案行政管理机关审核。

第八，将经过档案行政管理机关审核的保管期限表，依据其条款内容进行分解，使单位的每个部门的工作人员都能知晓与之相关的文档留存范围，明确责任部门和责任人。有条件的单位还可以将保管期限表嵌套在业务管理系统中，实现文档形成和保存的自动控制。

6. 专家评估法

所谓专家评估法，是指对那些难以确定保存价值的文件或文件有机体，可请同行专家参与鉴定评估，并据专家意见划定保管期限的方法。

第三节　档案价值鉴定标准

档案的价值是客观存在的，而档案价值鉴定工作则是人们对档案价值的认识和评价，带有很强的主观性。为了使这种主观认识活动最大限度地符合实际，保证鉴定工作的质量，必须建立明确的档案价值鉴定标准。档案价值鉴定标准不是档案工作人员主观随意的产物，它以客观存在的档案价值构成为依据，具有明显的客观性。坚持按照客观的鉴定标准来认识和评价档案价值，可提高档案鉴定结论的客观性、可靠性和准确性。

一、档案属性标准

从档案方面分析，文件来源、内容、时间与时效及形式特征可作为鉴定档案价值的标准。

（一）档案的来源标准

档案来源是指档案的形成者，即文件的责任者（作者）和立档单位。其价值的鉴定应遵循以下原则：

1. 分析文件的价值，应站在本单位的角度

本单位制发的文件是保存的重点，大部分需要长久保存。一个单位的档案是否齐全完整，能不能反映本单位的历史面貌，在很大程度上是看本单位制发的重要文件是否保存下来。除了保存本单位制发的文件，文件的保存还应包括外单位制发的文件，主要是直属上、下级制发的文件。对外单位制发的文件，主要看它在本单位的承办处理情况与本单位的关系，是针对本单位需要直接承办并产生文件的，还是没有产生文件和不是针对本单位的；是直属上、下级的文件，还是同级、非直属上、下级的文件。要牢牢把握住文件与立档单位的关系这一线索，将一个单位的全部档案材料与本单位的主要职能活动和任务联系起来，分析其在行使本单位主要职能和完成主要工作任务，以及反映基本情况方面的作用。也就是说，凡是记述和反映本单位主要职能、中心任务、基本情况方面的档案材料，对本单位、国家建设和历史研究有长远利用价值的档案，都应作为永久保存；反之，可作为定期保存。

2. 分析文件的价值，应看立档单位在社会上的地位和作用

由于立档单位担负的职能，在政府机关体系中、社会上、历史上所处地位，所起作用的不同，所形成文件的价值也不同。一般来说，担负的职能和地位重要的立档单位所形成的档案全宗及其所属档案文件，从总体上看具有较高价值。如党中央、国务院及各部委、中央军委及各总部、人大常委会等高级领导机关、地方上的党政领导机关所形成的档案，在政治、经济、科研等方面的价值要大一点，应多保存一些；一些基层单位，如小商店、小学、小工厂等单位形成的档案，价值相对小一点，保存的数量应少一些，具有抽样保存的性质，甚至可以考虑整个全宗都不必永久保存。从人物全宗来说，党和国家领导人、著名科学家、社会活动家等知名人士形成的档案价值很高。

3. 在本单位制发的文件中，具体的撰写者，制发机构也对档案价值产生影响

单位领导人、决策机构、综合性办公机构、主要业务职能机构、人事机构、外事机构制发的文件大多比较直接地反映本单位主要职能活动和基本情况，因而具有长久保存价值的文件比例较高，而一般行政事务机构、后勤机构及某些辅助性机构中具有长久保存价值的文件比例则较低。

（二）档案的内容标准

文件的内容所记录的信息和反映的情况，是分析判定档案价值的关键因素，因为文件的用途是和内容联系在一起的。分析文件的内容，主要应看以下几方面：

1. 看文件内容的重要性

看说明了什么问题，反映了什么事实。一般说来，反映党的方针政策、重大事件、主要业务活动比反映行政事务、一般业务活动的重要；反映本单位主要职能活动、基本情况比反映非主要职能活动和一般情况的重要；反映中心工作比反映日常工作的重要；反映全局性的比反映局部性的重要；有针对性、依据性、需要贯彻执行的比普发性、参考性的重要；有效时间长的比有效时间短的重要；典型性的比一般性的重要。对于重要档案，要永久保存，而一般档案，价值较小，多数只能定期保存。

2. 看文件内容的独特性

实践证明，内容独特、新颖的档案材料有较大的利用价值。因此，档案馆、室鉴定档案价值时，应充分重视档案内容的独一无二性。凡是具有本单位、本系统、本地区特色的档案，以及特殊事件、特殊产品、特殊人物、特殊成果和具有开创意义的新人、新事、新方针、新政策方面的档案及各种特色档案，应尽可能予以保存，并适当延长保管期限。文件内容的独特性，还包括力求减少馆、室档案的重复，将重复现象减至最低限度。

3. 看文件内容的真实性

文件内容真实可靠才具有利用价值，内容不实则丧失利用价值而应当剔除，若将内容不实的文件保存起来并提供利用，会因以讹传讹而产生负面影响。只有在特定历史条件下，避免人为造成"历史空白"，才允许保存一些文件本身形成是真实的但内容不真实的文件材料，并谨慎地、批判地加以利用。

4. 看文件信息内容的综合性或集中性

分析文件内容信息的综合性或集中性，主要看文件在记载某一事件、某一活动、某一主题时，是详细还是简略，是深入具体还是肤浅概括。这种分析需要与其他文件联系起来进行比较、判断。如综合性总结，年度总结的价值一般高于季度、月度总结的价值；记录事件、活动的发生、过程、结果比较详细，信息量大而且集中的文件，其价值高于记录内容浮浅和不具体的文件。

（三）档案形成的时间与时效标准

1. 文件形成时间对档案价值的影响，具体表现在文件形成时间的远近，文件形成于特别时期还是一般时期

文件形成时间久远的历史档案，应尽量多保存。一般来说，文件产生的时间越早，保存下来的就越少，就显得越珍贵。如古代的甲骨档案、简牍档案、缣帛档案，已成为国宝，不容许有任何毁损。明代、清代档案、民国档案、革命历史档案，产生的时间，距今远者有六七个世纪，近者也有半个多世纪，保存下来的，数量也有限，确定其保管期限应从宽，对判定销毁应持谨慎态度。凡有保存价值的，一定要尽可能保存下去，传给子孙后代。在世界范围内，早在 20 世纪初，普鲁士的迈斯奈尔就提出"高龄档案应受到尊重"的思想。它揭示出文件作为一种证据性材料所固有的历史价值，改变了人们只注重文件材料行政参考作用的片面做法，使人们认识到，文件可以作为考察机构职能活动与历史情况的证据，从而避免了大量古老的珍贵档案受到人为的毁坏。根据这一思想，许多国家制定了禁销档案的日期，禁销日期以前的档案应全部保存。我国的明清档案中的革命历史档案是禁止销毁的，对于民国档案的销毁问题，应持慎之又慎的态度。而对新中国成立后的档案，一般来说，形成于特殊时期或重要历史时期的价值相对大一些，如新中国成立初期、"文化大革命"时期、改革开放时期形成的档案应适当多保存一点。因为这些时期是今人或后人研究历史和社会发展所关注的焦点。

2. 档案价值的时效性，表现为档案可以在不同时期满足人们不同需要的阶段性，即现实的使用价值、历史的参考价值和鉴赏的文物价值

所谓现实使用价值，就是看档案在现实的工作、生产活动中的行政效力与法律效力。如条约、契约、协定、协议书、合同、法律、指示、方针政策、规章制度、规划、决算等

文件材料，在一定时间和条件下，具有行政上和法律上的效力，这就有相当的价值，应予以保存。当其有效性丧失后，会降低或失去原有的价值。实际工作中，这类档案在有效期满后，通常再保存相当于有效期限的时间，以备查考。所谓历史的参考价值，是指档案是历史的产物，在特定的历史条件下形成的，是前人实践活动的信息积淀。就一事件而言，此部分档案，即为此事件之历史。就一组织而言，该组织之档案即为该组织之历史。因此，在鉴定档案价值时，要充分认识档案的历史价值，即史料价值。所谓鉴赏文物价值。年代久远的档案，如甲骨档案、简牍档案、缣帛档案、明清档案，除本身的史料价值外，还兼具文物价值。

（四）档案的形式特征标准

档案的形式特征是指文件的名称、文件的文本、文件的外形特点、记录方式等等，这些形式特征在某种情况下，也可能对档案的价值产生影响。

1. 文件的名称

文件的名称具有特定的性质，表示着文件不同的作用，也在一定程度上反映出文件的不同价值。比如决定、决议、命令、指示、条例、纪要、报告等，就比一般性的通知、简报、来往函件重要；会计档案中的决算报告、账簿就比凭证的价值大；教学档案中教学计划、教学大纲就比教学日历、课程表的价值大。但是，看文件的名称只具有参考的性质，由于文件名称用法上的不统一，以及实际情况的复杂，有的文件不能单独只看名称，还要看文件的内容。比如有些通知就含有重要指示、决定的意义，不能当一般通知看待。又如一些党政领导人、知名人士之间关于某些重要活动的来往函件，就不能当作一般性的函件来处理。

2. 文件的文本

同一文件在撰稿、研制过程中可以形成各种稿本，如正本、副本、草稿、定稿、底图、蓝图等。不同稿本的文件，在行政效能、凭证作用等方面是有区别的，因此价值亦不相同。正本具有标准的格式，有机关的印章或负责人的签署，是机关进行工作的依据，具有法定的效能和凭证作用，可靠性大，其价值也大一些。副本、草稿、草案的可靠性差一些，价值也小一些。某些重要文件的草稿、草案可以反映文件的形成过程，也具有较高的保存价值，应与定稿、正本一样永远保存。

3. 文件的外形特点

有些文件从内容上看并不重要，但它的外形特点影响其价值。如制成材料、书法、图案等方面有科研或艺术价值，或者文件上有著名人物的批示、题词、签字等，也影响其保存价值。

档案属性特征的各个方面是互有联系、不可分割的。档案自身各方面的特征，对档案的保存价值发生影响时，往往呈现出比较复杂的情况。有时，某些方面相辅相成，一致地影响着档案保存价值的大小；有时，某些方面相互抵消，交错性地影响档案的保存价值；有时，在各方面相互作用的基础上，某一方面的特征更加突出地影响着档案的保存价值。为此，分析档案价值时，必须综合地分析和考察文件各个方面的特征及其作用，切忌孤立地、机械地单从某一方面的特征就判定档案的保存价值。总之、鉴定档案的价值，必须根据每份或每组文件的具体情况，以文件的内容为中心，全面联系地分析文件所属立档单位，文件的责任者、产生时间、名称、可靠程度、有效性，外形特点等诸种因素，全面分析文件自身的有关特点，以科学地判定档案的价值。

二、社会需求标准

社会需求和利用对档案的价值有影响、调节和使用作用。在鉴定工作中，必须予以重视，凡社会需要的档案，说明档案对社会有用，即有价值，应当予以保存；社会不需要的档案或较少需要的档案，说明对社会的作用小甚至无作用，若无潜在的价值，则一般不予保存。社会利用需求标准，一般包括以下几方面：

（一）社会需求方向

所谓社会需求方向，是指广大利用者需要利用哪些内容和哪些类型的档案，把握住总的发展趋向。但在不同历史时期，不同的利用者类型、不同目的利用者所需要的档案信息内容有很大的区别，因此，档案人员要站在社会需求的高度，把握公民个人、机关以及社会方面面利用档案信息的需要。从总的方面看，留存档案应满足社会主义物质文明和精神文明建设的需要，满足全面地为政治、经济、军事、科学、文化以及党和国家各项事业发展的需要，满足各研究领域和人民大众维权、丰富业余生活休闲利用的需要等等。在过去的档案鉴定工作中，曾经有过重政治、轻业务、重宏观、轻微观以及某些盲目现象，致使一些档案馆（室）档案利用率很低，不能满足广大利用者的利用需求。近年来，许多档案馆（室）调整了馆藏结构，在保存党政档案的同时增加了专门业务档案的比例，在保存"宏观"档案的同时，也抽样保留一些具有典型性、代表性的"微观"数据档案，受到了利用者的欢迎。为了把握社会需要方向，档案人员要加强对现有档案利用状况的统计和研究，总结经验，摸索规律，开展预测，尽可能使选留保存的档案能满足社会各方面需要。

（二）社会需求面

社会对档案的需求是多方面和多层次的。社会生活丰富多彩，对档案的需求多种多样，而档案的内容上自天文，下至地理，中及人事，无所不包，可以满足社会的广泛需求。人们在社会实践中，有的利用档案解决行政管理、生产建设，以及日常生活中的各种具体问题；有的使用档案进行科学研究与著书立说。利用档案的领域有政治、经济、科学、文化等方方面面。利用者有行政管理人员、专业技术人员、工人、农民、商人、学生等。无论在什么情况下，档案只要能满足社会需要就具有价值，否则就无价值。需要的满足程度对社会的利益影响越大，档案价值就越大，反之就越小。因此，在鉴定工作中决定档案的留存和确定保管期限时，应以一定的社会需求面（即广泛性）为前提，要避免片面地以个别需求为鉴定标准，而要考察每份文件的社会意义。有些档案在失去现行效用之后，不仅对本机关有查证、参考意义，而且可作为其他方面工作人员、研究人员工作参考和研究素材的档案，具有较大的社会意义，从而具有较高的价值。

（三）社会需求时间

社会对档案的需求，从时间上可分为近期利用需求与长远利用需求。近期利用需求是指档案形成机关在一定时期内需要查考利用档案，以及档案进馆初期各方面对档案的利用。鉴定档案价值时，既要照顾重点用户（形成机关），又要兼顾社会各方面现实的近期的利用需求。长远利用需求是指鉴定档案价值时，应深入预测未来的潜在的利用需求，通过对既往利用频率、利用效果、利用需求、用户状况等方面的调查分析，仔细剖析影响社会对档案需求的种种因素，探索利用需求的发展规律，从而准确地判定社会对档案的潜在需求，充分发挥档案馆史料基地的作用。

三、相对价值标准

从理论上讲，每一份文件价值的大小是客观的，它取决于档案的自身属性及其满足利用者需要的程度，但在鉴定工作中，实际上还有一种被鉴定档案与其他档案相比较而存在的价值——相对价值，它是通过相互比较来衡量档案保存价值的一种标准。例如，某一件（卷）档案的价值并不大，但由于这个时期、这个机关保存下来的档案数量少，这一件（卷）档案的价值就相对提高，保管期限也适当延长；反之，孤立看某一件（卷）档案似乎很重要，但同一全宗存有众多的同类型档案，或在档案进馆后会与其他全宗的档案重复，这件（卷）档案的价值就会相应降低，可适当缩短保管期限。因此，根据档案价值相对性的特点，在开展档案鉴定工作时，一定要全面观察一个全宗和一个档案馆档案的整体状况，既要分析档案本身的固有价值，又要重视馆（室）藏档案质量的优化和减少重复。

（一）相关档案的保存状况

分析档案的价值，不能孤立地从单份文件或单个案卷出发，应从全宗文件之间的有机联系出发，从全宗群以及同时期、同类型全宗的档案数量、结构、完整程度、可靠程度出发，全面地考查文件的价值。全面地分析档案价值，有一个被鉴定档案的价值与相关档案价值的比较问题。就某一份档案材料来说，其价值不大，但该时期的档案材料很少保存下来，这份档案具有"样本"性质而应当保存。某些档案就一个全宗看具有保存价值，但从档案馆角度看，相关全宗已经保存，为减少重复而应当剔除。为此，鉴定档案价值时，看相关档案的保存状况，应注意以下几点：

1. 看档案的完整程度

在正常情况下，一个全宗、全宗群，或同类单位的档案数量大、保存的比较完整，鉴定档案价值时，应严格一些，挑选确有价值的才保存。假若由于某种原因，某一个历史时期，或某一全宗、全宗群保存下来的档案材料不完整，鉴定档案价值时，标准就应稍宽一些。

2. 看档案是否重复

档案之所以珍贵，是其向以"孤本"著称。若保存过多的重份文件，就会给保管、保护工作带来困难，造成人力、物力的浪费。鉴定档案价值，应注意对全宗内的重复文件和各全宗之间交叉重复文件进行清理和剔除，力求做到一个全宗内不出现重份文件，档案馆内各全宗之间少出现重份文件。

3. 看文件的可靠程度

同一文件在撰稿、印制过程中，以及根据使用的需要，可以形成各种稿本，可分为正本、副本、定稿、草稿、草案等。不同稿本的文件，在行政效能、凭证作用等方面是有区别的。正本具有标准的格式，有机关的印章或负责人的签署，是机关进行工作的依据，具有法定的实际效能和凭证作用，可靠性大，价值也就大一些。副本、草稿、草案的可靠性差一些、价值也小一些。由于科学技术的进步，副本与正本在内容和形式上可以毫无差异，副本也可以起凭证作用，特别在没有正本的情况下更是这样。某些重要文件的"草稿"、"草案"也具有一定的价值，它可以看出重要文件的形成过程，需要保存一段时间。

4. 看档案内容的可替代程度

如果一份文件的内容已被其他更重要的文件所包容，那么这份文件的价值可以从严判定；反之，如果一份文件独立地反映了一个方面的问题，别无其他材料，那么这份文件的价值就相对提高。例如，一般说来，本机关的年度总结、统计报表等应永久保存。季度、月份的总结、统计报表应定期保存，但在无年度总结、统计报表的情况下，季度或月份的总结和统计报表就会变得重要起来，其价值就会相对提高。再如，在有正本的情况下，副本、草稿的价值就比较小，一般可不归档，而在没有正本的情况下，副本、草稿的价值相对提高，可归档视同正本保存。

（二）保管条件和费用

鉴定档案价值的目的，就是挑选有价值的档案继续保存，剔除无须保存的档案予以销毁。但在具体判定哪些档案值得保存和保存多久，哪些档案不值得保存时，应考虑保管档案的现有条件和效益。

1. 现有保管条件

我国是发展中国家，在较长时期内向档案方面投入的财力是有限的，档案馆室的库房建设及设备的增长速度远远赶不上档案数量的急剧膨胀，二者矛盾十分突出。鉴定工作中，在确定应保存档案的数量和保管期限时，要适当考虑现有的保管条件与设备的承受能力。

2. 保管费用

所谓保管费用，是指保管档案过程中的花费，包括储存费用、处理费用、保护费用、参考咨询费用。保存档案应考虑效益问题，只有当档案发挥作用所带来的利益超过因保存档案所付出的代价时，档案才具有保存价值。有的档案虽然具有一定的价值，但限于现有条件不足或保管费用过高，也难以保存。所以，档案工作者在鉴定工作中应有效益观念。但是，必须指出，考虑档案的效益，不能只考虑经济效益，还应全面分析档案的社会效益。从整体效益和局部效益、当前效益和长远效益等方面，具体比较档案的"投入"与"产出"，才能使档案价值的评价更准确，更与实际相符合，避免在效益问题上的片面性。

第四节　档案保管期限表

档案保管期限表，是用表册的形式列举档案的来源、内容和形式并指明其保管期限的一种指导性文件。它是立档单位、档案室、档案馆鉴定档案价值和确定档案保管期限的依据和标准。

一、档案保管期限表的作用

（一）能够保证鉴定工作的质量和提高鉴定工作的效率

档案保管期限表是根据鉴定档案价值的原则，认真总结鉴定工作经验，经过反复讨论研究而形成的，实践证明是行之有效的。有了保管期限表，就有了一个明确的标准，档案鉴定工作人员可以根据档案保管期限表来统一进行档案鉴定工作，可以避免个人认识上的局限性和片面性，以致造成判定档案价值过宽或过严的倾向，确保准确地判定档案价值，提高鉴定工作的质量。同时，由于标准明确，认识一致，有利于推动鉴定工作的顺利开展，提高鉴定工作的效率。

（二）能够有效地防止任意销毁文件

因为档案保管期限表明确规定了什么样的文件要保存，什么样的文件不保存，标准明确，界限清楚，加上严格的制度，就能够有效地防止因有意或无意的错误而销毁文件。

二、档案保管期限表的类型

目前我国的档案保管期限表，归纳起来有以下几种类型：

（一）通用档案保管期限表

它是由国家档案事业管理机关编制的，供全国各机关、团体、事业单位鉴定档案时通用的保管期限表。如 2006 年 12 月，国家档案局颁发的《机关文件材料归档范围和文书档案保管期限表》，就是通用保管期限表。它的特点是：第一，概括了全国各机关、团体、事业单位普遍产生的文件及其保管期限，具有通用性，是确定全国各机关、团体、事业单位档案材料保管期限的标准和依据。第二，是制定其他各种保管期限表的依据。各个系统、各个部门、各个机关都可以根据通用保管期限表的原则精神，结合自己档案材料的具体情况，编制本系统、本部门、本机关的档案保管期限表。

（二）专门档案保管期限表

它是由档案事业管理机关会同专业主管部门编制，供各机关、团体、企业、事业单位鉴定专门档案时使用的一种保管期限表。例如 1998 年财政部、国家档案局颁发的《财政总预算、行政单位、事业单位和税收会计档案保管期限表》，就是供全国各级财政机关、行政单位、事业单位和税收机关鉴定会计档案的统一标准。

（三）同系统机关档案保管期限表

它是由主管领导机关编制的，供同一系统各机关鉴定档案价值时的保管期限表。例如《中国人民解放军文书档案保管期限参考表》，它概括了军队系统各单位可能产生的文书档案及其保管期限，作为军队系统各单位鉴定文书档案价值的统一标准。

（四）同类型机关档案保管期限表

它是由档案事业管理机关或主管机关编制的，供同一类型（如医院、工厂、学校、区、乡政府）各单位鉴定档案时的依据和标准。如某某市人民政府制定的《各区人民政府档案材料保管期限表》，××地区《医院文书档案保管期限表》，××县《乡人民政府档案保管期限表》，就属于同类型机关档案保管期限表。

（五）机关档案保管期限表

它是根据各机关档案的具体情况，由本机关编制的，供本机关鉴定档案时使用。如《××省人民政府档案材料保管期限表》、《中共××县委会档案材料保管期限表》，就是这种类型。在这种保管期限表中，包括了一个机关在工作活动中可能产生的所有文件及其保管期限，明确具体，使用起来很方便。

三、档案保管期限表的结构

档案保管期限表的结构，包括顺序号、条款、保管期限、附注以及说明等部分。对于条款较多的档案保管期限表，还可以加上类别。以上是档案保管期限表的一般结构，可以根据档案保管期限表的特点和实际需要，增加或减少某些项目，但条款与保管期限是最基本项目，任何档案保管期限表都必须有。

（一）顺序号

档案保管期限表的各条款经过系统排列后，在各条款的前面编上统一的顺序号。编顺序号的目的，是固定条款的排列位置，作为鉴定工作人员使用档案保管期限表时引用条款的代号。因此，条款必须从头到尾，统一编流水号，不能有重号。

（二）条款

条款是同一组类型相同的文件的名称或题名（档案部门习惯称标题）。拟制条款要求能反映出一组文件的来源、内容、名称和形式，文字要简明确切。在列举一组文件的来源、内容和形式时，可以指出具体的作者、问题，也可以概括出一组文件所反映的级别、问题和名称。如"会议文件"、"上级机关"、"下级机关"、"报表"等。必要时，还需要指出文件的作用和可靠程度，如"执行"、"批准"、"备案"、"参考"以及"定稿"、"草稿"、"正本"、"副本"等。每一条款应代表一组有内在联系的价值相同的文件，有时为了使条款简洁醒目，也可以将价值不同的而有联系的一组文件写成一个条款，在条款下面分别指出不同的保管期限。条款一般不宜拟制得过多过细，但也不能概括成文教、卫生等类别，以免使用时发生困难。

（三）保管期限

保管期限的划分是鉴定档案价值的主要任务。保管期限划分得是否正确，是衡量档案价值鉴定工作做得好坏、质量高低的重要标准。所以，确定保管期限是编制档案保管期限表最核心的问题。

根据 2006 年 12 月国家档案局颁发的《机关文件材料归档范围和文书档案保管期限表》，保管期限分为永久、定期两种。

1. 永久保管的文书档案

永久是指凡是反映机关主要职能活动、中心工作和基本历史面貌的，对本机关工作、国家建设和历史研究有长远利用价值的文件材料，以及在维护国家、集体和个人权益等方面具有永久性凭证价值和文化价值的各种文字、图表、声像等不同形式的文字材料，定为永久保管。2006 年，国家档案局颁发的《机关文件材料归档范围和文书档案保管期限规定》，将一个机关应划为永久保管的文书档案分为八类：（1）本机关制定的法规政策性文件材料；（2）本机关召开重要会议、举办重要活动等形成的主要文件材料；（3）本机关职能活动中形成的重要业务文件材料；（4）本机关关于重要问题的请示与上级机关的批复和批示、重要的报告、总结、综合统计报表等；（5）本机关的机构演变、人事任免等文件材料；（6）本机关房屋买卖、土地征用、重要合同协议、资产登记等凭证性文件材料；（7）上级机关制发的属于本机关主管业务的重要文件材料；（8）同级机关、下级机关关于重要业务问题的来函、请示与本机关的复函、批复等文件材料。

2. 定期保管的文书档案

定期保管的文书档案是指在一定时期内，本机关进行工作、总结经验有查考利用价值的材料。2006 年国家档案局颁发的《机关文件材料归档范围和文书档案保管期限规定》，将定期保管的文书档案分为九类：（1）本机关职能活动中形成的一般性业务文件材料；（2）本机关召开会议、举办活动形成的一般性文件材料；（3）本机关人事管理工作形成的一般性文件材料；（4）本机关一般性事务管理文件材料；（5）本机关关于一般性问题的请示与上级机关的批复、批示，一般性工作报告、总结、统计报表等；（6）上级机关制发的属于本机关主管业务的一般性文件材料；（7）上级机关和同级机关制发的非本机关主管业务但要贯彻执行的文件材料；（8）同级机关、下级机关关于一般性业务问题的来函、请示与本机关的复函、批复等文件材料；（9）下级机关报送的年度或年度以上计划、总结、统计、重要专题报告等文件材料。

（四）附注

附注亦称注释，就是对某些条款及其保管期限所做的必要注释和说明。如"重要的"是指方针政策性或重大问题、具有科学历史价值的文件材料；"一般的"是指一般业务和事务性问题、科学历史价值不大的文件等等。

（五）说明

说明一般应指出保管期限表的使用范围，制定保管期限表的依据，保管期限表的结构，保管期限的计算方法，保管期限表的批准机关以及其他有关事项。

四、档案保管期限表中的若干问题

(一) 制定永久保存档案的独立评价体系一览表与实施比例控制法，确保永久保存档案的完整与优化

我国幅员辽阔，各类型机关、团体、企业、事业单位形成的档案，在数量、内容、价值等方面存在很大差异，国家不可能对其鉴定、处置问题做出条分缕析的规定。鉴定工作应贯彻宏观调控的指导思想，采取有所为有所不为的原则。有所为是指对国家和社会有长远利用价值的，需要永久保存的档案，由档案行政管理机关在总结已有经验、深入调查研究和科学论证的基础上，制定永久保存档案的独立评价体系与《永久保存档案一览表》。制定时有两个方案可供选择：一是由国家档案行政管理机关制定一个《永久保存档案一览表》，供全国使用；二是由各级档案行政管理机关分别制定中央、省（市、自治区）、地（市）、县级机关《永久保存档案一览表》。中央级机关的《永久保存档案一览表》的原则精神，对省、地、县级机关确定永久保存档案标准时是适用的，但机关级别越低，需永久保存的档案应越少。《永久保存档案一览表》应尽可能全面、具体地列出各机关在工作活动中形成的、需要永久保存档案的名目，按时向档案馆移交。

为将宏观调控的指导思想落到实处。从国家各级机关形成档案的不同价值出发，对需要进入各级档案馆永久保存的档案实施量的控制。采用"比例控制法"，有利于提高进馆档案的质量，有利于严格划分档案的保管期限，有利于控制和减少进馆档案的数量，有利于进一步完善和优化文件归档的范围。具体确定进馆档案的比例时，应充分考虑文件形成机关的性质，在国家体系中以及社会上的地位，该机关担负职能的重要性，形成的文件与其他文件对照时表现出的持久性与独特性，该机关参与准备、负责及调查与处理的事件、事务、问题的重要性，等等。一般说来，行政级别越高、担负职责重要的机关形成的档案相对重要一些，应多保存一点。中央级机关形成的档案需要永久保存的比例要比省级机关高一些，依此类推。各级党委、政府、人大、政协机关形成的档案需要永久保存的比例比一般机关高一些。究竟什么样的比例合适，应在充分调查研究、听取各方面意见以及参照外国经验的基础上，结合各级各类档案馆的实际，由档案行政管理机关作出决断。

运用上述"评价体系"的理由有两点：第一，抓永久保存档案就抓住了要害。永久保存档案是每一个全宗中档案的精华部分。对形成单位来说，它是履行主要职能活动的原始记录，是积累智慧和经验的仓库，是保持各项工作前后一致和继续发展的依据，同时对国家的政治、经济、科学、文化等方面均有利用的价值。从国家的角度看，若能将永久保存的档案完整、齐全地保存下来，党和国家历史的真实面貌就能得到有效的维护，我国的文明史就能得到延续和发展，子孙后代利用档案材料就有了雄厚的物质基础。第二，能防止对永久保存档案造成的不利影响。确定文件的归档范围与具体的保存期限是鉴定工作的关键性阶段，其工作主要是由机关文书人员具体实施的。文书人员往往未受过专门的历史或档案专业训练，对档案的第二价值知之甚少，即使鉴定工作有机关精通业务的专业人员参与，他们受工作职责、所处地位、环境等各种因素的限制，考虑文件价值的出发点，多局限于文件对形成部门事务的有用性，即文件的第一价值，较少考虑文件的第二价值。在这样的情况下，有可能使一些具有研究价值的档案在归档与确定保管期限时就判处了"死

刑"。为此，制定永久保存档案的独立评价体系与《永久保存档案一览表》，确保对永久档案的挑选，既可避免文书人员、机关业务人员在鉴定工作中的自身局限性，又能通过标准实施实现对永久保存档案的有效监督。此外，国家可对定期（长期、短期）保存档案提出指导性意见，以便机关制定保管期限表时有所遵循。

（二）分级分系统制定档案保管期限表，构建有中国特色的档案鉴定工作体系

档案的作用是多方面的，档案的价值可以从不同角度区分。如：第一价值、第二价值，证据价值、情报价值、文物价值，现实价值、潜在价值，等等。不同的机关形成档案的价值是有差异的，档案价值的鉴定标准应具有多元性，不适宜用一个表一统天下，也不适宜从中央机关到基层单位的档案，保管期限实行一刀切。从国家的角度看，三级单位与基层单位只需选样留存典型单位永久保存的档案即可。为此，二、三级单位与基层单位形成档案的保管期限不能与中央级或一级机关"持平或延长"，永久保存档案更应精练。对于一些较难确定保管期限的档案，也可由过去的"就高不就低"改为"就低不就高"，经过实践检验，确有继续保存价值的，期满复查时再延长也未尝不可。若能从各机关形成档案价值的实际出发，分别制定同级、同类型、同系统机关档案保管期限表，专门档案保管期限表，机关档案保管期限表，组成一个有机的体系，分别肩负不同的任务。这种分则独立、各司其职、合则一体的鉴定工作标准体系，兼顾了标准化与实用性相结合的原则，既切实可行，又能满足方方面面鉴定工作的需要，充分体现出有中国特色的鉴定标准体系。

（三）档案保管期限表的期限、条款应明确和细化，走划限与标时（年）法相结合之路

档案保管期限表的制定，各国档案界在出发点上存在两种不同的态度：一是保持灵活，因而档案保管期限表趋向概括、抽象；二是力求具体，因而档案保管期限表趋向机械、细致。半个多世纪来，我国制定档案保管期限表是持前者的原则和态度。坚持前者暴露出的缺点是：期限表结构不完整，缺少说明与注释，用词过于抽象（重要的、一般的），条款渐行渐少，档次过粗（一刀两断——永久、定期或二刀三断——永久、长期、短期）、永久比例过高，一身二任，重宏观轻微观等等，这些问题长期未能妥善解决。20世纪末，我国档案界的"三分法"与"两分法"之争，则是问题的表象之一。其实"三分法"、"两分法"并无质的差异，双方论据的优缺点，也大都能"以子之矛，陷子之盾"[①]，三分与两分都不能解决档次过粗的问题。

档案保管期限表的期限与条款，从理论上讲，既规范明确，又能灵活掌握可能更好一些。但实际操作起来，作为鉴定工作的指导性文件，规范、明确、具体是至关重要的。西方国家档案保管期限表的条款至少不下百八十条，保管期限的档次有十多个。保管期限表的档次与条款，虽然不是越细越好，但适当细化其档次与条款，明确每一条款的专指性，走划限与标时法相结合之路，则是利大于弊。所谓"标时法"，就是根据档案价值的大小，具体给档案标明保管年份，如3、5、10、15、20、30、40、50等具体年份。凡定期保存的档案，都有具体的保管年份。划限与标时结合，有以下好处：（1）有利于档案保管流程

---

① 《韩非子·难一》。

畅通。该进馆的档案进馆，不进馆的档案有具体的保存期限，该短则短，该长则长，这样多档次、短时距的淘汰率，使馆室藏档案能不断吐故纳新，始终处于优化状态。（2）责任分明。什么样的档案应保存多久，条款上定得一清二楚，鉴定人员按其规定销毁是履行职责，不存在什么法律责任。即使销毁错了，也是法规本身尚有不完善之处，是有关当局总结经验加以改进的问题。（3）方便及时处置，可以较好地解决当前存在的"有期无限"、"鉴而不毁"、一拖再拖直到不了了之的问题。（4）便于对号入座。条款及档次具体准确，与机关形成的档案相对应，可操作性好，能提高鉴定工作效率。

（四）科学性、实用性、可操作性是评价档案保管期限表优劣的重要标准

档案保管期限表是确定档案保管期限的重要工具，不是单纯的理论研究。编制档案保管期限表，要把科学性、实用性与可操作性放在重要位置，忽视这一点，所编制的保管期限表就不便使用而被人们束之高阁，不能发挥应有的作用。所谓档案保管期限表的科学性是要求档案保管期限表能科学地揭示档案文件的保存价值，据其能较准确地划分出档案的具体存留年限，使人们对档案有效发挥作用的预期与所划定的保管期限大体吻合。为实现科学性的要求，在制定档案保管期限表时，一是要有科学的档案鉴定理论为指导，二是要对鉴定对象——档案有深入的研究与思索。而档案保管期限表的实用性与可操作性，则应符合全面、系统、准确、明了的要求。所谓全面，是指档案保管期限表的条款能容纳相关范围内所有档案，以便鉴定时都有条可归。所谓系统，是指档案保管期限表的众多条款都遵循一定的逻辑顺序加以系统排列，做到条理清晰，层次分明，方便使用。所谓准确，是指档案保管期限表的条款、保管期限、注释、范例、总的说明等部分的文字表述，措辞准确，含义清楚，界限分明，一般不会产生歧义。所谓明了，一是指条款与注释尽量少用模棱两可、含糊其辞的语言，把"重要"、"一般"等不确定性词语降到最低限度，凡容易产生歧义的条款就用范例说明，易于产生歧义的词加以必要的注释；二是指保管期限不宜弹性太大，要有具体的保存年限，使鉴定人员一看就懂，方便实用，可操作性好。

第五节　档案鉴定工作的制度与组织

一、档案价值鉴定工作的制度

档案价值鉴定工作是一项严肃、细致的工作，直接决定国家宝贵的文化财富的命运。因此必须严格按照党和国家的规定办事，建立和健全鉴定工作制度，确保鉴定和销毁档案有组织、有领导地进行，减少工作中的失误，防止人为有意破坏档案，力争将这项工作做好。根据国家的有关规定，档案价值鉴定工作制度的基本内容主要包括以下方面：

（一）确立统一的鉴定原则和标准

由党和国家及其档案事业管理机关制定统一的全国性鉴定标准，各地区、各系统、各机关据以制定具体的鉴定标准，各档案馆、各机关根据规定的鉴定标准进行鉴定工作。如2006年12月18日国家档案局颁发的《机关文件材料归档范围和文书档案保管期限规定》

和《文书档案保管期限表》就是鉴定工作的指导性文件、统一的鉴定标准。

（二）鉴定工作的组织领导

鉴定工作必须有组织、有领导、有计划地进行。机关档案鉴定工作，一般由办公厅（室）领导人、档案人员、业务人员组成三结合的鉴定小组负责进行。档案馆的鉴定工作，由馆长、同级档案事业管理机关和档案馆的有关人员组成鉴定工作委员会负责进行鉴定工作。在鉴定某一机关档案的时候，还可邀请机关的代表参加。建立鉴定工作组织是为了加强对鉴定工作的领导，提高鉴定工作的效率与质量，防止片面性和草率从事。

（三）销毁档案的批准与监销制度

根据党和国家及档案事业管理机关的有关规定，销毁档案应编制销毁清册，办理批准手续，坚持执行监销制度。省档案馆销毁档案由鉴定委员会审查后，报请主管领导机关批准；县档案馆销毁档案，也要报请主管领导机关批准；机关销毁档案由机关领导人批准。销毁 1949 年以前的历史档案，除经主管领导机关同意外，还应同时报国家档案局批准。未经鉴定和批准，不得销毁档案。销毁档案应注意安全保密，一般要有两人以上监销。销毁后监销人应在销毁清册上签字盖章，并注明销毁方式（焚毁、粉碎或打成纸浆）和日期。

（四）制定档案保管期限表，实行审批制度

为强化各级档案行政管理部门对机关文件材料归档与进馆档案的监督指导力度，提高档案保管期限表的质量与权威性，2006 年 12 月 18 日国家档案局颁布的《机关文件材料归档范围和文书档案保管期限规定》，将 1987 年《文书档案保管期限表》中的"各机关根据本规定和《文书档案保管期限表》，以及有关的专门档案保管期限表，结合本机关的实际情况，编制本机关或本系统档案保管期限表，经本机关领导人审查批准后执行，并报同级档案行政管理部门备案"，改为"各机关应根据本规定，结合本机关职能和各部门工作实际，编制机关的文件材料归档范围和文书档案保管期限表，经同级档案行政管理部门审查同意后执行。有垂直领导关系的中央、国家机关应根据本规定，结合本系统工作实际，编制本系统的文件材料归档范围和文书档案保管期限表，并经国家档案局审查同意后执行"。改备案制为审批制，是我国档案鉴定制度的一个新发展。这种改变使档案行政管理部门能更好地发挥宏观监控和微观调整的能力，对于提高档案鉴定工作质量与确保档案保管期限表的质量，有着积极的意义。

二、档案鉴定工作的组织

（一）机关档案室的档案价值鉴定工作

在机关档案室，档案价值鉴定工作通常分三个阶段实施。首先是在机关文件归档时确定归档范围，同时剔除一部分没有保存价值的文件，由机关文书处理部门或业务部门保存

一两年后销毁。归档的过程是对文件价值的初步判定，是文件能否转化为档案的"资格审查"，是档案鉴定工作的第一个关口。其次是对于归档的文件确定保管期限。通常的做法是各机关在每年的归档文件目录中初步确定保管期限，平时根据每份文件的内容和价值分别归入不同的档案盒，正式整理时再以件（卷）为单位依据保管期限表确定其保管期限。这一阶段的鉴定工作主要由机关档案工作人员与文书立卷人员共同实施。再次是到一定年限进行价值复审。永久与部分定期保存档案的价值复审，是在机关档案室向档案馆移交档案时，由机关档案工作人员与档案馆有关接收人员共同对进馆档案进行复审。档案馆接收人员除了对每件（卷）档案的自身价值进行考察外，还要从优化馆藏出发，重视消除进馆档案的重复问题。定期保存档案的复审通常在保管期满时进行，经复审后，将确实具有长久保存价值的档案向档案馆移交。

（二）档案馆的档案价值鉴定工作

档案馆保存的档案，大都是由机关经过鉴定程序后移交来的，只需定期复审拣出保存期满的档案予以销毁。但是，由于种种原因，档案馆也接收了一些未经鉴定的档案，仍须全面进行档案价值鉴定工作。档案馆对档案进行鉴定工作，应当在鉴定委员会或鉴定小组的领导下进行。

三、档案的销毁

档案销毁就是把经过鉴定对失去价值的档案作毁灭性处置的过程。为了便于机关领导人审查批准应销毁的档案，必须编制档案销毁清册。它是登录被销毁档案题名、数量等内容并由责任人签署的文件，也是日后查考档案销毁的凭证。档案销毁清册封面的项目有全宗号、全宗名称和立档单位名称、编制档案销毁清册的单位名称和编制日期等。销毁档案的登记项目有顺序号、案卷或文件的题名、起止日期、号码（案卷目录号、案卷号或文件字号）、数量、原保管期限、销毁原因、备注等。除此之外，也可增加"档案保管期限表的条款号"，"审查意见"等项目。档案销毁清册应编制一式两份，一份送有关领导审查批准，一份留档案馆（室）保存。如果须送档案行政管理机关或上级主管机关审查批准，还应多编制两份同时送去，一份经批准后退回。

为了方便机关领导人或主管机关领导了解必要的情况，在报送档案销毁清册的同时，应附上销毁档案的简要说明。为了便于主管领导部门审批，应对所要销毁档案的主要原因、法律依据、鉴定过程、鉴定人员组成，销毁档案的内容、种类和数量等情况作出简要说明。必要时还须附上一份立档单位和全宗的简要说明。其内容包括：立档单位和全宗的历史概况、档案的形成、保管、完整程度以及现存档案的主要成分、历次鉴定工作情况等。

档案部门在准备好销毁清册和销毁档案的简要说明后，还应以档案馆（室）的名义，向有审批权力的部门领导写出简明的书面报告，提出申请批准销毁档案的请求，报告的附件是销毁清册和销毁档案的简要说明。

准备销毁的档案，在未批准前应单独保管。档案销毁清册正式批准后，一般可将销毁档案送造纸厂做原料或自行焚毁与粉碎。为保守国家机密，严禁将销毁档案出卖或作其他用途。无论采用什么方式销毁，均应有两人以上监销，负责监督档案确已销毁后，在销毁清册注明"已销毁"字样和销毁日期，并由销毁人签字。

思考与复习题

1. 档案价值鉴定工作的内容和要求是什么？
2. 档案价值标准有哪些方面？
3. 简述鉴定档案价值的原则、规则与方法。
4. 简述档案保管期限表的类型和结构。
5. 简述档案鉴定工作的制度和程序。
6. 简述档案价值宏观鉴定法。
7. 简述档案内在价值鉴定法。

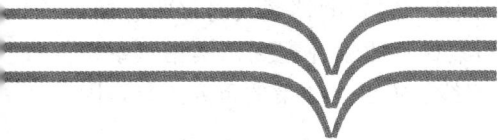

第三章

档案的收集

内容提要

本章重点讲四个方面的内容：一、档案收集工作概述。二、档案馆（室）藏建设。三、档案室的收集工作。四、档案馆的收集工作。

第一节　档案收集工作概述

一、档案收集工作的内容

档案的收集是接收、征集档案和有关文献的活动。具体讲，就是按照党和国家的规定，通过例行的接收制度和专门的征集办法，将分散在各机关、组织、个人手中和散失在社会其他地方的档案，有组织、有计划地分别集中到各有关机关档案室和各级各类档案馆，实现档案的统一领导和分级管理。

档案收集工作的内容主要包括以下三个方面：

（1）机关、企业、事业单位档案室对本单位需要归档档案的接收。

（2）档案馆对所辖区域内现行机关、企业、事业单位和撤销单位的具有永久、长期保存价值档案的接收。

（3）对中华人民共和国成立以前各个历史时期形成档案的接收和征集。

档案收集工作不是一项简单的事务性工作，而是一项政策性、业务性很强的工作。这是因为：一方面，档案收集工作具有明显的选择性。文件转化为档案是有条件的，在档案收集工作中必须严格把握这些条件，在归档和接收过程中认真筛选。档案选择是按照档案馆（室）藏范围的设计合理并全面进行的。另一方面，档案收集工作受档案形成者档案意识水平、价值观以及档案馆（室）保管条件等多种因素的制约，需要综合研究、统筹规划，提高档案收集工作的质量。

二、档案收集工作的意义

档案收集工作是档案业务管理工作的第一个工作环节，是档案馆（室）工作的起点，是档案馆（室）取得和积累档案的一种手段，在档案管理工作中处于特殊的地位。做好收集工作对整个档案工作有着重要的意义。

（一）收集工作是维护党和国家历史真实面貌的必要手段

档案馆（室）的收藏是一定地区、部门在政治、经济、科学和文化教育等方面情况的综合反映。收集工作使得档案齐全完整，内容丰富，应该补充进馆的档案及时接收进馆，并把散存在机关、组织、个人手中以及散失在各地的档案材料收集补充到档案馆（室）。档案是维护历史真实面貌的重要凭证，是贯彻执行党的路线、方针、政策的重要工具，因而收集工作的作用是十分明显的。

（二）收集工作是储存档案信息资源的重要途径

档案是重要的信息资源，它记录着人类社会实践过程中无数有用的事实、数据、理论方法、科学构思，记录着成功和失败的经验教训，人们可以从档案信息中了解和探索未来，可以继承过去的科技成果，发展现代科学技术，可以开拓人们的思路，解决各种疑难问题。

随着科学技术和经济建设的发展，社会对信息的需求量越来越大，对信息质量的要求也越来越高。作为知识载体的档案，负有重要的提供信息的使命。收集工作把大量的、丰富的信息资源储存起来，为现代化建设提供了重要的信息基地。

（三）收集工作为开展档案馆（室）各项工作，加强档案馆（室）建设奠定物质基础

档案馆要开展利用工作，没有一定数量的档案是无法进行的，而馆（室）藏不丰富、门类不全，就很难满足社会上各条战线、各种工作、各种人员对档案利用提出的各种要求。编研工作更需要有丰富的档案作为后盾。档案馆（室）其他日常工作，也必须在馆（室）藏丰富的基础上才能做得更好。档案的整理，只有从众多的档案材料中才能清楚、准确地把握档案内在的有机历史联系，才能在丰富材料基础上综观全局、全面考察、权衡利弊，提高工作效率，加快整理工作进度，为档案提供利用等工作创造条件。

总之，只有做好收集工作，才能使馆（室）藏丰富，材料齐全，为档案馆（室）各项业务建设，为提高档案工作科学水平提供必要的物质条件。

（四）收集工作促进档案学理论发展，推动档案工作现代化的实现

档案馆（室）作为党和国家保存档案的重要基地，也是发展档案学理论的重要源泉。假若档案馆（室）藏不丰富，档案馆（室）各项工作开展不充分，就不可能为档案学理论的突破和发展提供充足的实践依据。馆（室）藏越丰富，各项工作实践也就越丰富多彩，必然提出许多新问题、新要求，提供很多新情况，为档案学理论的发展打下坚实基础，推动档案学理论的发展。

丰富的馆（室）藏也是实现档案工作现代化的推动力量。要实现档案工作现代化，最基本的是要有丰富的馆（室）藏和对现代化的迫切需要。馆（室）藏丰富，利用者便如鱼得水，这无疑会对实现档案工作现代化产生重要的推动作用。

三、档案收集工作的基本要求

（一）及时、全面地把档案收集进馆（室）

档案馆（室）的收藏是否丰富，档案是否完整，是衡量档案馆（室）工作做得好坏的一个重要标志。尤其是档案馆馆藏越丰富、越珍贵，它越能为社会做出更多的贡献，越加受到社会的重视，所以《中华人民共和国档案法》明确规定："对国家规定的应当立卷归档的材料，必须按照规定，定期向本单位档案机构或者档案工作人员移交，集中管理，任何个人不得据为己有。""机关、团体、企业事业单位和其他组织必须按照国家规定，定期向档案馆移交档案。"档案工作人员应根据《中华人民共和国档案法》的上述规定，及时、全面地将属于收集范围的档案收集到档案馆（室）之中，杜绝档案的私人占有和分散保存，应该实现归档、接收工作制度化。

丰富馆藏的标准应该是：数量充分、质量优化、成分充实、结构合理。为了使档案室成为机关工作的必要条件，把档案馆建成为永久保存档案的基地和研究利用档案的中心，必须收藏足够数量的档案和资料。档案收藏的丰富性，包括数量与质量的统一要求。只顾大量收罗，而不求质量，材料再多，也谈不上真正的丰富。在强调丰富馆藏的同时，必须强调优选，馆藏处理不当，也会发生档案膨胀现象。所以，在强调丰富馆藏的同时，既要考虑到档案的数量，又要考虑到档案的质量。

（二）加强馆（室）档案来源的调查研究与指导工作

档案的来源与形成渠道是比较分散的，而档案的提供利用则要求档案集中管理。档案收集工作主要是解决分散与集中的矛盾。档案工作长期实践的经验说明，及时掌握档案分散、流动、保管和使用的情况，处理好局部和整体、当前和长远需要之间的关系，是做好档案收集工作的关键所在。由于我国档案馆网形成的时间还不很长，加上"文化大革命"的严重破坏，结果使收集工作停滞了多年，应该收集的档案大批积压下来，已经很不容易集中起来的档案又大量遭到失散的厄运。因此，加强调查研究，根据档案分散的情况和档案馆的条件，从全局出发统筹安排，进行宏观指导，是十分必要的。

档案收集工作中的调查研究、统筹兼顾，还包括研究和掌握档案形成规律和档案发挥作用的规律性，不能把档案形成单位尚在经常使用期间的档案，过早地集中起来；也不能忽视整体的需要，把需要集中的档案长期不向档案馆移交而"据为己有"，或者有的档案馆、室对移交来的档案"拒之门外"不愿接收，任其分散或遭受损失。在接收前，对确定进馆档案的单位，各级档案馆应协同档案行政部门制定相应的规定与办法，对有关单位的档案工作进行监督、指导与控制，切实帮助这些单位进一步建立与健全归档制度，提高组卷与初步鉴定的质量，做好归档与进馆的各项准备工作。同时，档案收集工作应处理好从文件形成到归档、从档案室到档案馆的档案流程周期中的各种关系，既要防止为了急于丰富馆藏，过早接收尚在经常使用的档案，又要防止把档案当作某单位的私有财产而不愿移交，使档案长期分散保存，甚至遭受损失。

总之，档案收集工作应该从全局出发，全面考虑档案的历史价值和档案的保管、使用方面的现状及客观规律，使各机关、组织具有历史价值的档案都有科学合理的归宿，使局部和整体、当前和长远的利用有机地结合起来，从而有利于维护党和国家历史文化财富的安全保管和便于提供利用。

（三）推行入馆（室）档案的标准化

档案管理的现代化是提高档案工作水平的有效途径与发展方向。档案工作的标准化，是档案管理现代化的基础。档案工作标准化，不仅为实行电子计算机管理创造条件，而且有助于提高手工管理的水平。档案工作标准化，应该从档案收集工作开始推行。

在收集工作中如何推行档案工作的标准化，我国尚处于摸索阶段，国家档案局制定了《机关档案工作业务建设规范》并就案卷封面、卷皮格式、档案装具的尺寸制定了专业标准，有的省、市统一规定了案卷验收的质量标准等。诸如此类的做法，逐渐扩展为较多的项目和较大的范围，以至全国逐步统一起来，按照标准化要求去工作，档案管理水平将会大有提高。由于文件与档案的转化关系，档案工作标准化必须从文件形成阶段开始同步推行，今后，应当在档案入馆以前，从机关文件形成阶段，对文件结构、文件用纸以及开本尺寸，书写材料的质量和书写规则以及区分全宗、分类、立卷、编目等一系列工作，都实行标准化，将会大大提高归档和入馆档案的质量。

（四）保持全宗的不可分散性和全宗群的相对完整性

全宗是一个立档单位档案的有机整体，保持全宗的不可分散性，是档案管理的一条基本原则，应贯穿于档案管理的全过程之中。因此，在档案收集工作中，必须把一个立档单位的档案作为一个全宗集中在一个档案室或一个档案馆中，不允许把一个全宗的档案人为地加以分割。如果确实需要从一个全宗中抽出部分档案另行集中应以复制件代替，原件仍应归回原全宗集中管理。接收档案时，一个机关的档案，应集中保存在一个机关档案室。一个全宗的档案不宜分散保管，不同全宗的档案也不能混杂。一个机关档案全宗中的全部具有国家和社会历史研究价值的档案，最终应集中收藏在同一个档案馆中。在档案收集活动中，对于那些在同一时间、地点和社会历史条件下保存的，既有严密分工又密切协作、相互依存的若干立档单位形成的档案全宗，档案馆应当注意维护它们之间的相互联系，并将它们集中收藏在同一个档案馆里，以保持全宗群档案的历史有机联系性。

四、档案收集工作的特点

（一）预见性与计划性

档案文件作为人类各种社会活动的伴生物，其产生和形成具有明显的分散性特点，所以必须在调查研究的基础上，科学地分析和预测其形成、使用、管理的规律和特点，才能做好档案的收集工作。此外，档案收藏部门还应坚持历史方法的原则，全面地了解和掌握本档案馆（室）主要档案用户的利用动向、特点和规律，使收集来的档案文献符合档案用户当前的和长远的利用需要。档案收集工作要有计划地、主动地进行。

（二）针对性与及时性

档案收集工作，必须根据各级各类档案馆（室）的收集档案的范围来进行，不能违反国家规定，擅自收集不属于本馆（室）收集工作范围的档案，以保证收集工作能够有目的、有重点地进行。档案收集工作还具有及时性的特点。它要求档案人员必须具有明确的时间意识，将应当接收或征集的档案及时收集进馆（室）。档案部门应当尽最大的努力，避免拖延迟误，在掌握有关信息线索的前提下，采取相应的方式，尽快将档案收集起来。

（三）系统性与完整性

档案收集工作的系统性，从横的方面来讲，就是收集来的档案在种类、内容方面应当齐全完整，同一项社会活动的档案应当是一个有机的整体。从纵的方面说，要保证收集来的档案能够历史地反映出一个地区、一个部门、一个系统、一个专业、一个单位的历史脉络。此外，在收集档案时，应充分考虑到档案的科学文化价值及其在当前的工作、生产、科研活动中所能起到的积极作用。这样才能使档案室真正成为机关、单位的参谋与咨询部门，使档案馆成为社会各方面开发利用档案史料的中心。

第二节　档案馆（室）藏建设

一、丰富馆（室）藏的重要性

我国的现代化建设蓬勃发展，各部门、各单位要求档案馆（室）提供大量、系统、广泛的档案信息。但是，目前档案馆（室）藏内容单一，数量不多，种类不齐全，时间跨度短，难以适应新形势、新任务的要求。因此，丰富馆（室）藏是档案馆（室）工作的一项重要工作。

造成馆（室）藏不丰富的原因，主要是长期以来对于档案馆（室）的性质、任务和职能缺乏全面、正确的认识，致使一些档案馆（室）单纯注意为政治斗争服务，忽视了为经济建设、科学研究及其他各项工作服务；仅仅注意为党、政领导机关服务，忽视了为业务部门和基层单位服务。凡此种种，造成收集档案范围的狭窄：注意收集党、政、群团领导机关的档案，而放松所属单位的档案收集；注意收集撤销机关单位的档案，而放松现行机关的档案收集；注意文书档案的收集，而放松对科技档案、专门档案的收集；注意收集纸质档案，而放松对其他载体档案的收集；注意接收移交来的档案，而放松征集档案；注意档案材料的收集，而放松与档案有关的家谱、史志、内部资料的收集。

档案馆（室）要适应社会发展需要，就必须扩大接收范围，改善馆（室）藏结构，丰富馆（室）藏。只有把各级各类部门的各种类型、各个历史时期的档案都收集进馆，实行科学管理，才能把档案馆（室）建成永久保存档案的基地。只有积累丰富的档案资料，档案馆（室）才具备为社会服务的物质基础，真正成为科学研究和各方面利用档案史料的中心，担负起维护历史真实面貌的重任，在社会主义现代化建设中，发挥出巨大作用。

二、优化档案馆（室）藏的意义

（一）优化馆（室）藏是完善馆（室）藏建设的一个重要方面

当馆（室）藏数量达到一定的规模时，馆藏建设的主要问题已不再是馆（室）藏的贫乏，而是如何提高馆（室）藏质量的问题。国内外的档案工作实践证明，在馆（室）藏建设方面，档案文件的数量与质量之间的矛盾始终存在。在馆（室）藏建设的初期，库藏贫乏，所以急需补充大量的档案文件，数量成为矛盾的主要方面；但是，当库藏档案文件的数量增长到一定程度时，入藏档案文件的质量就会转化为矛盾的主要方面。目前，我国的各级各类国家档案馆，经过 20 世纪 70 年代末到现在的大力丰富馆藏工作，库藏档案的数量已有了大量增加，从 20 世纪 60 年代的 500 多万卷猛增到现在的几亿卷。为此，我们必须及时地调整档案收集工作的政策，使馆（室）藏建设从单纯的"数量型"，逐步转化为数量与质量"并重型"，走出一条具有中国特色的馆（室）藏建设的科学之路。

（二）优化馆（室）藏也是解决目前档案收集工作中存在问题的一项重要措施

目前，有些档案馆为了增加库藏量，盲目地接收了一些利用价值较小的基层单位的档案文件；有的档案馆还将机关单位形成的不足五年保管期的档案接收入馆；有的档案馆还将大量的重份档案接收入馆。这些问题的存在，都严重影响了馆藏建设工作的科学进行，也给机关的档案利用工作和档案馆本身的业务建设带来了不便。为此，只有加强优化馆（室）藏工作，搞好入馆（室）档案的筛选和质量控制工作，才能有效地解决上述客观存在的问题。

（三）优化馆（室）藏亦是提高案卷质量的一种必要手段

据调查，档案馆（室）接收的案卷中，仍有一部分保管单位存在着组卷不合理、案卷题名不确切、无卷内文件目录、不填写卷末文件备考表、不该归档的文件归档、保管期限划分不准等质量问题。因而，必须重视入馆（室）案卷质量的检查，加强业务指导和监督。对不符合质量标准要求的案卷，必须要求有关单位或人员按标准或规范重新予以整理。

（四）优化馆藏可以使库藏的结构具有一定的层次性，全面反映出社会生活的各个方面的情况

优质的馆藏使库藏的档案文件内容具有较为突出的特色，系统地反映出一个地区、一个机关、一个专业系统的经济、政治、文化等方面的历史情况。它还可以使各类档案馆之间科学地分工协作，减少馆际间，特别是同一个档案馆库藏档案文件的重复现象。

三、优化档案馆（室）藏的主要原则

（一）完整性原则

档案馆（室）的库藏档案文件是否齐全完整，是检验和衡量馆（室）藏优化程度的一

项基本原则。库藏档案文件的完整性，主要表现在：

1. 档案文件个体的完整

档案文件个体的完整即不缺张少页。档案文件个体是库藏的细胞，只有首先实现单份档案文件的完整，才能为馆（室）藏优化奠定良好的基础。

2. 同案档案文件的齐全完整

同案，如一项工作、一起事件、一次会议、一个工程项目、一种产品等档案文件要求齐全完整。

3. 档案全宗的文件要齐全完整

即每个立档单位形成的、具有一定保存价值的文件，均应收集齐全，全面地反映各立档单位的历史真实面貌。

4. 档案馆（室）接收范围内档案文件的齐全完整

各级各类档案收藏单位，均应严格遵循国家有关文件与法规的规定，积极主动地组织接收和管理属于自身管辖范围内的档案与资料，并努力保证所接收和征集档案文件的齐全完整。

（二）系统性原则

系统性原则要求馆（室）藏档案应当成为一个由各个全宗与档案综合体构成的档案文件有机体系。馆（室）藏档案的系统性主要表现在：

1. 保管单位内文件的系统性

同一保管单位内的一组档案文件，不能是杂乱无章的文件堆砌物，而应是一组具有密切历史联系和逻辑联系的档案文件有机体。

2. 全宗内档案文件的系统性

全宗内的档案文件必须经过科学的分类、条分缕析，是一个便于保管和查找利用的档案文件体系。

3. 使库藏档案的系统性同社会利用需求之间的系统性基本一致

档案馆（室）应当注意分析研究主要的、经常性的档案用户需求的构成、发展趋向，以便使入藏的档案文件能够基本上满足档案用户的当前与长远的利用需求。

（三）实践性原则

这是指馆（室）藏必须符合档案利用实践的客观需要和历史需要，要求档案馆（室）在选择接收和组织库藏档案文件时，要从社会的档案利用实际出发，使馆（室）藏建设工作减少主观性与盲目性，并具有坚实的实践基础。档案馆或档案室的库藏档案满足档案用户利用需要的程度，是衡量档案收藏单位工作质量的一个重要标志。在馆（室）藏建设方面，坚持实践性原则，有助于克服传统的"重藏轻用"的旧观念。提高库藏档案的整体质量，充分实现档案文件的积极作用。

（四）价值性原则

档案馆（室）应当充分利用社会所能给我们提供的人、财、物条件，将具有保存价值的档案文件收集入馆。档案收藏单位在接收或征集档案时，应认真地开展档案保存价值的鉴定分析工作和档案质量的鉴别核查工作，以保证入藏档案文件的质量。对已进馆的档案文件，也要定期进行鉴定或鉴别活动，"去粗取精"，及时剔除失去保存价值的文件，使库藏的档案文件保持最佳的价值形态。

（五）特色性原则

这是指每个档案馆的库藏档案与资料，均应具有相应的地方特色、文化特色，人物特色、历史事件特色、时代特色、民族特色等。据此各种专门档案馆和部门档案馆，应当将有关专业活动或本专业、本部门形成的档案，及时接收入馆，使库藏档案具有较明显的专业（专门）性特点。各级综合性档案馆，应结合本地区的历史、自然风貌、物产、著名的事件和人物、民俗、宗教信仰、名胜古迹、民间艺术、名特优新产品等方面的情况，积极收集相关的档案与资料。只有这样，才能使入藏的档案与资料具有浓郁的地方特色。特色性原则是档案馆藏建设必须坚持的一条原则。

四、优化档案馆（室）藏的标准

（一）内容标准

这是检验馆（室）藏质量高低的最基本的标准。馆（室）藏档案内容贫乏，不能给档案用户提供充分的档案信息服务，这样的档案馆（室）藏就谈不上"优化"。就综合性档案馆而言，它的库藏档案内容，从宏观上讲，应当为研究有关地区的社会政治、经济、文化等各个领域的活动，提供较全面的史料；从微观上讲，应当为档案用户提供有关历史事件、历史过程、历史人物的翔实材料。一个档案馆只有馆藏内容丰富，才能为档案用户提供其所需的档案信息，才能使库藏的档案与资料在功能方面互相补充，发挥更大的作用，创造更多的经济效益和社会效益。

（二）结构标准

所谓馆藏结构，是指组成库藏的各种档案及资料之间的相互搭配和排列。优化馆藏的目的之一，就是使库藏的各种档案、资料之间保持一定的合理比例关系，使馆藏的档案资料成为一个有机整体。结构合理的馆藏一般具有如下特征：

1. 各种门类与载体的档案文件，在数量上应保持一定的比例关系

就综合性档案馆而言，目前应注重对数额较少（甚至过少）的科技档案、专门档案及非纸质档案的收藏，以改变馆藏结构单一的状况。机关档案室也应注意加强对上述档案文件的接收和积累工作，为档案馆档案的补充创造良好的基础条件。

2. 档案与资料之间的比例不能失调

档案馆作为国家永久保存档案史料的基地，应当确立"档案为主、资料为辅"的馆藏建设政策。库藏档案是馆藏结构的主体成分，资料则是作为档案文件的必要补充物存在的辅助成分。这种"主从"关系是不能颠倒的。

3. 馆藏档案应有一定的时间跨度，以便客观地反映本地区各个时期的历史面貌

由于历史原因的影响，许多档案馆的库藏历史档案的数量过少，所以必须大力收集有关的档案及资料。值得注意的是，对那些新中国成立后形成的、结构不够完整合理的档案全宗，也应注意补充收集，以便将不十分合理的档案结构，控制在最低限度内。

（三）层次标准

馆藏档案应当具有一定的层次与顺序，这也是馆藏优化的一个重要标准。以综合性档案馆为例，其库藏档案要在立档单位的级别、所属历史时期、内容属性等方面，呈现出层次多维的特点。库藏的档案，就其立档单位而言，应当既有本级机关、组织等一级单位的档案，又有各主管机关所属的分管某方面工作的二级单位之档案，还要有代表性的、典型的基层单位的档案。库藏档案，就其所属的历史时期而言，应当包括所能接收与征集到的本级各立档单位及其所属机构、基层单位的，具有长远保存价值的，各个历史时期的档案文件。库藏档案，就其内容属性而言，也应具有一定的层次性，不但要收集宏观、中观内容的档案，而且要注意收集反映社会微观活动内容的档案。

（四）类型标准

优化的馆藏，其库藏档案的类型应当具有多样性的特征。以综合性档案馆为例，其收藏档案的门类、形成单位、载体形态等，均应具有多样性。就库藏档案的门类而言，应当包括文书档案、科技档案，专业（专门）档案，以及照片档案、影片档案、录音档案、录像档案、机读档案等多种类型的档案文件。就库藏档案的形成单位而言，应当包括机关、组织、团体、企事业单位的档案和有关著名人物档案等，就库藏档案的载体形态而言，应当包括纸质档案、胶质档案（如胶片、照片、胶卷等）、磁介质档案及光介质档案（如光盘档案等）。

五、优化档案馆（室）藏的指导思想

（一）反映和维护一定范围内的历史真实面貌

按照国家规定，全国每一个档案馆（室）都保管特定范围的档案，一般说来，相互之间不允许有交叉和大量的重复，这就要求每一个档案馆（室）必须以自身的馆（室）藏档案来反映和维护这个范围的历史真实面貌；如果没有达到这一要求，一般无法从其他馆（室）藏档案中得到弥补。例如，综合性档案馆是按照分级管理的原则建立的，一定级别、一定地区范围内只有一个综合性档案馆。机关档案室也是如此，一个机关档案室只负责保存反映本机关活动的档案，这样该机关的历史面貌则必须依赖于该机关档案室的室藏档案给以反映。由于一个档案馆（室）只保存特定范围的档案，或者说，一定范围的档案只归属于唯一的档案馆（室），那么，反映和维护特定范围的历史面貌便成了每一个档案馆（室）责无旁贷的历史使命，应作为馆（室）藏建设中最重要的指导思想。

（二）适应利用需求

档案馆（室）保管档案的目的是满足社会（机关）的利用需求，因此，在馆（室）藏建设中必须充分考虑利用需求这一因素，利用者需要哪些档案，档案馆（室）就应该加以保存。利用者的需求内容和方式是多种多样的：有的需要现实性较强的材料，有的则需要历史材料；有的需要宏观概括性的材料，有的则需要微观的具体的材料；有的需要政治方面的材料，有的则需要经济、文化、科学、技术方面的材料……为此，档案工作者应加强调查研究，掌握利用规律，使馆（室）藏档案尽可能与利用者需求相一致。

（三）力求质量与数量的统一

在馆（室）藏建设中，处理好质量和数量的关系是十分重要的，科学、合理的馆（室）藏体系应该是二者的统一。第一，一定数量的档案是决定馆（室）藏质量的基本条件。和其他事物一样，没有数量就无所谓质量。在一定条件下，馆藏档案的数量与质量具有一致性，一定的数量就构成了一定的质量。例如，历史久远的档案留存于世的数量很少，无论什么内容的档案都能反映当时一个方面的历史事实，尽管每一份档案所记载的只是一块历史碎片，但这些碎片多一块，对于我们掌握历史事实就多了一份根据和素材。因此，有些珍贵历史档案的数量对于其质量的构成具有重要意义。再如，"文化大革命"以后，我国许多档案馆（室）藏档案数量很少，远远不能满足利用需求，经过一段时间的丰富，许多档案馆（室）发现档案数量的增加与利用率的增长成正比，也就是说，在一定条件下，增加档案数量的同时也改善了馆（室）藏档案的质量。任何一个档案馆（室）管辖档案范围内的社会活动都具有其联系性和历史延续性，档案数量太少就不可能全面地反映这个范围的历史面貌。第二，馆（室）藏档案数量与质量的统一是有条件的、相对的，在这对矛盾中，档案质量是矛盾的主要方面，这就是说，档案的质量是构造一个好的馆藏体系的关键。一个档案馆（室）所保存的档案能否全面地反映历史真实面貌，能否满足社会各方面的利用需求，是评价馆（室）藏质量优劣的根本标准。如果馆（室）内被大量价值较低或内容重复的档案所充塞，那么无论其数量多寡，都不能说这个馆（室）藏的质量是好的。因此，我们在重视馆（室）藏档案数量的同时，必须十分强调档案的质量。第三，就目前情况说，我国馆（室）藏建设的主要问题是贫乏。从数量上看，虽然近几年来我国各级各类档案馆（室）的档案数量有了较大增长，但与许多国家相比较，我国的档案藏量还是较少的。有些档案馆（室）的档案数量太少，以致很难有效地发挥作用。

六、正确处理改善馆藏结构的诸种关系

（一）档案馆与档案室在馆藏建设方面的衔接与互利关系

在丰富和优化馆藏的实践中，经常出现馆、室间的衔接与互利问题。那种违背档案发挥作用的规律，片面强调丰富馆藏，将机关档案过早接收入馆的做法，不但会给机关工作或生产的查考利用带来困难，同时也会增加档案馆的工作负担，影响档案馆其他业务工作的正常进行。机关档案室收藏的档案，是档案馆档案的主要补充源。所以，要想发展档案馆事业，就必须首先把机关档案室工作做好。档案馆应协助档案行政机关，做好对列入本馆接收范围的各机关、组织的档案室的业务指导、监督和检查工作。只有这样，才能保证列入进馆全宗名册的各机关或组织的档案齐全完整，使馆藏档案的文件源得到优化，提高入馆档案的质量。可见，在馆藏与室藏的建设活动中，两者必须加强衔接，防止脱节，保证档案文件的定向积累和顺利交接。同时也应充分考虑到档案发挥作用的规律与特点，科学地确定机关向档案馆移交档案的时间，做到互利互惠。

（二）处理好综合与特色的关系，地方档案馆应突出地方的特色

我国档案馆网的设置是以中央、省（自治区、直辖市）、市（地、州、盟）、县（区、旗、市）级综合档案馆为骨干。其中省、市、县等各级地方档案馆首先是综合性的。保存着本地区各机关单位、各种类型、各种载体的档案材料，档案内容能反映本地区的政治、经济、科学、文化、宗教、民族等各方面的历史面貌。其次，地方档案馆要具有地方特色，每个地区都有自己的地域沿革、地貌、物产、重大的历史事件和著名人物，有传统的经济产品、名胜古迹、典籍掌故和旅游资源，有民族和宗教特色以及风土人情。重视对反映本地历史面貌档案的收集，形成地方特色，使人一看便知是本地区的相关档案，有利于档案信息的开发利用。

（三）处理好深度与广度的关系

1. 广度

广度是指档案接收的范围要广泛，要扩大接收范围。从档案来源上，既要有党政领导机关及一级主管机关、二级党政与企事业单位和部分具有典型意义的三级单位的档案，又要按照国家规定收集、征购、代管某些集体所有、个人所有以及散失在民间的档案，使馆藏档案的门类和载体丰富多彩。

2. 深度

深度是指接收档案内容要深化，除接收内容上具有综合性、指导性、政策性等能反映国家或地区概貌的档案外，还应特别重视收集一些典型性、经验性、地方性的能具体说明在党的领导下社会性质发生的深刻变革和人民群众生产、工作和生活发生根本变化的档案材料，以及一些反映重要活动、重大事件来龙去脉的档案材料。

（四）处理好档案与资料的关系，重视、收集与保存和档案有关的资料

档案馆的主要任务是保管好档案，同时也应保存一定数量的资料，辅助档案提供利用。由于多种原因，有些档案残缺现象比较严重，而提供利用工作，尤其是开展编史修志，仅仅依靠档案还不能充分满足要求和圆满完成任务。因此收集与保存和档案有关的资料，可以弥补档案不全和档案内容记载不详的缺陷，深受利用者的欢迎。资料的收集范围，包括各种文件汇集、资料汇编、统计资料、大事记、组织机构沿革、传记、回忆录、报纸、刊物、图片、年鉴、史志、家谱、族谱和反映本地区、本民族的民间习俗、风土人情、宗教信仰、文物古迹等方面的资料。同时与档案关系十分密切的有关实物（例如有些标本、印章、奖品等）也可一并接收。

七、馆藏结构的基本成分

了解和认识馆藏结构的成分，对于做好丰富馆藏工作具有实际意义。概括地说，馆藏结构应该是多形式、多门类、多层次的。具体地说，馆藏结构成分按不同标准可以划分为多种类型（见图3—1）。

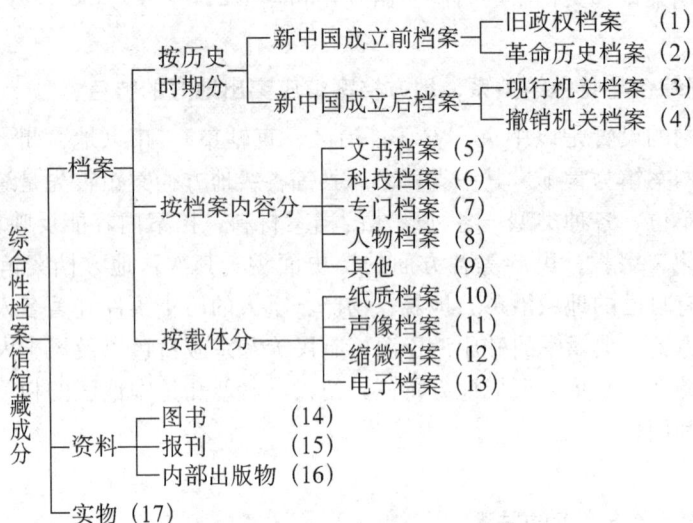

图3—1 综合性档案馆馆藏成分图

（一）以档案形成的历史时期划分

馆藏结构以档案形成时期划分为古代档案（1840年以前）、近代档案（1840—1949）、现代档案（1949年以后）。各个档案馆保存的各个时期的档案数量不一，一般说来，现代档案是馆藏结构的主要成分。

（二）以档案内容划分

馆藏结构按档案内容可以划分为文书档案、科技档案、专门档案和人物档案四大类。

另外，在改善馆藏结构时，应当注意接收和采购与档案有密切关系的图书、资料、报刊。收藏图书应以与馆藏档案内容相关的读物、工具书为主。报刊力求齐全、系统，它可以与档案互相补充、订正。出版物，多是收集内部出版物。记叙和反映档案馆所在地面貌的公开出版物，也应该收集。档案馆还应接收和保管与档案有关的一些实物材料，这些实物材料虽然不是档案，但可以补充馆藏内容成分。

综合性档案馆的馆藏成分主要应包括如下几个方面：

（1）旧政权档案：指中华人民共和国成立以前历代政权机关、团体和个人的档案。

（2）革命历史档案：指新民主主义革命时期（1919—1949）中国共产党及其领导的人民政权机关、团体、个人的档案。

（3）现行机关档案：指正在行使职能机关、团体、企业、事业单位档案，以与档案馆级别相对应的本级机关档案为主（如省档案馆以省级机关档案为主，县档案馆以县级机关档案为主），同时接收一些二级机关、三级机关中有代表性或典型性的档案。

（4）撤销机关档案：在档案馆收管范围内撤销机关的档案应全部交档案馆保存。

（5）文书档案：指各级机关、团体、企业、事业单位在贯彻执行党的方针、政策和行政管理活动中形成的档案，又称为党政档案。

（6）科技档案：在基本建设、生产技术和科学研究活动中形成的档案。

（7）专门档案：在某种专门业务活动中形成的档案。专门档案种类很多，难以尽数，较为常见的有：会计档案、人事档案、诉讼档案、审计档案、教学档案、文化艺术档案、地名档案、人口档案、病历档案等。

（8）人物档案：包括著名人物档案和死亡干部档案。著名人物档案是指出生在该地区或曾在该地区工作过的著名革命活动家、革命烈士、学者、专家以及各行各业中的著名人物在活动中形成的个人档案。死亡干部档案是指由组织、人事部门管理的死亡干部的人事档案。这类档案在原组织、人事部门保管一段时间后移交所在地的综合性档案馆。

（9）其他：对于该地区典型的，有代表意义的专业户、个体户、经济联合体的档案，该地区流传下来的民俗档案以及其他类型有价值的档案也应接收进馆。

（10）纸质档案：即以纸张为载体的档案。

（11）声像档案：指以声音和图像记录和反映社会活动过程的档案材料，包括照片、录音带、录像带和光盘等。又称音像档案。

（12）缩微档案：一般是指各种类型纸质档案用缩微摄影方法制成的复制品，大多以缩微胶片（卷）形式保存。

（13）电子档案：是用电子计算机记录和识别信息符号、以磁性材料为存储介质的档案，其形式有磁带、磁盘等。随着电子计算机技术和办公自动化的普及，这类档案将逐步增多。

（14）图书：档案馆收藏的图书有两类，一类是与馆藏档案内容相关的书，另一类是工具书，如字典、辞典、手册、目录、索引、地图、图表以及百科全书、类书、年鉴等。

（15）报刊：主要收藏本地区出版发行的杂志和报纸，新中国成立前后的报刊都应收藏。

（16）内部出版物：即没有公开发行的出版物。它作为内部情况交流的工具，与档案的关系十分密切。

档案馆收集图书、报刊、内部出版物等资料，是为了辅助解决利用者查阅档案过程中遇到的问题。图书、报刊、内部出版物中对一些历史事实的记载，可与档案内容互相补充和订正。工具书可及时帮助利用者解决一些知识性问题。

（17）实物：档案馆在接收和保管档案、资料的同时，也接收和保管与档案有关的一些实物材料，如印章、锦旗、锦标、证物、标本、样品等。这些实物有助于证明某种事实，可作为对馆藏档案内容的补充。

综上所述，在档案的种类方面，既要收集反映党政机关活动的档案，也要收集科学技术和各种专业活动形成的专门档案。在档案形成单位方面，既要有机关、企业、事业单位的档案，也要收集著名人物的个人档案，如手稿、信件、家谱、族谱、地契等。在内容方面，要全面收集政治、经济、文化、科学技术、军事、外交等各方面的宏观和微观材料。在载体方面，既应包括传统的纸质档案，也应包括现代的胶片、磁带、磁盘、光盘形式的档案。这些不同来源、内容、形式和载体的档案，互相补充，互相印证，可以使收藏的档案丰富而充实。另外，馆（室）藏的各种门类和成分的档案，按一定关系组成为一个整体，而且它们之间保持一定的比例。馆藏档案门类与成分的充实，能够改变馆（室）藏档案结构单一的情况，形成合理的馆（室）藏结构和体系。

第三节　档案室的收集工作

一、建立归档制度的必要性

归档是办理完毕的文件经系统整理归档案室保存的过程。在我国"归档"已成为党和国家明文规定的一项制度。1956 年，《国务院关于加强国家档案工作的决定》指出：各级机关的档案材料（包括机关的收发文电、内部文书、会议记录、电话记录、技术文件、出版物原稿、印模、照片、影片、录音等），应该由机关档案业务机构——档案室——集中管理，不得由承办单位或个人分散保存。另外，全面推行文书处理部门立卷，以建立统一的归档制度。1983 年 4 月 28 日中共中央办公厅、国务院办公厅印发的《机关档案工作条例》第十一条再次指出：机关应建立、健全文件材料的归档制度。《中华人民共和国档案法》第十条规定：对国家规定的应当立卷归档的材料，必须按照规定，定期向本单位档案机构或者档案工作人员移交，集中管理，任何个人不得据为己有。这些规定使我国的归档制度，用法律形式固定下来，在全国范围内，切实贯彻执行。

文书立卷归档是文书部门的任务，它是文书工作的终结，又是档案工作的起点。实践经验证明，没有归档制度，或者归档制度不健全，就没有完整的档案，也就没有健全的档案工作。因为档案是由各种文件材料转化来的，而文件材料转化为档案一般又是通过"归档"来实现的。所以，建立和健全归档制度是非常重要的，它不仅能够确保档案室有连续不断的档案来源，为开展各项业务工作提供条件，而且也是为国家积累档案财富的重要保证。档案室要做好档案收集工作，首先应该以主要力量搞好机关内文件材料的归档。

二、建立机关文件归档制度的一般要求

（一）归档制度的制定必须符合国家有关文件的规定要求

各机关、企业、事业单位，必须根据《中华人民共和国档案法》及《机关档案工作条例》等文件的要求，建立起本单位的归档制度。在具体确定归档制度的各项内容之前，必须深刻地学习和研究国家有关文件（诸如《机关文件材料归档和不归档的范围》等），领会其精神内容，并以此为指南，来制定本单位的归档制度，切忌与国家的有关规定相抵触、矛盾。

（二）归档制度的制定必须符合本机关的工作、生产、科研活动的实际，体现本机关的文件材料的形成特点和规律

制定归档制度前，有关人员必须首先了解和掌握本机关、单位的活动性质、职能分

工，以及文件材料的产生、运转过程，文件的种类、内容、形成特点和规律，并据此将国家的有关文件归档的规定具体化。这样才能使所制定的归档制度具有实践性，便于执行，保证归档文件的质量。

（三）制定的归档制度，应当同本机关的其他相关制度保持内容方面的统一性

例如，在党政机关或单位，应当使归档制度同行政管理制度、文书工作制度相衔接，将归档制度纳入上述工作管理制度，以保证其顺利施行。此外，还可以将归档制度同机关的科研管理制度、计划管理制度、生产管理制度、标准化管理制度、岗位责任制联系起来，保证其顺利执行。

（四）完善归档制度的内容

制定归档制度应当内容明确、表达准确、规定具体而详尽，便于在实际工作中执行。同时，机关档案部门还应当广泛地征求有关文书工作人员、业务人员及机关领导的意见，及时补充、修订，使之更加完善。

三、归档制度的内容

归档制度主要包括归档范围、归档时间、归档文件的质量要求、归档手续等内容。

（一）归档范围

归档范围是指办理完毕的文件材料是否应当归档的范围。哪些文件应该归档，哪些文件不应该归档，主要取决于这些文件本身的保存价值。一般而言，凡是反映本机关工作生产活动，具有查考利用价值的文件材料，均属归档范围。国家档案局 1987 年 12 月 4 日发布的《机关文件材料归档和不归档的范围》规定，一个机关应该归档的文件材料，应包括以下四个部分：

1. 上级机关的文件材料

这部分文件材料主要有上级机关颁发的属于本机关主管业务并要执行的文件；普发的、非本机关主管业务但需贯彻执行的法规性文件；上级召开的需要贯彻执行的会议的主要文件；上级机关转发本机关的文件（包括报纸、刊物转载）；代上级机关草拟并被采用的文件的最后草稿和印本；党和国家领导人、人民代表、上级机关领导等视察、检查本地区本机关工作时的重要指示、讲话、题词、照片和有特殊保存价值的声像文件材料等。

2. 本机关的文件材料

这部分文件材料主要有本机关负责召开的代表大会、代表会议、工作会议、专业会议、机关党组及行政领导会议的文件；本机关颁发的各种正式文件（签发稿、印制稿及重要文件的修改稿）；本机关与上、下级机关之间的请示、批复文件；本机关及其内部职能部门形成的工作计划、总结、报告；反映本机关业务及科技管理活动的专业文件；本机关领导人在公务活动中形成的重要信件、电报、电话记录，及其从外机关带回的与本机关有关的重要文件；本机关的统计报表、财务文件、人事文件、会计文件，规章制度文件；反

映本机关成立、合并、人员编制、历史沿革、合同、协定、财产、物资、档案等方面的文件；重要的人民来信来访材料以及其他需要保存的文件材料等。

3. 同级机关和非隶属机关的文件

这部分文件材料主要有这类机关颁发的非本机关主管业务但需要执行的法规性文件，或与本机关联系、协商工作的重要来往文件；有关业务机关对本机关工作检查形成的重要文件。

4. 下级机关的文件材料

这部分文件材料主要有下级机关报送的重要的工作计划、报告、总结、典型材料、统计报表、财务预算及决算文件；直属单位报送的重要的科技文件及下级机关报送的法规性备案文件等。

不属于归档范围的文件材料，主要包括重份文件，如机关印发和收到的文件，本单位内凡有重份的，均由主管单位负责归档，其余都不必归档；一般事务性的无查考、保存价值的文件；未成文的草稿及一般性文件的历次修改稿；未经会议讨论，未经领导审阅、签发的未生效文件；同本机关主管业务无关的文件和非隶属机关送来参考的文件；本机关领导兼任其他机关职务形成的文件；一般的人民来信等。此外，国家规定的不得归档的有关文件材料，禁止归档。

总之，确定归档范围的一般原则是：归档文件必须具有一定的保存价值，必须符合各机关文件材料的实际状况。各机关和单位应根据国家的统一规定和要求，确定本机关归档和不归档文件材料的范围。

（二）归档时间

归档时间，是指文书（文件）处理部门或有关业务部门将需要归档的文件向档案室移交的时间。《机关档案工作条例》规定：机关文书部门或业务部门一般应在第二年上半年向档案部门移交档案，交接双方根据移交目录清点核对。对于那些专业性文件、特殊载体的文件、机密性强的文件、驻地分散的机关文件及形成规律较为特殊的文件，为了便于实际工作的查考利用，也可以适当地延长归档时间。

某些小机关的内部机构简单或不设内部机构，工作人员数量少，文书（文件）处理集中，文书处理和档案工作由一人兼管，可不专门规定归档时间。有关人员只要将办理完毕的文件归入卷夹，组成案卷（保管单位），编制出案卷目录，就算完成了归档任务。

（三）归档文件的质量要求

根据有关文件的规定，机关档案室一般情况下不接收未经系统整理的零散文件材料。归档案卷的质量要求是遵循文件的形成规律和特点，保持文件之间的有机联系，区分不同价值，便于保管和利用。

应归档的文件要做到种类齐全、份数完整，每份文件不缺张少页，并组成保管单位。立卷时，应按要求将文件的正件与附件、印件与定稿、请示与批复、转发文件与原件。多种文字形成的同一内容的文件，分别组合在一个案卷内，不得分散。在文书档案文件组卷时，一般应将文件按年度分开，不同年度形成的文件一般不可放在一起组卷。但是，跨年度的请示与批复，应放在批复年度立卷，没有批复的，放在请示年立卷；跨年度的计划或规划，应放在文件内容所针对的第一个年度立卷；跨年度的总结，应放在文件内容针对的最后一年立卷；跨年度的会议文件，应放在会议开幕年立卷；非诉讼案件的文件，应放在结案年度立卷；文件与电报一般应按其内容联系统一立卷；绝密文件和绝密电报应该单独立卷（少量普通文电如与绝密文电有密切联系，也随同绝密文电一起立卷）；录音带、录像带、影片、照片等特殊载体的文件，应同纸质文件进行统一整理、编目，但要分别存放，在案卷目录上要注明互见号，以保持文件间的历史联系，便于查找利用。此外，对于不同保存价值的文件，应当分开组卷，以便日后向档案馆移交，防止拆卷重组问题的产生（见表3—1）。

表 3—1   移交案卷目录

卷号	案卷标题	案卷起止日期	卷内页数	保管期限	备注
		年　　月 至 年　　月			

保管单位内的文件排列应条理系统，使之成为一个互有联系的有机整体。卷内文件一般按重要程度或时间顺序依次排列；具有密切联系的文件应依一定的次序排列在一起，即批复在前，请示在后，印件在前，定稿在后，正件在前，附件在后；重要法规性文件的历次稿本可依次排列在定稿之后；非诉讼案件卷的结论、决定、判决性文件在前，依据性文件往后等。保管单位内的文件，依次排列后应编定页号或件号，逐件登录在卷内文件目录上。音像文件，应用文字标出它们的对象、时间、地点、内容和责任者等事项，以便于保存和利用。

保管单位（案卷）的封面，应按规定逐项填写清楚。案卷的题名简洁明了，并能准确地揭示和反映出卷内文件的基本内容和成分。案卷题名一般应将卷内文件的责任者、内容、主要文件名称反映出来。还应根据机关档案保管期限表，注明每个案卷的保管期限。

向机关档案室归档的案卷，都应按照一定的次序进行排列。排列案卷可据案卷产生和形成的实际情况，选择按责任者、按问题、按时间、按地区（域）或重要程度等方法排列。并要注意保持卷与卷之间的历史联系，逻辑联系，编定案卷号。最后，还应编制案卷目录一式数份。

（四）归档手续

文书处理部门或业务部门向档案部门移交档案时，交接双方应根据案卷目录详细清点，经过认真核对后，交接双方如确认无误，即可履行签字手续，并将案卷目录中的一份由档案部门签字后，交还移交单位妥善保存。必要时，移交单位须编写归档文件简要说明，交接双方还应填写交接清单或移交清单（见表3—2）。

表3—2   移交案卷清单

移交单位：×××单位：	科（室）	
案卷数量：永久：	卷	
长期：	卷	
短期：	卷	
续卷：	卷	
总计：	卷	
移交单位经手人：		
接收单位经手人：		
交 接 日 期： 年 月 日		

在档案工作和文书工作由一个人兼管的小机关，不需要履行上述归档手续。但是，在档案人员调动工作时，应参照上述办法办理交接手续，即"明立案验，依例交割"。

四、档案室在形成文件与组织归档工作中的作用

档案室的基本任务之一，就是对本机关文书部门或业务部门文件的归档工作，进行指导与监督。因此充分发挥档案室在形成文件与组织归档中的作用，是做好档案室收集工作的一个重要组成部分。

（一）机关档案室对形成文件的作用

为了保证归档文件的完整齐全，便于保存和利用，机关档案工作者不仅要通过归档工作力求把已形成的文件收集齐全，而且还应关心文件的形成和办理活动中的相关情况。在工作或生产活动中，机关往往有一些工作已经做了，或者曾经历了一些重要的活动与重要历史事件，但由于种种原因，没有形成原始记录（如电话请示与答复没有记录，主要领导人现场办公处理的重要事件没有记录，召开会议没有记录等），或记录不全（如有的文件只记录了有关工作的内容而没有责任者、日期，或文件办完却没有注明办理情况等）。类似情况，都会影响机关档案文件的齐全完整积累。为此，机关档案工作者有责任对文书处理工作制度、文件的行文格式、书写材料等方面存在的问题，向有关部门或领导反映和提出意见，力求改善文件的形成渠道。必要时，机关档案部门也可以采取一定的补救措施和办法，对一些较重要的事件、活动等进行补充记录、拍摄工作，以保证机关档案文件的

齐全。

（二）档案室对归档工作的业务指导服务

为了保证归档文件的齐全完整，便于日后提供利用，档案室的工作人员不仅要通过归档工作把已经形成的文件收集齐全，而且要关心机关文件的形成与办理情况。机关在工作和生产活动中，往往有一些工作已经做了，或者经历了某些重要事件和重要活动，但没有记录下来形成文件（如领导人现场办公处理的重要问题没有记载，电话请示与答复没有记录等）或者记录不全（如文件上只记有工作活动的内容而没有责任者、日期，或者文件办完而没有注明办理情况等），这些都影响形成完整的档案。档案工作人员有责任及时向有关领导人和业务部门反映和提出意见，解决文书处理工作制度、文件书写格式和书写材料等方面存在的问题，必要时，也可请业务部门采取"亡羊补牢"的措施，做补充记录、拍摄、录音或录像工作，以保证档案文件的完整。档案室对归档工作的超前控制，可以通过监督与促进文件质量标准化、文书处理制度化，协助和督促有关部门做好立卷归档前的准备工作以及加强对立卷工作的指导和检查等三方面工作而得以实施。

（三）指导和督促文书部门或业务部门做好归档组织工作

文件立卷及归档工作是机关文件管理工作和档案工作的"交汇处"，是这两种工作活动交接的一个环节。我国自 20 世纪 50 年代开始，就一贯推行文书部门（或业务部门）立卷的制度，即机关的文件立卷和归档工作主要由机关的文书处理部门、业务部门及有关的文书工作人员承担。在此项活动中，机关档案部门一般只负责指导和协助性的组织工作。

推行文书部门立卷和归档制度，经过几十年的实践，主要具有以下优点：

第一，由文件的承办和处理部门立卷，有利于加强对文件的平时形成、积累、整理的控制，便于机关的领导人、业务人员、秘书人员及其他人员在近期内就近使用，便于全面、系统地研究和处理问题。

第二，由文件的承办和处理部门立卷，可以充分发挥文件的承办和处理者熟悉业务和文件产生与办理情况的优势，从而更有效地保证归档案卷的质量，为档案管理打下良好的基础。

（四）非常规性和随机性的文件收集工作

由于种种原因，机关经常有一些文件不能按规定及时归档，散失在机关业务部门或个人手中。在已建立归档制度的机关，那些未经收发登记的文件、内部文件，也容易散失。在归档制度不健全的机关，文件散失和不及时归档的问题就更加突出。因此，机关档案室除了指导和协助做好正常的归档工作外，还应积极地从事散失文件的补充收集工作。一般而言，散失文件收集的重点对象，主要有机关召开的比较重要的会议的文件（如会议记录等）；机关领导或其他工作人员外出开会带回来的、需要贯彻执行的文件；本机关的内部工作计划、总结、报表、规章制度等方面的文件；较重要的人事、保卫、财会工作文件；本机关编印的大事记、历史沿革等参考材料的底稿和印本；本机关的调查报告、合同契约、访问记录；本机关参与外事活动形成的文件；重要文件的附件；本机关形成的其他专业性文件以及照片、录音带、录像带等。此外，各机关还应结合本单位的保密检查、节假日文件清理等工作程序或在人员与机构变动时，及时发现问题，并把散失的文件及时收集起来，以补充归档制度之不足，做好补充收集工作。

（五）对散失文件的补充收集

一个机关即使建立、健全了归档制度，也会有些文件不能按规定及时归档，特别是未经收发登记的文件和机关本身形成的内部文件，往往分散在个人手中。再加上机构调整、干部变动、环境变化等各种因素，都可能使归档文件不齐全、不完整。因此，在正常的归档工作以外，档案室还需要采取某些补救措施，开展对散失文件的补充收集。收集散失文件时要把重点放在"账外"文件上。所谓"账外"文件是指未经登记的文件，如机关内部文件，机关领导人或工作人员外出开会带回的文件，机关之间签订的合同、协议等也常常不做登记。这些文件如果保留在机关业务部门或个人手中，往往不易被发现，因而有时不能按正常手续立卷归档。这项工作往往与保密检查、节假日清理文件、人员或机构变动等活动结合进行，把应该归档的文件集中收集起来，以补充归档制度之不足。

（六）对档案收集工作的宣传

为了使档案室在档案收集过程中发挥更大作用，推动归档制度的顺利实施，应该有的放矢地做好宣传教育工作，增强机关领导人和工作人员的档案意识，解除各种思想顾虑，以取得他们的支持与配合。宣传内容包括讲明档案是党和国家宝贵的历史财富，不是私人的财产，应当由档案部门集中管理；档案在档案室保管，一般均有专门人员管理，有较好的保管条件和科学的管理方法，使用起来还是方便的；同时，这也是一种良性循环：做好归档后文件的整理、保管和积极开展利用服务，使业务部门和工作人员尝到档案集中管理的甜头，反过来又促进文件的收集工作。

（七）文件的平时收集工作

建立和健全归档制度是开展档案室收集工作的一项重要措施，而加强对平时文件的收集，是保证归档制度落实、档案齐全完整的有效办法。

平时收集工作包括：

1. 零散文件的收集

在建立归档制度以前，有些单位的档案分散保存在内部机构和个人手中，这些档案仅仅依靠归档制度是不能收集起来的，必须加强平时收集。

2. "账外"文件的收集

有些文件未经过收发登记，不易控制，难以收集齐全。对会议记录、规章制度、基本统计报表等材料，也要通过平时的收集工作，集中到档案室统一管理。

3. 专门文件的收集

专门文件是指特殊载体、特殊规格的文件材料。档案室保存的文件门类不齐全，直接影响到档案馆馆藏的结构。所以在收集工作中，不能忽视对专门业务文件的收集。平时收集工作要落实到人，建立岗位责任制，充分发挥档案室的主观能动作用，开辟多条渠道，广开门路。

（八）基层单位档案的收集

"上面千条线，下面一根针"，城市，乡村党、政机关，工厂企业，商店，学校等基层单位，档案数量不多，但档案种类齐全，成分复杂，对于研究典型单位，尤其是研究微观经济发展变化情况，这部分档案有一定参考价值。基层单位的档案，宜于集中统一管理，因为它的档案数量不多，只要建立正常的归档制度，注意平时收集、平时归卷，这项工作就可以做好。

某些基层单位在收集档案时，一定要抓住反映本单位主要职能活动的档案作为收集的重点，防止只重视上级文件，忽视本单位档案的片面做法。基层单位对于上级机关的来文，按照规定办法处理，有些需要清退，有些不必归档，只装订成册作为资料备查。

某些基层单位的档案工作，往往由身兼多职的秘书、文书或会计兼做。他们平时工作较多，可以见缝插针，充分利用开会时机，及时传阅、清退和归档文件。重点收集的文件包括：会议记录、请示报告、计划总结、工农业生产统计报表、年终分配方案、财务会计凭证、账本、年度报表、乡（镇）、村、队史、大事记和干部花名册等。有条件的乡、村（或社、队），可以把历年来的账本、凭证、报表，集中起来统一保管，以防遗失。

城、乡基层单位，如条件允许，可以建立综合性档案室，对文书档案、科技、会计档案实行统一管理，并安排专门房间作为档案库房，逐步改善档案的保管条件。

第四节 档案馆的收集工作

一、馆藏档案的补充源

档案馆的馆藏档案主要来自以下四个档案源：

（一）现行机关档案源

这种档案源就是指现在正在进行工作活动的机关、企业、事业单位及其他社会组织。这种档案源的特点是，产生和形成的档案文件数量多，完整、系统，并且具有连续性。根据国家有关文件的规定，各现行机关应将具有长远保存价值的档案，通过一定的移交方式，交给各有关档案馆集中保存。所以，现行机关是各级各类档案馆馆藏档案的主要补充源。

（二）撤销机关档案源

撤销机关是指中华人民共和国成立前后，由于政权变更、体制改革、行政区划调整等原因而被撤销合并的机关、团体、企业、事业单位及其他社会组织。档案馆按国家规定接收这类机关、团体、组织的档案，也是馆藏档案的重要补充源之一。

（三）组织和个人保存的散失档案

这种档案源即收藏有革命政权档案、历代王朝和民国档案的机关、组织或个人。这也是馆藏档案的一个重要补充源。档案馆应通过各种有效的方式、措施，将这些散存于社会的历史档案征集入馆，以丰富馆藏。

（四）档案馆之间交接的档案

一方面，由于行政区划变更和档案馆布局的变化等因素的影响，使有关档案馆的档案收藏范围发生变化，因而产生某档案馆接收其他档案馆的档案的情况。另一方面，由于各国文化交流活动的开展，我们通过交换或购买等方式，将一些收藏在外国档案馆中的我国历史档案（包括其复制品）收集起来，丰富有关档案馆的馆藏。上述两种情况，都是从有关档案馆收集档案，实现补充馆藏的。

二、接收档案的范围

按照《档案馆工作通则》和《各级国家档案馆收集档案范围的规定》的文件精神，档案馆接收的范围是：

（1）本级各机关、团体及其所属单位具有永久保存价值的档案，省辖市（州、盟）和县级档案馆同时接收长期保存的档案。

（2）属于本馆应接收的撤销机关、团体的档案。

（3）属于本馆应接收的中华人民共和国成立以前的各种档案。

对于第（1）条所列"本级各机关、团体及其所属单位"中的所属单位，在具体接收时要明确规定接收到哪一级所属单位。目前一般只接收到二级单位，档案馆各方面条件具备也可以接收到所属的基层单位。比如省、市档案馆，按规定应接收省（市）直属机关、团体、企业、事业单位的档案。如果接收到二级单位，就可以接收省直机关所属的公司（如：百货公司、五金交电公司、服务公司、食品公司等）的档案。如果接收到所有的隶属单位，就要接收各公司所属的工厂、商店的档案。

党的组织关系在地方，属于地方和上级主管部门双重领导的单位形成的、以反映地方某项事业或建设活动为主的档案，经有关方面协商，也可以属于第（1）条范围内。

另外，集体所有制单位和典型私营企业形成的有进馆价值的档案和著名人物档案，经协商同意，也属于档案馆的第（1）条的接收范围。

三、档案馆对现行机关档案的接收

按照《档案馆工作通则》等文件的规定，现行机关档案中具有长远保管意义的部分，需要定期向档案馆移交。接收现行机关档案室移交的档案，是各级档案馆的经常任务。

（一）接收档案的要求

档案被接收进馆时，应该有一些基本的要求，确保进馆档案的质量。这些要求主要包括：

1. 完整性

按规定向档案馆移交的档案，应该收集齐全，按全宗作为一个整体归入档案馆，不得随意分散。档案馆应该关心文书立卷和机关档案室的工作，加强指导，堵塞漏洞，尽量使应该立卷归档的文件收集齐全，为后代积累完整的档案史料。与档案有关的资料、立档单位的组织沿革、全宗指南及有关的目录、索引等检索工具，随同档案一并接收。案卷目录编制一式三份，其中一份由档案馆签收后退回移交机关。

2. 真实性

进馆的档案必须具有真实性。凡有疑点的档案，都要尽可能加以考证，如果一时难辨清楚，也要存疑，予以证明。存疑或解疑工作应由文书立卷部门去做，而档案部门则负责检查与补缺的工作。

3. 地方性

馆藏档案内容除具有普遍性特点以外，还必须反映本地区的特点，有独到的地方特色。国家级档案馆的馆藏内容，有别于其他国家的鲜明的中国特色；各省（市、自治区）档案馆的馆藏内容，有别于其他省（市、自治区）的鲜明地方色彩。要把带有地方特点的档案，作为接收的重点，以防止档案内容的大量重复。

4. 坚持质量验收

在接收档案过程中，除了履行必要的交接手续以外，还应坚持质量验收标准，把案卷中存在的问题解决在进馆之前。

档案馆在接收档案前应遵照各地档案管理部门制定的《案卷质量标准和验收办法》，逐年对进馆档案进行检查验收。

案卷质量检查可以采取自检、互检、检查小组检查接收三个步骤进行。

坚持案卷质量验收标准，会受到机关、单位领导和文书、档案工作人员的欢迎，容易引起领导者对档案工作的重视，增强文书、档案工作人员的责任心，提高案卷质量，促进档案业务学习，减少工作中的矛盾。

5. 清点核对

现行机关移交档案时，必须根据移交目录，同接收档案的有关档案馆一起清点核对，并在交接文据上签字盖章，以便明确交接双方的责任，保证进馆档案的完整齐全。

（二）接收档案的时间期限

根据档案发挥作用的特点，本着既便于档案形成机关工作查考，又便于党和国家各项工作利用的原则，现行机关形成的档案应该在本机关保存一段时间，供机关日常工作查考，然后再将需要长久保存的档案移交给档案馆保管。现行机关档案在本机关保管的期限，《机关档案工作条例》《档案馆工作通则》规定为省级以上机关将永久保存的档案在本机关保存 20 年左右，省辖市（州、盟）和县级以下机关应将永久、长期保存的档案在本机关保存 10 年左右，向档案馆移交。

档案馆接收现行机关保管期满的档案时，有逐年接收和分段接收两种办法。逐年接收，就是每年对现行机关保管期满的档案接收一次；分段接收，就是要隔一定时期（如 3 年、5 年）对现行机关保管期满的档案接收一次。一般采用后一种办法为宜。

（三）接收前的准备工作

准备工作的主要内容有两方面：一方面是确切掌握被接收档案的情况，为此，档案馆应认真调查了解移交单位档案整理的原基础，鉴定的方法和质量，档案的数量与成分，需要进馆的档案有多少等确切情况，做到心中有数。为了保证进馆档案的质量，档案馆还应派人到移交单位检查准备移交档案的完整程度和整理质量，如发现问题及时解决。另一方面，档案馆还要做好馆内的各项物质准备，安排人力、物力和时间，以确保接收工作的顺利进行。

四、档案馆对二、三级单位形成档案的接收

根据国家档案局 1986 年 2 月 7 日发布的《各级档案馆收集档案范围的规定》的要求，下述两种类型单位的档案应向各有关档案馆移交：

第一种，各级人民政府的直属工作部门所属的独立分管某一方面工作或从事某项事业的行政管理机关和企事业单位。这些单位所形成的档案，往往能反映某方面工作或生产、教学、科研、工程建设、经营管理等的基本历史面貌，具有一定的社会经济、政治、科学文化或历史价值，是人们日后从事有关社会活动和科学研究的必要材料。如各部委、省（自治区、直辖市）直属的各企业、工厂和院、所、学校、医院等。

第二种，有代表性的第二、第三级单位形成的档案亦应向有关档案馆移交。如工厂、学校、商店、居民委员会、村委会等职能、性质和任务相同或相似的单位之中具有代表性者，应将其所形成的档案中有长远保存价值的部分，移交给有关档案馆。其他不具有代表性的第二和第三级单位所形成的档案，一般不需向档案馆移交，但是其中具有重大影响或重要凭证作用的档案，也应向有关档案馆移交。

在接收二、三级单位档案的工作中，各级档案馆还应注意以下问题：

（一）避免不加选择，盲目接收

某些档案馆，为使馆藏数量增加，大量接收二、三级单位的档案，致使馆藏档案质量下降，数量"暴涨"，入馆的这种档案分类混乱，"玉石不分"、重复件增多（如统计报表、劳动及组织人事文件重复严重），给档案馆增加了人员、库房设备等方面的压力，给档案管理（如标准化工作）带来了沉重的负担。

（二）避免不分重点，普遍接收

对二、三级单位形成的档案，档案馆必须择其有代表性的、典型的单位档案予以接收，而不能一味追求数量，采取普遍接收的办法。我们之所以要有重点地接收一些二、三级单位的档案，就是要使未来的研究者弄清各级和各种类型机关、社会组织的职能活动的具体情况，洞悉其特点，从而较全面地揭示历史发展的全貌。接收二、三级单位的档案，档案馆应做好调查工作，将本级机关或组织的所有的二、三级单位一一列举出来。在此基础上，按一定条件进行筛选，最后确定入馆单位的名单。选择的条件一般为：历史较为悠久，室藏较为丰富的；在国民经济、社会发展中占有较重要的地位的，具有一定的社会影

响（如生产名优产品的工厂等）的；在职能、规模、任务相同的单位中具有较强的代表性的，能够体现地方特色的单位等。

五、档案馆对撤销机关档案的接收

新中国成立以后，由于社会主义事业发展的需要以及各类组织的改组和体制的改革，行政区划的变动等原因，撤销了一些机关、企业、事业单位。这些单位撤销以后，档案馆应及时组织力量将全部档案认真收集、整理、鉴定，并认真接收进馆或责成接管机关代管。各级档案馆接收撤销机关的档案，与接收现行机关保管期满的档案的办法与要求相同。

撤销机关档案，具有易分散、整理不系统、存在尚未办理完毕的文件等方面的特征。为此，档案馆在接收撤销机关的档案时，除了应按接收现行机关档案的要求对所接收的档案进行检查外，还应注意以下问题：

（1）机关撤销、合并时，严禁把机关在历史活动中形成的档案分散、毁弃或丢失。撤销机关应负责组织人力，将全部档案进行认真的清理和鉴定并保管好，按规定向各有关档案馆移交，或由其职能继任机关代管。

（2）机关撤销或合并时，如有尚未办理完毕的文件，应转给原机关的职能继任者或有关机关继续办理后整理保存。

（3）一个机关并入另一个机关或几个机关，几个机关合并为一个新的机关，其合并以前形成的档案，应按机关分别组成有机整体，向有关档案馆移交，而不能将这种档案与合并后形成的档案混在一起。假若接管撤销机关职能的有关机关，因工作方面的日常查考需要，要求保管撤销机关的档案，可在征得有关档案管理机关同意后，暂为代管。代管机关应负责撤销机关档案的完整与安全，绝对禁止将撤销机关档案同本机关的档案混杂，并担负日后向档案馆移交撤销机关档案的义务。

（4）一个机关撤销后，业务分别划归几个机关时，它的档案不能分散，而应当作为一个有机的整体，整理并保管好，由有关单位采取协商处理的办法，或交给某个接管机关代管，或向有关档案馆移交。

（5）一个机关的一部分业务或其中的一个部门划归给另一个机关时，原来该机关在从事此部分业务工作活动中形成的档案，应作为原机关档案的有机整体的一个组成部分。如果接收机关需要查考使用这部分档案，双方可通过协商等方式，用借阅、复制等办法解决。

（6）在"文化大革命"中，许多机关被撤并。对于合并期间形成的档案一般不应分散，但因工作需要，对某些档案，是暂借、带走或是仍保存在原来的主管机关，应通过有关机关协商解决。但无论采取何种办法，都应注意保持全宗的完整性，不能将全宗档案分散。新成立的单位，如工作需要，也可借阅或复制。

六、档案馆对历史档案的征集与接收

档案界习惯上所称的历史档案，是指在中华人民共和国成立前，各机关、团体、部队、企业、事业单位以及著名人物在社会活动中形成的档案。其中包括革命政权的档案、

历代王朝、北洋军阀和民国时期的档案。

归档、接收档案，这是丰富馆藏的重要途径之一。但是，由于各种复杂的因素，有些档案长期分散在各处，甚至在个人手中。依靠正常途径的归档移交、接收等方式收集不到这些档案，必须广开门路，通过多条渠道进行收集，这种方式称为档案的征集。

档案的征集是一项社会性的工作，它要与社会各方面发生关系，社会是档案的发源地。档案部门靠守摊支撑门面，不主动向社会调查挖掘档案，要想使馆藏丰富，显然是很有限的。社会上还藏有大量珍贵的档案，要靠我们去发现、去挖掘、去征集。

（一）接收与征集历史档案的意义

所谓历史档案，通常是指中华人民共和国成立以前形成的档案。这种称谓从术语学角度考查虽不够科学，但是考虑到人们的一般用语习惯，我们仍然采用这一概念。收集历史档案的主要意义如下：

1. 它是保护祖国历史文化财富的一项重要措施

我国是一个拥有数千年文明史的古国，历史上的历代王朝衙署、组织及个人曾形成过大量的档案文件，但由于各种社会因素与自然因素的影响，绝大部分档案已遭毁灭，尤其是鸦片战争以来，帝国主义列强的侵略，又使幸存下来的档案一部分散失国外。民国时期的档案，虽然有许多被保存下来，但由于战争等因素的影响，也受到了程度不同的损害，许多民国档案失散于社会。中国共产党及其领导下的革命政权机构、军队、社会团体等形成的档案，尽管产生时间较近，但是，由于长期的地下斗争和武装斗争的社会环境的影响，保存下来的档案数量也较少，其中某些档案文件依然散存在民间。为此，必须抓紧时间，加强对幸存于世的历史档案的征集和接收工作，尽早将散失于社会各个角落以及国外的历史档案收集入馆，使祖国的历史文化财富得以长远留传。

2. 收集历史档案是档案开放利用工作的需要

历史档案记录和反映了我国各个历史时期的社会政治、经济、文化、科学技术、宗教等方面的情况。它是人们从事史学研究、科学研究（如地震、水文、天文、医学等方面的研究），总结历史经验等项社会工作的不可缺少的原始素材。为了适应历史档案开放和社会的利用需要，各档案馆必须努力收集历史档案，丰富馆藏，以便向社会提供更多的档案。

3. 收集历史档案是一项抢救历史文化遗产的艰巨性工作

由于历史档案长期在社会流散且年深日久，具有收藏对象复杂、收藏地点不明、来源分散等特点，而且许多历史档案正在遭受自然与人为的破坏，不少档案已经发霉变质，字迹模糊，彼此粘连或破烂不堪。所以，档案部门必须加强历史档案的接收与征集工作，做到发现一批，抢救一批，发现一件，抢救一件，把这些濒于毁灭边缘的历史档案收集起来，并通过各种有效的传统方法与现代方法（如托裱、复制、加固、字迹恢复等）进行抢救。这是现在与今后档案部门的一项艰巨的工作任务。

4. 收集历史档案是发展我国档案馆事业的重要手段之一

一个档案馆收藏的历史档案的数量和质量，往往是社会和用户衡量与评价其工作水平的一个重要标志。一个档案馆收藏的历史档案量多质优，它就会具有较高的威望和社会地位，就会以其收藏档案的年代久远、门类多样、内容丰富、版本珍贵而享誉国内外。因此，档案馆应将收集历史档案视为一项重要的工作内容。为广大的专家、学者、实际工作者等档案用户提供更多更好的历史档案材料。

（二）收集历史档案的对象与途径

1. 收集散存于一些国家机关、社会组织中的历史档案

各级国家档案馆应根据1981年国务院转发的国家档案局关于旧政权档案集中保管的指示精神，结合本地区的具体情况，开展这项工作。历史档案的收集，实际上在中华人民共和国成立时就已经开始了。随着各级各类国家档案馆的陆续成立，使长期处于分散状态的历史档案，基本上得到了集中统一管理。然而由于某种历史原因，仍然有部分较重要的历史档案分散在一些机关和组织。

随着改革开放的进行，我国的经济文化事业有了进一步发展，各方面都迫切需要利用历史档案，特别是开放档案的方针确定后，更进一步促进了社会各有关方面对历史档案信息的利用需求，如若继续听任历史档案的分散保存状态的存在，必然会影响档案信息的综合开发利用，使许多历史档案丧失发挥作用的时机。因此，必须按照国家规定，将明、清（包括明、清代以前）中央机关形成的档案集中于中国第一历史档案馆保存；将民国时期的中央机关形成的档案，集中移交给中国第二历史档案馆保存；将民国时期各地方机关的档案，移交各有关地方档案馆保存。

2. 征集收藏于个人手中的历史档案

从历史档案的征集实践经验来看，我国的历史档案，由于种种历史原因，有不少仍然掌握在个人手中。保存这些历史档案文件的有社会知名人士、革命老干部、专家学者、普通群众，也有当时的官员、职员、士绅、商人、古物收藏者及其亲属和后代。有的档案已被废品收购部或造纸厂等单位收买，正在面临灭顶之灾，需要及时抢救；有的档案被当事人埋藏起来，有待于了解线索，尽早进行发掘；有的档案被人放置在潮湿阴暗的处所，急需抢救。实践表明，只要措施得力，方法得当，坚持不懈，就可以将失散在个人手中的历史档案的原件或复制品收集入馆。

3. 征集少数民族地区的历史档案

我国的少数民族地区也有着悠久的历史，保存着内容丰富的历史档案。这些档案，通常是保存在寺庙、土司、头人及其后裔和当地少数民族同胞手中。这部分档案中，有些时间久远，具有较高的史学及文物价值，是我国各民族的宝贵文化财富。将这些档案征集入馆，可以使档案馆的收藏品具有较突出的地方特色并为研究各少数民族地区的历史和文化创造良好的条件。

4. 收集党史征集办公室、政协文史组织及其他学术历史研究部门所征集到的历史档案

档案馆应当加强同上述部门之间的工作业务联系，并在每一部史书、志书或其他学术著作编撰完成后，及时协商，将有关档案接收入馆，并为这些部门和单位的研究人员提供良好的服务。

5. 收集散失国外的历史档案

鸦片战争以来，我国的许多珍贵历史档案散失国外，数以万计。近年来，随着我国同世界各国交往的增加，许多流失国外的档案原件或其复制件已经重新回到了祖国的怀抱。它们在史学研究、编史修志等方面已经发挥了积极作用，是不可多得的宝贵史料。诚然，

这项工作只是刚刚开始，若想使更多的历史档案返回祖国，还需要档案界和社会各有关方面的不懈努力。

（三）接收与征集历史档案的方法

收集历史档案是一项涉及面广、政策性强的工作，所以必须掌握一定的工作方法，才能做好此项工作。目前，档案部门采取的收集历史档案的方法主要有以下几种：

1. 发布通告

这是一种典型的以走群众路线为特征的方法。它的宗旨是让整个社会了解收集历史档案的重要意义和收集档案的内容范围，取得广大群众的支持，从而掌握更多线索，以便于接收和征集历史档案。

2. 调查研究

通过深入细致的工作，调查了解本地区范围内，历史上曾经设置过什么样的机关、团体、组织，曾出现过什么著名人物，以及这些组织及个人的详细情况。在摸清情况的基础上，主动走访当事人及有关部门，有针对性地开展工作，对于所收集到的相关信息线索，应做好记录，建立调查信息档案。

3. 广泛宣传

充分利用各种现代传媒工具（如电台、电视台、报纸杂志等），播送或刊载征集广告及文件。其宣传内容既要包括收集历史档案的意义、历史档案的价值、收集范围及办法，又应包括向国家捐赠档案的个人先进事例等。

此外，档案部门还可以采用制定制度、下发通知、张贴布告、印发宣传品、放映幻灯、举办展览会，以及利用有关会议等方式，开展收集历史档案的宣传工作。档案馆还应同古旧书店、文物单位、造纸厂、废品收购单位等建立联系，多加宣传，并签订合同，进行协作，使这些单位收购到的历史档案和资料，及时收集入馆。

历史档案的收集工作是一项长期的、艰巨的工作任务，档案部门应以《中华人民共和国档案法》为依据，采用精神鼓励和物质奖励相结合的办法，对失散于社会的历史档案实行国家接收、个人捐献或购买等多种方法进行收集。档案部门应努力做到使历史档案的收藏者政治方面放心，精神方面光荣，经济方面有利，利用方面便利，这样才能保证历史档案的接收与征集工作顺利进行。

（四）在征集档案过程中，要正确处理好几种关系

1. 个人收藏与档案馆集中保管的关系

就某些个人收藏的历史档案来看，情况是很复杂的：有组织上委托保存的；有的是从故去的人那里继承下来的；也有的是为了珍藏而收集来的。其中多数人是愿意献交的。即使少数人思想不通，也不能过急，经过艰苦细致的工作还是能够献交的。

2. 征集档案与利用档案的关系

通过上述渠道征集到的档案，要一律交给各级档案馆保存，不断丰富档案馆的馆藏。档案馆既要征集和收藏档案，还要发挥馆藏档案的作用。征集是为档案提供利用打基础，没有征集来的档案谈不上利用，而档案的提供利用又能促进档案征集工作的开展，征集与

提供利用是相辅相成的。提供利用工作做得越好，越有利于征集工作的开展。

3. 征集档案与留作纪念的关系

征集档案一般采取无偿征集和有偿征集两种方式。动员持有档案者将档案捐献给国家，对于捐赠者可给予一定的表扬与荣誉，赠送复制品，并在今后使用上给予方便。一般可以通过感谢信、奖状以及赠送装潢精美的纪念品的方式来表示。对于有些人上交收藏多年珍贵的档案，也可采用有偿购买方式，经双方协商付给原保存者一定的物质报酬，以资鼓励。

4. 征集原件与征集复制件的关系

一般说来，征集档案应尽可能征集原件，但在某种场合，如一时征集不到原件，也可采取征集复制件的方法，以此来丰富档案馆（室）藏的内容。

思考与复习题

1. 简述档案收集工作的意义。

2. 简述档案收集工作的基本要求。

3. 简述优化档案馆（室）藏建设的主要原则。

4. 简述归档制度的内容。

5. 简述档案馆接收现行机关档案的期限与要求。

6. 简述收集历史档案的对象与途径。

第四章

档案的整理

内容提要

本章主要讲七个方面的内容：一、档案整理工作概述。二、全宗。三、全宗内档案的分类。四、立卷方法的改革。五、立卷方法的改革附件。六、类内案卷排列、案卷编号、卷内目录、案卷目录和档号。七、档案整理中的组织管理。

第一节　档案整理工作概述

一、整理工作内容

档案整理工作，就是按照档案的形成规律和特点，根据科学的理论和方法，把档案整理成便于保管和利用的有序体系的业务活动。

档案整理工作的内容主要有：区分全宗、全宗内档案分类、立卷、案卷排列和编制案卷目录。

由于档案存在状况不同，所以整理工作的内容也会出现差异。档案的整理按整理工作内容的范围，可以分成三种类型：

（一）系统排列和编目

当档案室接收的是机关各部门按照归档要求整理好的档案，档案馆接收的是立档单位根据入馆要求整理移交的档案时，档案整理工作主要是在更大范围内，根据档案存放和管理的需要，对全宗内档案进行系统排列，对案卷目录进行某些加工。

（二）局部调整

对于整理入档案馆（室）保存的档案，其中显然不符合整理要求、不便于保管利用的部分，应进行加工以提高其质量。另外，档案自身或整理体系，会随着时间的推移而发生变化，也需要进行必要的调整。

（三）全过程整理

档案馆（室）有时也接收和征集一些零散文件，或者库藏体系遭到严重破坏时，就必须进行全过程的整理工作。

二、档案整理工作的意义

(一) 档案整理可以通过有效保持文件之间的有机联系，为实现档案价值创造有利条件

保存档案的主要目的，是及时地、系统地提供档案为社会各项事业服务。为了达到这样一个目的，所提供利用的档案必须经过科学的整理。没有经过整理和系统化的档案，就不能充分体现档案的历史记录的特点，不能完整地反映出各项活动的历史联系和本来面貌，就会影响以致失去档案的利用价值，不便于进一步查考研究问题。档案整理工作的基本目的，是把档案组成一个体系，通过编目使其固定下来，为利用档案提供方便条件。

(二) 档案整理是开展其他档案业务活动的重要基础性工作

档案整理，不仅为档案的利用创造了方便条件，而且也为整个档案管理工作奠定了良好基础。在档案管理的诸环节中，收集工作是起点，提供利用是档案工作的目的，而档案的整理则是承上启下的关键业务。收集或征集来的档案，经过档案整理这个环节，可以进一步了解和检查档案收集工作的质量，对档案收集工作有一定的促进作用。档案在整理过程中，往往是与档案价值的鉴定工作结合进行，而鉴定档案的价值和划分档案的保管期限，必须对档案进行全面的考察和仔细认真的分析，只有经过系统整理的档案，才能提供这种可能性。经过整理以后的案卷，是档案的保管、统计、检查的具体工作对象和基本单位，也使编制档案检索工具与编写参考资料有了主要依据。

(三) 档案整理是实现档案管理现代化的要求

采用现代化手段管理档案，要求对档案实体加以整理，使之达到一定的系统化程度。例如计算机库房管理系统、编目系统都需要以档案实体的一定体系为基础，档案数字化、信息化、缩微化更要求档案原件系统有序、具有有机联系的档案达到相对集中。档案管理的现代化，也需要以档案的系统整理为基础。

三、档案整理工作的原则

档案整理工作的原则是：充分利用原有的整理基础，保持文件之间的历史联系，便于保管和利用。

(一) 充分利用原有的整理基础

档案不仅记录了当时的社会活动，而且也反映了整理和保存档案的状况。整理档案时，要尊重历史和前人的劳动成果，充分利用原有的整理基础，这样有利于保持文件之间的历史联系，能够加快整理工作步伐，提高整理工作的质量。

充分利用原有的整理基础，应该做到：

1. 提高对原来整理工作的认识

对于过去的整理方法，应该采取实事求是的态度，对原有基础予以充分的重视，认真分析研究其利弊，合理部分，应该继承保持下来。

2. 不要轻易重新整理已整理过的档案

一般情况下，只要不是零散文件，已经有了一定的整理基础，应该力求保持原有的整理体系，通过必要的加工整理或者其他补救措施，提高整理档案的整体水平。如果轻易把档案打乱，返工重整，费时费力，并且也很难满足利用档案的需求。

总之，原整理基础是一定时期档案整理工作水平的反映，不要轻易否定，除非原来基础太差，否则不要随意改变。

（二）保持文件之间的历史联系

文件之间的历史联系，就是文件在产生和处理过程中所形成的各种关联关系。历史联系也被称之为"内在联系"或"有机联系"。档案文件虽然是以单件的个体形式陆续产生的，却是以组合的群体形式存在和运动的，因此整理档案时，必须保持文件的固有联系，才能把文件组成科学的有机体系，反映历史活动的原貌和文件之间的相互关联性。

文件之间的历史联系，主要表现在来源、时间、内容和形式等几个方面。

1. 来源方面的联系

文件在来源方面的联系主要指文件是以机关及其内部组织机构或一定的个人为单位有机形成的，产生文件的单位构成文件来源方面不可分割的联系。整理档案必须保持文件之间这种固有的联系，不容许随意脱离形成单位。文件之间的历史联系是多方面的，而来源方面的联系是首要的，只有在保持文件之间来源方面联系（时间、内容、形式等方面的联系）的前提下，才能更深刻地反映文件形成单位的活动面貌，体现档案作为历史记录的属性。

2. 时间方面的联系

文件在时间方面的联系主要是指形成文件的机关、组织或个人进行工作活动时，都有一定的过程和阶段性，从而文件之间具有一定的时间联系。整理档案时，应该在保持文件来源联系的同时，注意保持文件之间的这种时间联系。

3. 内容方面的联系

文件在内容方面的联系主要指文件是机关、社会组织行使职权过程中形成的，是在解决一定问题过程中产生的。一件工作、一起案件、一项运动、一次会议形成的文件，内容上有密切联系，整理档案时必须考虑到这种密不可分的联系。在整理档案的某些程序中，文件内容方面的联系往往是最紧密的联系，整理过程中如果完全没有表现出文件内容方面的联系，那么文件来源、时间、形式等方面的联系都可能显得不密切。当然，只有在保持文件来源联系的情况下，文件内容方面的联系才更深刻。

4. 形式方面的联系

文件在形式方面的联系是指文件的形式标志着文件的特定作用，在一定程度上反映了文件的来源、时间和内容的性质，因此，文件的形式也构成文件之间一定的联系。文件的形式，包括内部形式（如种类、名称）和外部形式（如载体和记录方式）两方面。

保持文件之间的历史联系，应从以下两个方面去辩证地看待和处理。

一方面，要善于找出和保持文件之间最紧密的联系，并尽量从多方面全面保持联系。文件之间具有错综复杂和多种多样的联系，其中一些联系反映了文件最密切的联系，因而应该根据文件情况，找出和保持文件之间最紧密的联系，不能只看到文件之间的某种联系，就随意整理。同时，在整理档案的全过程中，应该力求从档案的来源、内容、时间和形式等各方面，全面地保持文件的联系，为档案的鉴定、检索和利用工作创造良好的条件。

另一方面，不能离开实际整理归档文件，简单地确定某种整理方法和评说优劣。应该根据一定的条件，如不同档案的特点，形成的不同情况等等，采取保持文件联系的不同方法。另外，要从整理工作的各个环节和各个方面，全面考虑是否保持了文件的联系，不能只从某一个方面，孤立地看待是否保持了文件的历史联系，不要把某种联系理想化和把某种整理方法绝对化。

（三）便于保管和利用

整理档案时，注意利用原有的基础，保持文件之间的历史联系，以便于保管和利用。但是有时保持文件的联系和便于保管利用又不一致。例如一次会议的文件，有纸质的，也有胶片、磁带的；有机密性的，也有可以公开的；有永久保存的，也有长期、短期保管的等等。如果单纯强调保持文件之间的历史联系，全部混同起来进行整理，显然不便于保管和利用。因此，当整理档案时，如果保持文件之间的联系和便于保管利用发生矛盾，就不能机械地运用保持文件联系的原则，还要充分考虑档案保管和利用的方便。对于不同种类的档案，记录方式、载体材料、机密程度和保管价值等显然不同的文件，应该根据情况分别整理，恰当组合，在相应的范围内保持文件最优化的联系。

为了便于理解整理工作的原则，我们把它分成上述三个层次加以阐述。实际上这三个层次是互为一体的，三者都不可偏废。

第二节 全宗

一、全宗及其作用

全宗是一个国家机构、社会组织、个人形成的具有有机联系的档案整体，是档案馆档案的第一层分类、管理单位。[①]

我国档案全宗的类型，按形成全宗的单位和全宗内容的性质，分为机关组织全宗和个人全宗两种；按全宗的范围和构成方式，分为独立全宗、联合全宗、全宗汇集和档案汇集四种。

全宗的基本含义包括如下三个方面：

（一）全宗是有机联系的档案整体

全宗是有机联系的档案整体说明全宗具有不可分割性，某一国家机构、社会组织、个

---

① 参见《档案工作标准汇编》，北京：中国标准出版社，2001。

人或同一个生产建设和科研活动形成的档案，反映了它们所进行的各种活动及其相互之间密切联系的整个过程。全宗是组成国家档案全宗和进行档案分类、管理的基本单位，同一全宗的档案不能分散，不同全宗的档案不能混淆。在我国，全宗的整体性还受到国家法规的约束与保障。中共中央办公厅与国务院办公厅 1983 年发布的《机关档案工作条例》和《档案馆工作通则》分别规定："一个机关的全部档案是不可分割的整体，应统一向一个档案馆移交"，"进馆档案应保持全宗的完整性"。

（二）全宗是在一定的历史活动中形成的

全宗是在社会生活中形成的，它体现了档案及其形成的特点。

（三）全宗是以一定的社会单位为基础而构成的

全宗是以一定的社会单位为基础而构成说明了特定的档案整体的来源和界限。全宗是以产生它的机关、组织和个人为单位而构成的，这就为档案全宗确定了一个区分标志。国家档案局 1987 年发布的《机关档案工作业务建设规范》规定："一个机关在其工作活动中形成的各种门类和载体的档案为一个全宗。"全宗定义中的来源要素，对档案管理具有实用价值。

档案为什么必须以全宗为单位整理呢？

第一，按全宗整理档案，能够揭示档案内容的实质，从而正确评价档案的价值，为档案的提供利用奠定了科学基础。按照全宗来整理档案，能比较完善地反映机关或个人活动的面貌，从而便于对档案的利用，使人们有可能通过档案全宗全面地、系统地去研究历史上各个机关或著名人物，在工作活动中所积累下来的丰富的历史经验与教训。

第二，全宗是档案管理的基本单位，对档案管理有重要的组织作用。在档案管理的全过程中，要以全宗为基本单位进行分类、编目、鉴定、统计等管理工作，避免造成某种不必要的混乱发生。区分全宗是档案整理中的第一步。

第三，按全宗整理档案，不仅仅是个方法问题，而且也是一个理论问题。按全宗管理档案，是档案管理区别于图书管理及其他文献管理的重要特点之一。同一全宗的档案不能分散，不同全宗的档案不能混淆，应该按照档案的来源把全宗内已被分散的各部分档案集中起来，从而维护全宗的完整性以及挖掘全宗内档案作用的潜力。

总之，不应该把全宗理论绝对化，忽视全宗理论不断发展的规律，同时也要防止把全宗问题看得过于简单，甚至取消全宗的理论。全宗问题不解决或解决得不好，都将直接影响档案整理工作的进行。所以，整理档案必须以全宗为单位进行。

二、确认全宗和立档单位

立档单位是构成档案全宗的国家机构、社会组织、个人或生产建设、科研项目的组织者，通常称为"全宗构成者"。例如中央××部或北京市××局就是一个立档单位，它产生的全部档案是一个全宗。确认全宗要从组织或个人的社会独立性入手。用以确定组织或个人社会独立性的因素被称为全宗（或其立档单位）的构成条件。

（一）组织全宗的构成条件

全宗从其形成者角度看有组织和个人两大类，组织全宗是全宗的主体部分，在现实中占绝大多数。组织全宗的构成者就是立档单位。

立档单位与通常所说的各机关单位，多数情况是一致的，但也有不一致的地方。那么，什么样的机关单位是立档单位，什么样的机关单位不能够成为立档单位，应该有一个划分的条件和标准。

确定一个机关、组织、单位是不是立档单位，主要应该分析它是否能够独立行使职权，并能以自己的名义对外行文。通常情况下，在工作上、组织上、财务上有一定独立性的单位均为立档单位。构成立档单位的具体条件是：

（1）可以独立行使职权，并能以自己的名义对外行文。

（2）设有会计单位或独立的核算单位，自己可以编造预算或财务计划。

（3）设有管理人事的机构或人员，并有一定的人事任免权。

上述构成立档单位的条件是互有联系的，在一般情况下，三者往往是一致的、统一的。但三者也有不统一的地方，比如，可能在工作上、业务上是独立的，而组织上、财务上是不独立的；也有的是工作上、组织上是独立的，财务上是不独立的。实际情况是错综复杂的，所以在分析时主要是看该机关、单位能否独立行使职权并对外行文。比如，有些市、县的工会、团委、妇联等群众团体部门，没有专门的人事机构，也不是会计单位。但是，它们能独立行使职权，能主要以自己的名义对外行文，所以它们可以分别是一个立档单位。

在档案整理时，怎样去确定一个单位是否具备立档单位的条件呢？

通常是从两个方面去考虑：一方面应该依据法规性文件去分析，比如关于机关建立的决议、命令、组织章程条例以及会议记录等，这些文件上面一般都有职权范围、执行任务方面的记载。另一方面应该从机关单位的实际情况去分析研究。在实际工作当中，有比较健全的文书工作单位，通常就是一个立档单位。此外，单位名称、机关印信等也可作为分析构成立档单位条件的参考。比如，北京市卫生局是一个立档单位，而卫生局的各个处，就不是一个立档单位。

还有一种情况值得注意：确定一个单位是不是立档单位不能以这个单位人员的多少、权限的大小和形成档案数量的多少来确定。有的单位人员并不多，权限也不甚大，形成档案的数量比较少，但是，它却具备了上述三个条件，是一个独立的机关。这样的单位，就是一个立档单位，它所形成的档案，应该构成一个单独的全宗。相反，有的单位内部组织机构权限很大，形成档案的数量也不少，但是它不具备上述条件，不是一个独立的机关，这样的单位就不是一个立档单位，它所形成的档案，也就不能构成全宗。

各机关、企业、事业单位共产党组织的档案，工会、共青团等组织的档案是立档单位档案的有机组成部分，应作为一个全宗看待。单位里的党委（党组）、总支、支部以及共青团、工会组织，它们不是独立的机关，但它又不是机关内部的一个行政机构。按照我国档案工作实行党政档案统一管理的原则，要求将一个机关、企业、事业单位内的党、政、工、团的档案构成一个全宗。

我国各级政府机关、企业和事业单位等，一般都设有共产党、共青团以及其他群众组织。这些组织和机关的行政机构，是密切联系的一个整体，应当作为一个立档单位。它们所形成的档案（即通常所说的机关内党、政、工、团的档案），是一个机关内互有联系的档案应当构成一个全宗，其全宗内再分别整理。这是我国档案全宗的构成不同于其他国家的一个特点。

根据以上构成立档单位和划分全宗的基本条件，按照有关规定的精神，对在全国档案馆网中占有重要地位和较大数量的省、地（市）、县级机关的档案，其全宗一般做如下划分：

1. 省级机关

（1）中共省委（包括各部、委）的档案，通常应划为一个全宗。

（2）省直属机关党委（包括直属机关团委）的档案应单独构成全宗。

（3）省级政协、工会、共青团、妇联、各民主党派和工商联等的档案各为一个全宗。

（4）省人大常委会、省人民政府（包括办公厅及省人民政府各办公室）的档案各为一个全宗。

（5）省级各委、厅（局）、院、行、社等的档案各为一个全宗。

（6）省级各厅、局所属院、校、所、工厂、公司等下属机构的档案，亦可单独构成全宗。

（7）省级各厅、局派驻省内外各地的临时工作机构，如办事处、供销处、转运站等的档案一般不单独构成全宗，归入各有关厅、局的档案全宗。如系固定常设机构，机构较大，文件较多，驻地较远，其档案亦可单独构成全宗。

2. 地、市、县级机关

（1）中共地、市、县委（包括办公室、各部）的档案各为一个全宗。

（2）中共地、市、县纪律检查委员会的档案各为一个全宗。

（3）地、市、县直属机关党委（包括直属机关团委）的档案各为一个全宗。

（4）地、市、县工会、共青团、妇联、政协的档案分别各为一个全宗。

（5）市、县人大常委会的档案各为一个全宗。

（6）行政公署，市、县人民政府（包括各办公室）的档案各为一个全宗。

（7）地、市、县级各局、行、院的档案分别各为一个全宗。

（8）地、市、县各级企、事业单位的档案分别构成全宗。

（二）个人全宗的构成条件

个人全宗又称人物全宗。其构成条件是一个从理论上说很简单，但实际上又比较复杂的问题。说其简单，是因为按照全宗的定义，凡具有社会独立性的个人，其档案都可以构成一个全宗，而现代社会衡量个人社会独立性的标准就是看其是否成年，是否具备独立承担社会责任、法律责任的能力；说其复杂，是因为实际上并不是每一个具有社会独立性的成年公民的档案都能够成为一个有保存价值且在档案机构中实际保存的全宗。个人的档案能否成为一个实际存在并被保存的个人全宗，还取决于诸多较为复杂的社会性因素。这些复杂的社会性因素合在一起，使得个人全宗的构成条件在现实中呈现为三个层次（三个条件）：

（1）一般而言，只有那些对社会有突出贡献或重要影响的个人，其档案才可能成为一个实际的个人全宗，即只有名人的档案才可能成为个人全宗。

（2）并不是所有的名人档案都可以构成个人全宗。像毛泽东、周恩来这样的伟人，其档案虽可以构成，但实际上并未建立成个人全宗。因为他们的档案中有许多具有组织与个人的双重属性，若构建个人全宗，就势必伤害组织全宗的完整性。所以，一般情况下，主要以个人名义从事社会活动的名人，其档案才可能构成实际的个人全宗。或者说，只有其档案基本上只具有个人属性，不会与组织全宗发生大面积交叉的名人档案才可能构成个人全宗。

（3）即使是主要以个人名义从事社会活动的名人，其档案也未必都构成了实际的个人全宗。这些名人的档案能否构成个人全宗还取决于其档案是否较为完整系统地留存下来，留存下来的档案材料是否较为全面地记录反映了其社会活动的基本情况与过程，档案机构是否对其档案进行了实际的管理，是否将其作为个人全宗对待等诸多档案和档案管理方面的现实性因素。这也正是社会中主要以个人名义从事社会活动的名人很多，但档案机构中实际存在的个人全宗却很少的主要原因。

确认全宗，实际上就是根据全宗的构成条件，将档案馆中所收藏的档案按其立档单位的真实界限确立认定为一个个具体的全宗。一般情况下，这是一项比较简单的工作。但如果立档单位的界限比较复杂，就要进一步对该单位的档案进行具体的区分、处理。

三、区分全宗

立档单位不是固定不变的，由于社会的发展，事业的进步，常常引起一些机关的增设、撤销或合并，这些发展变化常常给全宗的划分带来一些新的问题，需要在实践中认真对待。这就要求在具体划分时应该研究立档单位的各种变化情况，辨别哪些变化是根本性的，应当产生新的立档单位和全宗；哪些变化是非根本性的，不成立新的立档单位和全宗。

（一）政权更迭及跨政权立档单位的区分全宗

不同政权中的政权机关（立档单位），虽社会职能相同或相近，但因所属政权性质不同，名称也不会完全相同，绝不能作为跨政权的同一立档单位看待，其档案自然应构成不同全宗；跨政权存在的非政权性质的立档单位，如企业、学校、文艺团体、政党、社团、宗教组织等，其档案一般构成一个全宗，但在管理中可分为两个不同的政权时期或部分；跨政权存在的政治色彩较强、对政权依附性较大的立档单位（如警官学校、军事院校等），一般在政权更迭时要进行重大改造，其档案应分别构成不同的全宗。个人全宗无论其立档单位（个人）是否跨政权存在，无论其政治立场、信仰、职业等是否有重大变化，其档案均构成一个全宗。

研究某一立档单位是否有根本性变化，主要应该从立档单位的政治性质和基本职能等有关方面去考察。

对于政府机关、团体和事业单位，主要应从政治性质分析它们的变化。

（二）立档单位变化所导致的区分全宗

在立档单位的政治性质无根本变化的情况下，主要是分析基本职能是否有根本变化。

1. 新建

新成立的机关、企事业单位，其形成的档案均可以构成一个全宗。比如，城乡环保部是新成立的机关，其档案就构成一个新的全宗。

2. 分开

新成立两个或两个以上的机关、单位，是代替了已被撤销的一个旧的机关、单位的职能。换句话说，一个机关、单位分为两个或两个以上的单位。由于旧的机关已被撤销，它所形成的档案应该单独构成全宗；新成立的机关、单位各自形成的档案，应分别构成不同的全宗。比如，原北京市电子仪表工业局，在1984年机构调整时撤销，分别成立电子工业、仪表工业、光学工业总公司，这些新成立的单位所形成的档案，应分别构成新的全宗（见图4—1）。

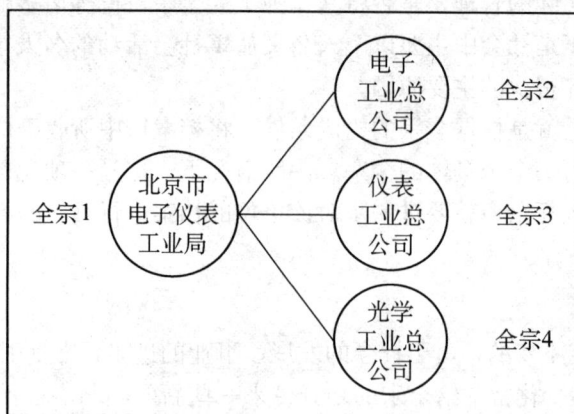

图4—1　立档单位变化划分全宗图

3. 合并

与上述情况相反，由两个或两个以上的撤销单位，合并成一个新单位。尽管这些单位与原有的单位前后有一定的联系，但在基本职能上是不同的，它们所形成的档案应分别构成全宗。比如，1983年机构调整时，中央粮食部和全国供销合作总社撤销，合并到中央商业部。原中央粮食部、全国供销合作总社与中央商业部的档案应分别构成全宗（见图4—2）。

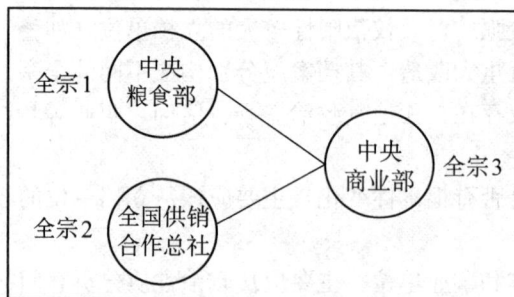

图4—2　立档单位撤销划分全宗图

4. 独立

从某一立档单位分离出去作为一个新的单位，它代替了原立档单位的一部分职能。从它改变为独立机关时起，它所形成的档案应构成新的全宗。比如：国家税务局从财政部独立出去成立国家税务总局，它所形成的档案，从独立之日起，应该是一个新的立档单位（见图4—3）。

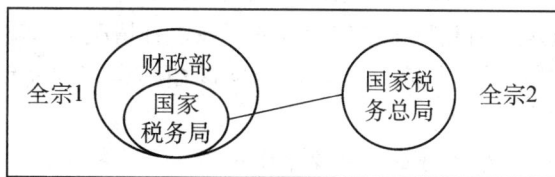

图4—3　立档单位独立划分全宗图

5. 从属

与前一种情况相反，原来是一个立档单位，后来因为工作需要，改变为某一机关内部的一个组织机构。改变前的档案为一个全宗，改变后是另一全宗的一部分，不能单独划分全宗。比如：国家高等教育部（高教部）原为一个立档单位，后来变为教育部的内部机构——高教司。改变前为高教部全宗，改变后为教育部全宗的一部分（见图4—4）。

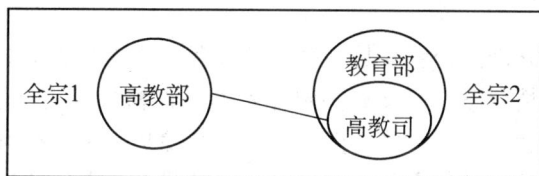

图4—4　立档单位从属划分全宗图

6. 合署

两个单位合署办公，而文件又是分别处理的，它们形成的档案，应该分别构成全宗。比如，某市民主建国会与市工商联合署办公，但它们的文件是分别处理的，它们形成的档案分别构成两个全宗。

（三）临时性机构档案的区分全宗

各种临时性机构形成的档案，一般不设立新全宗。因为临时性机构的业务往往属于某机关或若干机关业务范围之内，存在的时间不很长，形成档案的数量不多。个别的临时性机构，独立性较强，存在时间较长，其档案也可以考虑成立新的全宗。

上述情况说明，只有一个单位的职能发生了根本性的变化，其档案才可能构成新的全宗。这一般是指新中国成立后的各机关企业、事业单位，至于在政权性质、生产关系等方面发生的变化就更是根本性的变化，变化前后的机关、单位所形成的档案，应分别构成新的全宗。

属于下列情形者，不是根本性的变化，不能成立新的全宗：立档单位名称的改变；立档单位领导关系的变更；立档单位内部组织机构的调整；立档单位工作地点的变更；立档单位短期停止活动以后又恢复。

立档单位变化中确定与划分全宗问题，情况错综复杂，应该遵循全宗理论做具体分析研究，实事求是地加以解决。

（四）判定档案所属全宗

在整理过程中，尤其在整理历史档案或撤销机关档案时，会遇到几个全宗混在一起的情况，有些零散文件分辨不清是哪个单位形成的。在这种情况下，就要判定档案的所属全宗，把零散文件加以"归队"。只有这样，才能确保档案全宗的完整，避免档案的混乱，便于档案的查找和利用。

判定档案所属全宗，关键在于确定档案的形成者——立档单位。判定档案所属全宗的一般方法主要应从收文、发文和内部文件三个方面着手。

1. 收文

收文，只要查明了文件的实际收受者（收文单位），也就确定了它所属的全宗。在通常情况下，收文上面都指明主送单位或个人，而收文机关收到文件后要加盖收文章并附有阅办单，写明领导批办意见，根据以上特征，判明文件的收受者。在实际判定时，会发现虽文件写明主送单位，但是该机关收到后又转给另一机关办理的情况，这时应该判定实际办理文件的机关才是收件者。

2. 发文和内部文件

发文和内部文件，它们的作者就是档案的形成者，只要查明了文件的作者，也就确定了它所属的全宗。通常情况下，发文有固定作者的文件格式，而且还有发文机关的印信，所以判定文件作者并不困难。但有些文件并无固定的发文字头，有时也不盖机关印章，在这种情况下，可以从文件的其他方面（比如发文的起草人，文件的签批人，文件外形特点等）去考察文件的作者。内部文件由于没有固定的文件格式以及制成材料的多样性，更应从文件的标题、落款、负责人签名、印章和文件内容去分析文件的作者。

对于全宗混淆状况严重的特殊问题，不能运用通常的方法去判定档案所属全宗，往往要借助于文件上的各种标记去判定。比如承办单位负责人或承办人的签字，批注的记号，收文和归档的印章或其他戳记，文件上的各种日期等；还可以通过研究文件的内容，根据文件内容所涉及的领导机关和领导人以及时间、地点、内容、工作范围等方面进行分析研究；也可以利用档案形成机关的收发文簿、文件移交清册及其他簿册、目录来查对文件；从文件的外形、标记、笔迹、墨水、载体和书写方面去同标明作者和收受者的文件进行比较和判定。但是，不论用什么方法去考证，都常常是把这些方法联系起来加以综合分析判断，才能比较准确地判定档案的所属全宗。

（五）组织全宗与个人全宗档案的区分

个人全宗与组织全宗中的档案有时会出现相互交叉的问题，即某些档案文件既有个人属性，又有组织属性（如以组织领导人个人名义制发的文件）。对这一问题的处置原则是：凡以组织或组织成员名义制发的文件正本均应归入组织全宗；个人全宗若认为必要时，可保存副本。不允许将组织全宗中具有双重属性的档案文件抽出纳入个人全宗之中；组织全宗中一般也不保存仅涉及个人性质的文件（正常组织活动中形成的诸如个人登记表、履历书、自传、对个人生活情况的调查、审查性文件，应归入人事档案）。但如果个人全宗与组织全宗均不完整且程度有较大差异，可将具有双重属性的档案文件有意识地向完整程度较好的一方倾斜，以避免或减轻"两败俱伤"的不良结果。在进行这种有意倾斜处理时，除全宗完整程度上的差异外，还应同时考虑所涉及的组织和个人全宗重要性上的差异。

确认与区分全宗的工作一经完成，具体的全宗一旦建立，就应对各全宗进行统一的编号（编全宗号）并赋予其正式的全宗名称。全宗名称一般就以立档单位的正式名称命名，并加"全宗"二字。

四、个人全宗

个人全宗是社会知名人士（如社会活动家、科学家、艺术家、教育家、企业家、英雄模范等）在其一生活动中形成的档案整体。历史上一些著名的家庭、家族所形成的档案，在我国也属于个人全宗的类型。形成个人全宗的个人、家庭和家族，也是立档单位。

个人全宗，包括个人的著作、手稿、日记、信件、遗嘱以及记载个人或家庭、家族活动的全部有价值的材料，还包括别人撰写和收集的与个人全宗构成者个人、家庭和家族有关的材料以及直系亲属的、能够说明立档单位情况的材料。

个人全宗中不得收入全宗构成者在其机关组织公务活动中处理的官方文件原件。我国以及其他国家多年的实践证明，如不切实掌握个人全宗的这种界限，必然导致许多全宗管理的混乱以及不良后果。

个人、家庭和家族的文件材料，无论形成于何时、何地以及立档单位的政治思想和社会地位有何重大变化，都只能构成一个全宗。

个人全宗是国家档案全宗的组成部分，其中往往拥有相当珍贵的材料，对于经济、政治、历史、艺术、科学、军事等方面的研究，具有重要的价值。人物的知名度是相对的，不同的档案馆应从不同的社会领域和不同层次，根据人物的特点，确定如何组建个人全宗。

五、全宗的补充形式

整理的档案当中，并不是所有的档案都能按全宗明确分开整理，有些情况是很特殊的，必须采取一些应急措施，作为按全宗整理档案的补充形式。全宗的补充形式主要有下面几种：

（一）联合全宗

联合全宗指两个或两个以上立档单位形成的、互有联系而不易区分全宗的档案构成的全宗。

能够作为联合全宗的主要有以下两种情形：一种是前后有密切继承关系的立档单位，由于工作关系密切，档案互相混淆，很难区分。这样就可以把两个立档单位形成的档案组成为联合全宗进行整理。另一种是两个机关合署办公，对内一套编制，对外两块牌子，而文件又是混在一起无法区分的。在这种情况下，可以把这种合署办公的机关所形成的档案，作为一个联合全宗进行整理。例如档案局与档案馆，在许多地方是对外两块牌子，对内是一套编制，文件常常混在一起，这种情况就可以作为联合全宗对待。

（二）全宗汇集

若干个立档单位形成的、可以区分全宗但数量很少的、具有某些相同特征和联系的档案构成的全宗，称为全宗汇集。

档案馆所保存的全宗，其档案数量是不等的。有一些小全宗，全宗之间的界限十分清楚，能够分清，但档案数量却很少，如果把这些数量极少的全宗也作为保管单位，势必增加保管和利用上的麻烦和不便，也没有这种必要。遇有此种情况，就可以把档案数量很少而性质又相近的全宗集中起来，组成全宗汇集，只给一个全宗号相当于一个全宗那样保管和统计。例如"××革命历史档案全宗汇集"。

全宗汇集与联合全宗的区别在于：全宗汇集中的单个全宗档案数量少而且能够分开，而联合全宗的档案之间联系密切，档案混在一起很难分开；联合全宗具有长久性，一旦固定下来，基本保持不变，而全宗汇集具有不稳定性，一旦发现新的档案补充时，需要做出相应的处理，重新进行整理和编目。

（三）档案汇集

用人为方法将不知其所属、全宗残缺不全的文件，按照一定特点集中起来的混合体，称为档案汇集。它也和其他全宗一样，给其一个全宗号作为一个单位保管，统一编号。在整理新中国成立前的档案时，或因特殊情况接收撤销机关档案时，会发现一些残缺不全的档案，但很难确定它们所属的全宗界限，或者虽然能判明全宗，但其所属全宗已不存在，只剩下很零碎的一些档案，已经很难再按全宗进行整理，为了便于管理和提供利用，才采取这种补救措施。

档案汇集主要是针对档案残缺不全，全宗界限十分模糊的情况，在档案管理中很少采用这种办法。只有在很特殊的情况下，确实找不出更好的处理方法时才采用档案汇集这种应急措施。

上述几种形式，都是以全宗理论为基础，从档案整理的实际情况出发，作为按全宗整理和保管档案这一基本形式下的一些必要的补充形式。但上述形式不是随意乱用，只有在极少数特殊的情况下才能运用，而且一旦发现这种补充形式有不合理之处，应立即采取补救措施加以纠正。因此，实际应用中应注意以下几方面问题：

第一，上述的补充形式不应随便采用，只有在无法区分全宗，或确实不便于按全宗管理的不得已的情况下才可以采用。

第二，全宗补充形式的组成有一定的灵活性，可以根据实际情况进行必要的调整与补充。

第三，档案馆根据馆藏建设的总体规划，有选择地接收一些机关部分档案时，由于接收档案的数量较少，也可以采用全宗汇集的方式加以管理。

六、全宗群及其划分

联系密切的若干全宗的群体，称为全宗群。这也是全宗的分类方法之一。为了便于保管和利用，应该把互有联系的全宗组织到一起，维护一定类型全宗的不可分散性。全宗群首先按照档案形成的不同时期分为几大部分，如新中国成立前的档案（革命历史档案、旧政权档案）和新中国成立后现行机关的档案，然后每一部分再按立档单位的类型和特点，对全宗进行细分。比如，按照立档单位的性质，把档案分成工业交通系统，农林水利系统，财政、金融、商业贸易系统，科学文化、教育、卫生系统等；或者按区域分类，分别组成全宗群。全宗群分类一般应和档案的分库保管相一致，一个或几个性质相近的全宗群应当集中保存在相同的档案库房内。

全宗群不是具体对档案进行整理和统计的一个固定的实体单位，而是在档案管理中起指导和组织作用的一种形式和方法。

七、全宗的编号与排列

全宗的编号与排列是两项既有联系又各有其特定作用、目的的工作。全宗的编号是给每一个进馆全宗编一个固定号码并以其作为该全宗的指称代号。全宗的排列是在库房中固定各全宗的空间存放位置和排放顺序，因此二者之间的号序和排序可以相互一致，也可以不一致。在大多数档案馆，尤其是规模较大、馆藏量较多的档案馆，往往是不一致的情况居多，因为二者所起的作用不同、目的也不同。全宗的编号与排列之间的关系，犹如学生的学号与学生在教室中的位置顺序之间的关系一样，强求二者顺序相互一致不仅无意义，而且会造成诸多不便。

（一）全宗编号的要求与方法

全宗编号的要求主要有三点：（1）唯一性或专指性；（2）系统性或连续性；（3）方便实用。唯一性是要求一个全宗只能有唯一的号码，这个号码只能专指一个全宗，不允许一个全宗有两个号或两个全宗共有一个号码，否则管理上就会出现混乱。系统性是要求各全宗号之间应有某种必然联系、固定的关系和顺序，不能互不相干、随意编号。方便实用是指号码形式及编法应简洁、方便，不能过于烦琐、麻烦。

全宗编号的方法主要有大流水编号法、体系分类编号法、分类流水编号法。一般情况下，采用大流水编号法的档案馆居多，总体效果也较好。

1. 大流水编号法

大流水编号法又称顺序流水编号法，即一个档案馆对其所有全宗按进馆顺序用自然整数由小到大顺序编号，第一个进馆的全宗就编为 1 号，第二个进馆的全宗就编为 2 号……这种编号方法的优点一是简便实用，且符合唯一性和系统性要求，二是全宗号同时反映全宗进馆的先后顺序和全宗数量。

2. 体系分类编号法

体系分类编号法是按某种逻辑框架，将档案馆所收藏的全部全宗构造成一个逻辑类别体系。每一逻辑类别层次中的具体类别都有一个固定的代号（类号），只有最小的类别代号后面的号码才是该类中具体全宗的固定顺序号。这样，每个全宗号实际上都成了一个由几位数构成的号码，且每一位数都有其特定的逻辑含义。这种编号方法实际上是掺进了固定化全宗群的因素。表面看起来，它具有极强的逻辑性与系统性，但总体来看效果并不好，因为这样编出的全宗号不仅不能反映全宗进馆顺序和全宗数量，而且其逻辑含义也无法直接看出，编起来也比较烦琐。另外，全宗号位数过多，使用起来也不方便。

3. 分类流水编号法

分类流水编号法是上述两种编号方法结合使用的产物，比较适合于规模较大、全宗类型头绪较多的档案馆。具体编法是将馆藏全宗划分为两个或几个大类，并以固定的代字或代码作标志，然后在各大类中按进馆顺序流水编号。这种编号法有两个问题必须注意：（1）所分类别不宜过多、过细且一般只分一个层次，否则容易混同于体系分类编号法；（2）大类标志宜采用较直观的形式（如"党"、"政"或"建"、"革"、"旧"以及第一个拼音字母等），以方便识别和使用。

（二）全宗排列的要求与方法

全宗排列应体现简便、实用、便于管理的原则要求。排列方法一般按全宗进馆顺序排列即可。同时进馆的若干全宗，可按全宗的大小、相互关系和重要程度顺序排列。

第三节　全宗内档案的分类

一、分类的意义和要求

全宗内档案的分类方法，是根据立档单位内档案来源、时间、内容或形式的不同，按照一定的体系，分门别类、有系统地区分档案和整理档案的方法。

（一）全宗内的档案进行分类的意义

1. 档案的分类是实行档案科学管理的重要方法之一

一个全宗的档案是一个有机的整体，它们之间有着不可分割的密切联系。然而，仅仅以全宗为单位来整理档案还不够。一个立档单位的活动有着许多侧面，它们之间既有联系又有区别，为了进一步体现这种区别，便于保管和利用，就需要把一个全宗内的档案分成若干类别，为了体现它们之间的联系，又要有次序地按照类别进行排列。随着档案馆藏量的逐渐增多，必须对档案进行科学的整理，才能满足提供利用的需要，而分类则可以揭示出文件之间的内在联系。揭示档案内容，保持文件之间联系的方式方法是多种多样的，但是区分全宗、全宗内档案进行分类，则是必须首先要采取的步骤。

2. 分类也是档案整理工作中的重要环节之一，它为一系列整理工作创造条件

全宗内的档案只有经过分类，才能进行立卷、排列和编目。全宗内档案不分类可能给其他方面的工作带来很大困难。在分类理论指导下所选择的科学分类法，不仅类项设置合理，而且归类容易准确。对于现行机关平时的立卷归档和档案馆（室）的案卷整理排列、编目和上架，都有着现实的意义。

3. 档案分类的重要意义在于它为档案的管理和利用提供了有利条件

因此，分类时要以科学的档案分类理论和方法为指导，根据档案的来源、内容、时间的特点进行分类。

（二）全宗内档案分类的要求

根据不同立档单位的活动和全宗内档案成分的特点，进行全宗内档案的分类，是一项比较复杂细致的工作，因而对档案的分类有比较严格的要求。

1. 档案分类应具有客观性

由于档案是机关、组织活动中系统积累而形成的历史记录，应遵循档案形成规律，从全宗的实际情况出发进行分类，努力维护它们在立档单位活动中原有的某些主要方面的历史联系，科学地选择分类标准，确定分类方法，合理地设置类目，准确地归类，使全宗内档案的分类能够较为系统地反映出立档单位活动的面貌。

2. 档案分类体系应该具有逻辑性

全宗内的档案是机关在处理各种事物中形成的，全宗的成分及其纵横联系往往比较复杂，全宗内档案的分类又常常采用几种方法，所以分类体系的构成应力求严密。因此，必须遵守每次分类按照同一标准进行，不应有交叉或互相包容的矛盾现象。如，在按问题分类时设"经济类"，平行的主要类中不能再设"工业类"、"农业类"。

3. 档案分类应该注重实用性

档案的分类必须便于保管，便于查找和利用。比如，对于现行机关和撤销机关的全宗、大全宗与小全宗、全宗内形式与载体特殊的档案材料，往往采取不尽相同的分类方法。在档案分类过程中，防止无视全宗的特点而生搬硬套的分类方法，更要禁用空设的虚类。对于某些历史档案以及政策性较强的档案进行分类时，必须以正确的政治思想为指导，根据档案的实际内容和相关因素，合理地组织类别体系和设置类目，如实反映出立档单位的性质及其活动状况，揭示档案的内容实质和相互联系。

二、组织全宗内档案分类的一般方法

全宗内档案分类方法很多，归纳起来有下面几种：

（一）按文件的产生时间分类，其具体形式主要有两种

（1）年度分类法。

（2）时期分类法（阶段分类法）。

（二）按文件来源，其具体形式有三种

（1）组织机构分类法。

（2）作者分类法。

（3）通信者分类法。

就是按与立档单位有来往通信关系的机关或个人分类（收文按作者、发文存本和原稿按收文者）。

（三）按文件内容分类，其具体形式有三种

（1）问题分类法。

（2）实物分类法。

按文件内容所涉及的实物分类，比如粮、棉、钢、铁、石油……

（3）地理分类法。

就是按文件内容所涉及的地区分类，如华北、东北……

（四）按文件的形式分类，其具体形式有三种

（1）按文件种类（名称）分类。

（2）按文件制成材料分类。

（3）按文件形状分类。

三、组织全宗内档案常用的分类方法

在上述分类法中，最常用的只有三种，即年度分类法、组织机构分类法与问题分类法。这三种分类方法的特点、适用范围及应该注意问题见表4—1。

表 4—1   常用档案分类法比较表

方法	特点	适用范围	需注意问题
年度分类法	1. 保持文件在时间方面的联系 2. 与文书处理制度相吻合 3. 标准客观，便于归类	大部分立档单位	准确判定文件所属年度
组织机构分类法	1. 保持文件在来源方面的联系 2. 与文书处理方式相吻合 3. 标准客观，便于归类	立档单位内部机构比较健全、稳定，且分工明确	1. 按机构设类并确定适当分类层次 2. 对涉及若干机构的文件规定统一分类方法
问题分类法	1. 保持文件内容方面的联系 2. 类目设置与文件归类难以掌握	1. 立档单位内部机构分工简单，或职能有交叉 2. 各内部机构之间文件已混淆	1. 类目设置符合实际 2. 类目体系符合逻辑 3. 文件归类准确合理

（一）年度分类法

年度分类法是以形成和处理文件日期所属的年度为依据进行分类。在实际使用中，它是一种比较常用的分类方法（见表4—2）。一个立档单位，一般都存在若干年时间，每年都要形成一定数量的档案。从文书工作来看，也是以年度为单位立卷、归档，在客观上很自然地形成了一种分类。

表 4—2   文件种类与依据日期表

文件种类	依据日期
内部文件，一般发文	写成日期
一般收文	收到日期
法规性文件	批准、公布或生效日期
指示、指令性文件	签署与落款日期
计划、总结、预算、决算、统计表	内容针对时限（跨年度、计划放入开始年度，总结放入最后年度）
跨年度处理的一般文件	关系最密切年度或结案年度

当然，有的立档单位可能因为工作特点的不同，或者因为每年档案数量不多，首先把档案按时期（或历史阶段）分开，然后再按其他方法分类。比如，有的全宗把档案分为第一个五年计划时期（1953—1957），第二个五年计划时期（1958—1962）……这种按历史时期或阶段分类的方法，也可视为年度分类法的一种灵活运用。

采用年度分类法，应该注意准确地判定档案的所属年度。在判定年度时会遇到下面几种情况：

1. 文件上面没有明确的日期

文件上如果没有日期或者日期不准确，就给按年度分类带来了困难，应该运用多种方法，判定文件的准确日期或者接近准确的日期。分析文件的内容、研究文件的制成材料，或者从文件的字体、格式、编排和标记等来判定，都是行之有效的方法，同时还可以利用已有准确日期的文件与没有日期的文件比较对照的方法来判定，而且这些方法还应当结合起来使用。例如，有一份文件上面没有准确形成日期，但是文件内容记述了农村经济困难、粮食供应紧张等情况，并有"双蒸法"、"代食品"等名词出现，文件的纸张质量粗糙、低劣，文件是横排，另外一份内容、制成材料相似的文件，其形成时间为 1960 年 10 月 25 日。综合上述情况判定无准确日期的文件，很可能是 1960 年前后形成的。因为当时农村经济出现了困难局面，"双蒸法"、"代食品"是当时为渡过经济困难时期而采取的一种措施，1960 年前后，文件的制成材料低劣也是受当时国民经济困难的影响。两份文件对比的结果，可以初步确定为 1960 年左右形成的文件。

2. 文件上有两个以上日期而又属于不同年度

在这种情况下应根据文件的不同特点，确定一个最能说明文件时间特点的日期作为分类的根据。法规性文件以批准日期为根据（公布之日生效的文件，应以公布日期为根据），领导性文件以签署日期（即落款日期）为根据，会议记录以开会日期为根据，计划、总结、预决算以内容针对时间为根据，来往文书中的收文以收到日期为根据。例如，1980年工作总结，是 1981 年 2 月形成的，这份文件内容是针对 1980 年的，应该放到 1980 年为好。再如，1979 年的经费预算是 1978 年形成的，同样道理应归到 1979 年为好。

当档案文件的形成时间和文件内容记述的时间不一致的时候，当文件的制成和发出、收到和办理跨了年度的时候，就要具体分析实际情况，确定各类文件归入哪一个年度内最适宜。

3. 跨年度文件

属于跨年度文件有两种情况：一是单份文件，内容跨了两个年度。比如一份文件既有前一年的工作总结，又有后一年的工作计划，内容针对两个年度。这份文件如果以工作总结为主要内容，应该归入前一个年度；如果是以工作计划为主要内容的，就应该归入后一个年度。如果分不清主次，而是平分秋色，一般应归入形成文件的最后年度。还有的计划和总结，其内容不是针对一个年度，而是涉及几个年度，如五年计划、三年总结、十年规划等，属于计划性的，应该归入计划开始的一年，属于总结性的，应该归入总结针对的最后一年。

二是一组有密切联系的文件，形成于两年或者两年以上。比如，一次会议是 1981 年 12 月 25 日召开的，1982 年 1 月 5 日结束，中间跨了两年，那么这次会议所形成的文件，在分类时应归入 1982 年。有些具体问题的处理和专门案件都可采取类似办法。

4. 专门年度的文件

在实际工作当中，除了一般通用的年度外，各专业部门还采用专门的年度来开展工作，如学校中的教学年度，是根据工作上特殊需要而制定的一种计算方法，它的一个年度的起止日期，不是以 1 月 1 日至 12 月 31 日来计算的，而是另外规定一种起止日期来计算。比如，1981—1982 学年，就是从 1981 年 9 月 1 日开始至 1982 年 8 月末止，分为第一和第二两个学期。

（二）组织机构分类法

这种分类方法也是一种主要的和经常采用的分类方法。

1. 按组织分类法的优点

（1）采用组织机构分类法进行分类，符合档案形成的特点。

在一个立档单位里，档案是由其内部组织机构在履行职能过程中形成的，而各内部机构所承担的任务是不尽相同的。按组织机构分类就能客观地反映立档单位各个组织机构工作活动的面貌和状况，能较好地保持档案在来源上的联系。

（2）采取组织机构分类法分类，便于查找利用档案。

立档单位内设的各个组织机构，除了综合性的工作部门（办公室、政策研究室）外，其余的都是按照各自的业务分工，在其职权范围内形成文件。某一个内部组织机构所形成的档案，一般就是某一方面问题的档案。但是，组织机构与问题两者不能等同。比如，某单位内的档案按组织机构分类，可以分为办公室类、人事处类、财务处类、生产处类、基建处类……其中生产处类，可能大部分文件是记述和反映生产问题的，也有少部分是经生产处办理的其他方面的问题。按组织机构分类可以保持档案在来源上的一致性，但不一定能保证档案内容的一致性。

（3）采用组织机构分类，有比较明显的客观标准，简便易行，归类准确。

立档单位内部有多少组织机构，就可以设立多少类。这些机构都有各自的职权范围，它们在承办文件时往往会留下一定标记（收发文章、收发文字号，经办人签字等），这样就可以避免或减少因认识水平不同而产生分类不一致的缺点。尤其正在行使职权的机关单位，如果文件是采用分散立卷（即由各组织机构立卷），每个组织机构所归档案的案卷，就很自然地构成一类。

2. 按组织分类法需要具备的条件

虽然按组织机构分类有这些优点，但全宗档案只有具备下述条件才能采用这种分类方法。

（1）要考察档案的实际情况，各内部组织机构之间的档案有没有被混淆，是否残缺不全。如果内部机构之间的档案已经混乱、缺损不全，有的已按其他方法分类，在这种情况下，已经很难再按组织机构分类，应该采取其他方法分类。

（2）要了解立档单位的组织机构情况，内部组织机构是否健全，是否经常变动。如果内部组织机构少、工作简单，或者虽有内部机构，但经常变化，内部很不稳定，在这些情况下也不一定按组织机构分类。

3. 按组织分类法处理一般问题

（1）按组织机构分类应该分到哪一层机构适当，主要由立档单位的大小和形成档案数量的多少来决定。比如、中央机关，内部机构层次较多，档案的数量也多，而且是采取分散处理文件的，每层组织机构都有人专管或兼管文书工作，档案的分类就可以分到第二层甚至第三层组织机构。对于大多数立档单位来说，按组织机构分类分到第一层就可以了，有一个机构设置一个类，组织机构的名称就是类名。

（2）按组织机构分类时，对于机关内部设立的临时性组织机构所形成的档案，应该怎样设类？一般情况下，对临时性机构所形成的档案，在分类时应该和其他内部机构形成的档案一样对待，单独设类，并排在最末一类。但是，有些临时机构情况特殊，它虽然是在全省、市、县范围内设立的临时性机构，但它往往与某单位的内部机构合署办公，甚至还可能是一套人马，对外是两个名义（有时用立档单位名义，有时用临时机构名义）。比如，××县防汛指挥部，它是全县的临时组织机构，但它附设在县水利局内办公，它所形成的档案一般不作为单独全宗，而是作为水利局全宗的一部分。防汛工作年年进行，在县水利局档案中单设防汛指挥部（或防汛办公室）类即可。

（3）按组织机构分类，还会遇到立档单位内党、政、工、团档案的分类问题。对于立档单位内党、工、团等组织形成的档案，应视立档单位的情况，采用切合实际的分类方法。一种办法是针对立档单位较大、内部组织机构层次多的，可将党、工、团的档案一分为二，分开归类。立档单位的一级机构党、工、团（比如大企业中的公司、厂部、高等学校的校部）和二级机构（如工厂中的处、室、车间，高等学校中的处、系）党、工、团所形成的档案分别列类整理。

另一种办法是无论哪一级机构形成的关于党、工、团形成的档案，一概集中为党（党组、党委、党总支、党支部），工会、共青团三类，如果立档单位小，档案数量少，还可以将三者（党、工、团）合设为一类——党群类。

4. 按组织分类法处理特殊情况

在按组织机构实行归类时，有两个难于处理的问题，应该引起重视。

一个是立档单位的办公厅（办公室）与领导机构设类问题。一般情况下，立档单位有多少内部机构就设立多少类。但是办公厅（室）还有一些不同于其他机构的地方，表现在办公厅（室）一类还包括立档单位的领导机构以及某些领导人的档案在内。在党委机关就是党的委员会、常务委员会和书记处等；在政府机关就是部长、省长、市长、县（区）长、厅长、局长等以及在他们主持下的一些例会。这部分档案无疑是立档单位档案中最重要的部分，它应由立档单位的办公厅（室）负责收集保管。因此，在按组织机构分类的时候，立档单位领导机构形成的档案和办公厅（室）形成的档案，统一作为一个类进行整理，这个类的名称就称为办公厅（室）类。

另一个是办公厅（室）与各业务部门的档案的归类问题。由于办公厅（室）是立档单位内的综合部门，它承上启下，左右联系，与各业务部门的关系十分密切，它们所形成档案的牵连也比较多。在按组织机构分类时，有些档案是归入办公厅（室）类还是归入有关的业务部门类，都需要经过认真研究才能确定。有一种需要特殊注意的情况是，文件由机关的办公厅（室）收到以后，按照机关业务的分工（或者根据领导人的批示）转送有关的业务部门办理。经业务部门办理的这种收文，应归入业务工作部门类，而不应归入办公厅（室）类；如果是有关的业务部门阅过办公厅（室）转来的收文后，要向机关领导提出处理意见，或者代替机关领导拟写复文的草稿，再连同那份收文送回办公厅（室）；办公厅

（室）根据业务部门提出的处理意见，拟写复文稿，送交机关领导人签发，以立档单位名义复文。这样办理的收文在档案分类时，比较多的单位是归入办公厅（室）类，也有的归入有关的业务部门类。因为按前者归类好掌握，只要以立档单位名义回复，留在机关办公厅（室）归档，这是符合档案形成特点的。所以，对同一类情况的收文，在一个全宗之内，归类的方法必须一致，有的能够归入办公厅（室）类，有的又归入业务部门类。如果标准不统一，不仅分类工作难以进行，就是查找利用也很不方便。立档单位内各部门有牵连的文件，如果是两个以上部门合办的文件，应该归入主办部门；如果分不清主次归入最后承办部门；如果是联名发出的文件，这类文件一般归入主要起草的部门类内。

（三）问题分类法（又称主题分类法）

问题分类法是按照档案内容所说明的问题来分类，也是经常采用的一种分类方法。它和组织机构分类法有许多共同点，也能较好地保持文件之间的联系，能使相同性质的档案得到集中，可以减少同类问题档案分散的现象，便于档案的查找和利用。但是，问题分类法在类目如何设置，尤其是档案归类等具体问题上，常常难以掌握，比起前两种分类方法要复杂一些，困难一些。由于档案工作人员知识与业务水平的不同以及各种因素的影响，采用问题分类法往往分类不易准确。所以，对问题分类法的采用，要根据立档单位和档案工作人员的实际情况来决定。遇到下面几种情况，可以考虑采用问题分类法：

（1）立档单位小，内部组织机构只有简单的分工，工作常有交叉。

（2）立档单位内的档案已经混淆，很难再按组织机构分类。

（3）立档单位内部虽有组织机构，但经常变动，按组织机构分类有实际困难。

总之，一般是在不可能或不适于按组织机构分类的情况下，可采用问题分类法。在按问题分类时，有下面几个问题需要注意：

1. 类、属类的设置力求符合实际

在按问题分类时，类的设置不像按组织机构分类那样明确，需要认真地调查研究，才能提出切合实际的分类方案。调查研究的重点应该放在：一方面了解立档单位的实际状况，比如，立档单位的主要职能和具体工作任务以及内部机构的变化等；另一方面要了解全宗内档案的实际状况，比如，档案内容主要反映了哪些问题，各种问题档案的数量有多少，问题的交叉情况如何，档案原来整理的基础怎样，有无可以值得借鉴的情况。为了使类的设置尽可能符合实际，节省时间，不少单位采用参照立档单位内部组织机构来设置类别，实践证明，这是行之有效的方法，因为立档单位每设一个组织机构，都是为了承担某一方面的工作任务，往往体现了一个方面的问题。例如，市化工机械厂，是一个中小型的国有企业，它形成的档案按组织机构分类已不可能，决定采用问题分类法。在对立档单位和档案实际状况分析研究之后，拟设总类、生产类、劳动人事类、计划财务类、供销类、基建类、行政事务类共七大类。这些类的设置是参照了该厂内设的组织机构：党委办公室、厂长办公室、生产处、技术处、劳动人事处、计划处、财务处、供销处、基建处、行政处。按问题分类所设的类和内部组织机构基本上是一致的。只是考虑到档案数量不等，技术处、计划处的档案数量不多，并未设立相应的类别，而是采取按性质相近合并的办法（技术处多与生产处形成档案有关）。这种参照组织机构设类的办法，是指一般情况下可以采用，而对于较大的具有综合性质的立档单位则不适用。某省人民政府档案科（室）根据档案内容，把档案分为 11 大类：

(1) 综合类。

(2) 党群工作类。

(3) 人民代表大会类。

(4) 农林水利类。

(5) 工业交通类。

(6) 财粮贸易类。

(7) 计统基建类。

(8) 科学、文化、教育、卫生、体育类。

(9) 政治、军事类。

(10) 劳动人事类。

(11) 行政事务类。

2. 类目体系力求符合逻辑

按问题分类所设的类，概念要明确，层次要清楚。一般情况下，按问题分类类目的设置取决于全宗的大小和立档单位档案数量的多少。所设各类之间是平行关系，不能互相交叉，更不能互相包括。设经济类，平行类中就不能再设社队企业类，而社队企业类只能作为经济类的属类（二级类）。

3. 类项的确定力求逐步完善

一个全宗内的档案分类，究竟设立哪些类，不是整理工作一开始就能确定下来的，而是要经过反复研究和实践，需要了解情况，初步确定分类方案，在实际归类过程中，对分类方案补充和修订，最后确定类和属类。有些全宗要设立一个总类（或称综合类）。设立总类并不是随心所欲的，而是根据分类时客观实际的需要。总类具有伸缩性和灵活性的优点，但是也不要把总类弄成杂类，能归入专门类项的就应该单独设类，甚至合并设类，而不应遇到难题就轻易归到总类内。

四、复式分类法及其适用范围

全宗内档案的分类方法，按其构成方式，分为单式结构分类法和复式结构分类法两种类型。所谓单式分类法，是指在全宗内只采用一种分类方法对档案加以分类，在实际工作中，这种情况比较少。比较常见的是采用复式分类法，即在全宗内将两种分类方法结合使用。通常由年度与组织机构或问题分类法联合构成四种复式分类法（见表 4—3）。

表 4—3　　　　　　　　　　　复式分类法及其适用范围比较

方法	适用范围
年度—组织机构分类法	立档单位内部机构分工明确，比较稳定，且具有一定数量的文件。多用于现行机关全宗
组织机构—年度分类法	立档单位内部组织机构分工明确，基本稳定，且具有一定数量文件。多用于历史档案和撤销机关档案
年度—问题分类法	立档单位内部组织机构分工不明确，变动频繁，或文件已混淆。多用于现行机关全宗
问题—年度分类法	多用于历史档案与撤销机关档案全宗

（一）年度—组织机构分类法

年度—组织机构分类法是先把全宗内档案按年度分开，然后在每个年度下面再按内部组织机构进行分类。这种分类方法适用于立档单位内部组织机构经常变化但不复杂的全宗。目前正在行使职权的机关、单位比较多地采用了这种形式。例如：某省××厅全宗档案采用年度—组织机构分类法，分类如下：

2000 年	办公室
	××处
	××处
2001 年	办公室
	××处
	××处
2002 年	办公室
	××处
	××处

再以某市工业局全宗档案为例，分类如下：

2000 年	党组
	工会
	共青团
	行政办公室
	人事处
	财务处
	生产处
	供销处
	基建处
	…………
2001 年	党组
	工会
	共青团
	行政办公室
	人事处
	财务处
	生产处
	供销处
	基建处
	…………

这种方式的优点是简便易行。每年各内部机构移交到档案室的案卷，只要按照比较固

定的顺序排放就可以了。一般情况下不要重新编造案卷目录，档案库房和装具也不需要大的变动。但是它也有缺点：一个组织机构的档案被年度分隔成许多部分，如若按组织机构来查阅档案，就会感到不便。不过，这个难题可以通过编制检索工具来解决。

由于档案数量日益增多，鉴定工作就提到议事日程上来，所以有些地方的档案部门，采用年度—保管期限—组织机构分类，就是把一个全宗内的档案先按年度分开，每个年度内分为永久、长期、短期三种保管期限，然后再按组织机构分开。以××省财政厅档案分类为例：

2000 年

永久 { 办公室
预算处
企业财务处

‥‥‥‥‥‥‥

长期 { 办公室
预算处
企业财务处

‥‥‥‥‥‥‥

2001 年

‥‥‥‥‥‥‥

这种方式是年度—组织机构的扩大使用，也是可行的。

（二）组织机构—年度分类法

全宗内的档案，先按组织机构分类，然后在组织机构下面再分年度。

这种分类方式，对于历史档案和撤销机关的档案比较适宜。因为立档单位撤销，也就不会再形成新的档案，档案分类整理的顺序和排列，完全可以固定下来，不再变动。某些内部机构比较稳定的立档单位（比如中共××市委、××县委）也有采用这种方式的。

例如，中共××市委员会

办公室 { 2000 年
2001 年
2002 年

‥‥‥‥‥‥‥

组织部 { 2000 年
2001 年
2002 年

‥‥‥‥‥‥‥

宣传部

‥‥‥‥‥‥‥

近几年，有些市委、县委在整理档案过程中，发现县委或市委的内部机构，虽然有几个部门（办公室、组织部、宣传部）基本稳定，但是也有某些部门（农村工作部、财贸部、工业部、文教部等）时建时撤，给档案分类带来了一定困难，所以有些单位在"文化大革命"前采用组织机构—年度分类法，而在"文化大革命"后为了适应这种变化，而改用了年度—组织机构分类法。这种情况应该引起重视。

在国家机关、企业和事业单位，还有一个党、政、群众团体档案的分类问题。一般情况下，是把党、政、工、团的档案分成几大类，在大类中视档案数量的多少再分属类（见图4—5）。

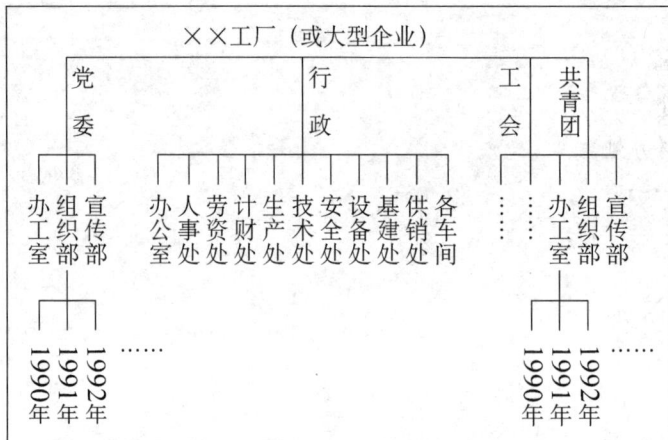

图4—5　组织机构—年度分类图

（三）年度—问题分类法

全宗内的档案先分开年度，然后在每一年档案中按问题分类。

这种分类方式适用于立档单位内部机构变动频繁，档案已无法按组织机构进行分类。有些单位的内部机构，时增时减，时而合并，机构经常变动。这种经常性的变化，给档案的分类带来了一些新问题和新情况。如果采用组织机构分类方法，就不能适应这种变化，如果采用年度—问题分类法，就可以以不变应万变。比如，参照内部机构的职能和分工，设置一些相应类别。以××市××局为例，档案分类如下：

2000 年　　综合类
　　　　　　组织类
　　　　　　劳资类
　　　　　　生产类
　　　　　　财务类
　　　　　　供销类
　　　　　　……………
2001 年　　综合类
　　　　　　干部类
　　　　　　劳资类
　　　　　　业务类
　　　　　　科技类

财务类

供销类

…………

也有一些单位，虽然内部也设一些机构，但是非常简单，内部分工也不十分明确，有些机构（比如办公室）形成档案较多，而有些机构（比如工会、共青团）形成档案很少。在这种情况下，也不适于按组织机构分类，基层单位往往会出现上述情况。

还有一些综合性的领导机关，比如省、市、县人民政府，虽然这些立档单位内部组织机构健全，甚至数量很多，但它只是综合性的机构，在建设事业不断发展的情况下，各厅、局相继从政府独立出去，政府只剩下办公厅（室）等综合性机构和行政办事机构。如果采取年度—组织机构分类法，就很难反映出立档单位的真实面貌，所以有的省人民政府的档案采用年度—问题分类法，分成若干大类（见图4—6）。

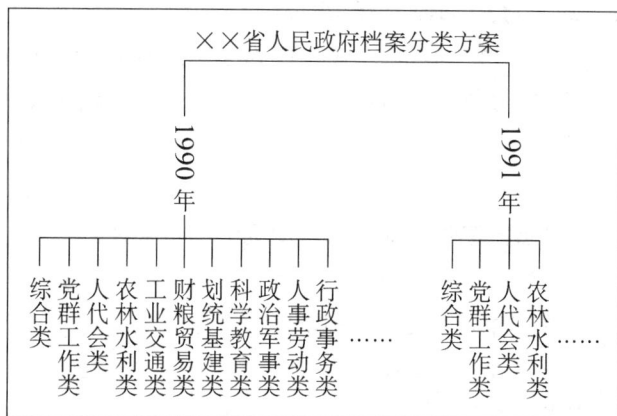

图4—6 年度—问题分类图

当然，采用这种分类方式分类，对于分类者有较高的要求，只有熟悉立档单位的业务、职权范围和问题的界限，才能较准确地运用年度—问题分类法。

（四）问题—年度分类法

这种分类法是指全宗内档案先按问题分开，然后在每个类别里分开年度。

这种分类方法适用于历史档案和撤销机关的档案，现行机关、企业事业单位很少采用这种方式，例如××市法院（见图4—7）。

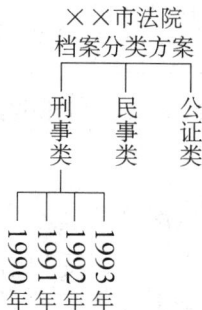

图4—7 问题—年度分类图

上述分类法，以第一种（即年度—组织机构分类法）应用较多。但是无论哪一种分类方法一般都离不开年度。档案是逐年形成的，向档案馆移交档案也是按年度进行的。总之，无论按什么方法进行分类，一个立档单位全宗内的分类方法应该一致。

全宗内档案的分类，无论采取哪种分类方法，机关内党、政、工、团的档案都应单独设类，不能与其他类的文件混在一起。特别是党组织的档案，应该单独作为全宗内重要的一部分或一类，这也是组织机构分类法的一种特殊形式。

档案的分类应尽量利用原来的基础，不要轻易变化，要求档案馆与机关档案部门经常保持联系，上级档案业务主管部门对下属单位档案工作应经常过问，分类就是过问的内容之一。

会计、诉讼、人事、声像等专门档案，具有各自的特点，在档案分类方面也有其特殊性。比如，会计档案按凭证、账簿、报告（表）、其他分为四大类。

五、机关内党、政、工、团档案的分类

在一个全宗内，党、政、工、团以及其他群众组织都要形成一定数量的档案，根据党、政档案统一管理的原则，应将一个机关内党、政、工、团的全部档案构成一个全宗。但在全宗内部应分别整理，单独分类，不能混杂。一般有如下三种方法：

（一）在全宗内，全部档案按党、政、工、团几大部分整理

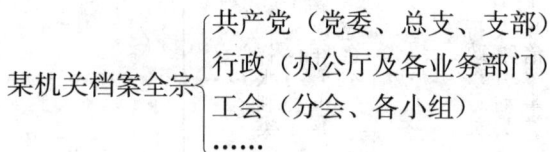

某机关档案全宗 ⎰ 共产党（党委、总支、支部）
　　　　　　　　⎱ 行政（办公厅及各业务部门）
　　　　　　　　　工会（分会、各小组）
　　　　　　　　　……

（二）在全宗内，将机关内最高机构和各业务机构的档案分别按党、政、工、团几部分整理（见图4—8）

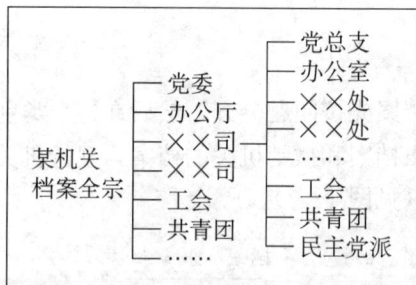

图4—8　党、工会、共青团档案分类图

（三）在全宗内只分党群、行政两大部分

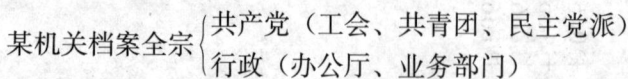

某机关档案全宗 ⎰ 共产党（工会、共青团、民主党派）
　　　　　　　　⎱ 行政（办公厅、业务部门）

将全宗内档案分为党、政、工、团几个部分的方法，实际是按其组织的性质分类，这是在我国党、政档案统一管理条件下运用组织机构分类法的一种特殊形式，通常可与年度分类法结合运用。

六、分类方案的编制

全宗内档案分类的表现形式是分类方案，它是用文字或图表形式表示一个全宗内档案分类体系的一种文件。当选用了某种联合分类法以后，就应该编制一份分类方案（又称为分类大纲）。分类方案的编制，应该注意以下几点要求：

（一）统一性

在编制分类方案时，首先要确定采用何种分类方法。第一级采用哪种方法，第二级采用哪种方法，都应明确规定、标示清楚。而在同一级分类中，不能同时并列采用两种以上分类标准。比如，第一级分类是采用年度分类，就不能同时并列组织机构或问题名称。如果是采取两种分类法的联合，那么不仅分类的第一级是统一的，第二级也应该是统一的。比如采用年度—组织机构分类法，第一级分类是年度，第二级分类是组织机构。

（二）排斥性

分类方案中同级的各类地位相等，内容互相排斥（不能你中有我，我中有你），类的范围必须明确。比如，按问题分类，所设问题各类地位相等，不能相互包括。第一类中设教育类，同位类就不能再设高等教育、中等教育类，因为教育类包括高等教育、中等教育……只能把它们设为属类。同级中设有人事类，就不能再设干部任免类，同样道理，既然设财务类，也就不能再设经费类。

（三）伸缩性

档案是社会实践活动的产物，而社会实践活动是丰富多彩的。工作内容时而增加，时而减少，组织机构时而撤销，时而合并，因此，分类方案中的各类，均应留有伸缩的余地来增加或减少类别，以适应客观变化的需要。

为了使分类方案编制科学、实用，在编制分类方案前还应该做好调查研究工作，要查阅有关材料，了解立档单位的业务执掌。对于立档单位的组织章程、办事细则、工作计划与总结都要认真分析研究，从中了解和掌握立档单位的工作性质、职权范围、业务执掌，以便决定采取合适的分类方法；参考本单位原有档案，如果本机关已有旧卷，应该对原有档案分类基础做周密研究并吸取其合理部分，以补充与修正现有档案的分类方案；还应多方征求意见，经机关负责人批准施行。科学而实用分类方案的形成，必须及时征求文书与业务承办人员的意见，集思广益，防止闭门造车。因为他们对文件的内容与成分比较熟悉，尤其是经办人员对事件、问题的处理过程，更有彻底的了解。分类方案实施以后，往往发生文件与分类方案不尽相符的情况，造成分类困难，应该随时交换意见，对分类项目或增或减，清除障碍，交领导人审核批准。

七、档案分类的级次与具体方法的确定

分类级次关系到分类的深度、精度及所分出类别数量的多少、类别结构的繁简等一系列分类程度问题，与分类方法的选择使用也关系密切，对分类结果的总体状况与效能具有至关重要的影响。从理论上说，分类级次的多少与分类的深度、精度、类别数量的多少及类别结构的繁简程度成正比，但与分类的管理效率成反比。也就是说，分类的级次越多，类别数量越多，类别的结构越复杂，具体的分类操作及日常管理也就越复杂，管理效率越低。因此，应根据被分类对象的现实状况和管理需要，选择恰当的具体分类方法，确定合理的分类级次。一般而言，组织全宗内档案的分类以一至二级为宜。档案数量较少但需分类时，一般只分一个级次；档案数量较多时，可分两级或三级，即对第一级各类别再继续进行分类。若只分一级，则直接采用年度、机构或问题分类即可。若分两级，则可将这三种常用分类方法中的两个分别用于两个级次，形成年度—机构、机构—年度、年度—问题、问题—年度四种具体方法。即第一级类用一种方法分，第二级类用另一种方法分。以年度—机构为例，先将档案按年度分开，形成各具体年度类别，然后再将各年度的档案按组织机构分开，形成第二级的机构类。其余三种分法的道理相同（见图4—9至图4—12）。

档案分类级次比较表

1992年	1993年	1994年	……
办公厅			
计划司	……	……	……
人事司			
……			

图4—9　年度—机构

办公厅	计划司	人事司	……
1992年			
1993年			
1994年			
……			

图4—10　机构—年度

1992年	1993年	1994年	……
综合类			
计划类	……	……	……
人事类			
……			

图4—11　年度—问题

综合类	计划类	人事类	……
1992年			
1993年			
1994年			
……			

图4—12　机构—年度

这四种具体的用于两个类别层次的分类方法又被称为复式分类法。实际上是三种常用分类法两两排列组合并分别应用于两个分类层次的结果。问题分类法与机构分类法之所以不能进行这种排列组合，并分别用于两个层次，是因为其所分出的类别结果在内涵与外延上往往是重合的——立档单位的内部组织机构都是按其基本职能分工设立的，一个内部组织机构实质上意味着分工负责立档单位基本职能的某一方面（或部分）；问题类一般也只能根据立档单位基本职能的范围与内容去设置，任何立档单位都不可能从事超出其基本职能范围的其他活动，若超出其基本职能范围去设置问题类将毫无意义。简言之，机构与问题分类法所分出的类别虽名称不同，但内容基本上是一样的。所以一般不能同时应用于两个分类层次。但在分类实践中，若机构类的文件内容比较复杂且数量也比较大，再分为年度确有不便时（如在年度——机构分类法中已先分了年度或年度很少），亦可再将其分成

更小的问题类。而如果先分了问题，则很难在问题类中再分机构。

组织全宗内文书档案的分类，无论是分一层还是两层，都应该根据档案的实际情况和管理上的需要，恰当选用三种常用的分类方法。一般情况下，立档单位存在历史较长、档案形成年头较多、内部组织机构变动频繁、界限不清或数量很少的全宗，适合采用年度分类法或年度—问题、年度—机构分类法；立档单位存在历史较短、档案形成年头较少、内部组织机构界限清晰且长期稳定的全宗，适合采用机构分类法或机构—年度分类法（或机构—问题分类法）；而立档单位存在历史较短、档案形成年头较少且内部组织机构界限不清、变动频繁，档案数量不太多的全宗，适合采用问题分类法或问题—年度分类法。

另外，这三种分类方法在管理上的效能与特点也有所不同。一般而言，年度分类法有较好的稳定性与规律性，所分出的类别大小差异不大且能反映档案形成数量上的规律，不同全宗若存在时间相同，其年度类别数目亦相同，在档案排架上若能按规定及时归档，各年度类之间一般不用预留空架位或预留很少即可；机构分类法能较好地反映立档单位的职能分工情况，便于档案室按机构提供利用，但类别数量无一定之规，有多少个内部机构就要设多少个类，各全宗之间无法使其类别数量大体均衡（除非巧合），全宗内各类别的档案数量往往会有较大差异（类别大小不同），在档案室中若按机构分类，由于档案逐年产生，排架时各类之间必须预留空位，而空位留多少难以把握，留少了将导致经常倒架重排的麻烦，留多了将会造成库房及柜架存贮空间的巨大浪费；问题分类法由于是人为的逻辑的方法，在类别数量上可适当控制，且便于按问题提供利用，但在类目设置和归类上会产生一系列技术障碍。

八、综合档案室档案的分类

综合档案室档案的分类是近几年遇到的新问题。归纳起来主要有三种做法：一是门类分类法，即基本上保持原来档案门类的划分，仍将全部档案分为文书档案、科技档案、人事档案、会计档案等若干门类，在各门类档案中亦沿用原来的分类编号方法，也可以从综合管理的要求出发，赋予每种门类档案以一定的门类代字或代号。二是组织机构分类法，即打破原来对档案门类的划分，将机关全部档案按其形成机构划分。三是问题分类法，即打破原来档案门类的划分，将机关全部档案按其内容所涉及的问题分成若干类目。如（××市机关档案综合管理分类、编号方案）中规定，分为党、政、工、团档案、产品档案、基建档案、设备仪器档案、科研档案、会计档案、审计档案、已故人员档案、声像档案九大类，每个大类视机关文件形成状况再分若干属类，同时允许各机关根据具体情况增设或减少类目。这几种方法均可与年度分类法结合运用。

九、个人全宗档案的分类

个人全宗又称人物全宗，是某一著名人物或著名家族所形成的档案有机整体。个人全宗内的档案是否进行分类以及怎样分类，也要根据其档案数量、成分、内容等实际情况和管理上的需要来决定。个人全宗与组织全宗最大的不同之处是其档案成分、来源、类型比较复杂且其内容均与立档单位个人或家族成员有密切关系，能说明立档单位个人或家族成员某一方面的情况和问题。其分类方法一般就是按其立档单位个人或家族成员社会活动和个人生活的现实状况分为若干基本方面（即类别）。其具体类别大致如下。

（一）生平传记材料

凡能说明立档单位个人或家族成员生平、历史基本情况的档案文件均入此类。如出生证明、学历证明、身份证明（身份证、工作证等）、各种登记表、履历表、个人自传、奖状及奖励、荣誉证书、有关组织对其历史问题的鉴定审查材料、遗嘱等。

（二）创作材料

创作材料主要包括立档单位个人或家族成员在进行科学研究和文学艺术创作活动中形成的各种手稿（如书稿、图纸、画稿、乐谱等）以及日常生活中形成的各种基础性创作材料，如日记、笔记、摘抄、记录等。

（三）公务活动材料

即立档单位个人或家族成员在从事公务活动中形成的档案材料。正式担任公职且以公职身份形成的、具有组织全宗与个人全宗双重属性的档案材料，应归入组织全宗；在组织全宗实际上已不复存在的情况下，方可归入个人全宗。因此，个人全宗中的公务活动材料一般只是其立档单位个人或家族成员参与公务活动的通知、发言稿、个人性的笔记、记录、抄件以及担任公职的聘书等等。

（四）个人书信

即立档单位个人或家族成员写给别人的信函底稿和别人的来信、贺卡等等。

（五）经济材料

即反映记录立档单位个人、家庭或家族及其成员经济财产状况的文件材料。如动产或不动产的契约（合同）、证书、账簿、票据、账单，等等。

（六）亲属材料

即立档单位个人或家族成员的直系亲属和重要的非直系亲属的有关材料。

（七）评价材料

即别人和社会有关组织对立档单位个人或家族成员的评价文章、纪念文章、介绍材料、回忆录、祭文、悼词、口述记录等等。

（八）声像材料

即立档单位个人或家族成员及其亲友、同事、同学等的照片、画册、录音、录像材料。

（九）其他材料

指不能归入以上各类别的有关材料。如与立档单位个人或家庭成员有特殊关系的别人（如挚友）的材料，立档单位收藏的字画、古玩等文物和其他收藏品（如邮票、钱币等），接受的珍贵礼品，能说明立档单位重要情况和问题的某些实物和日常生活用品，如摄影家的相机、书法家的笔砚、音乐家的乐器以及奖章、锦旗，等等。

第四节　立卷方法的改革

2000 年 12 月 6 日，中华人民共和国档案行业标准《归档文件整理规则》正式颁布实施，这是我国机关档案工作改革的一项重大举措。《归档文件整理规则》在充分调研国内外归档文件整理方法的基础上，为适应档案管理现代化的需要，提出了完全不同于传统立卷方法的文件级整理方法，使立卷方法的改革有了规范性依据。立卷改革的推行以"简化整理、深化检索"为宗旨，大大简化了整理工作中的手工操作程序，适应了新形势下归档文件整理规范化、档案管理科学化的要求，为档案管理手段的创新创造了良好的环境和条件。

近几年在不断推进机关档案管理工作现代化进程的情况下，有很多的地区、单位都已开始尝试对立卷方法进行改革，面对档案管理方法改革的大潮，现就立卷方法改革中涉及的一些问题作如下说明。

一、立卷改革的意义

（一）对机关档案工作的意义

1. 提高了工作效率，缓解了机关档案工作的压力

传统的立卷过程过于烦琐复杂、工作量大、效率低。尤其是基层单位的档案人员往往是身兼数职，档案工作只是其工作的一部分，再加上繁重的档案工作中又有很多重复性的工作占据了其大部分时间，这就很容易造成归档工作的质量得不到保证。

2. 适应了机关内部人员流动、机构改革人员精减的需要

在机关中要面临轮岗和人员流动的问题，由于立卷工作程序复杂又有一定的技术性，使得新接手的人员在短时间内难以熟练掌握。新方法满足了机关简化手工劳动的要求，减轻了专、兼职档案人员的工作量，降低了工作难度，操作简单，容易掌握，提高了办公现代化的程度，减少了人力占用，能够适应机构改革减员增效的要求。

3. 理顺了机关档案室的工作职能，使工作重心转移到档案信息的开发利用上来

对归档文件的整理、编目的根本目的是更好地提供利用。改革归档文件整理方法，不仅是从人力、物力等方面为档案工作减负，其最终目的是使档案工作能够真正摆脱以往的"重整理、轻利用"的实际情况。利用现代化的手段从实质上提高档案检索工作的质量，使档案人员能够有更多的精力投入到对档案信息的深层次开发和利用工作中去。

（二）档案管理现代化的意义

1. 新方法能够为计算机管理档案的普及铺平道路，促进文档一体化管理的实现

先进的技术手段给档案工作提供了许多新的发展契机，对促进档案工作发展有着显著作用。计算机可以做到一次输入多次输出、随机生产各类目录、迅速进行文件检索、全文扫描、网络检索等。其带来的种种便利，使传统的管理手段和部分规范变得落后和不必要，其中包括传统的立卷方法。同时，文件级的整理方法还为加快档案管理的现代化进程扫清了人为的障碍，免除了档案管理环节中做大量的重复数据输入的工作，改革后依靠文件处理环节生成的数据项目就能够完成对档案信息的检索。

2. 新方法为档案信息化建设以及信息共享创造条件

以件为单位的整理方法方便了对纸质档案的扫描、缩微，通过档案工作的数字化、信息化程度的普及，能够做到更深入地开发档案信息资源。新方法使用计算机对档案进行管理，必然将会形成大量的电子数据信息，电子信息通过计算机能够进行很快捷的和多方式的输出。今后，利用档案信息不仅是检索时间上缩短了，而且在检索途径上也会多种多样，如通过网络和出版的电子光盘进行检索等。

二、立卷方法与以件为单位方法的比较

（一）立卷方法的优点

1. 保持了文件之间的有机联系，使之排列有序

保持档案实体在形成过程中产生的有机联系是确保档案信息完整的条件。档案是由有保存价值并且按照一定的规律集中保存起来的文件转化而来的。文件虽然是以单份的形式产生的，但是每一个单份文件都是以服务于某一社会职能活动为基础产生的，所以通过有一定规律的整理和排列组合，才能体现出整个活动的全貌，从而能够更好地发挥其价值。

2. 便于对档案实体的管理

案卷是档案保管的基本单位。案卷是相对放大的保管单位，它在档案的实体管理中比较便于进行清点、核对和统计。尤其是在移交接收工作中，整卷的接收要比逐份的接收更容易做到准确无误。

3. 使单份文件不易散失、磨损

将文件装订起来，不易被利用者随意抽取，在反复利用中降低了散失的可能性，而且文件通过组合装订加以卷皮的保护，不易磨损。

（二）立卷方法的缺点

1. 主观随意性大，案卷质量难以保证

在组卷的过程中既要考虑"六个特征"之间的相互组合，又要保持文件之间的有机联系、顾及案卷的厚度，还要求拟写的案卷题名能够反映卷内文件的内容。虽然这些组卷的原则方法是统一的，但是在操作的过程中就会因立卷人员的政治、文化、档案业务素质、实践经验以及对本单位业务工作了解程度的差异，造成案卷质量的高低不同。

2. 不适应计算机管理的需要

传统的立卷方法是在手工操作的基础上提出的。就计算机而言，传统的案卷级加文件

级的检索方法既增加了数据录入量，又影响了检索的速度。烦琐的组卷程序也使档案管理软件的设计趋于复杂，无法利用计算机代替人工进行组卷。

3. 对档案的利用、开放、保密、鉴定和销毁工作也有影响

由于一卷档案是由若干份文件装订在一起的，所以利用者在借阅一份文件时就会看到案卷中的其他文件，这一方面不利于安全保密，另一方面在反复翻阅中也会造成对不需借阅档案的损耗。另外，在对档案进行鉴定工作时，因要遵循"就高不就低"的原则，就会因为立卷时分类不准确而导致整卷的保管期限的划分偏高。在案卷到期开放时也会由于案卷中的一些需要保密的文件，而影响案卷中其他文件的开放。

现今，计算机已经可以保存全部文件目录，并可将文件目录做任意的查询和组合，因此用案卷来维系文件之间的有机联系、方便查找的意义也就失去了。在办公自动化不断普及和计算机在档案管理中广泛应用的现实情况下，立卷方法的不足更加明显，它直接影响了档案管理现代化的实现。

（三）新方法的优势

1. 简化了工作程序，避免了人为因素造成组卷的主观随意性

归档时不需根据文件的内容进行分类组合、拟写案卷题名，避免了因拟写的案卷题名无法反映卷内文件内容的弊端，减少了手工抄写卷内目录、案卷目录、全引目录等重复性的工作。

2. 管理程序设计简单，能够快速、准确地进行文件级检索

以件为整理单位，只设文件级的目录，不需设计案卷目录、卷内目录、全引目录以及三种目录之间的转化和关系，更不需利用计算机进行辅助立卷。这不仅减少了检索的层次，而且大大降低了档案管理软件设计的难度。

3. 能够适应随办随归、文档一体化管理的需要

文书处理和档案管理是机关工作中两个互相衔接的流程，文档一体化的目的，是理顺文书处理和档案管理两个环节之间的关系，简化文件整理归档工作，提高工作效率。采用新的方法，归档工作不需等到每年集中归档时统一进行分类整理、组成案卷，而是办理完毕的文件，通过简单的计算机著录，实体编号后即可归档。

（四）新方法的不足之处

（1）保管单位大幅度增加，整理、清点时工作量加大。

（2）单份文件的磨损问题比原来突出。

（3）档案有机联系的特点将淡化。

虽然新方法存在着一些问题，但是可以通过一些方法和手段进行克服与解决，如制作专用的档案借阅夹来保护单份纸质档案，进行特殊的标志利用计算机检索形成虚拟的案卷等。

三、立卷改革应把握的主要环节

（一）档案编号体系应整体转换

编号方法是采用全宗号—案卷目录号—案卷号来固定案卷的位置。由于在一个目录号

下要把若干年形成的案卷大流水似地排在一起，直到三位数满再重新编一个目录号，使得一些漏归的案卷无法插入当年的位置。尤其在移交进馆时需要对档案进行鉴定，一旦出现调整，旧的案卷目录、全引目录都要进行一系列的调整。

通过实际操作的经验积累和深入研讨，建议采用全宗号—保管期限—年度—件号的编号体系，不再采用以往的编号方法。由于在移交进馆时，一些档案馆只接收永久、长期的档案，使得进馆档案的目录号需要重新调整，往往会出现进馆档案重新编制检索工具、一个档案室出现两套目录的问题。通过新的档号体系的转换，取消了目录号，不仅在进馆时可以方便计算机重新整理编目，而且降低了目录号中包含的保管期限、档案门类等隐藏信息的技术含量，使档案编目与管理工作简化，一目了然，同时便于利用者迅速掌握检索方法，不需依赖档案专业人员的辅助，就能初步检索到所需的信息，有利于档案对公众的开放。

（二）档案目录的编制应简化

1. 只设文件级的目录

过去文书档案要编卷内目录、案卷目录、全引目录三种目录，不立卷后可以只编归档文件目录一种。有观点主张归档文件编号装盒后还应编制盒内目录，经实践检验认为盒内目录可以不编，用档案目录及档案盒脊背的起止件号即可控制盒内档案的数量及顺序。

2. 各门类档案之间编制目录的方法应统一

以××市西城区为例，西城区区属立档单位对档案实体的分类基本上全部采用门类—年度—组织机构的方法，对不同门类、不同保管期限的档案各给一个目录号、各编一本目录，一本目录编满了再给一个目录号，再编一本目录。如果作为档案主体的文书档案不再沿用目录号编号，其他档案的目录号也就失去了存在的依据；如果硬要继续沿用，会造成两种档号体系并存，将给今后的管理、利用带来不便。

因此，推行文书档案不立卷时，应对全部档案的档号体系进行整体转换，即都采用全宗号—保管期限—年度—件号的体系进行编号。具体方法是，文书档案按永久、长期、短期编制三本目录，采用全宗号—保管期限—年度—件号编号（档案目录可跨年度混编，以起止年度区别）。如果今后保管期限采用具体的标志法分为永久、50 年、30 年、15 年、5 年，区、县一级的档案馆需要根据进馆范围来重新设计流水号的起编级次，初步设想为永久、50 年与 30 年、15 年与 5 年各编制三本目录。专门档案按不同的保管期限编制目录，也靠用文书档案的编号体系。如会计档案需永久保存的并入文书档案统一编号，其他的如会计凭证、会计账簿、会计报告（表）各编一本目录，用全宗号—年度—件号编号。照片、声像、实物档案各编一本目录，用全宗号—卷号或全宗号—件号编号。总之应保持全部馆、室藏档案编号体系的一致性，避免多种体系同时并存，这将有利于档案目录的管理。

3. 由原来的手工编制目录转变为计算机编制目录

实行不立卷后，以单份文件为保管单位，保管对象一下增加了十几倍或者更多，档案提供利用不可能再沿用手工检索方式，计算机检索将成为主要检索手段。档案目录的计算机录入工作更为艰巨，这一工作仅靠档案馆不可能单独完成，对于较大的立档单位来说，只有将计算机录入工作分散到立档单位的各内设机构，才是比较可行或唯一可行的方案。

因此，在各立档单位内设机构普遍实行归档文件电子目录的计算机录入，档案室在接收归档文件的同时接收电子目录，将其合并为本单位的档案目录数据库，进而向档案馆移交电子目录形成档案馆的档案电子目录中心，是推行不立卷改革的关键环节。

（三）应在同一个进馆范围内统一使用软件，统一著录项目

1. 以往使用的软件不统一带来的问题

目前，在一个档案进馆范围内，各立档单位使用的档案管理软件不统一，各种软件的编程语言不同，档案著录项目不一致，给电子目录的数据共享带来不少困难。在这种状况下，即使各立档单位都实现了计算机管理档案，其数据也很难为档案馆所用，形不成统一的档案目录中心。因此，推行不立卷改革，应统一档案管理软件，统一著录格式，为档案馆建立档案电子目录中心奠定基础。

2. 统一著录格式和使用软件是档案馆建设的需要

要想解决和处理好档案室向档案馆移交进馆时需重新鉴定、整理、编目和向档案馆移交电子目录的问题，在推行新方法时还应考虑到在同一个进馆范围内使用统一的计算机软件。区、县级的档案馆无论是从人力、物力和技术力量方面都需要基层形成的数据和其管理软件的一次性的统一。

例如，××市西城区在开展 2000 年的整理方法改革试点工作时，培训新的整理方法以及计算机软件的使用。配套使用的软件是在数据库软件 ACCESS 基础上研制的，具有对归档文件进行著录、接收和复制目录、编件号、检索、打印目录、统计等功能。该软件由××市西城区档案局免费下发，并要求统一使用。软件的统一能够做到在档案的形成阶段就统一了著录的项目、格式和数据库的基本结构，使将来电子目录进入档案馆能够实现数据共享，解决了因软件不同造成数据无法转换和不能读取的问题。

3. 应在推行不立卷改革的同时，建立相应的档案电子目录中心

采用新的方法将会形成大量的电子目录，如何更好地利用和保存这些基层档案室形成的信息资源的问题随之而来。电子目录是一种电子文件，目前虽然《中华人民共和国档案法》规定区、县级档案馆接收档案的期限为每 10 年接收一次，但现在我国还没有如何长久保存电子文件的指导性方法，可是基层电子版目录的安全保存要求却已摆到档案工作者的面前。所以要求归档工作完成后，各单位应将当年归档文件的电子目录提交给档案馆，由档案馆进行数据合并，形成全区归档文件目录数据库，建立档案电子目录中心。当数据积累到一定数量，由档案馆进行光盘的刻录，把数据转移到相对安全的存储载体上去。待其他条件具备后，再将这个数据库推上政府计算机办公网络，实现全地区档案目录的数据共享，使档案管理和利用服务上一个新台阶。

（四）在实际工作中需要对有密切联系的文件以件为整理单位进行灵活的处理和更深层次的著录

1. 文件之间的有机联系无法从文件表面的信息反映出来时，要通过深层次著录解决

众所周知，组卷的优点之一就是保持了文件的有机联系。当利用者需要了解某一活动的全过程或需要以具有密切联系的档案来佐证某一份文件时，如果从文件的名称上反映不出文件之间的联系，计算机就无能为力了。如一次会议形成的档案一般有会议通知、议

程、会议记录、参会人员名单、重要发言稿、会议纪要等。其中发言稿的名称就有可能反映不出与此次会议的联系，如果单纯输入其名称而不加以必要的特别著录，就会在检索此次会议的全部档案时出现漏检。所以建议在对一些会议、经济项目等重大活动形成的文件归档时，在著录过程中要加以统一的标注，通过计算机的检索形成虚拟的案卷，如有必要还可使单份文件在实体顺序上排列在一起。

2. 特殊情况下需要把固定格式的多份文件装订在一起视为一件

通过调查发现，在实际的归档工作中，有一部分如退休人员审批表、先进人员登记表、工资审批表等是有统一的名称、固定的格式、相近的内容并且文件页数很少的一些表格式的文件。大多数采用新方法的单位在对此类文件归档时采用几件装订在一起视同为一件的方法。这些文件都具有相同的文件名称、责任者等特征，为了能够减少重复性的工作并同时满足检索准确性的要求，需要在"人名、机构索引"著录项中录入文件所确切针对的人名、机构。如退休人员审批表，可以根据时间的顺序，把一个季度的审批表订在一起视同为一件，在"人名、机构索引"项中录入每一个退休人员的名字。这样不仅解除了单页文件容易磨损、丢失的弊端，而且能够满足检索的要求，还减少了重复录入的工作量。同时为了文件装订的美观、牢固、耐磨，可以附加白色封皮，归档章盖于右上角。

但是上述方法不适用于会议记录、纪要等文件的管理。虽然这些文件也具有相同的格式甚至是相同的文件名称，但是这些文件的每一件都是反映不同内容、不同信息的载体，检索时需要根据具体内容准确地检索到其中任意一份文件。所以在整理时不能将多份文件视为一件，并且在录入时要求"文件名称"项中的内容能够概括地反映出对应文件的具体内容。考虑到有些单位反映此类文件有实体固定排列在一起的需要，可以采用多件文件装订在一起，但分别输入计算机管理、封面加盖起止件号章的方法。

综上所述，新方法改革突破了传统的档案整理方法，大大减轻了档案人员的工作量，降低了工作难度，提高了办公现代化程度，使档案工作能够真正摆脱以往的重整理、轻利用的实际情况，从实质上提高了档案检索过程中的查全率、查准率。

整理方法的改革，不仅简化了整理程序、提高了工作效率，还顺应了时代的发展，突破了利用计算机无法代替人工进行组卷的瓶颈，实现了计算机对档案信息的文件级的检索，在一定的范围内形成格式统一的电子目录及电子目录中心，实现了网上电子目录共享，使档案工作产生了质的飞跃，使档案管理现代化从整体上迈上一个新台阶，从而更好地服务于国家与社会的各项事业。

第五节　立卷方法的改革附件

归档章、归档文件目录、档案盒及备考表图示（见图4—13至图4—17）。

全宗号	年度	室编件号
机构或总题	保管期限	馆编件号

图4—13　归档章样

件号	责任者	文号	题　　名	日期	页数	备注

图 4—14　归档文件目录样

归档文件目录

全宗名称_____
年　　度_____
保管期限_____
机　　构_____
（问题）

图 4—15　归档文件目录封面式样

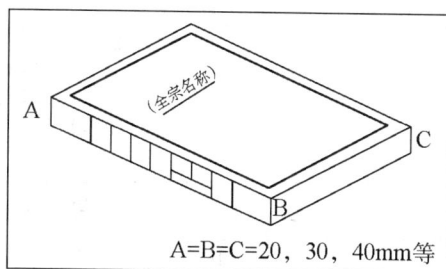

A=B=C=20，30，40mm等

图 4—16a　档案盒封面式样及规格

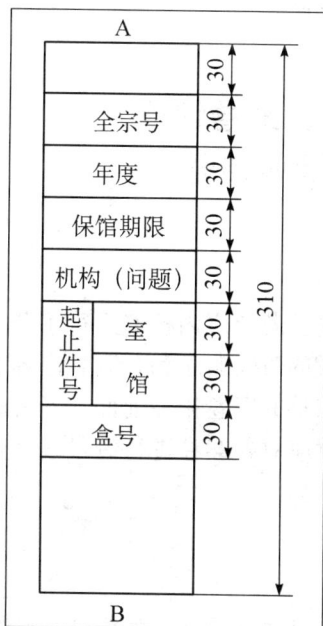

A	30
全宗号	30
年度	30
保馆期限	30
机构（问题）	30
起止件号　室	30
馆	30
盒号	30
B	

310

单位：mm

图 4—16b　档案盒盒脊式样

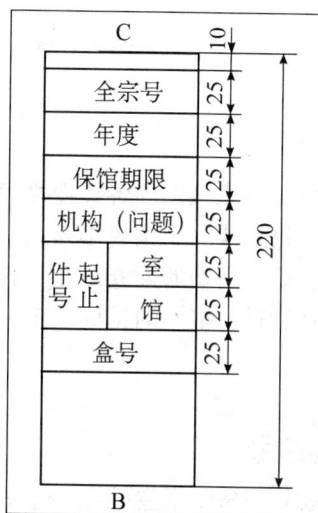

C	10
全宗号	25
年度	25
保馆期限	25
机构（问题）	25
件号起止　室	25
馆	25
盒号	25
B	

220

单位：mm

图 4—16c　档案盒底边

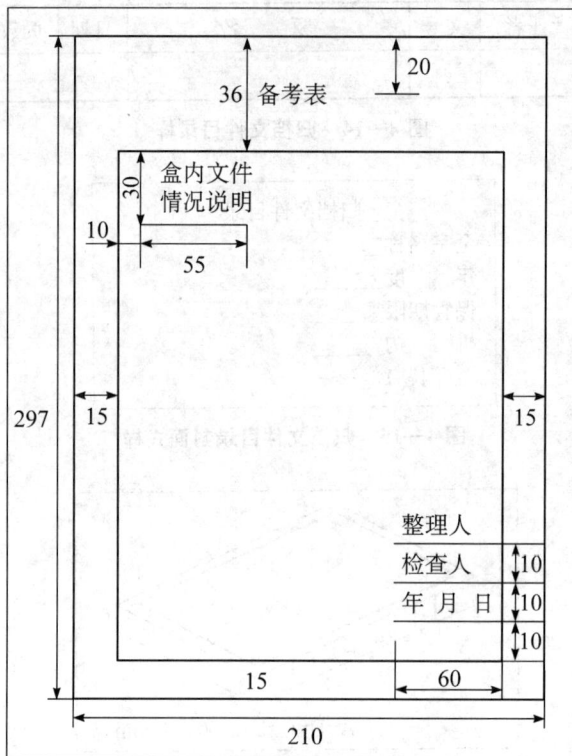

单位：mm

图4—17　备考表式样

第六节　类内案卷排列、案卷编号、
卷内目录、案卷目录和档号

一、案卷排列

案卷排列就是固定全宗内各案卷之间的排放顺序。若全宗内档案进行了分类，实际上就是对类内案卷进行排列。案卷排列一般按案卷形成的时间顺序和各案卷内容上的相互联系进行，即内容联系密切的案卷排在一起，形成时间早的案卷排在前面，形成时间晚的案卷依时间先后往后排。案卷的排放顺序一经确定，就应对各案卷进行编号，将其排序固定确认下来。

二、案卷编号

案卷编号就是给每个案卷编定一个固定的号码（编案卷号）。案卷编号方法只能采用自然整数严格按案卷排列顺序依次编号的方法。但号序系统可有两种：一种是按全宗内所分类别、年度或不同保管期限分别编立从1号卷开始的号序（分编）；另一种是无论其分类与否，一个全宗的全部案卷只编立一个从1号卷开始的统一号序（统编）。分编和统编各有各的特点和适用情况：分编可使号序反映分类状况或保管期限状况，且便于随时接续新归档或补充归档的案卷，因此在档案室管理阶段较多采用，但其不足之处是一个全宗内的同号卷（虽在不同的类或保管期限的有关目录中）过多，管理中就易发生错乱；统编的优点是号序单一，不易出现管理上的错乱，但不足之处是号码较长，难以按类或保管期限不断接续新归档或补充归档的案卷，所以多应用于档案馆中的全宗或立档单位已经撤销的终结性全宗。但从理论上说，决定分编或统编的根本原因在于全宗档案（案卷）的数量，若数量较大宜分编，若数量较小可统编。

案卷编号是一种虽简单但却十分重要的规范化手段。所编定的案卷号是档案的实体秩序号之一，在日常管理及日后的检索和提供利用工作中具有重要作用，因此必须严格有序，并力求反映档案的实体秩序状况和档案数量。这也正是案卷号一般只能严格采用自然整数（阿拉伯数字）序列进行编号，而不能采用代字或专指性抽象代码（如 A、B、C 或 A1、B2、C3 等）方法的原因所在。

三、卷内目录

卷内目录是案卷内登录文件题名及其他特征并固定文件排列次序的表格，通常排列在卷内文件之前。

（一）填写卷内目录以前的一些准备工作

首先是进行卷内文件排列，使文件在卷内有固定的位置，有条不紊，便于人们查找利用，遇有遗失也能随时发现。这项工作一定要在案卷的组合正式确定下来以后再进行，以避免返工和无效劳动。卷内文件排列的方案很多，一般采用以下几种方法：按时间排列（根据成文日期排列）；按卷内文件的重要程度排列；按作者排列；按问题排列；按地区排列；按文件名称排列。

其次是编卷内文件的页号。卷内文件排列固定位置以后，就要把文件编上号（有字的页，有一页编一页）。编号的作用是固定文件排列顺序，便于查阅卷内文件和统计数量，遇有遗失和损毁，能够及时发现，同时也为电子检索做了准备工作。编页号是一项十分细致的工作，虽然简单具体，切不可粗心大意，因为文件页号遗漏或编错一页，往往会使编目工作重新返工，造成人力、物力的极大浪费。为了保护文件和易于改动，在初次编页号时最好用铅笔，过一段时间无大的变化时，即可用钢笔或打号机打号固定。

现在有的单位把编写卷内文件的页号，改为编写卷内文件的件号（一份文件一个号），这样做比较简单，一个案卷有几份文件就编几个号，可以节省不少时间。但是它和编页号的作用已不相同（注意：每份文件都有各自的编号，否则文件遗失几页也无从查起），因此，编件号应当根据具体情况，慎重采用。不装订的案卷，要逐件编件号，并按份装订。编号位置在每件首页的右上角。

（二）填写卷内文件目录

上述准备工作就绪后即可填写卷内文件目录。凡是需要永久或长期保存的案卷都应该填写卷内文件目录。它的作用是向利用者介绍卷内文件的情况，便于查找卷内文件，也能起到保护卷内文件的作用。

短期保存的案卷和卷内文件份数很少或者案卷标题能清楚反映卷内文件情况的案卷，可以不填写卷内文件目录。

卷内文件目录，包括顺序号、文件标题、时间、份数、页数、备注。

卷内文件目录填写方法：一般情况下，多数案卷就是按照文件的排列顺序逐件登入卷内目录。如果某些案卷内的文件问题、名称相同，可以不按卷内目录的项目逐一填写，而是采取较为易行的省略方法。比如中共××省各市、地委关于农业生产责任制情况的报告，可以采取省略登记的方法，如表4—4所示。

表4—4　　　　　　　　　　　　卷内目录登记表

顺序号	文件标题	时间	份数	页数	备注
1	××地委关于农业生产责任制情况报告	1990.10	1	1～11	
2	××市委关于农业生产责任制情况报告	1990.11	2	12～31	
3	××县委关于农业生产责任制情况报告	1990.11	3	32～46	

还有某些涉及具体人的案卷，往往内容相同，只是人名不同，在案卷标题已经标明卷内文件内容的情况下，卷内目录可以只登人名及页号，不必一一登录内容，如表4—5所示。

卷内目录　　　　　　　　　　　　　　　　　　　第　卷
　　　　　　　　　　　　　　　　　　　　　　　　第　页

表4—5　　　　　　　　　　　　卷内人物登记表

序　号	姓　名	页　数	序　号	姓　名	页　数

卷内目录要用毛笔或钢笔准确、清楚地填写，不能用复写纸和圆珠笔、铅笔填写。对文件标题不要随意更改或简化。没有作者、年、月、日的文件，应尽量考证清楚，会议记录应写明某次会议和时间。卷内目录填好以后，放在卷内文件的前面，连同卷皮与卷内文件一起装订。

在卷内还要填写备考表。它是案卷内文件状况的记录，通常排在卷内文件之后。立卷人员应将需要说明的情况写在备考表上。填写卷内文件的页数（大写）以及是否有损坏情况，后面由填写人签字，注明日期。如以后页数有变化，或者卷内文件有新的损坏情况，都要加以记载（比如，什么原因使卷内文件减少或增加了若干页）。备考表排在卷内最后一张，也可印在卷皮底封的里面。其格式见卷内备考表，如表4—6所示。

短期保存的案卷，也可以不填卷内目录和卷内备考表。

表 4—6　　　　　　　　　　　　　　　　卷内备考表

卷内备考表	（装订卷）
本卷情况说明：	
	立卷人 检查人 年　　月　　日

四、案卷目录

案卷目录是登录案卷题名和其他特征并固定案卷排列次序的表册，它有比较重要的作用。通过案卷目录的形式，固定全宗内档案的分类体系和案卷的排列顺序。它标志着档案整理工作的基本完成；它是介绍全宗内档案的内容，是查找利用档案最基本的、也是必备的检索工具，更是编制其他检索工具的重要依据；它也是登记与统计档案的工具之一，是检查档案安全保管状况的重要手段。

（一）编制案卷目录的准备工作

1. 对分类立卷后的案卷进行系统排列

根据分类方案，确定案卷在每类内的存放位置与前后顺序。类、属类之间案卷的排列，应该根据分类方案进行。如果是按年度分类，就应该将每一年的案卷按时间顺序排列；如果是按组织机构排列，可以按照习惯顺序（或按组织机构编制表）排列；如果是按问题分类，就应该按照问题的重要程度排列。

2. 编写案卷号

案卷在系统排列以后，每个案卷的前后次序和排放位置已经固定，为了管理和提供利用上的方便，要把这种已经固定位置的案卷编上顺序号，这就是案卷号。

（二）编制案卷目录

在上述几项工作完成以后，就可以进行编制案卷目录的工作。编制案卷目录，通常是在立档单位内完成。有条件的现行机关、企业事业单位，一般由文书处理部门负责编制，然后连同案卷向档案室移交。在较小的基层单位，应由办公室文书、档案人员负责编制。

案卷目录主要包括：封面、说明、目次、简称与全称对照表、案卷目录表和备考表。其中案卷目录封面、说明、案卷目录表是主体部分。

1. 封面

案卷目录的封面主要包括：全宗号、案卷目录号、目录名称（就是类别或年度的名称）、编制单位（相当于立档单位）和形成案卷目录的时间。如果档案已分印成若干套，还应注明"第×套"；如果分开保管期限编制的案卷目录，还应在封面上注明"保管期限"一项，如表4—7所示。

表 4—7　　　　　　　　　　　　　　　　　案卷目录封面

第　　号全宗 　第　　号目录 　第　　套 　　　　　　　　目　录　名　称 　　　　　（××××年或组织机构） 　　　　　　　　　　　　　　　　编制单位 　　　　　　　　　　　　　　　　年　月　日

2. 说明（又称案卷目录序言）

在案卷目录的开始，应该对案卷数量、分类和立卷的原则、档案整理的情况、存在问题做简要说明。有的案卷目录说明，还扼要地介绍了档案产生的历史背景、机构变迁以及档案管理方法的改进情况等，这对于档案管理人员尽快熟悉档案，了解历史背景，进一步提高案卷质量是十分重要的。由于说明中介绍了档案的特点、案卷内容和档案的存放情况，因而它为档案利用提供了方便条件。

3. 目次

根据全宗内容的分类排列情况，分别写明各个类、项、目的名称及其所在页码。它是案卷目录的目录（索引），对案卷数量多的大全宗是十分必要的。

4. 简称与全称对照表

对于案卷数量较多的大全宗，还应列出简称与全称对照表。主要是针对案卷标题或内容，由于作者、机关、地区等全称过长，需要简化，按照统一的规定，列出对照表供利用者查用、核对。

5. 案卷目录表

这是案卷目录的主体部分，应该认真逐项填好。其项目、格式和填写方法如表4—8所示。

表 4—8　　　　　　　　　　　　　　　　　案卷目录表

卷号	案卷标题	时间	份数	页数	保管期限	备注
1	中共××市委统战部关于××问题的指示	1996.3	4	121(1～121)	永久	
2	××市工商联关于××问题的报告	1996.10—12	3	210(122～332)	永久	
3	××市工商联××同业工会关于××问题的报告	1996.10.12	8	175	永久	

续前表

卷号	案卷标题	时间	份数	页数	保管期限	备注

其中卷号是案卷在目录中排列的顺序号，不能有重复；案卷标题应和案卷上原来的标题一致，不应在抄写案卷目录时随意更改案卷标题，如发现案卷上原来标题有问题时，应同时修改原案卷标题，再抄入案卷目录内；年度即案卷所属的年度以及起止日期；份数标明卷内共有若干份文件，也就是件数；页数标明卷内共有多少页（或起止页数），对已编号的案卷，只需查看最后一页即可知道；保管期限在案卷目录内保管期限不一致的情况才有必要标明，如果是按保管期限分开编制案卷目录的，此项就无必要填写；备注是对于某卷有些情况的补充说明，比如，长期借出未还，或者遗失、损坏情况等都应加以说明。登录案卷以后，要进行核对，使目录与案卷封面所写的内容完全相符。

6. 备考表

附于目录最后，用于总结性地记录案卷目录及其所包括案卷的基本情况。

案卷目录上述组成部分填写完毕，应该加上封皮和封底，最好用硬质和质量较好的纸张、布或塑料作为封皮，并装订成册。

案卷目录至少要有一式三份，一份存档，一份备用，一份随档案移交。

五、档号

档号是档案馆（室）在整理和管理档案过程中，以字符形式赋予档案的代码。档号通常包括全宗号、案卷目录号、案卷号、件号、页号。档号主要是表示类别及其相互关系的一组符号。在档案的整理、统计、检索、提供利用以及库房日常管理等业务活动中都要运用和借助档号。这几种编号，不仅对档案的管理和提供利用有着现实的、制约的作用，而且对于档案工作的规范化，对于档案工作的现代化也是不可忽视的一个方面。各立档单位在编制档号的实践中，可参照行业标准《档号编制规则》（DA/T 13—94）执行。

（一）编制档号过程中应遵循的基本原则

1. 唯一性原则

档号应指代单一，一个编号对象应只赋予一个代码，一个代码只表示一个编号对象。具体地说，在一个档案馆内不应有重复的全宗号，在一个案卷目录内不应有重复的案卷号，在一个案卷内不应有重复的件号或页（张）号。如违反了上述唯一性原则，在规定的范围内出现了重号现象，那么档号的指代功能便会出现误差，严重的导致整个档案管理活动的混乱。

2. 合理性原则

档号结构必须与馆藏档案的整理分类体系相适应，按流水顺序编号时不应有空号。

3. 稳定性原则

档号一经确定，一般不应随意改变。对需要改变的档号，应在卷皮、卷盒、有关目录、索引、指南及计算机数据库中做出相应更改，要严格保持档号在实体存放处与检索工具上的一致性。

（二）档号的构成

1. 全宗号

著录馆藏每一全宗的编号。不同全宗的档案不能混淆，同一全宗档案不能分散。档案馆保存数量较多的全宗，为了管理上的方便，必须对档案馆内全宗进行编号，这种以数字代表某一全宗的符号就是全宗号。全宗号一经编定，就不要轻易变动，档案馆内的全宗号应该是固定不变的，即使某一个全宗全部移交出去了，该全宗号在档案馆内仍然保留着。全宗号在档案馆内应该是固定不变的，其原因首先是便于档案馆工作人员更科学地管理档案。档案馆藏有数量不等的若干全宗，为了管理和提供利用上的方便，按全宗号管理和查询利用档案又是不可缺少的。作为一个熟练的档案工作人员，当利用者提出借阅档案要求时，马上就能了解到他索取的档案是属于几号全宗，存放在什么位置，无疑这是全宗号固定的结果。如果全宗号经常更动，使工作人员无所遵循，工作就会造成很大被动。其次，全宗号固定，便于档案馆和档案管理机关对档案的统计。档案管理部门的各项统计中，均有全宗号一项，如果全宗号不固定，改来改去，就会使全宗号一项前后不一致，造成档案科学管理上的混乱。

全宗号有三种编法：一是按系统编号，如党群、政法、工交、农林、财贸、文教、科技等；二是按立档单位的重要程度编号；三是按进馆档案的先后顺序编号。实践证明，前两种方法对于同时进馆的全宗是适用的，但是有新的全宗进馆，就会被打乱或冲破。第三种方法简便易行，比较实用。

全宗号一般用四个符号标志，其中第一位符号用汉语拼音字母标志全宗档案门类，另三位代码用阿拉伯数字标志某一门类全宗顺序号。

全宗号的格式是：

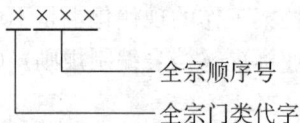

```
× × × ×
      └─────── 全宗顺序号
└───────────── 全宗门类代字
```

全宗内档案门类代字的标志方法是：革命历史档案用"G"，旧政权档案用"J"，新中国成立后档案用"A"。例如"G002"为革命历史档案 2 号全宗；"J024"为旧政权档案 24号全宗；"A123"为新中国成立后档案 123 号全宗。

2. 案卷目录号

一个全宗内档案数量很多，用一本案卷目录登记已不够用，这样就会形成若干本案卷目录，需要把案卷目录按序编号。著录全宗内每一案卷目录的编号，就是案卷目录号。案卷目录号的编制方法也是多种多样的：一年编一本案卷目录的，就按年度顺序排号；按保管期限编成若干本案卷目录的，就按永久、长期、短期顺序编号。应根据全宗内档案整理状况设置案卷目录号，可按不同时间断代，不同专题或组织机构、不同保管期限、不同种类、不同载体形态设置案卷目录号。

案卷目录号一般采用流水顺序编号法，必要时可在顺序号前加上表示档案保管期限、载体形态等特征的代字。如"永 13"表示确定为永久保管的第 13 号目录。

每一案卷目录所含案卷数量不超过 100 卷时，不另立案卷目录。案卷目录内案卷数量超过 999 卷时应另立案卷目录，另编案卷目录号。案卷目录号一经确定也不能轻易改来改去，必须保持不变，这也是档案管理上的一条经验。

3. 案卷号

案卷在系统排列之后，要确定卷内每个案卷的前后次序和排列位置。著录案卷目录内每一案卷的流水编号，就是案卷号。它是管理档案中最常用的基本代号。

4. 件号或页号

文件立卷以后，进行卷内文件的排列，给每份文件以固定的位置，用数字固定文件前后次序的代号，就是文件的件号或页号。案卷不装订成册时应编制件号，其间不许有空号。

总之，在档案馆内，不能有相同的全宗号；在一个全宗内，不能有相同的案卷目录号；在一个案卷目录内不能有相同的案卷号；在一个案卷内不能有相同的页号。上述四种代号是各有不同作用又紧密关联的。档案馆中的卷号、页号与全宗号、案卷目录号一样，编定之后也不能随意改动。因为档案著录检索都有档号一项，通过档号检索档案，如档号变动，检索工具将会失去检索作用。

第七节 档案整理中的组织管理

组织管理主要是指通过计划、组织、协调等基本方式，有效地利用人力、物力、财力，达到管好档案、方便人们利用档案的目的的过程。

一、整理工作方案

档案馆或者档案室在对某一个全宗档案，尤其对积存零散文件进行整理的时候，首先要了解情况，写出分类方案，这是档案整理以前不可缺少的准备工作。了解情况主要是了解两方面的情况，一是立档单位的情况，一是全宗内档案的情况。了解立档单位情况，主要是了解立档单位成立、变动和撤销的时间和原因，立档单位的职能、任务、隶属关系，以及内部组织机构的设置和文书处理工作情况；了解档案的情况，主要是了解档案的数量、内容、成分和所属年度，档案的保管情况、整理情况、完整程度，对原整理状况的基本估计。

在了解情况的基础上，酝酿、讨论和形成整理工作方案。这个方案包括：整理工作的要求和方法、分类方案表、工作程序、劳动组织、人员分工以及大体完成的时间等。整理工作方案一般以全宗为单位编制。当整理互有联系的或同类型的若干全宗时，也可以合编一个整理工作方案。整理工作方案是整理档案，尤其是整理积存档案时不可缺少的计划性的指导文件，通常要经过周密的调查研究和有关领导的批准。

二、立档单位和全宗历史考证

在整理零散档案时，一般是调查研究和了解立档单位的沿革和档案状况，并将其写成书面材料，这个材料就是"立档单位和全宗历史考证"或者称为"立档单位和全宗历史情况说明"。它可以作为档案整理工作方案的一部分，也可以作为一份单行材料。

（一）立档单位和全宗历史考证，对档案的管理和提供利用的作用

1. 它是正确地制定整理工作方案和科学地组织档案整理工作的依据

对该全宗内各个部分档案整理的具体要求和方法（比如制定档案分类方案），都只有在深刻而全面地研究立档单位和全宗历史的基础上才能确定。

2. 它是档案整理中必要的参考材料

在判定档案所属全宗、考证文件日期和所属组织机构档案的归类等方面，它都能提供一些可以参考的材料。它尤其能减少立卷中的困难，因为了解了立档单位的工作任务、领导关系、机构、人员变动情况以及文书处理情况，能提高立卷效率；同时在了解过去的文书、档案工作情况以后，就能更好地利用原有基础，提高档案整理工作的速度和质量。

3. 它对鉴定档案价值有辅助作用

了解和明确立档单位的主要职能和任务以及领导关系和档案被保存程度以后，便于正确地鉴别文件的价值，比较准确地划分档案的保管期限。

4. 它可以作为编制各种检索工具时的基础材料

档案馆（室）在编制各种检索工具时，也需要了解各个全宗以及立档单位的历史，才能编得精确、全面，尤其是编制全宗指南、档案馆指南等较大型检索工具更需要参考历史考证。

（二）立档单位和全宗历史考证一般包括的内容

1. 立档单位的历史沿革

（1）立档单位成立、停办、撤销的时间和原因。

（2）立档单位的性质、任务和职权范围及其变动情况。

（3）立档单位在社会中的作用及领导关系与隶属关系的变化情况。

（4）立档单位内部组织机构的设置、职能及其变更情况，立档单位及其内部组织机构负责人姓名。

（5）立档单位文书工作制度及其变化情况，文书处理中的印章及其作用。

2. 全宗档案情况

（1）全宗档案内容与成分的概况。

（2）档案入馆前的保管处所和保管情况。档案何时入馆，是否受过损失，是否经过鉴定，销毁数量等。

（3）档案被利用的状况。

（三）编写立档单位和全宗历史考证应注意的问题

立档单位和全宗历史考证应该由档案工作人员或文书处理工作人员中，比较熟悉立档单位历史情况的同志来编写。考证的内容必须简要明确并有根据，不允许单凭回忆或印象来编写，而应该严肃认真，确实下一番苦功，对立档单位和全宗档案的历史与现状，作出恰如其分的考证。

三、零散文件整理程序

在整理积存的零散文件时，除了要做上述的一些准备工作以外，还必须有科学的组织整理工作程序，以保证档案整理工作的顺利进行。整理工作程序可以简要归纳为以下七个步骤：

（1）区分全宗。

（2）全宗内档案的分类。

（3）立卷（件）。

（4）检查案卷质量和确定案卷保管期限。

（5）案卷的加工整理。

（6）案卷的排列与编号。

（7）案卷目录的编制。

以上是全面系统整理的一般程序。在实际工作中，应该考虑到原来档案的状况和整理工作的具体要求和方法，采用不同的程序。如果所整理的档案是属于一个全宗的，则第一项环节就不必要；如果所整理的档案是已经组成案卷的，只是有某些不足，那么第三个程序就不是立卷而是纠正和调整案卷；如果所整理的档案是过去进行过整理的，其整理程序就可以从简，可以在原基础上适当做些局部的补充和调整（具体整理工作程序详见表4—9）。

表 4—9　　　　　　　　　　　　　　　　　档案整理程序表

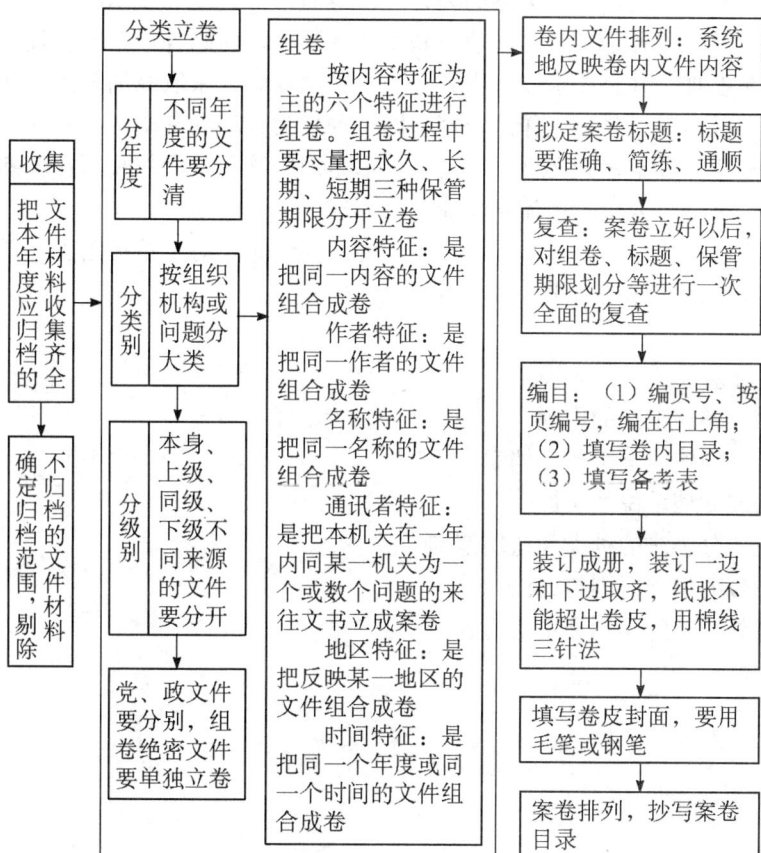

四、整理档案的劳动组织

整理积存和零散档案时，需要比较多的人参加，因此，必须合理地解决人力分工问题，应该根据档案的系统整理和技术整理的特点进行科学的劳动分工。

档案的系统整理工作，一般是以全宗为单位进行，其人员分工有两种方法可供选择：一种方法是由少数人包干整理一个全宗，包全宗到人，各全宗整理工作同时进行；另一种方法是组织所有参加整理者，对全宗逐个地加以整理，即大家一起先整理一个全宗，然后再整理另一个全宗。在人员分工上采用"两头小，中间大"的办法比较合适，即开始由少数人甚至一两个人研究情况，制定整理工作方案，按方案分工要求大家一起动手整理，最后由少数人做扫尾工作。

档案的技术整理工作，一般是采用流水作业法来进行的，即按照档案整理工作程序和技术整理工作的内容，把人员分成若干组，每组只负责其中的一两项工作，各司专责。有的专门负责拆除文件上的各种金属物，有的专门负责编写卷内文件的页号，有的负责填写案卷目录和卷内目录，有的书写案卷封皮，有的专门负责装订。每个案卷的技术整理必须按照工作程序由各个小组依次逐步地完成。

档案的系统整理包括区分全宗、分类、立卷、卷内文件排列、填写卷内目录、案卷封面的编目、案卷的排列和编制案卷目录。档案的技术整理包括卷内文件编号、修复、填写案卷备考表、案卷目录的抄写和案卷的装订。档案的系统整理与技术整理，在人员分工上是不同的。系统整理中各个环节之间前后联系非常紧密，因此进行系统整理要求配备业务水平较高的人员参加，并且要求以分类方案为分工的基础，采取纵的分工方法，不宜采取流水作业法。而技术整理是以工作的内容（即工种）为分工的基础，其各项工作的作业方法具有相对的稳定性和某些技巧性，因此，技术整理应该配备操作技巧比较熟练、书写能力较强的人员，采取专人负责或流水作业法去完成。

在档案整理时，充分了解和掌握两种不同的劳动组织，对于挖掘潜力，调动一切积极因素，提高档案整理工作的水平，具有直接的现实意义。

思考与复习题

1. 简述档案整理工作的原则。
2. 为什么必须按照全宗整理档案？
3. 简述构成立档单位的条件。
4. 简述复式分类法的种类和适用范围。
5. 简述档号的编制原则与方法。
6. 简述案卷目录的作用和主要内容。

第五章

档案保管

内容提要

本章主要讲四个方面的内容：一、档案保管概述。二、档案保管条件。三、档案库房管理。四、档案保管制度。

第一节 档案保管概述

随着信息社会的到来，作为各种社会实践的历史记录的档案，发挥着越来越大的作用。然而，由于时间的推移，在内外部各种因素的影响和作用下，档案不可避免地面临着种种被损坏的威胁。如何确保档案完好地"客观存在"，成为我们在谈档案的开发与利用之前首先要解决的问题，档案保管便成为档案工作的重要环节。档案保管是指在了解和掌握档案损坏规律的基础上，以一定的物质条件为保障，以日常性工作和专门的技术措施为手段，对档案进行保护和管理，以维护档案的完整与安全。科学有效的保管工作，将为整个档案工作的开展提供最起码、最基本的物质保障；反之，保管工作不到位，"巧妇难为无米之炊"，档案一旦遭受损害，档案工作就失去了最根本的物质前提，档案的价值和作用将无从谈起，整个国家和社会都将为此付出沉重的代价。

一、档案完整与安全的威胁因素

由于时间的推移和各种因素的影响，档案不可避免地面临着种种被损坏的威胁，从原因产生的根源来看，损害和破坏档案的因素主要包括外部因素和内部因素。

外部因素又可分成人为因素和自然因素，其中，人为因素表现在：第一，由于政治斗争等特定的需要，人们为了维护自身或者本组织、本阶级的利益，有意识、有计划地破坏、损毁档案，以使其价值和作用无法发挥，比如在"文化大革命"期间，我国很多档案被人为损毁；第二，因管理和使用不善，而产生的本可以避免的对档案的损害，比如档案工作者麻痹大意、不遵守规章制度或档案保护意识不强等，使档案实体受到损坏、档案内容被泄露。自然因素表现在：一是在档案的存放和提供利用过程中，因时间的推移，外部环境的变化，档案难以避免地发生被损坏的现象，如不适宜的温湿度、光线、灰尘、虫、鼠等；二是一些不可抗拒的突发自然事件，往往对档案损害较大，比如洪水、地震等自然灾害对档案的损毁。

内部因素主要是指档案自身，包括档案的制成材料，如纸张、胶片、磁带磁盘等载体材料，也包括墨水、油墨等书写、印刷材料，这些材料自身的寿命，直接影响了档案的寿命。现代社会，电子文件大量产生，电子文件自身的特性决定了对其的保管更具复杂性，也更加重要。对电子文件的妥善保管，是确保电子文件真实、完整、可读的基本手段（见图5—1）。

在档案保管中，上述因素有些是可控的，有些是难以控制的。对于可控的因素，应该尽可能地杜绝和减少；对于不可控的因素，应事先制定应急预案，防患于未然，将损失降至最低。

档案完整与安全的主要威胁因素	外部因素	人为因素	有意识的破坏活动
			无意识的管理不善等
		自然因素	由时间的推移所致
			不可抗拒的破坏
	内部因素	档案自身	载体因素
			书写、印刷等因素

图 5—1　档案完整与安全的威胁因素

二、档案保管工作的任务和内容

在现代社会中，档案的价值和作用是其他信息资源不可替代的，档案的形成和存在又是一个不可逆的过程。可见，档案长久保存和利用的需求，与档案的完整和安全所面临一系列的矛盾，决定了档案保管工作的任务和内容。

（一）档案保管工作的任务

档案保管工作的根本任务是建立确保档案安全保密的档案安全体系，维护档案的完整与安全，主要体现在：

1. 最大限度地防止和减少档案的损毁，将威胁因素带来的不良影响降至最小

针对档案自身的特性和可能导致档案损坏的种种因素，我们应该通过整体日常维护和有针对性地采取专门档案保护措施等手段，为档案的保存和提供利用创造良好的环境，形成合理的工作制度，消除或降低各种因素对档案保管的不利影响。

2. 延长档案的寿命

根据档案的价值和作用不同，档案的保管期限不同，有些需要定期保管，比如10年、30年，有些需要永久保存。不同载体的档案有一定的寿命，纸张、缩微胶片、光盘磁盘、电子文件等档案载体寿命的有限性，决定了档案寿命的有限性，为了满足"无限"的档案利用需求，需要尽可能地根据不同载体的特点延长档案的寿命。在馆（室）藏档案中，对于保存状态尚好的档案，不可大意疏忽，要定期检查；对于已经不同程度被损坏的档案，应该采取相应的措施，及时进行修复。

3. 确保档案的安全

在档案保管工作中，确保档案的安全包括档案实体的安全和档案内容的安全。实体安全是指档案实体完好地存放在指定的位置；内容安全是指档案的内容没有被泄露。档案实

体安全是档案内容安全的基础，没有实体安全，内容安全就无从谈起。但是，档案实体安全并不意味着档案内容一定安全，比如通过复制、拷贝等方式泄露档案信息，尤其是在电子文件环境下，档案内容安全面临着更大的威胁。在确保档案安全的过程中，上述这两个方面缺一不可。

（二）档案保管工作的内容

基于档案保管工作的任务，档案保管工作的内容涉及以下几个方面：

1. 正确认识和全面把握档案的安全现状和破坏档案的各种因素

档案的安全现状和破坏档案的各种因素直接影响着档案保管工作的内容。首先，正确认识档案的安全现状包括了解馆（室）藏档案的进馆（室）前后的保管措施、保管过程、有无损坏、损坏程度如何等，以便于确定今后的工作目标和工作内容；其次，破坏档案的因素多种多样，表现形式不一，对档案损坏的过程和损坏程度不同，只有全面把握威胁档案安全的各种因素的特点、表现形式，工作才能有的放矢，有针对性地将各种因素对档案的破坏降至最小。可见，正确认识和全面把握档案的安全现状和破坏档案的各种因素，是对工作对象和工作先天影响因素的深入剖析，回答了"管什么"、"为什么管"的问题，是档案保管工作有效开展的前提。

2. 制定和完善档案保管的各项制度和标准

制度是要求大家共同遵守的办事规程或行动准则。制定关于档案保管工作的制度，有利于档案工作者和档案利用者规范自己的行为，明确在档案保管和利用过程中应该做什么、如何做，有何责任和义务，避免人为原因造成的对档案的损害，最大限度地保护档案。标准是对重复性事物和概念所做的统一规定，它以科学、技术和实践经验的综合为基础，经过有关方面协商一致，由主管机构批准，以特定的形式发布，作为共同遵守的准则和依据。如 2008 年 7 月 1 日起开始实施的《档案馆建设标准》（建标〔2008〕51 号），从多方面规范了档案馆的建设。档案保管工作标准有利于工作的规范化，有助于降低工作成本，减少工作中因人而异产生的对档案保管的变化，有利于为档案保管创造最佳的条件和环境。在档案保管工作中，从国家层面，到地方各级各类档案馆（室）应形成完整的档案保管工作制度和标准体系，以实现档案保管工作的标准化和规范化，维护档案的完整与安全。

3. 提供档案保管的基本物质条件

档案安全、妥善的保管，离不开基本的物质条件。基础物质条件的好坏，直接影响着档案的寿命。良好的物质条件保证，有利于档案的长久保存；反之，恶劣的物质条件，直接危害着档案的安全。2009 年 3 月，德国科隆城市历史档案馆坍塌，大批珍贵历史文献影像资料葬身于废墟，曾经在档案馆内任职部门主任多年的伊尔内说："我们今天损失的是摆放在总计 18 公里长档案架上的德国历史。"确保档案妥善保管的基本物质条件包括档案库房、档案装具、档案保管的设备、档案包装材料等，这些条件要满足有利于档案长久保存的原则、规范和标准。不同载体的档案，如纸质档案、胶片档案、磁性载体档案、光盘档案、电子文件等材料和形成原理不同，影响其耐久性的因素不同，因此，在保管中对档案库房、装具、设备等基本保管条件也存在较大的差异，尤其对于电子文件，如何在保管中确保其长期可读、可用，已成为档案保管工作的新内容。

4. 日常的档案保管工作

档案保管是一项持续不间断的日常工作，且需要以细致、认真的态度来对待。在做好上述工作的同时，还有大量的工作需要我们365天×24小时不间断地持续开展。从工作内容来看，日常档案保管工作包括防盗、防水、防火、防潮、防尘、防鼠、防虫、防高温、防强光、防泄密等，我们称之为"十防"；从工作地点来看，日常档案保管工作的内容包括档案库房中的保管和档案库房外的保管，在库房外的保管又可分为在流通传递中的保管和在利用中的保管。在库房中的保管，主要由档案工作人员来完成，而在库房外的保管，则需要档案工作人员和档案利用者共同来实现，因此，使利用者同样以"爱惜"的态度，科学合理地利用档案也是日常档案保管工作的重要内容。日常档案保管工作繁杂琐碎，但又是档案保管的基础性工作，因此，需要档案工作人员精益求精、细心、耐心地来实现。

5. 开展有针对性的档案保护工作

采用专门的技术和方法对受损程度较大、有重要价值的或其他急需修复的档案进行保护，延长档案的寿命，这是档案保管工作的一项重要内容。

对档案产生破坏的种种因素中，虽然有些因素我们是难以控制的，但我们可以采取相应的保护措施，利用先进的技术，将损失降到最低。比如，通过纸质档案修裱技术能帮助一定程度破损的档案恢复原貌，已成为抢救档案的一项不可缺少的且具有中国特色的专门技术。这些专门的保护措施专业性较强、技术性较强，且细微细致，需要专门的人才，需要大量的财力、物力的保障，但它在延长档案寿命、保护人类文化历史遗产等方面发挥着重要的作用。因此，每个档案馆（室）在做好日常保管工作的同时，应根据馆藏状况，将有针对性地开展档案保护工作纳入档案保管工作的整体规划。

三、档案保管工作的要求

档案保管工作的要求，是完成工作任务的指导和保障。具体工作中，我们将档案保管工作的要求概况为"三结合一区分"，具体表现为：

（一）防、治结合，以防为主

档案是人类文化遗产的重要组成部分，保护好档案是延续人类文明、造福子孙后代的重要工作。防和治是档案保管工作中最直接的两种具体要求。"防患于未然"，使档案不受或者少受损害，可以降低保管工作的总体成本，确保档案保管工作的有效性，是我们的首要责任。建立和完善科学合理的工作制度，创造良好的环境，从档案的形成源头加以规范，加强日常保管工作等都是防止档案遭受破坏的具体表现。"防"是确保档案安全最基本、最主要的工作要求。"治"是恢复档案原貌、延长档案寿命的有效措施，但也是一种"不得已而为之"的办法，它针对的多是已经受到破坏的档案，是一种弥补性的措施。但是，很多档案，一旦遭受破坏，便是不可"治"的，比如大量无法读取的电子文件，很难通过有效的措施来还原。因此，档案保管工作中，防、治要相结合，且应以防为主。

（二）针对重点与兼顾全面相结合

数量巨大的档案馆（室）藏档案，与有限的人力、财力、物力资源，形成了档案保管工作中的主要矛盾。要实现资源的合理配置和有效利用，必须针对重点与兼顾全面相结合。保管工作中，在明确总体工作目标，认清工作任务的基础上，确定工作的优先级，确定不同时期的不同工作重点和所要解决的问题，要顾全工作的整体进展，而又有针对性地重点解决问题。在"兼顾全面"的基础上"针对重点"，保管工作才更具生命力；在"针对重点"的基础上"兼顾全面"，保管工作才能螺旋上升。

（三）管理与技术相结合

档案保管工作要有效开展，管理和技术二者缺一不可，二者从不同层面上维护着档案的安全和完整。管理和技术在应对威胁档案安全的不同风险因素中，各自发挥着不可替代的作用。比如：由于人为因素对档案造成破坏的，需要靠管理制度来约束，单纯的技术是难以发挥作用的；而对于不可控的自然因素对档案带来的破坏，必须利用先进的技术来应对。因此，片面强调管理，或者片面强调技术都是不科学的。同时，无论是管理，还是技术，都不是一成不变的。管理的理念、方式需要不断科学化、合理化，技术手段需要不断现代化，以确保管理和技术成为档案保管工作科学发展的双翼。

（四）不同的档案，区分保管

在档案保管中，不能采取"一刀切"的模式来管理全部档案。为了实现对档案的合理保管，对于不同价值的档案，应区别对待。在保管工作中，所谓不同的档案，主要是从档案的保存价值、保管期限以及载体等方面加以区分的。《中华人民共和国档案法实施办法》中规定"各级国家档案馆馆藏的永久保管档案分一、二、三级管理，分级的具体标准和管理办法由国家档案局制定"，"根据档案的不同等级，采取有效措施，加以保护和管理"，在《照片档案管理规范》（GB/T 11821—2002）等标准中，对不同保管期限的档案，其保管条件也略有差异。区分保管不同价值、不同保管期限的档案，有助于实现档案保管工作稳定有序的开展。尤其是随着社会科学技术的飞速发展，不同载体的档案大量产生，不同载体记录信息的结构、原理不同，其保管要求也各不相同。因此，不同载体的档案，也应区分保管。

第二节 档案保管条件

档案保管的条件，主要是指实现档案安全妥善保管的必备保障，包括人、财、物等方面的基本条件。从人的角度看，档案工作者是实现档案保管工作的主体，是档案保管工作的人力保障。保管工作中，档案工作者在具备必需的专业技能和要求的前提下，高度的责任心和耐心、细心的工作态度也是尤为重要的。从财力角度看，财力支持是一项工作顺利开展的重要条件，档案保管工作也不例外，应充分合理地利用国家和社会给予档案保管工作的财力支持，既要保证档案保管工作的顺利开展，又不能不计成本。从物的角度看，物质条件是档案保管工作中又一重要条件，直接影响着档案的安全状况和寿命。在本节中，我们主要以档案保管的基本物质条件为线索进行介绍。

一、档案库房建筑

档案库房建筑是档案馆中专为存放档案所建的房舍，是档案馆的重要组成部分，主要由纸质档案库、音像档案库、光盘库、缩微拷贝库、母片库、珍藏库、实物档案库、图书资料库、其他特殊载体档案库和过渡间组成。档案库房的状况决定了档案生存的基本条件。在建设中应坚持以下原则：

（一）档案库房的建设应以实现档案的安全保管为首要原则

档案库房是档案保存的主要场所。首先，为档案提供安全存放的足够空间，是档案库房的最基本的功能。《档案馆建筑设计规范》（JGJ25—2000）和《档案馆建设标准》（建标103—2008）对档案库房的建设提供了相关的依据和标准。除中央档案馆外，我国综合性档案馆分为省、市、县三级，每一级又分为一类、二类、三类，不同级、不同类的档案馆的库房建设标准不同。在档案库房建设中，应根据相关标准和本馆馆藏情况，确定档案库房的建筑面积，确保档案有足够的存放空间，这是实现档案安全管理的第一步。

其次，档案库房的内外环境要有利于档案的保管。从外部环境看，档案馆的选址在一定程度上决定了档案库房的外部环境，因此，档案馆应选择工程地质条件和水文地质条件较好、空气清新的地区，远离易燃易爆场所，不设在污染腐蚀性气体源的下风向。在档案馆内，档案库房与其他各类用房之间应有间隔，档案库房应集中布置，自成一区，库区内不应设置其他用房，各部门间的档案传送路线应安全顺畅。从内部环境看，档案库房的墙体、屋顶、地面等构造和材料都应有利于档案的安全保管，尽量减少水、暖、电等基础设施给档案保管带来的隐患，在建设过程中加强防盗、防水、防火、防潮、防尘、防鼠、防虫、防高温、防强光、防泄密等"十防"措施，为档案保管创造良好的内部环境。

（二）档案库房的建设应经济适用、环保美观

档案库房在建设中应坚持经济适用、环保美观的原则。经济适用是指在档案库房建设中减少人为浪费，不盲从高标准，根据馆藏和本地区的实际情况，科学合理地开展档案库房建设。人类的生存环境在不断遭受越来越严重的破坏的时候，对环境的保护成为我们每个人、每个组织不可推卸的责任，档案库房在建设和使用中，都应减少对环境的破坏，比如使用环保材料、以环保的方式进行库房建设。美观是对档案库房的一种外在要求，在确保档案库房基本功能得以发挥的基础上，在经济适用且环保的前提下，美观的档案库房设计有利于为档案保管者和档案利用者创造一种舒适、和谐的氛围，有助于工作效率的提高。综上，档案库房建设不是形象工程、面子工程，各地、各馆都应从实际情况出发，综合考虑档案库房的功能、建设需求、经济实力等基本因素，按照已有的规范标准，形成合理的建设方案。

二、档案保管的设备

在档案库房中，设备是档案保管的必要工具，是档案安全保管必不可少的保障条件。

档案保管的设备主要是指具有固定资产性质的机械、器具、仪器、仪表等技术设施，主要包括温湿度调节和检测设备，防火防盗等安全装置，照明设备，档案保护和修复设备等。在工作中，应全面认识并正确使用各种设备。

（一）温湿度调节和检测设备

环境的温湿度直接影响着档案的寿命，环境的温湿度随着地域、气候、季节的不同而不同，而每一种档案的最佳保管条件对温湿度都有固定的要求，因此，需要温湿度调节设备来保证档案库房达到适宜的温湿度，并通过温湿度检测设备进行检测。常见的有空调装置、增湿机、去湿机、温度计、湿度计等。

（二）防火防盗等安全装置

火是威胁档案安全保管的重要因素之一，防火和灭火的装置主要是消防设备，根据所使用的灭火剂不同，灭火装置的自动化程度不同，消防设备可以划分为不同的种类。档案库房应根据馆藏档案的特点，选择合适的消防设备。防盗装置是为了防止库房有人非法闯入盗窃档案而安装的设备，比如闭路电视监控系统。为了避免档案失窃，档案保管部门应根据不同的需要找专业厂商进行设计和安装防盗装置。

（三）照明设备

档案库房的照明与其他场所的照明要求不同，为了减少对档案破坏，档案库房的照明亮度不需太高，且光线应对档案没有伤害或伤害很少，比如白炽灯或灯管表面经过防紫外线处理的日光灯。人进灯开、人走灯关的自动控制开关既节能又安全，也有助于档案的安全保管。

（四）档案保护和修复设备

此类设备主要指两类：一是为了保护档案原件，而将其迁移到其他载体过程中所需的设备，比如缩微拍照设备、缩微品阅读复制设备、高速扫描仪等等；二是对破损档案进行修复的必需设备，比如字迹显示仪、档案修裱机、多功能冷冻干燥灭菌机等。

随着科学技术的飞速发展，档案保管设备的种类更加丰富多样，更具现代化和专业化，为档案的安全保管提供了越来越有力的保障。同时，对设备的设计和使用也更加先进和合理。比如，档案库房将各种设备和系统，通过集成化、智能化的设计和管理，形成档案库房计算机安全监管系统，对库房的温湿度进行自动调节，对火警盗警进行自动监视，有效地保证了档案库房的安全。

三、档案装具

档案装具是指用于存放档案的各种档案架、档案柜（箱）、档案盒，以及包装档案的卷皮、卷夹等。档案装具可以直接防止光线、灰尘、有害气体对档案的危害，减少存取过程中对档案的磨损，是档案保管的基本设备。

不同的社会实践活动中产生的档案，种类、形式多种多样，不仅载体不同，形状、大小等规格也各不相同。因此，档案装具的种类、规格、制成材料等也具有多样性，以满足不同档案的保管要求。档案柜是比较传统的档案装具，常见的有双开门档案柜、侧拉门档案柜、抽屉式档案柜等多种形式。档案架大大提高了单位面积内档案的存贮量，是档案保管中必不可少的装具，尤其是现代档案保管中常见的密集架，通过轨道将多个架列组合在一起，既高效地利用了空间，又能有效地防火、防盗、防尘。档案架按自动化程度可分为手动式、半自动式、自动式，按密集架开合的方式可分为旋转式、抽拉式、平行移动式等，档案部门可根据需求进行选择。卷式缩微品装具（如片盘、片盒、片夹等）、片式缩微品装具（如封套、平片盒等），照片与底片盒、册，影片夹，声像档案装具（防磁柜等），计算机磁盘装具（磁盘柜等），纸质档案包装的卷皮、卷盒等，都是现代档案管理中常见的档案装具。随着科学技术的不断进步，档案装具从设计到制成材料都将不断优化，使档案的保管更加高效、便捷。

此外，在档案保管中，还有很多易耗低值的物品，比如防霉虫药品、吸湿剂、管理性办公用品等，也为档案的安全保管提供了必要的物质支持。

第三节　档案库房管理

档案库房是档案保管的重要场所，档案库房管理是指档案工作者为了实现对档案安全保管的最终目标，采取各种手段和措施，对库房中的各种要素进行控制和协调。档案库房管理的主要内容包括档案库房的编号和排架，全宗的排列和档案上架，档案存放位置索引、档案代理卡和全宗卷的编制，库房的环境管理（库房温湿度控制、"十防"、保洁、检查）等。

一、档案库房的编号和排架

（一）档案库房的编号

档案库房较多的档案馆或档案室，需要对档案库房进行编号，编号的目的在于赋予每一个档案库房一个固定的编码，建筑物和号码一一对应，便于管理。档案库房的编号一般由数字、代码、字符等构成，每个档案馆（室）的建筑不同，档案库房编号应结合本单位建筑物的构成特点，以唯一性、稳定性、易识别、易使用为原则对本单位的档案库房进行编号。档案库房的编号一般由建筑物号、层号、房间号等要素构成，可根据库房的多少和位置将各要素进行组合编制。

（二）档案库房内的排架

档案库房内的排架是指对档案库房内的档案架（柜）、箱等按一定的顺序排放，并编号以固化其排放位置。档案库房内的排架基本原则是，有利于档案的保管和利用，有利于空间利用，美观有序。

在档案库房排架中，有窗库房中，档案架（柜）排列，应与窗户垂直，以避免强光直射档案；无窗库房中，档案架（柜）排列纵横均可，但不得有碍通风。档案架（柜）的排列应最大限度地利用库房的地面与空间，但也要便于档案的搬运与存放，架（柜）之间的主要过道宽度应以便于档案小型搬运工具（如手推车）的通行为宜，一般为 1～1.2 米。不同规格、不同样式的档案架（柜）应该分别排放。所有的档案架（柜）的排放均不得紧靠墙壁。等档案架（柜）排放好后，应进行统一编号，编号方法为：自门口起，从左至右编架（柜）号，每个架（柜）子的栏也从左向右编号，每栏的格自上而下编号（如果没有栏，则自上而下编格号）。

二、全宗的排列和档案上架

在我国，档案馆（室）所保存的档案，都是按全宗进行整理和保管的，因此，档案在档案库房中的存放，也应按全宗来排列，库房内的各个全宗，应进行系统的排列。全宗的排列方法，主要有按全宗顺序号流水排列法和全宗分类排列法两种。按全宗顺序号流水排列法对库房空间和全宗实体的安排比较方便；全宗分类排列法对全宗的系统管理和全宗内档案的信息管理较为有利。全宗内的档案按整理中既定的分类体系和案卷的顺序号进行排列，以保持案卷之间的联系。

对于某些特殊情况，如库房或柜架预留的空位已被排满，新入馆的档案不能与先入馆的同一全宗的档案放在一起的时候，可以暂时分开保存，待有可能调整时，再将同一全宗的档案集中起来，或者有计划地分阶段分库排列保存。有些全宗内还会包括一些不同载体类型的档案如照片、录音、录像等，需分别保管，但在全宗指南、案卷目录说明等中应有所交代，并在全宗末尾放置参加卡片，指明存放地点，以使之保持应有的联系。

确定了全宗和案卷的排放次序后，就可以组织上架，上架的次序应根据档案架（柜）及其栏、格等的编号次序进行。

档案的存放方式一般有两种：一是竖放，一是平放。竖放的优点是便于存放和检取档案，是目前被广泛采用的一种档案存放方式。平放的方式虽然不便于档案的取放，但有利于档案的保护，这种方式适合于保管珍贵档案和不易于竖放的档案。平放档案时，为了避免文件承担过重的压力，堆叠的高度以不超过 40cm 为宜。

三、档案存放位置索引、档案代理卡和全宗卷的编制

（一）档案存放位置索引

档案存放位置索引，是为了便于档案保管工作者随时掌握档案馆（室）档案的存放情况和快速存取档案，将排放好的档案与其所处的位置一一对应而形成的索引。根据作用的不同侧重，档案存放位置索引可以分为两种：

第一种是指明档案的存放位置，即以全宗及其各类档案为单位，指出它们的存放地点，如图 5—2 所示。

全宗名称：						全宗号：		
案卷目录号	案卷目录名称	目录中案卷起止号数	存放位置					
			楼	层	房间	档架（柜）	栏	格

图5—2　档案存放位置索引（一）

第二种是指明各档案库房保存档案的情况，即以档案库房和档案架（柜）为单位，指出它们保存了哪些档案，如图5—3所示。

楼：			层：		房间：		
档架（柜）	栏	格	存放档案				
			全宗号	全名称	案卷目录号	案卷目录名称	目录中案卷起止号数

图5—3　档案存放位置索引（二）

上述两种索引，按形式又可分为簿籍式和卡片式两种，其中第二种（即指明各档案库房保存档案的情况的索引）还可以采用图表式，即把每个库房（或每楼、层、房间）内档案存放的实际情况绘制成示意图，也可绘制成大型的图表，挂贴在醒目位置，便于档案管理和调阅。档案存放位置索引的详略程度和表格中的项目，可根据档案馆（室）的规模和查找档案的频繁程度等具体情况来决定。

（二）档案代理卡

在档案管理过程和档案提供利用中，有时需要将档案库房中已经上架排放好的档案暂时移出档案库。为了便于库房管理，便于档案保管者及时准确地掌握档案的流动情况和安全检查，会填制一种卡片放在档案原来的存放位置上，我们将这种卡片称为代理卡或代卷卡、代件卡。该卡片直观、准确、简明地反映了档案流向。卡片的内容主要包括全宗号、案卷目录号、卷（件）号、移出日期、移往何处、进收人、归还日期、签收人等，其常常被设计为红色、黄色、绿色等醒目颜色以示区别和易于辨认。档案代理卡是一种简便实用的管理工具，当档案调用之时，应及时准确填写、放置代理卡，避免出现能从检索工具中查到，而在架上却取不到档案的情况。当档案归还之时，应及时将档案放回原位并在代理卡上做相关记录。

（三）全宗卷

全宗卷是档案馆（室）在管理某一全宗过程中形成的，能够说明该全宗历史情况的有关文件材料所组成的专门案卷。档案馆（室）应对其所管的全宗编制全宗卷，以反映全宗管理的历史面貌，从而便于档案的保管和利用。

全宗卷的主要内容包括：

（1）档案收集方面：档案交接文据、移交目录，接收、征集记录，档案来源和价值说明等。

（2）档案整理方面：整理工作方案、分类方案、案卷目录说明、整理工作小结等。

（3）档案鉴定方面：鉴定小组成员名单、档案保管期限表、鉴定档案分析报告、销毁档案的请示与批复、销毁档案的清册等。

（4）档案保管方面：档案安全检查记录、报告，重点档案采取的特殊保护措施，档案的抢救与修复情况报告等。

（5）档案统计方面：档案收进、移出登记，案卷基本情况统计和重要的利用统计表等。

（6）档案利用方面：全宗指南（全宗介绍），开放利用和控制使用范围说明，档案汇编和公布出版情况及报批文件，档案产生社会效益或经济效益的典型事例等。

（7）档案管理新技术的应用方面：缩微复制和计算机辅助管理等情况的文字说明材料。

综上所述，全宗卷是档案馆（室）管理全宗的一种工具，它记录和反映了全宗内档案的管理过程，对该全宗的后续管理具有宝贵的凭证作用和参考作用，也是档案保管人员快速、全面掌握全宗情况不可缺少的重要依据。

四、库房的环境管理

库房的环境管理是档案库房管理的重要内容，主要包括形成并维护库房中适宜档案保管的环境。

在库房的环境管理中，应注意以下方面：

第一，对库房温湿度的控制。库房内的温湿度直接影响着档案的寿命，适宜的温湿度有利于档案的保存，我国《档案馆建筑设计规范》（JGJ25—2000）中规定，档案库房的温度范围为 14℃～24℃，相对湿度范围为 45％～60％，在选定温湿度后，每昼夜波动要求温度不得大于 2℃，湿度不得大于 5％。调控库房温湿度的方法有很多，如密闭、通风。事实证明，增温、降温、增湿、降湿相结合是调控库房温湿度行之有效的方法。

第二，通过"十防"措施确保档案的安全。"十防"措施中各项防护措施相辅相成，应将其落实到档案库房的日常管理工作中，确保档案实体和档案信息的安全。

第三，定期和不定期的库房检查。检查是对档案库房管理工作的检验和总结，通过定期和不定期对库房和库房中的档案进行检查，有助于发现和及时纠正库房管理中的问题，有助于全面准确地了解档案的安全状况，有助于制定更加科学完善的档案保管制度。在检查过程中，应该实事求是，全面检查和重点检查相结合，真实准确地记录检查过程和检查结果，并将其反馈给相关人员。

第四节 档案保管制度

档案保管制度是指在档案保管过程中，要求相关人员共同遵守的、按一定程序办事的规程或行动准则。"没有规矩，不成方圆"，没有制度的约束，各项工作都将面临失去控制、混乱无序的风险。档案保管制度是约束和规范档案工作人员在档案保管中的思想行为的标准和规范，同时在一定程度上对档案利用者利用档案的行为也提出了一定的规范和要求。制度的根本目的在于确保工作的正常运转和高效开展。完善的档案保管制度有利于防止和减少档案的损毁，延长档案的寿命；有利于建立确保档案安全保密的档案安全体系，维护档案的完整与安全。

一、档案保管制度的原则

首先，档案保管制度的制定应合法合理。档案保管制度的内容应遵循我国档案保管的基本规律和客观要求，遵守我国档案管理相关的法律法规和政策，如《中华人民共和国档案法》和《中华人民共和国档案法实施办法》中关于档案保管的相关条款，档案馆（室）的档案保管制度应与这些条款的要求相一致，不得违背和与之抵触。

其次，档案保管制度应明确具体，具有可操作性。档案保管制度不是宏观的、抽象的，应是切实可行的、便于贯彻落实的。因此，档案保管制度的制定过程，应结合本馆（室）的实际情况，如馆藏情况，软硬件条件，人力、财力、物力状况等，对档案保管提出明确的规定和具体的要求，使得档案保管工作的开展切实有章可循、有据可依。

最后，档案保管制度既应具有一定的稳定性，又要具有适应不断变化的新情况的预见性。档案保管工作是一项长期的、持续的工作，因此，档案保管制度应具有稳定性和连续性，在制定之前做全面深入的调研，避免朝令夕改。然而，社会实践活动的变化不可避免地会给档案工作带来一系列的变化，档案保管工作也需适时调整，以适应不断变化的新情况。比如，面对越来越大量产生的电子文件，我们应将其及时纳入档案保管制度，制定切实可行的措施，以确保电子文件的真实、完整、可读可用。

二、档案保管制度的内容

档案保管制度的内容是由档案保管工作的内容和任务决定的，一般表现为以下几方面：

第一，说明档案保管制度制定的目的和依据。一般来说，档案保管制度是为了维护档案的完整与安全，规范档案保管工作的行为而制定的，它是在结合本馆（室）实际情况的基础上，将法律法规、政策等对档案保管工作的要求具体化的结果。明确档案保管制度制定的目的和依据，便于相关人员在工作中对制度的理解并遵照执行。

第二，关于档案库房管理的各项规定。具体包括档案库房的环境，比如温湿度的控制和调节，档案进出库房的制度，全宗的排放和档案的上架，"十防"措施等等，将各项规定，以制度化的形式固定下来，有效地保证了档案保管工作的顺利开展。

第三，关于档案保密的规定。档案的保管工作不仅要确保档案实体的安全，也要保证档案信息的安全，档案保管制度应规定如何确保档案信息不被泄露。比如，规定在查阅利用档案中，如何通过妥善保管而有效地维护档案的安全。

第四，对于不同类型档案的有针对性保管措施。比如，对于馆（室）藏的极其珍贵的档案，应该使之区别于一般档案，有更为完善的保管规定。又如，为确保国家档案安全，各级国家档案馆要通过建立异地备份库等形式，对本级重要档案及电子文件实行异地备份，对重要的电子文件还要实行异质备份，确保电子文件的长期可读，确保档案信息资源的绝对安全。

第五，明确档案保管工作人员的职权和责任。为了确保档案保管工作的顺利开展，在档案保管制度中，应明确赋予档案保管工作人员相应的职权，为其完成工作任务提供支持和保障。同时，制度也应对保管工作人员提出确定的要求，明确规定保管工作人员的责任。

思考与复习题

1. 简述威胁档案完整与安全的因素有哪些。
2. 说明档案保管工作的任务和内容。
3. 如何理解档案保管工作的基本要求？
4. 简述档案库房在建设中应遵循什么原则。
5. 简述科学的档案保管制度应包括哪些主要内容。

第六章

档案登记和统计

内容提要

本章重点讲四个方面的内容：一、档案登记和统计概述。二、档案室的登记和统计工作。三、档案馆的登记与统计工作。四、档案行政管理部门的统计工作。

第一节　档案登记和统计概述

一、档案登记和统计的一般概念

登记与统计是社会各领域普遍采用的两种关系极为密切的综合性管理手段。登记有两种类型：一种是带有司法行为性质的认证性登记，如婚姻登记，商标、专利、工商营业执照的注册登记等等；一种是在各项日常管理活动中对各种事实、行为的工作记录性登记，如会客登记、出入库登记等等。本章所讲的档案登记属于第二种类型的工作记录性登记。这种登记的目的与作用在于对管理活动中发生的种种较为重要的事实、行为、现象、数字等进行随时记录，以把握整个管理工作的进程与状态。统计则是一种较为宏观的定量描述、定量分析的技术方法，旨在通过对量的描述与分析，进而认识把握事物的总体状态、趋势与性质，为领导与决策行为提供以数据为主要内容的全面、系统的基础性信息支持。登记与统计的总体关系是：登记虽不是专门为统计目的而设置的，但登记的结果却可以成为重要的统计素材和基础。统计工作除专门设置的统计调查项目外，大量的原始数据恰恰可以从各样的登记材料中获得。从这个意义上也可以说，登记工作是统计工作的基础。甚至可以从统计工作的角度出发，将登记工作看作统计工作的一部分。

登记与统计这两种关系极为密切且应用领域极其广泛的综合性管理手段，应用于档案管理领域，就体现为档案登记与统计工作，并成为档案管理工作的八项基本内容之一。但档案登记与统计作为一种综合性管理手段，与其在其他各社会领域中的应用情形具有同样的特点，那就是它构不成一个严格意义上的流程性工作环节，而是表现为一个方面，并同时体现出其综合性、全面性的特性。具体说来，就是档案登记与统计涉及档案管理领域所有的重要事实与数据。它不仅登记统计档案的数量、状况，而且还登记统计档案管理工作活动的数量、状况、甚至还涉及档案工作机构、人员、经费、设备等所有相关因素，因此，做好档案登记与统计工作必须具有全局性、综合性的思想观念，对其具体的工作内容及其方式方法进行全面系统的统筹安排。

二、档案登记和统计工作的任务和要求

档案登记和统计工作的任务是经常、及时地对档案和档案工作的规模、水平、普遍程度、结构、速度、比例关系以及档案形成规律，在一定地点、时间、条件下实际作用的数量表现，进行登记和统计调查、统计整理和统计分析，为制定档案工作方针、进行决策、计划和检查工作以及总结经验教训提供数据，并为反映档案事业发展的速度和状况，向国家提供丰富而又准确的统计资料。

档案统计工作的要求是准确性、及时性和科学性。

（一）准确性

保证数字的准确性，是统计工作的根本要求。统计工作要坚持实事求是，如实反映情况，要严肃认真地对待每一份表格、每一栏目、每一数字，务必使统计数字准确，防止弄虚作假。

（二）及时性

应该建立统计制度，使档案统计纳入正常工作轨道，各级各类档案馆、档案室的统计工作，应该做到制度化并相互结合，逐步在全国档案系统形成一个上下贯通，"条块结合"的档案统计网络。没有统计数字，会使我们的工作带有一定的盲目性；而数字填报不及时，也会给"决策"工作造成不良影响。

（三）科学性

档案统计应按《中华人民共和国统计法》的要求，应用科学的标准和方法去收集、整理、分析统计资料，制定全国通用的档案统计报表，规定统一的格式、口径和标准，明确统计的范围、内容、项目和要求，以便使各级档案部门有所遵循，使档案统计调查工作更加科学化。

三、选定档案统计指标

档案统计工作的进行，基本上可以分为三个步骤：选定档案统计指标、进行档案统计调查、档案统计资料的整理与统计分析。

统计指标的确立是进行档案统计的基础。档案统计是通过统计指标来表现档案工作领域中现象的数量方面的状况。档案统计是用数字的形式来描述档案工作中的现象、状态、水平、进程以及它的发展程度。它具有固定指标，如档案机构人员数、保存档案的数量、销毁档案的数量和比例、提供利用的人次及卷次、档案馆建筑面积、库房设备等等。然而，实际工作中并非需要对档案工作的每一项内容都进行统计，也不是档案工作中的任何数量表现都有必要制定相应的统计指标。

（一）确定档案统计指标的原则

1. 选定的统计指标，必须与档案工作中一定的数量表现联系在一起

反映说明档案工作的现象、过程及其发展规律的数量表现，一般称为综合指标。比如

反映档案馆现存档案总量的统计指标是用"馆藏量"，反映提供利用工作情况的可用"利用次数"、"调卷数量"来作为统计指标。档案统计指标必须有数量表现，档案统计指标如果在档案工作中找不到它的数量表现，也就失去了它本身的意义而没有存在的价值。

2. 统计指标的选定要注意统一性和稳定性

从全国范围来讲，对档案工作中的一些主要数量表现，应该有全国统一的档案统计指标，这些指标所反映的是综合情况和总体现象，而不是个别情况和局部现象。同时在档案统计中全国要有统一的计量单位，比如馆藏量是用长度米，辅以案卷数、库房面积平方米，利用情况是利用档案的次数和调卷数量等。档案统计指标一经确定，在相当长时期内就不得轻易变动，目的是保持档案统计工作的相对稳定性。

3. 统计指标要具有可比性

统计指标是通过对档案统计的绝对数、相对数和平均数来表现的。绝对数是档案工作领域中一定现象具体量的表现，是总量指标，它又是后两种指标的基础。相对数是从两个有联系指标的对比中得出的一种指标，从部分到整体、实际到计划，一个时期对另一个时期，一个地区对另一个地区等指标的对比中，都可以得出相对数。保证指标的可比性是运用相对数的基本原则。同时，在运用相对数时，必须检查所用指标是否具有可比性。例如，档案馆计划库房建筑面积，就要对档案的收进和销毁作出预测，并要计算出经过鉴定的档案总数与应销毁档案案卷的百分比。在档案统计中用这种对比的方法，反映档案工作中某些现象的联系，就能深入地分析绝对数所不能充分说明的问题。

4. 统计指标运用平均数，必须遵循总体同质性的原则

平均数是对现象总体各单位某一数量标志进行平均，用这个结果来反观数量变化的一般水平。在统计上只有同类的现象才能计算平均数。

（二）档案统计指标的主要内容

（1）有关馆（室）藏档案情况的主要内容。这一指标大体包括三类内容：一是档案馆藏档案总量；二是对不同种类、不同历史时期、不同保管期限、不同制成材料、不同整理状况档案数量的分别统计；三是馆（室）藏资料情况。

（2）有关提供利用方面的指标。这一指标包含两方面内容，一方面是利用者情况的统计，另一方面是利用服务情况。

（3）有关档案经费及机构建设方面的指标。

（4）有关档案工作人员基本情况的指标。

（5）有关档案专业教育基本情况的指标。

具体说来，档案统计指标的主要内容可以概括如下：

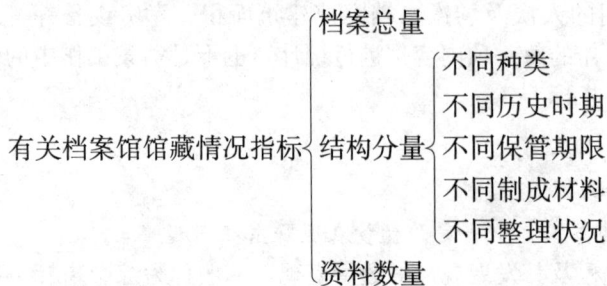

有关档案馆馆藏情况指标
- 档案总量
- 结构分量
  - 不同种类
  - 不同历史时期
  - 不同保管期限
  - 不同制成材料
  - 不同整理状况
- 资料数量

有关提供利用
方面的指标
{ 利用者情况（人次）
利用服务情况 { 提供利用总量
不同方面利用分量
编研情况

有关档案经费及机构
建设方面的指标
{ 档案事业费
机构设置
档案馆基建情况
档案馆（室）库房面积
档案馆（室）内设备

档案工作人员
基本情况指标
{ 人员总量（定编）
结构分量 { 不同年龄组
不同文化程度
不同档案专业程度
不同专业技术职称

档案专业教育
基本情况指标
{ 普通高校
成人高校 （学生与师资情况）
中等学校

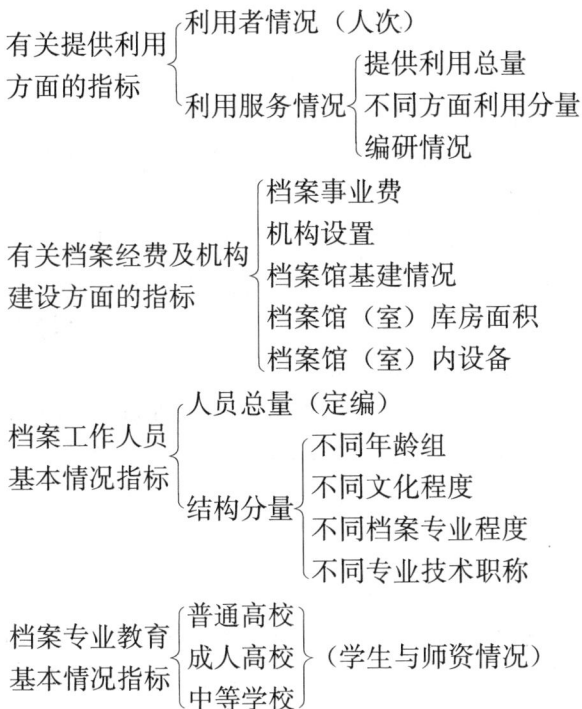

以上是目前我国档案统计指标的主要内容，随着档案工作的发展变化，档案统计指标还会发生更新与变化。各地、各系统的档案工作部门也可以根据需要设立一些补充指标。

四、档案统计调查

档案统计调查的基本任务在于取得大量的、原始单位的真实材料。它的基本形式主要分为统计报表和专门调查两种形式。

（一）统计报表

统计报表是下级档案管理机关和档案馆（室），按照统一的规定向上级机关以表的形式定期报送的文件，它是档案统计中最基本、最经常的一种形式。统计报表也是档案统计工作中的一种制度。建立基本的统计报表制度，对档案管理机关在统计工作中收集必需的资料、及时地掌握情况、发现问题、进行指导、改进与安排工作都是十分必要的。

报表制度的主要特点是，填报单位都以原始记录为依据，按照规定的格式、统一的计算方法和一定的期限填送报表。1983 年 12 月 3 日，国家统计局正式复函同意《档案工作基本情况统计年报》，从 1984 年起在县以上档案部门试行，这是加强档案事业管理的一项重要措施，对今后档案工作的开展具有重要意义。制发统计报表必须兼顾需要和可能。调查方案的选择，要注意以尽可能少的人力、物力、财力，取得尽可能好的调查效果。凡为社会主义现代化建设所必需，而基层单位和统计部门又确能执行的，方可制发。档案工作统计年报应遵循国务院批转国家统计局《关于统计报表管理的暂行规定》要求所制发的报表，必须"简明扼要，不烦琐，防止重复和矛盾"，从档案工作实际情况出发，选定档案统计报表的指标，以取得全国档案工作情况的最基本的数字。

（二）专门调查

专门调查是根据一定的目的要求，临时组织起来的调查，它是统计报表的一种补充形式。新中国成立后，曾进行过革命历史档案的调查，1960 年曾对全国档案管理机关和省级档案馆做过调查。1982 年国家档案局进行过一次规模较大的调查，从档案工作人员、档案室、档案馆到档案专业教育都有很详细的调查指标。上述调查所获得的丰富资料，对档案管理机关规划和指导工作，对于把统计工作纳入正常轨道以及建立严密的档案统计制度，具有十分重大的意义。专门调查不能太多，以免造成不必要的重复，增加实际工作部门的压力。

在统计调查中，必须有明确统一的、准确的调查目的和任务、调查对象、时间和地点，要有比较详细的调查提纲，才能确保档案统计调查的质量，从而以实事求是的态度取得比较准确的、可以综合的原始资料。

五、档案统计资料整理与统计分析

统计调查获得的资料是分散的、大量的、原始的。为了把这些资料集中起来系统化，反映宏观和微观两个方面的情况，必须对统计资料进行整理。整理的主要途径是对档案统计资料进行统计分组，归纳整理，然后将其结果表现在统计表中。

统计分组，是档案统计中的一个重要方法。通过分组把档案工作中的各种现象分出不同类型的组，加深认识档案工作总体构成与现象之间的相互关系。如某省辖 100 个县，各县保存档案数量差额较大，有的多达上万卷，少的只有千卷左右，如果把 100 个县档案馆保存档案情况作一比较，用分组统计方法就会给人以明确的印象，见表 6—1。

表 6—1 县级档案馆馆藏量对比表

项目 数字 规模	县档案馆数	案卷数量	平均案卷量	档案馆数占总馆数（%）	案卷量与总量比（%）
10 000 卷以上	5	58 403	11 680	5	11
5 000～10 000 卷	38	267 181	7 031	38	53
2 000～5 000 卷	45	163 012	3 622	45	32
2 000 卷以下	12	19 393	1 616	12	4
合　计	100	507 989	23 949		

通过上述分组，对某省县级档案馆的馆藏量有了清楚的了解，便于档案管理机关有重点地进行业务指导。

正确地选择分组标准，是使统计研究获得正确结论的前提。分组的关键在于选择分组标志。上例中是以案卷数量为标志进行分组，而研究提供利用的规律则以提供利用目的为分组标志，研究档案库藏能力，则应主要以库房面积为分组标志。

档案统计分析，是对调查获得的大量的经过整理的资料进行分析研究，从中发现和总结出带有典型性的经验教训，以便进一步提高档案的科学管理水平。如前所述，档案工作中的各种业务活动是在不断变化的，而记录和反映这些变化的数字很能说明问题，通过对这些统计数字的分析，可以进一步掌握不同时期内档案工作业务活动所能达到的水平以及发展变化的程度。在统计分析中,运用较多的是动态分析方法。比如,某市档案馆,拟对 2006 年档案被利用情况进行逐月对比分析,从有关的登记中提取具体数据,形成表 6—2。

表 6—2　　　　　　　　　　某市档案馆 2006 年档案提供利用情况对比表

月份	调卷量（卷）	有效调卷量（卷）	有效调卷率（%）
1	471	121	25.7
2	621	176	28.3
3	535	203	37.9
4	490	217	44.3
5	687	177	25.8
6	809	288	35.6
7	887	344	38.8
8	779	275	35.3
9	1 025	305	29.8
10	1 077	414	38.4
11	1 980	630	31.8
12	879	307	34.9
合 计	10 240	3 457	平均 33.9

从统计表中可以分析到,调卷量 1 月份最低,11 月份最高。有效调卷量基本上随着调卷总量加大而加大,除个别月份外,较多月份变化不大,比较接近平均水平。通过对比分析发现有效调卷率为调卷总数的三分之一左右。

上述统计分析可以作为档案馆安排工作、调配人力、物力、探讨规律和发现问题的参考,但是不能据此就得出结论,更不能以此作为开展工作的根据,还要通过更多的数字分析和多方调查,才能更准确。

六、案卷数量和状况检查

检查案卷数量和状况的目的在于查明档案的实有数量是否与案卷目录上的登记相符,发现被损坏的案卷或字迹模糊需要修复,需要重新装订、消毒或复印的文件。检查工作要严格以全宗为单位进行,检查周期要根据全宗的重要程度来确定。例如,对含有珍贵档案的全宗,是否可以 5 年检查一次,次之可以 10 年检查一次,第三类全宗可以 15 年一次。在遇到突然事变或意外事故使档案遭受损失的情况下,可以随时检查任何一个全宗而不受时间限制。

通过检查发现的问题（缺卷、编目上的错误和实际损坏）都要记入"案卷数量和状况检查单"。检查单在检查过程中要按每个目录分开填写。在检查案卷数量过程中,不允许在目录上随意作标记,也不允许打乱案卷的排列次序。检查以后在目录上加盖"××××年检查"的戳记。同时还要作出案卷数量与状况的检查报告,其中注明全宗号、全宗名称和种类、检查日期以及检查的总数量、目录中实有案卷数、目录中所缺案卷数、由于案卷放错位置而发生漏编号数以及实有案卷总数。在报告中还要写明需要装订、消毒、杀虫、修复、恢复模糊字迹的案卷数。

七、档案统计标准化

现代化水平越高，标准化工作越要加强。档案管理必须实行标准化，档案统计标准化就是其中的重要内容之一。档案工作的集中统一管理原则，为实行档案统计的标准化提供了可靠保证。中共中央办公厅、国务院办公厅以及国家档案局先后发布的关于档案工作的条例、通则、档案保管期限表等，为档案统计工作提供了有利条件。

档案统计标准化，主要应从以下三个方面着手：

（一）建立、健全统一的档案统计工作制度

国家通过档案统计年报的推行，逐步地把全国档案统计工作制度建立健全起来。地方也要根据本地区的实际情况，编制本地区档案工作统计报表，把档案统计纳入本地区的统计序列之中。各专业也应根据实际情况，编制本专业档案工作统计表，或运用其他方法对本专业的档案工作情况进行统计。

各级、各类档案管理部门的档案统计工作，都要做到制度化，并相互结合，逐步在全国档案系统形成一个"上下贯通，条块结合"的档案统计网络。

（二）统一报表的格式

经国家统计局批准制发的《档案工作基本情况统计年报》，已正式纳入我国国民经济和社会发展的统计指标体系，列入国家统计项目。它与条例一样，具有法规性，它规定了比较科学和具体的指标项目。各地的档案统计报表要以《档案工作基本情况统计年报》为标准，统一指标项目、分类项目和统计报表格式。

（三）统一计量单位

目前在档案统计中计量单位比较混乱，反映了手工管理水平和一些传统做法的弊端。为了使档案统计工作与全国以至于国际标准化一致起来，在计算档案数量时采用米测量档案竖排的长度比较科学，这也与国际档案理事会的一些要求协调起来。至于卷数、公斤数，还有箱、捆数，只能对于一般情况下的档案作辅助统计，与长度统计并行使用。再如，在计算档案库房面积时，应以平方米作为标准计量单位。此外，在计算档案提供利用情况时，对调卷数量、利用人次等都应规定统一的计量单位。

总之，档案统计工作是一项科学性很强的工作，必须配有专门的机构和人员，国家应建立档案统计中心，收集、储存统计资料，出版档案统计年鉴，开展咨询工作，充分发挥档案统计服务与监督作用。

第二节　档案室的登记和统计工作

《机关档案工作条例》第十五条规定：机关档案部门应建立档案统计制度，对档案的

收进、移出、保管、利用等情况进行统计，并按照规定向档案业务管理机关报送"档案工作基本情况统计表"。根据上述规定，所有档案室都应建立统计工作制度，把档案统计工作纳入档案室工作细则之中。每次接收、移出、销毁档案都要及时进行登记和统计，做到"家底"清楚，"账目"与实物相符，并据此作为提高机关档案科学管理水平的有利条件之一。

一、档案状况登记

档案室的统计工作主要通过以下几种形式进行：

（一）卷内目录

卷内目录用来登记和统计单份文件的数量。

（二）案卷目录

案卷目录用来登记和统计案卷的数量。

上述两种目录是档案室必备的，它是机关档案统计工作的基础。

（三）归档文件目录

归档文件目录是立卷改革后，把上述两种目录合并，依据分类方案和室编件号顺序编制的目录。它的项目有件号、责任者、文号、题名、日期、页数和备注等。

（四）总登记簿

用来登记档案室档案收入、移出变化情况和实存数量。它如同会计部门的总账一样，控制着档案室全部档案总量和变化情况。其具体内容和格式如表6—3所示。

表 6—3　　　　　　　　　　　　　　　　总登记簿

案卷目录号	案卷目录名称	所属年度	案卷收入					案卷移出（或销毁）					目录中现有数量		备注
			移入日期	目录中数量		实收数量		移出日期	移往何处	移出原因与文据	数量				
				米	卷	米	卷				米	卷	米	卷	
1	2	3	4	5	6	7	8	9	10	11	12	13	14	15	16

二、档案工作状况登记

档案工作状况登记主要涉及档案工作过程中发生的一些重要情况和一些基本的工作行为、事实、数字。其中提供利用工作是其登记的重点内容。一般的登记形式主要有以下几种：

（一）工作日志

工作日志是许多重要的社会行业中普遍采用的一种基本的工作登记形式。其作用与目的在于逐日记录每一天的工作内容及其进程和问题，积累详尽的工作原始记录，为日后的查考和总结提供素材。档案工作中的工作日志一般是以每一工作人员每天所进行的业务工作活动为其基本登记内容，同时兼顾非业务工作方面。具体的业务机构也可以机构为单位建立工作日志登记制度，一般由机构负责人进行登记。工作日志一般采用簿册形式，按机构单位或按人，每月或每年用一册。每一页用于登记一天或一周的工作情况。具体的登记项目可根据各单位具体工作情况和需要灵活设置。一般应包括日期（年、月、日、星期），时间（上午、下午或具体时刻），工作内容，工作量与进度，工作中的问题及处置情况，每周或每月的统计、小结等。

（二）人员进出库房登记

这是库房管理的一种具体手段，一般采用登记本形式。登记本一般应放置在库房入口处。工作人员及其他人员每次进出库房均应在登记本上登记。登记项目一般应包括日期、进出库房人员姓名、进入库房时间（时刻）、进库事由、出库时间（时刻）等。

（三）档案出入库登记

这也是库房管理的一种具体手段，一般也采用登记本形式。登记本应放置在库房入口处或库房中固定位置。无论何种原因，只要档案从库房中被调出库外以及最终又归入库房中时，均应进行登记。其具体的登记项目一般应包括档案出库的日期、时间（时刻）、档号及数量、原因（即用途）、归入日期及时间（时刻）、经手人，等等。

（四）档案清点、检查登记

档案清点、检查登记是对档案进行定期或不定期的清点、检查过程中及清点、检查完毕之后所进行的登记。其登记内容应涉及清点、检查的日期，原因，清点、检查过程所发现的情况及问题，清点、检查的结果（结论），从事清点、检查的工作人员姓名。清点、检查登记可印制专门的登记表（本册或单页式），也可以用一般的笔记本随时记录。无论采用何种方式，清点、检查结束后都应进行总结，形成结论并写成书面材料。重要的、大规模的清点、检查应写出专门的报告，报送本单位领导或档案行政机关等有关部门。其登记记录表册及总结性文字材料应存入全宗卷中。

（五）档案利用登记簿

档案利用登记簿是一种全面、系统地记录档案提供利用情况的综合性登记形式。它既是档案机构记录、掌握提供利用情况的一种登记形式，同时又是档案机构向利用者具体提供档案时履行交接手续的一种交接凭据。档案室往往将其作为唯一的档案利用登记手段使用。其具体登记项目及格式例样如表6—4所示。

表 6—4　　　　　　　　　　　　　　　　档案利用登记簿

顺序号	日期	利用者			利用目的	利用方式	档案		利用者签名	归还	
		姓名	职务	工作单位			档号	数量(卷)		日期	经手人

（六）利用者登记卡

利用者登记卡是档案馆和规模较大的档案室对利用者进行记录、掌握的一种登记形式，即每一利用者在初次到某一档案机构利用档案时，由档案机构对其进行的初次登记。其具体登记项目及格式例样如表 6—5 所示。

表 6—5　　　　　　　　　　　　　　　　利用者登记卡片

姓名：_____ 性别：_____ 年龄：_____ 阅览证号：_____
工作单位：　　　　　　　　　　　职务：
印鉴或签字：　　　　　　　　　　填卡日期：

（七）档案借出登记簿

档案借出登记簿是专用于对档案被借出档案机构之外的情况进行登记的一种登记形式，档案馆和档案室均可使用。其具体登记项目、格式及例样如表 6—6 所示。

表 6—6　　　　　　　　　　　　　　　　档案借出登记簿

顺序号	借出日期	借阅单位（地点及电话号码）	利用目的	借出案卷						归还案卷		备注
				数量	全宗号	目录号	案卷号	借阅期限	借出人签字	日期	签字	
1	2	3	4	5	6	7	8	9	10	11	12	13

（八）档案复制、摘抄登记表

档案复制、摘抄登记表是专用于对档案在利用中被复制、摘抄情况进行登记的一种登记形式，同时具有提出复制、摘抄申请，履行批准手续和确认复制、摘抄事实的凭据性质。这种登记表一般应用于档案馆和规模较大的档案室。复制、摘抄登记表的具体形式一般为散页的表格，以方便使用。但在每月或每年结束时，可将其装订成册，从而形成全面、系统的记录复制、摘抄情况的登记簿。其具体登记内容及格式例样如表 6—7 所示。

表6—7   档案复制、摘抄、申请、审批登记表

编号	利用者			拟复制、摘抄档案		份数	用途	审批		日期	复制、摘抄人签名
	姓名	职务	工作单位	文件标题	档号			意见	审批人		

第三节　档案馆的登记与统计工作

《档案馆工作通则》第十五条规定：

（1）对档案的收进和移出、全宗和案卷数量、利用等情况，及时准确地进行统计。

（2）按照统一规定和要求，向同级和上一级档案业务管理机关报送本馆基本情况统计表和全宗卡片，并于每年1月补报上年度的全宗变化情况。据此精神，档案馆应建立如下统计表册。

一、收进登记簿

收进登记簿是用来对档案馆所收进的档案进行最初统计的统计文件。它可以使人们了解在何种情况下，何时从何处接收了处于何种状况的各种档案，了解档案馆每年接收档案全宗和案卷的数量，指出各个时期档案的增加情况，准确报告档案的接收情况。收进簿要按时间顺序登记所收进的文件，而不管该全宗是初次进馆还是重复进馆。在收进簿上除顺序号外，还要填写每次收进文件的基本情况：文件何时、何处以及根据什么进馆的，文件的名称、年代、数量和状况以及它们的全宗号，每进馆一次编一个顺序号，而不管这些进馆档案是来自一个还是几个全宗，其具体登记内容及格式例样如表6—8、表6—9所示。

表6—8   中央国家机关、人民团体档案工作情况表

档统1表
制发机关：国家档案局
批准机关：国家统计局
批准文号：（85）统社字2号

填报单位：　　　　　　　　　　　年度

	保存档案数										本年多交入馆档案（卷）	现有库房面积		本年借阅档案情况	本年编研档案资料	
	文书档案				科技档案					声像档案（本、盘、册）		库存总面积	本年度新增面积	档案（卷、件、次）	公开出版（种）	内部参考（种）
			其中				其中							人次		
全宗（个）	案卷（个）	永久卷（个）	长期卷（个）	永久长期卷长度（米）	案卷（卷册袋盒）	永久（卷册袋盒）	长期（卷册袋盒）	底图（张）	专门档案（卷册）							
甲	1	2	3	4	5	6	7	8	9	10	11	12	13	14	15	16	17	18

表 6—9 收进登记簿

顺序号	收到日期	移交单位	接收材料依据	全宗名称	年代	数量		档案状况说明	全号	备考
						卷数（件数）	米			
								简要说明档案整理情况：是否完整、档案主要内容		

二、全宗名册

全宗名册是用来统计档案馆保存的全宗数量，并固定全宗顺序号的登记册。每一全宗在登入全宗名册、编写全宗号后，全宗号即固定不变，如表 6—10 所示。

表 6—10 全宗名册

全宗号	全宗名称	案卷目录起止号	起止年代	档案数量		其中				存放位置	初次入馆日期	移出说明
				卷（件）	米	永久	占档案数量的百分比（%）	长期	占档案数量的百分比（%）			

全宗号即全宗在档案馆内的编号。一个全宗在档案馆里只能占用一个号，在初次入馆登记时，按入馆全宗的先后次序编号，以后收进同一全宗的档案则不再另行编号。

全宗名称即立档单位的全称。为了适应全宗名称的变化，可在全宗名称下面留有适当空格，以便改变名称时填写。

案卷目录起止号，是指案卷目录的顺序编号，如有 12 本目录，即 1—12 号。

起止年代，是指全宗内档案的起止年代。

档案数量，分别用卷和米作为计量单位，其中永久、长期所占比例，是其与档案总量的比例。

存放位置是指该全宗存放的库房号和箱排号。

初次入馆日期是指档案第一次进馆的具体日期。

移出说明，只有在该全宗档案全部从档案馆移出时才填写。

三、全宗单

全宗单以全宗为单位分别登记，在档案初次进馆登入收进簿和全宗名册之后填写。它一般按全宗号的顺序排列保管，如果档案馆保存全宗数量多，还可以为所有全宗单另外编制一套卡片目录。

全宗单是档案馆比较重要的一种综合性登记文件，具体地反映了每个全宗档案的全面情况。它是统计全宗情况最基本的原始资料。

全宗单由三个主要部分组成：全宗的一般情况介绍、未编目档案和已编目档案。

全宗单这种形式可以提供关于全宗状况及目录构成的具体数字指标。在全宗单上，每一目录占一个编号。如果某份案卷目录上的档案材料已从档案馆移出，它的编号也不能再给其他目录，以免使用档案时造成混乱。在一些特殊情况下，全宗单可以重新编制，比如，当全宗的材料已重新经过分类、整理和编号，全宗单已失去反映该全宗档案内容的真实性，因此需要重新编制。具体格式如表6—11、表6—12、表6—13所示。

表6—11　　　　　　　　　　　　　××× 档案馆全宗单　　　　　　　　　　　　　全宗号：（一）

全宗名称起止日期	全宗名称	全宗初次入馆日期	全宗卡片报送情况（档案管理机关名称、日期）	检索工具及其说明	旧全宗号	备　注

表6—12　　　　　　　　　　　　　　　未编目档案　　　　　　　　　　　　　　　　（二）

登记日期	收进			移出			现有数量	
	文据（名称、号数）	数量		文据（名称、号数）	数量		案卷（件）	米
		案卷（件）	米		案卷（件）	米		

表6—13　　　　　　　　　　　　　　　已编目档案　　　　　　　　　　　　　　　　（三）

登记日期	收进					移出				现有案卷数量	
	目录号	目录名称（类别名称）	所属年度	数量		目录号	文据（名称、日期、号数）	数量		卷（件）	米
				卷（件）				卷（件）	米		

四、案卷目录登记簿

案卷目录登记簿用来统计档案馆内各个全宗案卷目录的数量，固定案卷目录顺序号。一个全宗内的案卷目录应集中按顺序编号保管，格式如表6—14所示。

表6—14　　　　　　　　　　　　　　　案卷目录登记簿

全宗号	案卷目录号	目录名称	所属年代	案卷数量	目录张数	目录份数	保管期限	移出说明	备考

案卷目标登记簿的使用方法是：按全宗分户登记，每一全宗内的目录编一顺序号，不同全宗的目录不要编在一起，每一全宗的目录之间要留一定的空格。

某一案卷目录内的档案材料全部移出，应在案卷目录登记簿上注销，新编制的目录要进行登记，旧的案卷目录不必销毁，与新的案卷目录分别保存。革命历史档案、旧政权档案和新中国成立以来的档案，应分别登记。

第四节　档案行政管理部门的统计工作

各级档案行政管理部门对所属业务指导工作范围以内的档案材料、档案工作情况和档案工作人员构成等基本情况，应该具体、精确、系统地了解，以便根据上级的指示结合所属地区、单位的实际情况，进行业务指导工作。

档案行政管理部门的统计工作，一方面依靠所属档案馆（室）填报登记、统计报表和卡片；另一方面也可以根据填报来的材料进行分析综合，按照工作的需要拟制填写其他统计表。档案行政管理部门，应该系统科学地管理自己的统计材料，进行必要的分类排列，并根据档案馆报送的变化情况报表，在相应的登记的统计报表上补充填写有关项目，做到"账目"与实物相符。只有统计表上反映的材料与实际相符，才能为业务指导工作提供可靠的材料和情况。

档案行政管理部门的统计工具主要是全宗卡片和全宗变化情况年度报表等，以后将随时补充。另外档案机构人员情况、档案数量与状况、档案提供利用情况等，还可以进行综合统计。

一、全宗卡片

全宗卡片是全宗单的简化形式，它用来统计每一个全宗档案的情况。卡片由档案馆填写，并向档案行政管理部门报送，其格式和内容国家档案局已有统一规定，应由各级档案行政管理部门统一印制全宗卡片，下发所属档案馆填报，卡片由档案行政管理部门管理使用。

全宗卡片的项目要能反映全宗档案成分和数量的一切变化。这些变化用档案行政管理机关根据档案馆每年送来的《档案全宗成分和数量变化报道表》填写，如表 6—15、表 6—16 所示。

表 6—15　　　　　　　　×××档案馆××号全宗卡片（正面）

年　　月　　日收到

全宗名称的起止时期	全　宗　名　称		
1	2		
全宗初次入馆日期	检索工具及其编制日期		旧全宗号
3	4		5
12 月 31 日 档案总量	年		6
	已编目案卷	案卷（件）	7
		米	8
	未编目案卷	案卷（件）	9
		米	10

表 6—16　　　　　　　　　×××档案馆××号全宗卡片（背面）

全宗成分	起年	止年	全宗成分	起年	止年	
1	2	3	4	5	6	

二、全宗变化情况年度报表

档案馆向档案行政管理部门报送全宗卡片以后，每年应向档案行政管理部门报送全宗变化情况年度报表，说明每一全宗内档案增减变化情况，档案行政管理部门将报表反映的情况填在全宗卡片上。格式如表 6—17 所示。

表 6—17　　　　　　　　　××档案馆××年全宗变化情况年度报表　　　　　年　　月　　日填报

全宗编号	全宗名称	上一年底原有档案总数				收进数				移出数				截至年底档案总数				备注
		已整理编目		未整理编目		已整理编目		未整理编目		已整理编目		未整理编目		已整理编目		未整理编目		
		卷（件）	米	卷（件）	米	卷（件）	米	卷（件）	米	卷（件）	米	卷（件）	米	卷（件）	米	卷（件）	米	

说明：1. 全宗名称改变应在备注内注明；

　　　2. 移出数包括向外移交、销毁和损毁的档案；

　　　3. 本表应在第二年 1 月报送，没有变动的全宗可以不填。

三、档案机构、人员基本情况统计表

这部分的具体内容详见国家档案局制发的、经国家统计局批准的《档案机构、人员基本情况表》（见表 6—18）。

档统 3 表指标解释：

（1）第 1 栏"档案局（处、科）"是指掌管档案事业的各级行政机构，若与档案馆合署办公的，应在备注中说明。

（2）第 2 栏"档案馆"是指从事保管档案的事业机构。

（3）第 3 栏"专业档案馆"指中央、省、自治区、直辖市、地（市）各级综合档案馆以外的档案馆。

（4）第 4 栏"档案室"是指中央一级国家机关、人民团体列入机构编制序列的档案室。若文书、科技档案室合一的也填此栏，并在备注中说明其数量。

（5）第 5～22 栏"现有专职人员"是指：

其一，中央一级国家机关、人民团体的档案室（处、科）和档案馆的人员。

表6—18

档案机构、人员基本情况表

档统3表
制发机关：国家档案局
批准机关：国家统计局
批准文号：(85) 统社字2号

填报单位： 年度

机构数量（个）				年龄			从事档案工作年限（累计）			现有专职人员（人）现有文化程度				档案专业程度			档案干部业务职称						兼职人员（人）
档案局（处、科）	档案馆	专业档案馆	档案室	总计	35岁以下	36岁至50岁	51岁以上	3年以下	4年至9年	10年以上	大学（含大专）	高中及中专	初中及初中以下	大学（本科、专修班）	中专	训练班	研究馆员	副研究馆员	馆员	助理馆员	管理员	
1	2	3	4	5	6	7	8	9	10	11	12	13	14	15	16	17	18	19	20	21	22	23
甲																						
合　计																						
中央国家机关																						
省　级																						
地（市）级																						
县　级																						
备　注																						

其二，地方县以上各级档案局（处、科）和档案馆的全部固定职工。

（6）第5栏"总计"＝6＋7＋8栏＝9＋10＋11栏。

（7）第12～14栏"现有文化程度"是指目前相当于什么文化水平，有学历的可按最高学历填写。

（8）第17栏"训练班"人数是指在累计脱产三个月以上，系统学习完《文书学》、《档案管理学》、《科技档案管理学》、《档案保护技术学》、《档案史料编纂学》和《中国档案史》等课程中三门以上课程的训练班受过训练的人数。

（9）第18～22栏"档案干部业务职称"人数，是指专职档案干部评定职称的人员数，在档案部门工作定为其他业务、技术职称的人员，应按级别分别列入与其相应的栏目。如技术员相当于"管理员"；助教、助理工程师、助理编辑、助理翻译、助理记者、助理会计师等相当于"助理馆员"；讲师、工程师、编辑、翻译、记者、会计师等相当于"馆员"；副教授、副编审、副译审、高级记者等相当于"副研究馆员"；教授、编审、译审、特级记者相当于"研究馆员"；高级工程师、高级会计师相当于"副研究馆员"或"研究馆员"。

思考与复习题

1. 简述档案统计的任务和基本要求。
2. 档案室的登记与统计工作主要有哪几种形式？
3. 档案馆的登记与统计工作主要通过哪些形式？
4. 档案行政管理部门的统计工作主要通过哪几种形式？

第二编

档案信息资源开发利用

第七章

档案信息资源开发与利用概述

内容提要

本章重点讲三个方面的内容：一、档案信息资源开发的意义和原则。二、档案信息资源开发面临的主要障碍和应采取的措施。三、档案提供利用的含义与我国档案利用理论的形成及发展。

第一节　档案信息资源开发的意义和原则

一、档案信息资源开发的含义

当今信息时代，信息成为一种资源已是人们的共识，开发作为社会记忆工具的档案的信息资源为社会服务，已成为档案部门的中心任务。档案信息资源开发，就是档案部门根据社会需要采用专业方法和现代化技术，发掘、采集、加工、存储、传输所收藏档案中的有用信息，方便利用者利用，以实现档案的价值和作用。这一概念，包含以下内容：

第一，档案信息资源开发主体是档案管理部门及其工作人员。

第二，档案信息资源开发的对象是指经过条理化、系统化并保存起来的馆（室）藏档案，档案实体的有序化和科学管理，为档案信息资源开发奠定了良好的基础。

第三，开发档案信息要采用专业方法与现代化技术相结合的方式，我们既要与时俱进，采用现代化技术手段，对档案信息进行采集、加工、存储和传输，又要对传统的、专业的开发档案信息资源的方法，予以继承和发扬，并将二者有机结合起来。

第四，档案管理部门和档案工作人员（主体）对馆（室）藏档案（客体）中的有用信息进行浅加工和深加工。所谓浅加工是指对档案进行著录、标引，建立检索系统，将档案信息存储在一定载体上，即档案信息的检索工作；所谓深加工是指根据社会需求，将庞杂的档案信息进行系统化、有序化，制成档案产品（人们称之为编辑史料），编写参考资料，参加编史修志，撰写文章和著作（档案界概括为档案的编研工作）。

第五，档案馆收藏的是处于静态的档案信息，经过档案工作人员的采集、加工、存储后，需要正常输出传递给利用者，以满足社会上方方面面的利用需要，这一过程被称为档案信息传输工作。

上述定义使我们认识到，档案的收集、整理、保管、鉴定、统计等环节是对档案实体进行科学管理，为档案信息资源开发提供相应保障，没有这些工作环节的支持，就谈不上档案信息资源的开发，但这些环节不宜包含在"开发"之中。档案的检索与编研是发掘档案中有用信息的浅加工和深加工，是档案信息资源开发的主要部分，但还不是全部，从整体（或广义）上说，还应包括信息的传输。因为通过信息传输，才能使档案信息由"潜在"成为"活化"，实现服务社会，指导实践的功能。信息传输在一定程度上与利用服务存在一定的交错。档案信息资源开发与档案实体管理和利用服务诸环节既平行又交错，这或许是对档案信息资源开发的含义认识长期不能取得一致的原因。实际上，档案管理整个过程就是：首先把档案收集起来，将它整理有序，再科学地保管好，在此基础上才有可能发掘档案中的有用信息进行分析研究，并按社会需求进行加工、处理，形成档案信息产品，最后提供给利用者，为社会进行信息服务。如果把档案管理的整个过程按其先后顺序划分为实体管理（或称收藏、整理、鉴定、保管、统计）、资源开发（包括编目与检索、编辑与研究）与利用服务（包括各种方式的利用工作）三个阶段，或者实体管理和资源开发与利用服务两个阶段，就可能有助于对档案信息资源开发问题的理解认识，更有利于开发工作的具体实践。

二、档案信息资源开发的意义

（一）档案信息资源开发是实现档案自身价值的根本途径

档案是国家宝贵的信息资源，反映国家、社会、人民活动的方方面面，内容广泛，形式多样，数量浩瀚，门类众多，具有政治、经济、科学、文化等各方面的价值。但档案信息资源除一般信息的共性外，还具有以下特性：一是分散性，档案是人们在社会实践中，按工作、生产、生活的时间顺序自然形成的，有用信息分散于数以亿计的案卷（件）中，档案形成者形成档案的目的与利用者利用档案信息的目的是不一致的；二是档案信息的历史性，档案是历史的沉淀物，所反映的社会活动内容与现实有一定的时间距离，正是这种时间距离，使档案信息具备了回溯性特征；三是原始性，它是用数字、文字、图形、声像对某一活动所做的最初最直接的记载，具有凭证和情报价值。这些特性决定了档案信息资源的开发，并不是简单地打开库房变成阅览室就行了，而是要对档案中记录的各种信息进行分析、整理、归纳、加工，从原始的、分散的、芜杂的档案材料中提炼出真正对现实有用的东西。因此，只有对档案信息资源进行开发，加工成档案信息产品，使其为利用者所用，才能产生新的生产力、新的知识、新的社会效益和经济效益，体现其自身的价值。

（二）档案信息资源开发是发展档案事业的需要

长期实践证明，只有开发档案信息资源，使"静态档案"变成"动态信息"，提供给利用者广泛地、反复地、多角度、全方位、连续不断地利用，才能转化为物质形态的生产力。才能充分发挥档案的凭证、参考、研究等方面的作用。才能增强社会的档案意识，取得领导的重视和社会各界的支持，为档案工作发展创造良好的外在氛围。才能解决档案工作中普遍存在的一些矛盾（如档案原件存储信息的静止状态与利用要求档案信息变成动态信息的矛盾。档案产生分散、零乱、庞杂等状态，与利用者要求获得档案信息应具有针对性、浓缩性、系统性的矛盾；档案原件是孤本与利用者的要求广泛输出档案信息的矛盾；等等）。才能满足社会广大利用者的需求，使其成为推动社会生产力发展的催化剂。因此，档案信息资源开发是档案事业的生命与活力所在，是发展档案事业的必备条件。

（三）档案信息资源开发能使档案工作更好地为社会精神文明和物质文明建设服务

档案部门的特殊优势就是保存大量的档案资料，而这些档案资料又承载着各种各样极为繁复的信息，将这些信息根据现实需要，系统、有序地开发出来，使固定的、沉睡的档案信息转化为动态的、增值的生产力要素，才能更好地为我国的现代化服务。

档案信息资源开发应为精神文明作出贡献。社会精神文明建设，主要是对公民进行爱国主义、集体主义和社会主义教育，使人们树立正确的世界观、人生观、价值观和科学发展观，提高整个中华民族的思想道德素质，增强民族的自豪感和自信心。我国历史悠久，各级、各类档案馆室中保存有极其丰富的档案资料，它们翔实记录了国家、民族、地区的历史足迹，记录了新中国社会主义建设的伟大成就，是进行爱国主义、集体主义、社会主义教育的生动素材。许多地方政府在制定精神文明建设方针时，把当地档案馆列为对广大人民群众特别是青少年进行爱国主义教育的基地，它在社会精神文明建设中具有巨大的、深远的作用。

档案记载和反映了经济的发展和进步、各行各业的生产经营与管理活动，不仅具有凭证价值和情报价值，而且具有较强的知识性和较大的信息量，是生产建设的重要依据，能为社会主义现代化建设提供决策和参考信息，对制订经济计划、检查和总结生产状况，推广先进技术和管理经验，以及防灾减灾等都有着十分重要的作用。因此，充分开发档案信息资源，使档案资源转化为直接的生产力要素，对提高社会生产力、加强经济管理、提高经济效益具有重要的意义。

三、档案信息资源开发的原则

（一）资源为王原则

根据《中华人民共和国档案法》规定，机关档案室是保管本单位档案的内部机构，档案馆是永久保管档案史料的基地，是提供档案为社会服务的中心。档案馆（室）性质决定了档案信息资源开发必须以所收藏档案为基础，因馆（室）制宜，扬长避短，突出馆（室）藏特色，做好开发工作。只有各级、各类档案馆（室）从本身的实际出发，大力丰富馆（室）藏，最大限度地发挥馆（室）藏优势，坚持馆（室）藏基础原则，才能对档案信息资源开发以至档案事业的发展起到推动作用。实践表明，只有依托丰富的档案资源，才能切实提高档案信息资源开发的整体水平。

（二）信息组织原则

档案信息资源开发的首要工作是使档案信息资源结构有序化。简单地讲，就是为利用者利用档案信息建立查找入口处，并把这些入口处集中在一起，架起一座档案信息与利用者之间沟通的桥梁，这就是通常说的建立检索系统——目录、索引、数据库。档案信息实现有序化，是开发档案信息的基础和前提。因为有用的档案信息蕴藏于数以亿计的档案案卷（件）之中，处于分散、杂乱、不系统、不集中的状态。这些原始的档案信息经过采集和加工处理，变成集中、系统而有序的信息，为档案信息的充分利用创造条件。档案馆（室）在档案信息资源开发过程中，投入大量人力、物力，采用各种处理手段和工作方法，都是为了实现档案信息被利用程度和实现档案价值的程度。对于广大利用者，若能在利用档案信息时具备有序化的查寻思维，大体了解档案馆（室）对档案信息有序化的概貌，将能大大提高利用档案信息的效果。

（三）信息激活原则

信息激活是档案信息资源开发的最基本和最高的目标性原则。从档案部门来讲，为了有效地提供档案信息为利用者服务，需要不断提高档案信息的开发层次，进行浅加工和深加工，把档案中有用的潜在信息挖掘出来，及时提供给利用者，才能发挥档案的最大效益和实现其价值。对档案利用者来讲，信息激活体现在对档案信息的消化、吸收、利用，继而产生新的知识上。

激活档案信息的方法主要有三种。

1. 信息的分解和析出

除对档案文件和案卷（保管单位）进行著录、标引外，还要尽可能将档案中的许多信息单元及数据分解开来，单独析出，最大限度地提取档案中的信息并充分揭示出来，为利用者所用，实现档案的价值。

2. 信息的浓缩和提炼

将分散、杂乱的档案信息，经过筛选、分析、加工处理，形成浓缩的或提炼成新的档案信息，提供给利用者，如文摘、概要、专题汇编、述评、综述等，为利用者提供系统化、专题化的档案信息。

3. 知识的综合归纳

在对某一专题的档案信息进行收集、整理、分析研究的基础上，将分散芜杂的档案信息，去粗取精，去伪存真，由此及彼，由表及里，加以逻辑推导、综合归纳、总结评价，以成果的形式提供给利用者，这种信息成果的价值将大大超过分散在档案中信息价值的总和。

（四）有效利用原则

它要求档案馆（室）在档案信息资源开发中要找到更多的利用者，而利用者能方便快速地获得更多的档案信息，以实现档案信息充分利用的目标。实现这一目标的途径有：

1. 扩大档案信息对不同利用者的适应性

由于利用者的知识结构、文化素养、心理素质、社会职业分工和兴趣爱好的差异，对档案信息的需求不同。因此，对档案信息资源开发要多层次、多角度、全方位地揭示档案信息，以适应不同利用者的需要，使档案信息得到充分利用。

2. 充分发挥检索和信息传输系统的作用

充分发挥检索和信息传输系统的作用，尽可能缩短档案信息的查找和传递时间，使利用者简便、迅速、准确地获得更多的档案信息，降低利用成本，从而最大限度地发挥档案信息的社会效益和经济效益。

3. 引导与帮助利用者在有限的时间内增加对不同档案信息的利用

档案工作应通过多种途径和方法，强化对馆（室）藏有用档案信息的集中、有序化与揭示，优化咨询服务，及时向利用者提出建议，以避免在查寻档案信息中走弯路和对有效信息的疏忽与遗漏，提高检索效率，提高档案信息的利用质量和效益。

（五）整体效益原则

在市场经济条件下，开发档案信息不计成本、不讲效益是不行的。开发档案信息资源是为了利用，为了产生经济效益和社会效益，这就涉及投入与产出的关系问题。只有产出大于投入时，投入才是有效的，这就要求有务实态度，以与现在经济基础相适应的方式来进行档案信息资源开发的投入，切忌好高骛远，片面追求硬件设备的高、精、新、尖，造成得不偿失的后果，必须遵循投入产出规律，深入研究如何科学地、经济地投入人力、财力、物力，以获取最佳、最大的效益。效益原则的内容是多方面的：从范围上看，有局部效益和整体效益；从时间上看，有现实效益和长远效益；从价值上看，有社会效益和经济效益。开发档案信息资源时，要有轻重缓急之分，局部服从整体，优先考虑急需者和发挥效益较大者，既要强调现实效益的发挥，又要采取积极有效的措施，保护档案原件，以便于今后的利用，发挥其长远效益。既应重视社会效益，又不能忽视经济效益，社会效益中隐含着经济效益，经济效益中融有社会效益，二者相辅相成。因此，档案信息资源开发应力求做到现实效益与长远效益相统一，局部效益与整体效益相协调，社会效益与经济效益并重。

第二节 档案信息资源开发面临的
主要障碍和应采取的措施

一、当前档案信息资源开发面临的主要障碍

档案信息资源开发是一个系统工程，开发过程中面临来自思想认识、政策法规、经济、科技、文化、教育、资源管理、人员等各方面的障碍。这些障碍包括观念层面、实践层面、理论层面等，其中关键性障碍主要有以下几方面：

（一）社会环境方面

1. 封闭落后的传统观念的束缚

我国历史上曾长期处于半封建、半殖民地状态，受自给自足小农经济的影响，闭关锁国和故步自封，在人们头脑中形成了重物质、轻信息，重眼前、轻长远，重微观、轻宏观等不正确观念。社会交流与信息意识较差，人们档案意识淡薄，反映在档案工作方面，则是长期只注意收藏，限制了档案信息资源的开发、交流与利用服务。

2. 部分国民文化素养还不够高

档案信息资源的开发与利用程度和人们的文化素养高低有直接关系。由于历史原因，我国部分国民的文化水平不高，这在客观上使我国目前利用档案信息的范围受到较大的局限。

3. 受经济发展水平的制约

档案信息资源的开发与广泛利用，要以一定的物质条件为保证，需要投入较多的物力与财力。我国还是一个发展中国家，生产力水平还不够高，经济还不太富裕，不可能对档案事业有较大的投入。档案信息资源开发与日常维护需要大量的资金，政府对档案事业的拨款除维持正常运转外，进行相应建设已显得捉襟见肘，从而制约了档案信息资源的开发。

（二）档案部门自身方面

1. 档案人员观念上的障碍

一是受重藏轻用观念的制约，千百年来，档案部门处于封闭状态，几乎与世隔绝，重藏轻用思想根深蒂固，对档案信息资源开发重视不够。二是"保密保险，利用危险"的心态，使档案人员对档案信息资源开发顾虑重重，束手束脚，甚至不敢或不愿向外界传输档案信息。三是有一部分人跟不上改革开放的新形势，缺乏竞争与开拓创新意识，自我封闭，孤芳自赏，看摊守堆，因循守旧，安于现状，未能与时俱进和强化社会参与意识，对社会和用户了解不够，限制了档案信息资源开发的积极性和主动性。

2. 工作上的障碍

（1）没有建立起丰富的档案信息资源保障体系。档案部门所拥有档案信息的数量和质量是开发档案信息资源的物质基础，若离开了馆（室）藏，谈开发无疑是无米之炊，无源之水。多年来在馆（室）藏建设中，存在重数量轻质量的偏向，使得馆（室）藏还不够丰富和优化，还不能充分满足社会利用的需求，原料不足限制了档案信息资源的开发。

（2）档案业务基础建设中还存在收集不齐全，归档率低，案卷质量不高，查找困难，保护不到位，标准化、规范化、现代化步伐不够快等因素，制约了档案信息资源的开发。

（3）档案部门利用服务方式单一、范围狭窄。档案利用服务的方式，长期局限于等客上门、你查我调的阅览室被动服务方式，档案信息的提供以档案原件为主。这种传统的档案利用方式，存在传播信息有限、范围狭窄、效率低下等弊端，无法满足新时期社会利用档案信息的广泛需求。

（4）检索工具质量不够高和传输档案信息的手段落后。目前我国档案部门档案检索与档案信息传输服务，还处于手工方式向计算机技术和网络技术的过渡阶段，许多档案馆（室）还未建立起数量齐全，结构合理，能多角度、全方位检索档案信息内容的、较完备的检索体系和大容量的数据库，网络服务平台建设还处于起步阶段，实现数字档案馆，档案信息网络化还有很长的一段路要走。

（5）开发主体单一化。档案馆（室）是国家档案财富的保管者，被赋予档案信息资源保管权、公布权和开发权，档案馆（室）自然成为档案信息资源开的"主体"。档案馆（室）限于主客观条件，如开发资金严重不足，不可能有大量投入；人员数量少、知识结构、技能等都难以适应信息时代深入开发档案信息资源的需要。唯一主体和单兵作战，使档案信息资源的开发力度不大，成果有限，数以亿计的档案成为死财富，长期沉睡于档案库房之中。

（三）用户方面的障碍

1. 社会档案意识淡薄

千百年来，档案收藏于宫廷与官府深宅大院的石室金匮（柜）之中，几乎与外界隔绝，蒙上了一层神秘的面纱，人们对档案的价值与作用知之甚少，加上对开发利用档案信息的宣传不够，公众对如何去档案馆（室）查阅利用档案的手续不清楚，以及利用制度偏严等多种因素，使用户产生对档案信息需求的动力不足现象。

2. 受利用者获取信息习惯的限制

人们利用、获得信息多以易用性为首要标准，而档案信息由于来源众多，分散杂乱、系统性差等因素，加之档案多为"孤本"，获取档案信息往往要到档案馆（室）去阅览"原件"，费时费力，使利用者望而却步。当今信息时代，用户获取有用信息的渠道很多，一般用户偏爱不借助信息机构由自己直接完成信息交流，如从网络上直接获取和交流信息等。

3. 用户获取档案信息能力的制约

目前除了专家学者、研究人员、机关工作人员以及文化素质高的群体利用与获取档案信息的能力较强外，一般的普通利用者利用档案信息的能力受到局限。比如没有古汉语知识，较难利用明清档案；没有外文阅读能力，较难获得外文档案资料信息等。

二、档案信息资源开发应采取的措施

档案信息资源开发应以创新观念、深入宣传、改善环境为出发点，通过优化丰富馆（室）藏、健全档案信息开发机构来确立资源与人员的保障体系，以采用现代化技术和手段为切入点，以用户需求为导向，以提供有效的档案信息产品和服务为目标，走特色开发之路。

（一）创新观念

1. 继承与创新发展观念

千百年来，档案部门在收藏档案的同时，自觉与不自觉地进行了一些档案信息资源的开发，如为统治阶级提供档案利用服务和编纂档案史料汇编等。新中国成立后，伴随着档案事业的发展，在档案信息资源开发方面有了较大的发展，但与时代的要求还有一定差距。我们应坚持科学发展观，保证可持续发展，紧跟时代步伐，坚持与时俱进，全方位、多层次深入开发档案信息资源，满足新时期方方面面利用档案信息的需求。

2. 被动服务与主动服务并举观念

档案工作的根本目的就是服务。长时期内采用等客上门、你查我调的被动服务是不够的，还应树立主动服务观念，才能产生自觉的服务行动，应坚持被动服务与主动服务并举，使档案信息资源在交流服务中发挥更大的作用，体现其自身的价值。

3. 社会观念（或称开放观念）

档案部门只有从封闭走向开放，面向社会，贴近社会，融入社会，参与社会生活，服务社会大众，充分开发档案信息资源，才能满足社会对档案信息的需求。将档案信息利用服务扩大到政治、经济、文化和社会生活各个领域，渗透到社会大众的工作、生活、休闲等各个方面。档案信息资源开发应充分体现共享意识，从传统的档案人员各自为战，一馆一室的小作坊式开发，扩展为广泛地吸收社会力量的大联合、大开发，开创档案信息资源开发的新局面。

4. 文化观念

档案作为一种社会记忆的原始记录，将分散杂乱的档案信息进行重新组合，以及对档案信息的二、三次加工，其本身就是一项文化建设和文化创造，反映出档案工作的文化功能，形成的各种成果，就是再创造的文化产品。

5. 信息共享观念

共享是由档案信息自身的特性所决定的，它来源于人类社会实践，又服务于人类社会发展的需要。因此，它具有社会属性，理应成为社会的公共财富，为人类所共享。共享是社会发展的需要，档案既是人类活动的原始记录，又是前人经验的积累，它可以成为社会政治、经济、文化、科学技术发展的基础和阶梯。共享可以克服根深蒂固的"重藏轻用"观念，治愈自我封闭、同社会隔绝、档案信息利用率低的顽症，促进档案信息的广泛交流和传播。

（二）做好宣传，改善环境

当前社会环境不利于档案信息资源开发的主要因素是社会经济水平、人们的文化素质和社会档案意识。社会经济水平和人们的文化素质很难靠档案部门的自身努力来改变，它是由社会发展水平所决定的，而社会档案意识，可以通过档案部门的努力在一定程度上得到改善。实践证明，广泛宣传是增强社会档案意识的重要手段，档案部门应把宣传工作作为一项长期任务来抓，不仅要对内，更要面向社会，面向国外，加强对外宣传与交流。档案部门必须与新闻单位加强联系，通力合作，充分利用广播、电视、报刊等新闻媒介向社会广泛宣传档案信息的作用、发挥的效益、利用的办法和手续等，使档案信息不时"飞入寻常百姓家"，以此增强社会档案意识，扩大档案工作的社会影响，促进档案信息的社会利用。此外，还应通过政策和立法来实现环境的改善。档案部门必须进一步加强法规与政策建设，逐步扩大档案开放和档案信息开发的范围，简化利用手续，进一步改善档案信息资源开发的环境。

（三）优化丰富馆（室）藏和健全档案信息开发机构，确立资源与人员的保障体系

1. 优化丰富馆（室）藏，建立档案信息资源保障体系

档案信息资源机构，一般可分为档案室和档案馆。建立档案信息资源保障体系，从档案室来说，当前重点应切实改变分散管理体制，设立综合档案室，统一管理本单位的全部档案。有条件的单位可建立信息中心，实行档案、图书、情报一体化管理，最大限度地整合单位信息资源。从档案馆来说，当前重点是坚持丰富与优化馆藏并举，质量与数量并重的方针。合理扩大接收范围，不仅要接收本级党政机关的档案，而且要接收直属企事业单

位的档案；不仅要接收文书档案，而且要接收科技档案与专门档案；不仅要接收一级单位档案，而且适当接收有代表性的二、三级单位中确有长远保存价值的档案。再就是对进馆档案严格实行质量控制，根据档案自身的价值，对不同级别的全宗分别采取大部分或少部分进馆的方式。此外，还要完善档案补充机制，除正常接收途径外，还应通过征集、寄存、购买等途径，把社会发展和公众有利用需要的、目前尚不在接收范围的档案收集起来，丰富馆藏。如收集、寄存或购买个人、家庭、家族或非政府机构的档案；也可以征集本地区重大活动和名产、名人、名胜和反映本地区的经济、历史、文化状况的特色档案，改善档案的空缺情况，让档案反映民众生活，贴近社会，调动社会民众去档案馆的积极性，更好地满足社会民众的利用需要。

2. 健全档案信息资源开发机构，配备高素质的专业人员

进行任何一项工作都必须以一定的机构和人员作为组织保证，档案信息资源开发工作也不例外。档案部门应建立健全档案信息资源开发机构，配备高素质的人员制定相应的开发规划、措施和制度，以确保开发工作有序进行。开发水平的高低和开发产品质量的优劣，取决于开发人员的专业水平与对现代化技术特别是计算机的掌握程度。人才是最宝贵的财富，高素质人员是开发档案信息资源的人才保障，也是开发工作中最活跃、最关键的因素。因此，要坚持以人为本，把工作的重点放在基础上的力量，始终把培养人才、建设队伍、提高人员素质放在第一位。

（四）充分利用信息技术

当前在档案信息资源开发活动中，全面应用信息技术，对档案信息资源进行发掘、加工、处置和传输服务，将使开发过程缩短，投入的人、财、物相对减少，效益明显提高，推动我国档案管理模式从面向档案实体的整理、保管为重点，向以档案实体信息化、数字化和面向社会传输档案信息服务为重点的转变过程。应用信息技术手段和高新技术开发档案信息，为这项工作注入了新的活力。譬如，应用计算机数据库技术，形成高质、高效信息流，使档案信息能准确、系统、快速地被检索出来；在档案信息加工过程中，应用计算机技术、多媒体技术等先进技术，可以形成集图、文、声、像于一身的多媒体视听材料和专题档案材料，形象、生动、直观；网络技术应用于信息传输服务中，利用者通过网络来浏览、搜索、下载等方式，使信息传递速度快、容量大、覆盖面广，档案信息得到充分利用。

（五）以用户需求为导向，以创造名牌档案信息产品为目标

以用户需求为导向，为档案信息资源开发注入了新的活力，加速将档案信息转变为直接生产力。根据市场经济发展、生产经营等各方面的需要，全方位、多角度、深层次开发档案信息，形成高质量的各种编研成果，做好主动服务，使档案信息在经济建设、技术进步、经营管理、市场开发中发挥更重要的作用。在档案信息资源开发过程中，什么样的档案信息需要开发，在多大深度上加以开发，主要取决于市场用户的需求，因此必须积极推进档案信息产品进入市场，多出精品和拳头产品，以满足市场各方面的需求，并以此扩大档案工作在社会上的影响和知名度。

（六）走特色开发之路

特色开发就是重点开发具有独特色彩的档案。特色是指他无我有，他有我多，他多我优。特色的表现多种多样，如有的经济特色比较明显，像一些城市或地区的名优产品档案，往往能在一定程度上反映一个地区的经济发展历史和发展水平；有的文化色彩突出，像一些城市或地区的知名人物和名胜古迹档案，常常反映这些地区的悠久历史和古老文化；有的极具地域特色、时代特色、民族特色等。我国拥有各级各类档案馆 3 000 余个和数以万计的各级各类档案室，由于它们所在的地理位置、专业系统性质、档案形成的特殊性，以及国家的有关政策规定等因素，使得每个档案馆（室）收藏的档案都有自己的鲜明特色。在档案信息资源开发中，应深入分析社会需求，从本馆（室）藏档案的特点与优势出发，形成各自的档案信息资源开发特色。如综合性档案馆的中央级是按历史时期划分的（中央档案馆保存革命历史档案与中华人民共和国成立以来的档案，中国第一历史档案馆保存明清档案，中国第二历史档案馆保存民国档案），地方综合档案馆是按地域（省、地、县）划分的。综合性档案馆馆藏以该地区党政机关、团体的档案为主，档案信息资源开发的重点，可以面向各级党政机关团体、突出地域特色，为本地区各项工作服务；专业性与部门档案馆应立足于本专业、本部门的工作任务，有针对性地开发档案信息资源，为本专业本部门的各项工作服务；企业档案馆（室）应以生产和经营为中心，以原材料供应、产品生产、经营销售、技术革新等为重点，为本企业的各项工作服务；各级、各类档案室应为本单位提供档案信息服务。

第三节　档案提供利用的含义与我国档案利用理论的形成及发展

一、档案提供利用工作的含义

档案提供利用工作，亦称档案利用工作，是档案保管部门以所收藏的文化财富为依据，通过一定的方式与方法，直接提供档案信息，为社会各项事业服务的一项业务活动。

档案提供利用工作的基本内容，包括了解和熟悉馆（室）藏档案信息的内容和成分及各种档案检索工具的使用方法；分析和预测社会对档案信息的需求特点，把握档案利用需求的发展规律；向档案用户介绍和报道馆（室）藏中的相关的档案信息线索，积极开展档案咨询服务；通过各种方式和方法，迅速、准确地向档案用户提供他们所需要的档案文献。

利用档案和档案提供利用是密切联系而又不同的两个概念。利用档案是指利用者为了研究和解决各种问题有目的地来档案馆（室）实际使用档案。档案提供利用是指档案馆（室）为满足利用需要向利用者提供档案材料，也就是为利用者服务的工作，称之为档案提供利用工作。但这两者之间又有密切联系：有了利用档案的需要，才有档案提供利用工作；有了档案提供利用工作才能实现档案的利用。档案提供利用是为利用档案创造方便条件，利用档案是档案提供利用工作的内容，两者结合才能充分发挥档案的作用。利用档案是利用者的任务，提供利用是档案工作者的职责。弄清这两个概念，有利于档案部门明确自己的工作范围和档案利用工作的目的，注重利用工作效果，积极主动地开展利用工作，为社会主义现代化建设事业服务。

档案提供利用和档案信息资源开发是既有区别又有联系的两个不同的概念。它们的区别在于，档案信息资源开发是指将蕴藏于档案中有价值的信息尽可能挖掘出来，进行采集、加工、存储，以便最大限度地为广大利用者所利用。档案提供利用工作的基本任务在于及时、准确、全面、有效地为利用者（档案用户）提供所需的档案信息。档案信息资源开发的内容是对馆（室）藏档案中隐含的、杂乱无序的、潜在的原始信息，进行鉴别筛选、加工整序、编目汇纂，尽可能地将有用的信息揭示出来，满足利用者的需要。档案提供利用的主要内容是熟悉馆（室）藏档案的内容和成分，了解社会需要，开展档案咨询与接待等工作，满足档案用户利用档案信息的需要。

档案提供利用工作和档案信息资源开发工作亦有密切的联系：

（1）它们的活动宗旨相同，都是为了发挥档案的作用，实现档案的使用价值，为社会创造财富；（2）它们的工作对象相同，都是以能够满足档案用户需要的档案为对象；（3）两者在实际工作中是相互衔接、相互促进的，开发为提供利用创造了良好的条件，提供利用的成效体现着开发的结果；（4）广义的档案信息资源开发包括信息的传输服务，与档案提供利用有一定的交错。从这个意义上讲，档案信息资源开发与档案提供利用工作，是同一社会活动过程的两个相互关联甚至有一定交错的环节。

二、我国档案利用理论的形成与发展

根据史料记载，从西周到"中华民国"都有档案利用工作，利用档案一是资政，为官府服务；二是育人，统治者以档案为教材、教育培养后代；三是编纂档案史料和提供档案材料为编史修志服务。但是，旧中国由于档案工作基础薄弱，又受政治条件及客观因素的制约，利用工作未能广泛开展起来，还不可能形成档案利用理论，只是进行了档案分类、整理、立卷与编目等问题的研究。

新中国成立后，由于党和国家对档案和档案工作的重视，档案利用工作也获得了很大发展。20世纪的50年代中期到60年代初期，我国的档案利用理论开始形成。1956年1月，周恩来总理在中共中央召开的关于知识分子问题会议上强调指出："为了实现向科学进军的计划，我们必须为发展科学研究准备一切必要的条件。在这里，具有首要意义的是使科学家得到必要的图书、档案资料、技术资料和其他工作条件。必须……加强图书馆、档案馆、博物馆的工作。"[1] 1956年3月27日，国务院常务会议通过了《关于加强国家档案工作的决定》（简称《决定》），明确指出："国家的全部档案……都是我们国家的历史财富。档案工作的任务就是要在统一管理国家档案的原则下建立国家档案制度，科学地管理这些档案，以便于国家机关工作和科学研究工作的利用。"这一《决定》为社会主义制度下的档案利用提供了一定的发展空间，从而为我国档案利用理论的形成奠定了理论基础，有力地推动了我国档案利用理论的形成。1959年至1961年，档案学家吴宝康教授先后提出档案的保管和社会的利用是档案工作的基本矛盾，档案利用是档案工作诸环节中的主要

---

[1] 《周恩来选集》，下卷，186页，北京，人民出版社，1984。

环节，利用是中心，利用是目的，并说这是我国档案工作发展的客观规律。1962 年，中国人民大学出版社出版了新中国第一本《档案管理学》，在论述档案利用的章节中，探讨了档案利用概念的内涵，档案利用工作的地位，档案利用工作的服务方向，档案利用与保密的关系，开展档案利用的前提条件等档案利用的基本内容。从以上文件与科研成果可以看出，从 20 世纪 50 年代中期至 60 年代，我国档案利用理论已初步形成。

1978 年 12 月，随着党的十一届三中全会的胜利召开，我国的档案利用理论研究，在"解放思想，实事求是"思想路线的指引下获得新生。对于我国档案理论研究具有里程碑意义的，是 1980 年 5 月 23 日至 6 月 6 日国家档案局在北京召开的省级以上档案馆工作会议。这次会议传达讨论了中共中央书记处关于开放历史档案的决定。曾三同志在会上做了《加强档案馆的恢复与整顿，积极开放历史档案，为社会主义现代化建设服务》的重要讲话。会议重点讨论了怎样加强档案馆基础的工作，积极开放历史档案，更好地为社会主义现代化建设、科学研究和历史研究服务的问题。这次会议决定向社会开放历史档案，标志着我国档案利用工作开始从封闭走向开放，由被动服务转向被动服务与主动服务并举。1985 年，国家档案局在北京召开了全国档案馆工作会议，会议提出了解放思想，加快步伐，积极创造条件，开放一切应该开放的历史档案的建议，使开放历史档案的工作向深度和广度发展。1987 年，全国人大常委会批准颁布了《中华人民共和国档案法》，明确规定了档案利用与公布的原则，为档案利用工作的开展提供了法律依据，促进了我国档案利用理论的进一步完善。随着《中华人民共和国档案法》的贯彻和实施，档案界对档案利用理论进行了深入探讨，发表了一系列论著，使我国档案利用理论的内容更加充实和完善，体系日益成熟，并逐步形成我国独有的特色。但也应该看到，随着高新技术特别是电子计算机的普及应用和网络时代的来临，我国档案利用的方式、方法正在发生革命性的变化，档案利用理论也应与时俱进，使之日臻完善。

思考与复习题
1. 简述档案信息资源开发的含义与意义。
2. 简述档案信息资源开发的原则。
3. 档案信息资源开发面临的主要障碍有哪些？
4. 简述档案信息资源开发应采取的措施。
5. 简述档案提供利用、档案利用、档案信息资源开发之间的区别与联系。
6. 简述我国档案利用理论的形成与发展过程。

第八章

档案检索

内容提要

本章重点讲以下几方面的内容：一、档案检索概述。二、《中国档案分类法》。三、《中国档案主题词表》。四、档案著录。五、档案标引。六、档案检索工具与目录中心。七、档案目录数据库。

第一节 档案检索概述

一、档案检索的含义和一般过程

档案检索是对档案信息进行系统存储和根据需要进行查找的工作，它是开展档案信息服务的必要条件，是开发档案信息资源的重要手段。

档案检索一词，可以有广义和狭义解释。广义的档案检索包括存储与查找两个过程。狭义的档案检索，从字义上理解，检的含义就是"查"，索的含义就是"取"。因此，狭义的档案检索就是查找档案中有用信息的这一过程。

（一）档案存储过程的主要内容

1. 著录标引

著录标引是对档案的内容和形式特征进行分析选择和记录。在对档案的内容特征准确地分析和判断的基础上，运用检索语言将主题概念转换成规范化的检索标志。每件（卷）档案经著录标引后形成一条记录称为一个条目。

2. 编制检索工具

编制检索工具对著录标引后形成的条目加以系统排列，手工检索即形成卡片式或书本式目录，计算机检索则将条目输入计算机，建立计算机数据库。

（二）查检阶段的主要内容

1. 确定查找内容

确定查找内容即根据用户的检索提问，进行具体分析，确定利用者所需档案信息的具体内容，形成概念，并将这些概念借助检索语言转换成规范化的检索标志。在计算机检索中还应按实际需求把这些检索标志之间的逻辑关系表达出来，形成检索表达式。从确定利用主题到形成检索表达式这一段工作也称为编制检索策略。

2. 查找

查找即档案工作者通过各种手段，把表示利用需求的检索标志或检索表达式，与存储在手工检索工具或计算机数据库中的标志进行相符性比较，将符合利用要求的条目查找出来。在手工检索中，相符性比较由人工进行，在机检过程中则由计算机担负二者间的匹配工作。

二、检索效率

检索效率是指在检索过程中满足利用者需求的全面性和准确性程度，它是衡量档案检索系统性能与质量的一个最基本指标。检索效率通常采用查全率和查准率两个指标来衡量和表示。

查全率是检索出的相关档案与全部相关档案的百分比。与之相对应的是漏检率，即未检索出的相关档案与全部相关档案的百分比。查全率与漏检率是两个相对应的指标，其公式为：

$$查全率 = \frac{检索出的相关档案}{全部相关档案} \times 100\%$$

$$漏检率 = \frac{未检索出的相关档案}{全部相关档案} \times 100\%$$

查准率是指检出的相关档案与检出的全部档案的百分比。与之相对应的是误检率，即检出不相关档案与检出的全部档案的百分比。查准率与误检率是两个相对应的指标，其公式为：

$$查准率 = \frac{检索出的相关档案}{检索出的全部档案} \times 100\%$$

$$误检率 = \frac{检索出的不相关档案}{检索出的全部档案} \times 100\%$$

查全率与查准率两个指标之间存在着互逆关系。如果追求高查全率就会放宽检索范围，则查准率会下降。反之，如果追求高查准率就会限制检索范围，则查全率会下降。因此，档案馆（室）在设计检索系统与实现每次检索时，应从实际出发，根据利用者的需求，确定适宜的查全率和查准率指标。

三、档案检索语言

档案检索语言是根据档案检索的需要而创制的人工语言，专门用于手工检索或计算机检索的档案信息检索系统，表达档案主题概念和检索课题概念。如果没有档案检索语言，档案信息就不可能进行有效的存储和查找，也不可能建立起比较完善的档案检索系统，在档案标引人员、档案检索人员、档案管理人员、档案用户（利用者）、档案检索系统之间，就难以相互沟通和在档案信息需求上取得一致。

档案检索语言由词汇和语法组成，具有三个组成要素。第一，拥有一组系统的文字或符号，用来构成检索词汇要素，分类号和主题词就是它的检索词汇；第二，具有一定量的词汇，用来表达档案信息基本概念，分类表的类目、分类号与主题词就反映了基本概念，而《中国档案分类法》和《中国档案主题词表》就是档案信息检索词典；第三，有一套语法规则，用以满足档案检索系统多元化检索的需求。

档案检索语言作为一种专用的人工语言，较之于自然语言，具有以下特点：能简明和比较专指地表达档案及检索课题的主题概念；语词与概念——对应，排除了多词一义、一词多义和词义含糊；能明确显示出概念之间的相互关系，便于将概念进行系统排列；方便检索时将档案标引用语进行相符性比较。

档案检索语言的作用，总的来说是保证检索效率，提高查全率和查准率。它是档案信息存储与检索的桥梁，也是档案人员与档案用户（利用者）之间沟通和满足档案信息需求的桥梁，检索语言质量的高低直接影响检索效率。

第二节 《中国档案分类法》

为了建立统一、规范的档案分类检索方法，实现我国档案分类检索体系的规范化，提高档案检索的效果，给全国与地方建立目录中心和进行分类标引提供规范化的工具，以便档案信息资源的深入开发和更好地为社会主义现代化建设服务，在国家档案局主持下，1987 年出版了《中国档案分类法》第一版（简称《中档法》），经过十年的使用，又进行了大幅度的扩充和修订，于 1997 年出版了第二版。

一、《中档法》的编制原则

《中档法》是以国家机构、社会组织从事社会实践活动的职能分工为基础，并结合档案的内容和特点，分门别类组成的分类表。这部分类法是按如下原则编制的：

第一，分类体系的确立、类目的设置和其序列的先后，都力求具有思想性、科学性、逻辑性、实用性，充分反映我国档案的特点，适应我国社会各项事业利用档案的需要。

第二，分类法的体系和基本类目的设置，是以不同历史时期的国家机构、社会组织从事社会实践活动的职能分工为基础，紧密结合档案内容记述和反映的事物属性关系，采取从总到分、从一般到具体的逻辑体系。

第三，分类法在总体上具有概括性和包容性，能够容纳各个历史时期、各项社会实践活动所形成的各类档案，并力求保持基本类目的稳定性。分类法既能适用于类分档案馆（室）现有档案的实际需要，又给今后档案种类增多和内容的变化留有充分的余地。

第四，分类法的类目名称和标记符号，力求准确、规范、简明、易懂、好记，便于人们掌握和使用。

二、《中档法》的体系结构

（一）《中档法》的宏观结构

1. 编制说明

编制说明置于分类表的前面，包括分类法的编制目的、原则、体系结构、标记制度、适用范围，以及使用分类法应注意的问题的总体说明。

2. 分类表

《中档法》从我国档案信息资源构成的实际出发，在统一编制原则和标记制度的前提下，以不同的历史时期，分别编制了中华人民共和国档案分类表、新民主主义档案分类表、民国档案分类表、清代档案分类表。这四个分类表既是独立的并各司其职，又是《中档法》有机体系的组成部分。四个分类表中的每一个分类表，都由主表和辅助表组成。主表，也称详表或类表，是档案分类法的主体，是分类体系的具体体现，它是将众多的类目，根据类目之间的关系，按照一定原则编排成一个有层次、逐级展开的一览表，主表由类号、类名、注释组成。辅助表又称附表、复分表，是对主表类目进行复分的依据。

3. 附录

《中档法》附录了编委会名单、综合编审组名单，以及审定委员会的审定意见和后记。后记全面介绍了《中档法》（第二版）的编制与修订过程，可使人们了解第二版的修订原则、修订要点，以便更好地使用《中档法》。

（二）《中档法》的微观结构

1. 中华人民共和国档案分类表

分类表包括主表、辅助表两大部分：

主表是分类表的主体，是档案信息分类的具体体现。它将中华人民共和国成立以来的档案信息依职能分工原则区分为许多大小门类，编排成一个有层次的、逐级展开的类目表。中华人民共和国档案分类表共设 19 个基本大类。

A　中国共产党党务

B　国家政务总类

C　政法

D　军事

E　外交

F　政协、民主党派、群众团体

G　文化、教育、卫生、体育

H　科学研究

J　计划、经济管理

K　财政、金融

L　贸易、旅游

M　农业、林业、水利

N　工业

P　交通

Q　邮电

R　城乡建设、建筑业

S　环境保护、土地管理

T　海洋、气象、地震、测绘

U　标准、计量、专利

在每一个基本大类下，再作 5～6 级区分，个别大类下设 7～8 级类目，形成了一个等级分明、次第清楚的科学系统。基本大类是在基本部类的基础上扩展起来的。基本部类是类目表中最概括、最本质的区分，并不用来类分档案信息，故在表中未明确标出基本部类。但基本大类的设置和排列是建立在一定的理论基础上，按政治、文化、经济三大部类设置，并依其相互关系加以排列的。

政治部类中，根据我国的性质和特点，首先列出中国共产党党务大类。其次列出社会的组织和管理主要职能活动——国家政务。为减少分类层次，把国家政务活动分为政务总类、政法、军事、外交等，都作为一级类，排在政务总类之后。最后列出在国家和社会活动中有重要作用的政协、民主党派、群众团体类组。

文化部类中，首先列出文化、教育、卫生、体育类组，然后列出科学研究。这两个大类，都是社会意识形态，属于广义的文化范畴。

经济是中心，经济部类形成的档案数量最多，分别设置 11 个大类。在这一部类中，因为我国的经济体制，是从计划经济向社会主义市场经济转变，所以，首先列出了计划、经济管理大类，接着是财政、金融类组，其后按国民经济各部门依次列出"贸易、旅游"，"农业、林业、水利"，"工业"，"交通"，"邮电"等大类，然后列出保护人类生存环境的环境保护、土地管理、海洋、气象、地震、测绘等类组。

辅助表又称附表、复分表。编制主表时，其中有许多类目的进一步细分都是采用同一标准，而分出来的类目也大致相同。为了节省篇幅和帮助记忆，于是把这些相同或相似的类目集中起来，配以号码，编制成表，附于主表之后。中华人民共和国档案分类表的辅助表有：综合复分表、世界各国和地区表、中国行政区划表、中国民族表、科技档案复分表。

2. 新民主主义档案分类表

新民主主义档案分类表由主表和综合复分表组成。

主表设置 13 个基本大类。大类序列如下：

A　中国共产党党务

B　政务

C　公安、司法、法院

D　军事

E　国际共运、外事

F　群众团体、群众运动

G　文化、教育、卫生、科研、体育

J　经济管理

K　财政、金融

L　商业

M　农业

N　工业

P　交通、邮电

每一基本大类下，根据现存档案实际，一般都设立三级类目，有的设立四级类目。

为了共性类目的复分，特别是根据该历史时期综合性档案较多的特点，设置综合复分表，列出政策法规、会议、计划规划、报告总结、调查统计、出版物、历史、人物八个方面的类目，供主表各类需要复分时使用。

3. 民国档案分类表

民国档案分类表由主表与辅助表组成。主表是分类表的主体。它的基本结构是按政治、文化、经济三大部类设置的。

在三大部类的基础上，主表共设 16 个大类，其序列如下：

A　中国国民党党务

B　政务总类

C　内政

D　社会

E　考试、监察

F　司法

G　军事

H　外交

J　教育、文化、科学研究

K　经济总类

L　财政、金融

M　农、林、水利

N　工、矿、电业

P　商业

Q　交通

R　邮电

在每一个基本大类下，视不同需要分设若干属类，一般设立四级类目。

为适应共性复分的需要，特编制了综合复分表、世界各国和地区表、民国时期行政区划表等三个辅助表，供共性类目复分时使用。

4. 清代档案分类表

清代档案分类表，遵循《中档法》的基本原则，根据清代档案的内容和特点，在总结清代档案工作经验的基础上，参照《大清会典》中各衙署职能的规定而制定的。

清代档案分类表，由主表和辅助表组成。

主表的基本大类，是依政治、文化、经济三大部类为基础设置的。

主表共设置 18 个基本大类，其序列如下：

A　政务总类

B　宫廷、皇族及八旗事务

C　职官、吏役

D　军事

E　政法

F　民族事务

G　中外关系

H　镇压人民斗争活动

J　宗教事务

K　文化、教育、卫生、科学研究

M　财政

N　金融

P　农业、水利、畜牧业

Q　手工业、工业、公用事业

R　建筑

S　交通、邮电

T　商业

V　天文、地理

基本大类之下，一般设立三级、四级类目。

主表后面附有四个辅助表，即综合复分表、世界各国和地区表、清代行政区划表、中国民族表，供主表共性类目的复分。它与其他三个主表后面附的辅助表差异甚大，使用时不能张冠李戴。

三、《中档法》的标记符号和注释

《中档法》的标记符号采用汉语拼音和阿拉伯数字相结合的混合号码制。

四个分类表的基本大类用拼音字母标出，并以字母的顺序反映大类的序列。中华人民共和国档案分类表除用拼音字母标出 19 个大类外，对于工业和其他类组下的二级类目，因范围广泛，内容繁多，为了适应分类的需要，采用了双字母制。在字母之后采用了阿拉伯数字表示下属类的划分并顺序编号，数字的数位一般表示类目的级位，基本上遵循层累制的编号原则。

为了使号码适应类目设置需要，在号码配置上采用了两种灵活的办法。第一，当同位类目超过 10 个，并在 16 个以内时，采用八分制，即同一级类目的号码由 1 用到 8，以后用 91、92 直到 98。第二，当同位类目超过 16 个时，为避免号码冗长，采用双位制表示各同位类，即用 11、12 直到 19，再从 21、22 直到 29，依此类推，可以容纳 81 个同位类。在编号时，为以后扩充类目，留有一些空号：

《中档法》还采用了以下几种辅助符号：

—　　综合复分号

（　）　世界各国和地区区分号

[　]　中国地区区分号、交替符号

《　》　民族区分号

〈　〉　科技档案复分号

＝　　专用复分号

·　　专类复分号

：　　关联符号

＋　　并列符号

／　　起止符号

为了帮助分类人员理解和使用类目，本分类表对一部分类目做了必要的注释，说明类目的内容，类目之间的关系，类目适用范围，类目的细分方法等。

第三节 《中国档案主题词表》

《中国档案主题词表》是由表达档案内容主题的自然语言中优选出的语义相关、族性相关的科学术语所组成的规范化词典。在档案标引和检索过程中，它是用以将档案、标引人员及用户的自然语言转换为统一的主题词检索语言的一种术语控制工具。它主要供档案馆、档案室及文书处理部门标引和检索档案、文件、资料之用。1989 年 8 月，我国出版了《中国档案主题词表》试行本，在对试行情况进行验证的基础上又加以修改和完善，于 1995 年 11 月正式出版。这部词表主要用于各级综合性档案馆和档案室收藏档案的标引与检索，企业、事业单位在对公文、资料进行主题标引与检索时也可参考使用。该表对科技档案及某些专门档案中的专业名词收录较少，明、清时期的专用名词基本未收。中央专业主管机关的档案部门可参照本表体例，编制自己专用的档案主题词表。

一、《中国档案主题词表》的选词原则与选词范围

（一）选词原则

《中国档案主题词表》共收录主题词 25 891 条，其中正式主题词 21 785 条，非正式主题词 4 106 条。在选词中遵循的原则是：

（1）以马列主义、毛泽东思想为指导，坚持辩证唯物主义和历史唯物主义观点，力求思想性、科学性和实用性的统一。

（2）选用的主题词能够反映综合性档案馆、机关档案室收藏档案内容的主题概念，在标引与检索中具有使用价值和一定的使用频率。

（3）选用的主题词符合汉语的结构特点，词形简练，概念明确，词义单一。

（二）选词范围

《中国档案主题词表》主要选收 20 世纪初叶以来，反映党、政府机关各项管理工作内容的名词，党政公文中经常涉及的政治活动、科学研究、生产技术、经济建设等方面的名词术语，以及反映新事物概念的专用名词。同时，还选用以下方面的词和词组：

（1）中国各民族、各民族文字与语言的名称，世界上其他主要文字、语言的名称，主要宗教名称。如"回族"、"苗族"、"满文"、"维吾尔文"、"道教"、"佛教"等。

（2）常见的党、政、军、群、企事业组织机构名称的泛指词，中央级党、政、军机关名称，有影响的社团、企事业机构名称，在全国范围内有较大影响的知名人士姓名。如"政府"、"国家科委"、"中国共产党"、"八路军"、"钱三强"等。

（3）行政职务与专业技术职务名称，军职与军衔名称。如"省长"、"县长"、"局长"、"教授"、"副编审"等。

（4）部分国家法律和规章的名称。如"财政法"、"民航条例"等。

（5）节日、节令名称，具有特殊重要意义的会议名称和有重大影响的历史事件名称。如"国庆节"、"立春"、"北平和平解放"等。

（6）学科名称及反映学科具体内容概念的部分词目，重要的、常见的化学元素、矿物、合金、化合物名称。如"系统科学"、"锌合金"等。

（7）小说、戏剧、曲艺、诗歌、绘画等文学艺术作品的泛称词及其使用频率高的下位词。如"古典小说"、"沪剧"、"农民画"等。

（8）田径运动、水上运动、冰上运动和体操等体育运动项目名称及其直接下位词。如"跳高"、"跳水"、"推铅球"、"自由泳"等。

（9）常见的动物、植物、疾病、医药及各类工农业产品的名称。

（10）枪械、火炮、弹药等武器称谓及直接下位词。

二、《中国档案主题词表》的结构体例

《中国档案主题词表》由主表（字顺表）、词族索引、范畴索引、首字笔画检字表和附表、附录组成。

（一）主表

主表的基本单元是主题词款目。主题词款目由款目主题词及其汉语拼音、范畴号、注释和词间关系项等内容组成。如下例。

zhiliangguanli——汉语拼音

[JB]——范畴号

质量管理——款目主题词

D　质量控制——代项
F　全面质量管理——分项
　　水汽质量管理（发电）
　　质量检测
　　质量检查 ｝词间关系
　　质量检验
S　企业管理——属项
Z　经济管理——族项
C　质量监督——参项

对主题词款目中各项目内容说明如下：

款目主题词依照首字音序、调序结合汉字形笔画排列，首字相同者依第二字音序、调序、字形笔画排列，依此类推。

注释是对主题词所做的简要说明，其中包括范围限定注释、含义注释。其目的是明确词义、防止误解，以保证选词的准确性。限定注释指明该主题词的使用范围，用圆括号注于主题词之后，作为主题词的组成部分。含义注释说明该主题词的特定内容，用圆括号注于主题词之下，不作为主题词的组成部分。

例如：

古田会议（1929）
革委会（"文化大革命"） 〉限定注释

农业八字宪法
　　　指土、肥、水、种、密、保、管、工
　　　八项农作物增产措施 〉含义注释
三北地区
　　　（东北、华北、西北）

范畴号。款目主题词均注有范畴分类类目代号，标志于款目主题词的右侧。借助范畴号可以在范畴索引中查寻与该主题词同属一类的有关主题词。

词间关系是用来说明与款目主题词发生关系的一些词，其中包括等同关系、属分关系、相关关系。等同关系，是指两个或几个概念相同或概念相近的主题词之间的关系，并在其中选一个词作正式主题词，其余的词作非正式主题词，主题词与非正式主题词在主表中用符号"Y"（用）、"D"（代）来表示。属分关系是指概念上具有隶属关系一系列主题词之间的关系，上位词、下位词在主表中用符号"S"（属）、"F"（分）来表示。相关关系是指主题词之间不存在等同关系和属分关系，而具有其他密切的关系，在标引和检索时需要参考的一种相互参照关系，在主表中用符号"C"（参）表示。

（二）词族索引

词族索引又称等级索引。所谓词族，是把属性相同的主题词按其概念等级阶梯式地排列而成的概念体系。词族索引是把主表中具有属分关系、包含关系和整体部分关系的正式主题词，按规定属分级别展开全显示的一种词族系统。这种索引是在标引和检索中提供系统查词和选定标引词的辅助工具，在机检系统中是实现自动扩检、缩检、上位词登录及满足族性检索的重要手段。

族首词是能概括一族主题词的最上位的广义概念词，即只有分项"F"，没有属项"S"的主题词，其右上角缀以"＊"号。在词族索引中作排检款目词列在一族之首。族首词之间依汉语拼音音序排列。族首词下分的主题词用点的数目表示其等级。族首词为一级词，其下分词每置一个点（·）为二级词，每置两个点（··）为三级词，置三个点（···）为四级词，依此类推。例如：

zhiwu

植物　　　　　　　一级词

·园林植物　　　　二级词

··花卉　　　　　三级词

···水生花卉　　四级词

词族索引与主表之间通过汉语拼音联系，词族索引中的每一个主题词都可以按其汉语拼音在主表中查出。主表与词族索引之间通过缀以"＊"号的族首词联系，在主表中缀有"＊"号的主题词，可在族首词目录中先查到该词在词族索引中的页码，然后在词族索引中查到该族首词。

（三）范畴索引

范畴索引又称范畴分类索引，是将主表中的全部主题词按照既定的类目分类排列，以便按类查词的一种辅助工具。

《中国档案主题词表》的范畴索引，是将主表中的全部主题词分为 20 个一级类目，103 个二级类目，37 个三级类目。类目的标识符号，采用汉语拼音字母与阿拉伯数字的混合号码制。

（四）附表——人名表、机构名表

《中国档案主题词表》编制人名表、机构名表作为附表，置于主表之后。编制附表是为了控制主表的词量，避免主表过于庞大，也方便利用者查找人物与机构方面的主题词。附表是主题词表的有机组成部分，主表和附表收录的主题词加在一起，构成主题词总数之和。

人名表的收录范围是，明清时期进士，三品以上命官，国民政府及执政党正部级官员，中华人民共和国中央人民政府及中共中央部委局办一级机构正职以上领导人，其他党派、群众团体主要负责人，上将、正军级以上军职人员，全国各界著名人士，著名华侨与国际友人，与中国重大历史事件有关的著名外国人。

机构名表主要收录明、清中央政府机构以及著名工矿、学堂名称，辛亥革命以来中央政府及其直属机构和派出机构的名称，中央立法、司法、军事机构及大军区的名称，执政党中央机构和派出机构的名称，其他政党、团体中央机构的名称，有影响的全国学会、协会、宗教团体的名称，中央级企事业单位的名称，以及与上述机构有相同级别的临时机构的名称。

三、《中国档案主题词表》的使用方法

根据主题概念查找《中国档案主题词表》，选词的方法如下：

（1）按汉语拼音音序、调序、字形笔画参照天头提示，从主表或附表中查找标引用的主题词，或按笔画笔顺从词目首字笔画检字表中检出主题词的首字，再按该字所在页码从主表中查找标引用的主题词。

（2）按分类类目从范畴索引中查找标引用的主题词，必要时再从主表中查阅该词的词间关系项，以选定更恰当的主题词。

（3）所选词在主表、附表或范畴索引中标明属非正式主题词者，应转换为正式主题词做标引词。

（4）在主表中查到的主题词，如果不能恰当反映文件主题时，可参考该词的词间关系进行校正，也可按该词的范畴号或族首词在索引表中查选更恰当的词。

（5）从词族索引中查找属性相同的一族词，选定最专指的主题词。必要时，再从主表中查阅该词的其他词间关系，以选定更恰当的主题词。

（6）应用计算机进行标引、检索时，可利用计算机机读主题词表中的词族索引进行上位登录和自动扩检、缩检，以提高标引速度和查全率、查准率。

第四节　档案著录

一、档案著录的内容与作用

档案著录是指在编制档案目录时，对档案的内容和形式特征进行分析、选择和记录的过程。所谓内容特征，就是对档案主题的揭示，表现为档案的分类号、主题词、提要等记录项。所谓形式特征，包括档案的作者、形成时间、地点、档号、文种、载体等。

档案著录的内容通常包括著录原则、著录项目、著录格式、标识符号、著录信息源、著录用文字、著录项目细则。

档案著录的结果——条目，是指按照一定的方法、将反映单份文件或案卷的内容和形式特征的著录项目组成一条记录。将众多的条目，按照一定的体系和方法排列起来，便是目录。

从手工检索来说，其基本工具是档案目录。从计算机检索来看，档案检索是通过对数据库的搜寻实现的。档案检索的第一阶段的工作是存储，即通过著录、标引、编制检索工具或建立数据库。而数据库的建立，必须依赖于档案著录项目的输入，没有这种输入，是无法实现计算机检索的。

档案著录工作的作用是多方面的，具有登记、介绍、报道、交流和检索的作用，其中最主要的是检索。

档案著录是获取档案中所含情报信息的主要途径，是编制档案检索工和建立数据库的基础，著录的质量直接影响档案检索工具和数据库的质量。无论何种检索工具与数据库，要有良好的存储和查找功能，都必须取决于著录项目的详细具体，标引准确，格式与标识符号的统一，文字简明。著录工作中的讹误，会降低检索工具和数据库的效能，甚至丧失作用。

二、档案著录的原则和要求

档案著录应遵循客观性原则。按照档案本身的文字、原题名的用词、排列顺序著录，保留题名中的标点符号，自拟的著录内容加"〔　〕"，错误的原题名、责任者、形成时间可以照录，但应另拟题名或将考证出的责任者与形成时间附后，也可在附注项说明。

档案著录要求做到内容准确，形式一致，符合标准化。

三、著录项目

著录项目是揭示档案内容和形式特征的记录事项。根据国家档案局颁布的行业标准《档案著录规则》的规定，应著录下列项目：

（1）题名与责任说明项，包括正题名、并列题名、副题名及说明题名文字、文件编号、责任者、附件。

（2）稿本与文种项。

（3）密级与保管期限项。

（4）时间项。

（5）载体形态项，包括载体类型、数量及单位、规格。

（6）附注与提要项。

（7）排检与编号项，包括分类号、档案馆代号、档号、电子文档号、缩微号、主题词或关键词。

四、著录用标识符

（一）标识符种类

为识别各著录项目、单元（小项）及其内容，添加如下规定的标识符。

.—　置于下列各著录项目之前：稿本与文种项、密级与保管期限项、时间项、载体形态项、附注项。

＝　置于并列题名之前。

：　置于下列各著录单元之前：副题名及说明题名文字、文件编号、文种、保管期限、数量及单位、规格。

／　置于第一个责任者之前。

；　置于多个文件编号之间、多个责任者之间。

，　用于相同职责、身份省略时的责任者之间或同一责任者的不同职责、身份之间。

＋　置于每一个附件之前。

〔　〕　置于下列著录内容的两端：自拟著录内容、文件编号中的年度。

（　）　置于下列著录内容的两端：责任者所属机构名称、责任者真实姓名、责任者职责或身份、外国责任者国别及姓名原文、中国责任者时代、历史档案中的朝代纪年、农历、地支代月、韵目代日转换后的公元纪年。

？　用于不能确定的著录内容，一般与"〔　〕"号配合使用。

—　用于下列著录内容之间：日期起止和档号、电子文档号、缩微号各层次之间。

…　用于节略内容。

□　用于每一个残缺文字和未考证出时间的每一数字。未考证出的责任者及难以计数的残缺文字用三个"□"号。

（二）标识符使用方法

（1）除"题名与责任说明项、排检与编号项"外，各项目连续著录时，其前均冠以".—"。如遇回行，不可省略该标识符。但各项目另起段落著录时则可省略该标识符。

（2）".—"符占两格，在回行时不应拆开；"；"和"，"各占一格，前后均不再空格。

（3）如某个项目缺少第一个单元（小项）时，应将现位于首位的单元原规定的标识符改为".—"。

（4）凡重复著录一个项目或单元时，其标识符也须重复。

（5）不著录的项目或单元，其标识符应连同该项目或单元一并省略。

五、著录格式

档案著录必须按照一定的格式。所谓著录格式是指著录项目在条目中的排列顺序及其表达方式。

著录格式有两种类型，一种为表格式，一种为段落式。段落式中又分为段落式标识符号法和段落式空格法。档案部门一直沿用表格式，优点是填卡、查卡比较直观，容易掌握，缺点是太死板，每个著录项目都留空格，留小了写不下著录的内容，留大了又浪费卡片的存贮空间。因此，《档案著录规则》的著录格式，主要采用段落符号式条目格式。

段落符号式条目格式例：

分类号	档案馆代号
档　号　　　　　　　　电子文档号	缩微号

正题名＝并列题名：副题名及说明题名文字：文件编号/责任者＋附件．—稿本：文种．—密级：保管期限．—时间．—载体类型：数量及单位：规格．—附注

　　提要

主题词或关键词

段落符号式条目格式将著录项目划分为四个段落。第一段落中分类号、档号分别置于条目左上角的第一、二行，档案馆代号、缩微号分别置于条目右上角第一、二行，电子文档号置于第二行的中间位置。第二段落从第三行与档号齐头处依次著录题名与责任说明项、稿本与文种项、密级与保管期限项、时间项、载体形态项、附注项，回行时，齐头著录。第三段落另起一行空两格著录提要，回行时与一、二段落齐头。第四段落另起一行齐头著录主题词或关键词，各词之间空一格。

实际工作中若需要使用表格式时，表格式条目的著录项目与排列顺序均与段落符号式条目格式相同。著录对象可从各馆、室的实际出发，既可以是一份文件、一个案卷，也可以是一组文件或一组案卷，但应按上述格式著录。著录的条目形式为卡片时，卡片尺寸一般为12.5cm×7.5cm，著录时卡片四周均应留1cm空隙，如卡片正面著录不完，可接背面连续著录。

文件级条目著录例：

例1：

GE5.75	411010
2-53-107-8	46—94

转发国务院批转国家教委关于改革高等学校毕业生分配制度报告通知的通知：京政发［1989］56 号/北京市人民政府＋国务院通知＋国家教委报告＋市计委、市高教局、市人事局实施意见．—副本：通知．—内部：永久．—19890702．—8 页：260mm×184mm．—教委报告不全，市高教局、市人事局实施意见全无

　　国家教委报告分析了毕业生分配制度上存在的问题及进行改革的意见。国务院通知要求各地区各部门制定改革措施。北京市有关单位提出了实施意见。

毕业生分配　　高等院校　　教育改革　　制度

例2：

MB42+MB32+MBl2	453001
2-16—78-6	75-12
中共河南省委员会·河南省人民政府关于贯彻中共中央、国务院《关于保护森林发展林业若干问题的决定》的具体规定：豫发［1981］130号/中共河南省委；河南省人民政府.—正本：规定.—长期.—19810825.—15页；260mm×184mm	
林业　　森林保护　　森林抚育　　林业管理	

六、著录用文字及著录信息源

在著录项目中涉及的数字，除题名中的数字照原样著录外，其他如文件编号、时间项、载体形态项、排检与编号项中的数字一律用阿拉伯数字。少数民族文字档案著录时必须依照少数民族文字书写规则。

著录信息源是被著录档案本身。文件级的著录信源主要依据文头、正文、文尾；案卷级的著录信息源主要依据案卷封面、卷内文件目录、备考表等。

七、著录方法

（一）题名与责任说明项

1. 题名

题名是直接表达档案中心内容、形式特征并区别于另一档案的名称。档案界习惯称题名为标题，但因标题容易与主题混淆，在《档案著录规则》中称题名。题名又分为以下三种：

（1）正题名。文件或案卷的主要题名，一般指单份文件文首的题目名称和案卷封面上的题目名称。在通常情况下，文件或案卷只有一个题名时，应视为正题名。著录正题名时，一般照原文著录。

（2）并列题名。它是指在文件或案卷上以第二种语言文字书写的与正题名对照并列的题名。必要时，并列题名应与正题名一起著录，其前用"＝"号。

（3）副题名。它是指解释或从属于正题名的另一题名，也称解释题名。正题名能够反映档案内容时，一般不著录副题名。如果有必要著录时，副题名是题名的组成部分，其前用"："号。

说明题名文字。它是指在题名前后对档案内容、范围、用途等的说明文字，原则上也应属于题名范畴。一般不著录，在特殊情况下，必须著录时，其前加"："号。

著录题名，一般照录文件或案卷的正题名。题名中的标点符号、化学符号、类型标记、阿拉伯数字、外文字母、汉语拼音等均照录。因为这些内容都是构成题名不可分割的部分，是确认或区别不同文件或案卷的重要标志。

没有题名的单份文件，应根据其内容拟写题名，并加"（　）"号。革命历史文件、新中国成立初期以及"文化大革命"中形成的文件，由于文书处理制度不正规及其他原因，有的文件没有题名，著录时，应根据文件内容拟写简明确切的题名。

文件题名含义不清，不能正确揭示内容时，原题名照录，并根据其内容另拟题名附后，加"（ ）"号。例如，有的文件题名是文件名称，只写上"通知"、"通告"；有的文件题名是责任者和名称，只写出"××县人民政府布告"；有的题名没有说明文件内容，看后不清楚是什么含义，如"关于进一步贯彻执行中共中央（1980）75号文件精神的通知"。遇到上述情况，除了照录原题名外，应另拟一个简明确切的题名附后，加"（ ）"号。

案卷题名不能揭示案卷内容或题名过于冗长时，一般应重新拟写，更改原案卷题名后再著录。案卷题名与文件题名不同，文件题名是撰写文件时形成的，是原始记录，是真切的历史标记，即使不确切也应客观著录，照录原题名，另拟题名附后，而案卷题名是文书人员，业务人员或档案人员在组卷时根据文件内容拟写的，不是档案本身原有的。所以，著录时可以更改原案卷封面的题名，重新拟写新的案卷题名后，再著录。但是，历史档案的案卷题名，是当时人拟制的，为了保留历史上管理档案的情况，也可以保留原案卷题名，再拟一个确切的题名附后。

2. 文件编号

文件编号是文件制发过程中由制发机关、团体或个人编写的顺序号，包括发文字号、图号等。文件编号照原文字和符号著录，其前加"："号。如中发〔1982〕10号，代表中共中央1982年第10号发文。

3. 责任说明

责任说明著录责任者，必要时著录职责或身份（职务、职称等）。

责任者是指对档案内容进行创造，负有责任的团体或个人。档案界习惯称责任者为作者，说明文件是什么机关或个人制发的。

责任者只有一个时，照原文著录，其前加"/"号。责任者有多个时，著录列居首位的责任者，立档单位本身是责任者的必须著录，其余视需要著录。被省略的责任者用"…"号或"等"表示。第一责任者之前加"/"号，责任者之间以"；"号相隔。

责任者分为机关团体责任者和个人责任者。

机关团体责任者必须著录全称或通用的简称，不能滥用省略。不同的机关团体由于使用简称不当会造成误会。比如，把"全国人民代表大会常务委员会"简称为"人大"，而"中国人民大学"也简称为"人大"，这样的简称就不确切。前者应简称为"全国人大常委"，后者应简称为"人民大学"。按照档案部门的著录习惯，一般沿用这样的简称。如"中国共产党中央委员会"简称"中共中央"，"中华人民共和国外交部"，简称"外交部"，"贵州省人民政府人事局"简称"贵州省人事局"等，不得著录为"本部"、"本委"、"本省人事局"、"本校"、"本厂"等。

历代政权机关团体责任者，著录时其前应冠以朝代或政权名称，并加"（ ）"。如（清）军机处、（民国）外交部。

个人责任者一般只著录姓名，必要时在姓名后著录职务、职称或其他职责，并加"（ ）"号。如李伯勇（劳动部长）。

文件所署个人责任者为别名、笔名等时，均照原文著录。但应将其真实姓名附后，并加"（ ）"，如朱玉阶（朱德）、茅盾（沈雁冰）。

清代以前的个人责任者，著录时，须在姓名前标明朝代，加"（　）"号，便于利用和识别。如（清）李鸿章，（明）魏忠贤。

外国责任者，应著录各历史时期易于识别的国别简称，统一的中文姓氏译名。必要时著录姓氏原文和名的缩写。国别、姓氏的原文和名的缩写均加"（　）"号。

未署责任者的文件，应著录根据其内容、形式特征考证出的责任者，并加"［　］"号。文件上未署责任者，绝不可认为该文件无责任者，因为没有责任者就不可能形成文件。责任者对于判定文件价值、提供利用都是很重要的，应尽可能考证出来，只有匿名检举信是例外。假若经过考证仍无结果时，以三个"□□□"代替。

文件的责任者有误，仍照原文著录，但应考证出真实责任者附后，并加"［　］"号。

4. 附件

附件是文件正文后的附加材料，只著录附件题名，其前冠"＋"号。文件正文有多个附件时，应逐一著录各附件题名，各附件题名前均冠以"＋"号。若附件题名具有独立检索意义时，亦可另行著录条目，但应在附注项中加以说明。

（二）稿本与文种项

稿本是指档案文件的文稿、文本和版本。稿本项依实际情况著录为草稿、定稿、手稿、草图、原图、底图、蓝图、正本、副本等，其前加"．—"号。

文种是指文件种类的名称。文本项依实际情况著录为命令、决议、指示、请示、批复、报告、函、通知、会议纪要等，其前加"："号。

（三）密级与保管期限项

密级是指文件的机密程度。密级项一般按文件形成时所定的密级著录，对已升、降、解密的，应著最新的密级，其前加"．—"号。

保管期限项，一般按案卷组成或文件归档时所定保管期限著录，若已更改的，应著录新的保管期限，其前加"："号。

（四）时间项

时间项指著录对象分为文件级的文件形成时间和案卷级的案卷内文件起止时间。时间项是一个重要著录项目。著录文件的时间，对于了解文件何时形成与生效，正确判定文件的价值，开展提供利用工作以及公布出版和供利用者引用，都有着重要的意义。时间项著录时，其前加"．—"号。

文件上只有一个时间，照原文著录。文件上有几个时间，著录时就应选择，一般公私文书、信件为发文时间，决议、决定、命令为通过时间或发布时间，条约、合同为签署时间，报表、计划为编制时间，工程、产品图纸为设计时间等。

时间项依据 GB2808—81《全数字日期表示法》著录，一律用八位数表示，第 1～4 位数表示年，第 5～6 位数表示月，第 7～8 位数表示日。例如，1998 年 10 月 5 日，应写成 19981005。历史档案中的朝代纪年、农历、地支代月、韵目代日，应照原文著录，同时将换算好的公元纪年附后，并加"（　）"号。

文件上没有时间或形成时间不清的文件，既不可听之任之，又不可想当然随意乱加，而必须根据其内容、形式、载体特征以及参考其他材料考证出形成的时间再著录，并加"〔　〕"号。假若考证不出时，著录为"．—□□□□□□□□"，亦可著录文件上的收文时间和其他时间，并在附注项中说明。

时间记载有误的文件，仍照原文著录，再将考证出的时间附后，并加"〔　〕"号，必要时应在附注项中说明考证之依据。如文件上时间为 1957 年 8 月 12 日。从内容上是讲"文化大革命"中"造反派"夺权，考证出应为〔19670812〕。

案卷内文件起止日期，是著录卷内最早和最迟形成文件的时间，其间用"—"号连接。

（五）载体形态项

载体形态项著录档案的载体类型标识及档案载体的物质形态特征。

1. 载体类型

档案的载体类型分为甲骨、金石、简牍、缣帛、纸、唱片、胶片、胶卷、磁带、磁盘、光盘等。以纸张为载体的档案一般不予著录，其他载体类型据实著录，其前加"．—"号。

2. 数量及单位

数量为阿拉伯数字，单位用档案物质形态的统计单位，如"页"、"卷"、"册"、"张"、"片"、"盒"、"米"等。著录时其前加"："号。如"．—12 页：16 开"："．—唱片：4 张"。

3. 规格

规格指档案载体的尺寸及型号，著录时其前加"："号。如"．—缩微平片：3 张：105mm×148mm"。"．—磁盘：2 片：3.5 英寸"。

（六）附注与提要项

1. 附注项

附注项著录档案中需要解释和补充的事项。附注项的内容依各项目的顺序著录，项目以外需解释和补充的列在其后。

每一条附注均以"．—"号分隔。如每一条附注都分段著录时，可省略该标识符。

各著录项目中需要注明的事项：（1）题名附注：注明同一文件的不同题名或其他称谓。例．—题名又称"工业 30 条"。（2）责任者附注：注明考证出责任者的依据和责任者项未著录责任者的数目或名称。例．—责任者据笔迹考证。（3）时间附注：注明考证出时间的依据。若著录为非文件形成时间时，应注明为何种时间。例．—时间为收文时间。（4）载体形态附注：注明载体形态的破损、残缺、变质及字迹退变等情况。例．—中间缺 3 页。

2. 提要项

提要项是对文件和案卷内容的简介，应反映其主要内容、重要数据（包括技术参数等）。提要在附注之后另起一段空两格著录，一般不超过 200 字。提要内容依汉语的语法和标点符号使用法著录。

（七）排检与编号项

排检与编号项是目录排检和档案馆（室）业务注记项。

1. 分类号

分类号依据《中国档案分类法》和《档案分类标引规则》的有关规定著录，置于条目左上角第一行。

2. 档案馆代码

档案馆代码依据《编制全国档案馆名称代码实施细则》所赋予的代码著录，置于条目右上角第一行。

档案馆代码在建立目录中心或报道交流时必须著录。

3. 档号

档号是指档案馆（室）在整理和管理档案的过程中，以字符形式赋予档案的一组代码。档号著录于条目左上角第二行，与分类号齐头。档号中各号之间以"—"号相隔。

4. 电子文档号

电子文档号是档案馆（室）管理电子文件的一组符号代码，著录于条目第二行的中间位置。

5. 缩微号

缩微号是档案馆（室）赋予档案缩微制品的编号，著录于条目右上角第二行，与档案馆代码齐头。

6. 主题词或关键词

主题词是在标引和检索中用以表达档案主题内容的规范化的词或词组。关键词是在标引和检索中取自文件题名或正文用以表达档案主题并具有检索意义的词或词组。主题词参照《中国档案主题词表》、《档案主题标引规则》及本专业、本单位的规范化词表进行标引。主题词或关键词著录于附注与提要项之后，另起一项齐头著录。各词之间空一格，一个词或词组不得分作两行书写。

第五节　档案标引

在档案著录中对档案内容进行分析和选择，并赋予其规范化检索标识的过程，称为档案标引。其中赋予分类号标识的过程称为分类标引，赋予主题词标识的过程称为主题标引。档案标引的目的是揭示档案的主题内容，为从内容方面查找档案提供检索途径。

一、档案标引方式

档案标引按照不同的标准可以分为多种方式。

（一）标引工作按照工作方式分为人工标引和机器标引

人工标引，又称手工标引，是标引人员亲自分析文件或案卷，给予检索标识的过程。

机器标引，又称自动标引，是采用电子计算机等机器给予档案某种检索标识的过程。例如，机器直接从文件或案卷中抽取表达主题的关键词，再借助主题词表转换成主题词的过程，就属于机器标引。

（二）标引工作按照检索体系区分为分类标引和主题标引

分类标引根据标引的程度又分整体分类标引、全面分类标引、分类互见标引。所谓整体分类标引，就是对一份文件、一个案卷，只给一个分类号，概括标引。全面分类标引，是指一份文件或案卷有若干主题，依据所属类目分别给分类号。分类互见标引，指一份文件或一个案卷论述的主题涉及几个类目，标出一个主要的类号后，再在其他类目中作重复整体标引，标出的类号，称为互见分类号。

主题标引从采用标引语言是否规范的角度来区分，有自由标引、受控标引、混合标引（又称半受控半自由标引）。自由标引又称非控标引，是直接使用自然语言中的词，即档案材料中出现或未出现的未经规范的自由词进行标引。受控标引，是指严格根据主题词表中规范化的主题词进行标引。混合标引，是指在标引时除使用主题词表中规范化的主题词外，也同时选用一些未规范化的自由词、关键词来标引。

（三）标引工作按提供检索标识的数量可分为浅度标引和深度标引

浅度标引是指以较少的检索标识标引档案的主要主题，深度标引是指以较多的检索标识全面标引档案的主题。

二、档案标引的质量指标

（一）标引的网罗度

网罗度又称穷举度，是指标引工作中确认档案所有主题的程度。例如，一份档案有八个主题全部标引出来，就达到了最完全的网罗度。网罗度高，查全率就高，无论针对哪一个主题进行提问，都可以检出这份档案。但是，标引的高网罗度在获得了高查全率的同时，却降低了查准率。因为一份档案的主题地位不是平等的，有主次之分，次要的主题一般不作为检索入口，意义不大，可以省略；同时，若不分主次地追求高网罗度，选用的标引词就多，既加大了标引工作量，又容易导致虚假组配和误检的可能性，会降低查准率。

不同类型档案的最佳网罗度不同，应从具体情况出发，以适度为宜。手工检索系统对标引的网罗度要求较低，因为增加标引词将大大增加制卡工作量和目录的体积。计算机检索系统对标引的网罗度要求有所提高，这是由于计算机具有一次输入、多次输出、自动排检、检索速度快等功能，网罗度高，输入的标引词多，可以提高档案的查全率。

（二）标引的专指度

标引的专指度是检索标识表达档案内容的精确度，也就是标引的检索标识与档案主题概念的内涵和外延的相符程度。标引的专指度高，查全率和查准率就会高，反之则会降低。标引工作中专指度不高的表现，一是检索标识大于档案的主题概念，就会检出一些无关的档案，降低查准率；二是检索标识小于档案主题概念，就可能漏检一些档案，降低了查全率。

（三）标引的一致度

一致度是指选用表达档案主题内容所需标引词的一致程度。一致度的高低直接影响检索效率。如果对档案的同一主题赋予的检索标识前后不一致，必然会造成该主题档案的分散，降低查全率与查准率。为提高标引的一致度，应要求使用统一的词表，按照统一的标引规则进行标引，不断总结标引工作经验，提高标引人员水平。

三、档案主题标引

主题标引是对档案内容进行主题分析，赋予主题词标识的过程。它在档案检索中有两项任务：一是从档案中分析、提取有关某一主题的情报信息；二是将得出的主题概念，按照主题词表标出主题词。

（一）档案主题标引的程序

1. 阅读文件，了解主题

标引人员拿到一份文件，首先应进行阅读，了解文件研究和论述的主题是什么。只有准确地把握住了文件的主题——中心内容，才能进行正确的标引。阅读文件的方法是先看题名，这是了解主题的捷径之一。文件的题名通常由责任者、问题、名称组成，一般能够揭示文件的内容和成分，概括指出文件的主题。但有时也会出现文不对题、题大文小、题小文大的情况。特别是在档案文件中，还存在着有些文件的题名是文件名称，或责任者加文件名称，使题名不能揭示文件的内容。因此，不能把文件题名作为了解主题和进行标引的唯一依据，必须浏览正文。浏览正文的方法，重点是阅读文件的前言、简介、提要、说明、批语、结论、大小标题等，这样就可以大体了解作者的意图、文件的重点和主题内容。此外，查看文头、文尾和附加标记，也往往可以提供辅助的依据。

2. 主题分析

标引人员在审读文件的基础上，从纷繁的内容中，分析出文件所论述的主要对象，进而明确主题内容，形成主题概念，这一过程称为主题分析。主题分析的主要内容，一是分析主题的类型，二是分析主题的结构。

文件的主题类型一般分为单主题和多主题两种。单主题是指一份文件内容所论述、研究的对象或问题是单一的，只有一个主题。多主题，又称并列主题，是指一份文件所论述、研究的对象或问题有两个以上相互独立的主题，具有并列关系。标引时，单主题可用一个专指性的主题词或几个主题词进行组配来表达主题；多主题则应先分解为一个个单主题，用几个主题词或分组组配的形式来表示。

文件的主题结构，是指构成主题的各个因素，亦称主题因素。按照国家标准《文献主题标引规则》的规定，主题因素分为五种：

（1）主体因素。它是指文件或案卷所论述的关键性概念是主题词表中具有独立检索意义的主题词，能作为该份文件的检索入口，为利用者提供检索途径。它几乎包括各种事物、问题、学科领域中最基本的概念。通常包括研究对象、材料、方法、过程、条件等。

（2）通用因素。它是指档案文件内容的主题概念的完整表达，是用以补充说明主题因素的，是主题因素中的次要部分，对主题因素起细分的作用。它在主题词表中是一些没有独立检索意义的主题词，不能作为查找文件的检索入口，不能为利用者提供检索途径。

（3）位置因素。它是指表明文件或案卷所论述事物，对象和问题所处的空间、地理位置的主题因素，具体指明文件论述的主题的位置属性，也就是指明在何处、对主体因素在地理位置上起限定作用。它包括主题词表中的国家、地区、地名、机构名称等方面的主题词。位置因素没有独立的检索意义。

（4）时间因素。它是档案文件内容所研究和论述的事物、对象和问题，所处时间范围的主题因素，包括朝代、年代、年度、时间等。时间因素是指明主题的时间属性，对主体因素起限定和修饰作用，一般也没有独立的检索意义。

（5）文件类型因素。它是文件的种类或名称的主题因素。如会议记录、条例、指示、报告、通知等。

上述五种主题构成因素，基本上概括了档案文件可能出现的主题因素。其中主体因素是首要因素，是主题构成的核心因素，是利用者查找文件的主要检索入口，必须加以标引，作为主标题使用。通用因素处于次要的地位，没有独立的检索意义，但对主体因素有细分和修饰的作用，能与主体因素结合而成为一个完整的主题。位置因素和时间因素是对主体因素在位置或时间方面的一种限定和修饰，是一种辅助性的属性。文件类型因素与主体因素没有必然联系，但有助于了解论述的对象，所以放在最后。

3．主题概念的提炼

一份文件或一个案卷的主题概念，并不要求全部都标引出来，而应当根据要求有所取舍。取舍主题概念应考虑以下因素：依据本部门的性质任务，确定主题标引范围大小及其重点；按检索工具或检索系统的要求，确定主题标引的定额或平均数；充分考虑利用者的检索需求，只标引重要的和有实际参考价值和利用价值的主题概念，舍弃价值不大、一般论述或没有实际意义的主题内容。最终选定的主题概念应是档案中论述的问题并具有实际检索意义，标出的主题词应能全面、准确地表达档案主题。

4．主题概念的转换

主题概念转换的方法是：由标引人员根据选定的主题概念，查看主题词表中有无与该主题概念相对应的正式主题词，若有，就将该主题词作为标引词记录下来，于是便完成了转换过程。如果选定的主题概念在词表中没有相应的主题词，就应通过组配的方法来解决。

5．标引记录

它是按照一定的格式，将主题概念转换成相应的主题词，准确地记录在卡片或书本或其他载体上。

6．校对审查

校对审查制度是标引工作的一项重要内容，也是最后一道工序。各档案馆（室）应特别重视校审工作，选派精通业务的人担任，以加强标引的一致性和准确性。

（二）档案主题词的选词标引规则

档案主题词的选词标引是对主题分析出的概念给予主题标识的过程。它一般应遵循以下规则：

1. 标引必须持客观态度

标引要直接地、忠实地反映出文件或案卷所论述的事物或研究的对象与问题，切忌标引人员掺杂个人的意见，随意猜测和褒贬。

2. 档案主题标引的核心，是揭示文件或案卷论述的主要事物或问题

凡文件或案卷论述某一事物或问题的，应以事物或问题本身作为标引的依据，标引出该事物、该问题的概念本身。凡论述事物或问题的某一个或几个方面的，则应标引事物与某一个或几个方面的概念。假若涉及三个以上方面时，也可考虑只标引事物对象本身这个概念。

3. 选定的主题词必须是正式主题词

选定的主题词一般必须是词表中规定使用的主题词（正式主题词），书写形式应与词表中的词形相一致，非正式主题词不能作为标引词使用。

4. 必须使用词表中最专指的主题词标引

选词必须选用词表中相对应的、最专指的、能够准确反映档案主题概念的主题词进行标引，一般不得选用上位或下位主题词标引。

5. 当词表中找不到最专指的主题词时，则应选用最直接相关的两个或两个以上的主题词进行组配标引

如果词表中没有恰当的主题词组配时，或者组配仍无法达到要求时，可选用两个最直接的上位主题词或相近的主题词进行上位标引或靠词标引。必要时，也可以临时选择一个适当的关键词标引。

（三）主题词的组配和组配规则

主题词的组配，是运用主题词的语义关系和逻辑性质，通过不同主题词之间的语法限定或逻辑组合，把两个或更多的主题词组合在一起，来表达档案文件的复杂概念和某一个完整的主题。主题词的组配既不是单纯的字面组合，也不是随意进行组配，而应是概念组配。

主题词的组配，一般有概念限定组配和概念相交组配两种。

1. 概念限定组配

概念限定组配也称方面组配。它是通过主题词间存在的语义关系或语法关系，一个概念用一个或几个主题词，从时间、空间、学科或专业范围等方面去进行限定或修饰，从而使档案文件的内容主题，能够充分表达和揭示的一种主题词组配方法。它主要表现为事物与其各个方面问题之间的关系，整体与部分的关系，适用范围很广泛，在组配中，方面组配占有很大比重。例如："社会主义国家"这一主题概念，就是通过"社会主义"这个主题词概念和"国家"这个主题词概念进行限定组配，从而得到的专指程度更高的新概念。

概念限定组配的主要特点，是限定概念与被限定概念之间不具有交叉关系，两概念之间一般是并列关系。相互组配以一个概念作为缩小另一概念外延和加深其内涵为条件。组配后所得的概念，只是被限定概念的种概念。例如"环境污染"是属概念"污染"经过概念限定方式产生的。限定后所得的种概念包含在被限定的属概念之中。

2. 概念相交组配

概念相交组配也称交叉组配。它是指进行组配的几个主题词之间具有概念交叉关系。所谓概念交叉关系，是指概念之间内涵不同，而外延有部分重合。这种组配，一般表现为

同级主题词之间，或事物与事物之间并列交叉组配。通过组配使新得到的概念能够充分表达和揭示档案文件的内容主题。例如，用"共产党员"和"作家"这两个概念进行组配，就可以得出"党员作家"这一新的专指概念。这种组配反映了"共产党员"和"作家"这两种事物之间的内在联系。又如，用"工人"和"工程师"这两个概念，可以组配出"工人工程师"这一专指程度更高的概念。

主题词的组配规则包括下列内容：组配必须是概念组配，应避免单纯字面组配；用组配方式表达词表中未收录的复合词时，应优先考虑交叉组配；应避免多标识错误组配和越级组配，使组配的结果概念清楚、确切、含义专一。

四、档案分类标引

档案分类标引是将档案文件进行主题分析，赋予分类号标识的过程。依据国家标准《档案分类标引规则》（GB/T 15418—94）的有关规定，现将分类标引程序、规则与方法简介如下：

（一）分类标引的程序

1. 确定使用何种分类表

在分类工作开始之前，应慎重选好采用何种分类表。国家档案局已经制定了《中国档案分类法》。它包括中华人民共和国档案分类表、新民主主义档案分类表、民国档案分类表、清代档案分类表，并在全国档案馆（室）使用。这是推行分类标引标准化的重要措施，各档案馆（室）的分类标引工作应据此进行。

2. 深入进行主题分析

分析的方法有以下几方面：

（1）分析题名。题名一般能概括反映文件或案卷的中心内容和所论述的事物，为分类标引提供重要线索。但是有些文件和案卷题名不能正确揭示或不能揭示主题内容。所以，题名不能作为分类标引的唯一依据，必要时还应阅览正文。

（2）审读正文。将文件或案卷的正文粗略地浏览一遍，目的在于找出档案文件内容论述和研究的中心问题。中心问题可能是人、是物、是专业、是现象，是事物的一个方面、一个部分，是某一专业的一个侧面等。然后将内容归纳成主题，再分析是单主题还是多主题，进一步分析该主题所涉及的各个方面以及所属时间、地点和具有检索意义的概念。

（3）查阅文件版头与附加标记。党政机关形成的文件，都有固定的文件版头，标明发文机关的全称或通用简称，其下为发文字号，文尾有发文机关、抄送机关、成文日期、盖印与签署，此外文件的附加标记有密级、缓急时限、阅读范围等。它有助于了解文件的主题、写作目的、使用范围、参考价值，以及这一文件与另一文件的关系等。

（4）相互商讨。档案文件的内容极为丰富，几乎无所不包，而一个人的知识是有限的，在进行内容分析时，由于对某些专业不够了解，在确定其主题时，会遇到各种各样的困难。有时需要与有关人员商量，或者请教业务人员，集思广益，求得解答，以便进行正确标引。

3. 确定归属类别

将一份文件、一个案卷的主题及其诸因素分析出来后，必须根据使用的分类表，准确判断类别，按照分类标引规则进行标引。

为了准确地辨别每份文件或每个案卷主题的所属类别，除了分类标引人员要掌握分类表中的一般列类标准和列类原则、方法、类目含义以外，还要对一些类目划分和排列的隐含规则和类目隐含内容有所了解和掌握。才能按照分析出来的主题，从分类表中找到适当的类目。但是有些档案文件的主题并不那么单纯，常常牵扯到几个门类或者一个门类中的几个问题。这时，除了归入主要类目外，还应在有关类目中也反映出来，才能为利用者提供较多的检索途径和达到充分反映的要求。

4. 给予分类号

当一份文件或一个案卷被确定了恰当类目之后，应立即把代表该类目的号码记录下来。赋予分类号时，必须注意给号的正确性和完整性，既不能漏掉一个符号，也不能多一个符号。

5. 审查核对

为了检验分类标引是否正确，应组织专人逐条审校，遇有主题分析不准、归类不当、前后不一、符号舛错等，均应立即纠正。

（二）档案分类标引基本规则

（1）档案分类标引必须依据《中国档案分类法》及其分类原则，辨清类目的确切含义，不能脱离类目之间的联系和类目注释的限定来孤立地理解类目的含义。

（2）档案分类标引的内容，必须是档案文件中论述比较具体的，有一定参考利用价值，可以成为检索对象的。具备了上述条件不予以标引，是标引不足；反之，就是标引过度。

（3）档案分类标引必须符合专指性的要求，将档案文件分入最大用途和最切合档案内容的类目，给予准确的分类号。

（4）档案分类标引应能为利用者提供必要数量的检索途径。凡一份文件涉及两个或两个以上主题者，除按第一主题标分类号外，第二或第三主题也可给予相应的分类号，但最多不超过三个分类号。

（5）档案分类标引应保持一致性。若遇难以归类或分类表上无恰当类目可归时，可归入上位类或关系密切的相关类目。凡遇类似情况，均按前例处理。

（三）档案分类标引的方法

（1）一份文件或一个案卷只论述一件事物或一个问题时，一般依照其内容性质，赋予分类表中恰当的分类号。

（2）从不同的方面来论述同一主题的文件，则按分类表中有关分散和集中的要求，归入相应的类目。

（3）一份文件或一个案卷论述的是两个或两个以上的主题。对这类档案文件的标引，必须分析其各主题的相互之间的关系，然后确定给予一个或几个分类号。具体来说就是：

一份文件或一个案卷有几个主题，但这些主题之间是并列关系，除了按第一主题的属性给分类号外，第二、第三主题也应按其属性赋予分类号，以便充分揭示主题，为利用者提供较多的检索途径。假若并列主题超过三个以上，又属于同一上位类，则赋予上位类的分类号。

一份文件或一个案卷论述的有几个主题，但这些主题之间是从属关系，即上下位关系、整体和部分关系，一般应赋予上位类的分类号。

一份文件或一个案卷论述的几个主题是因果关系，一般应标引结果方面所属类目的分类号。若几个主题论述是受影响关系，则按受影响的主题赋予分类号。如果几个主题是论述理论与应用的关系，则按应用所属类目赋予分类号。

多主题档案文件的分类标引，应视具体情况先给出最主要的分类号，同时还要根据需要赋予相应的分类号，使档案文件的主题能充分揭示出来，提供较多的检索途径，更好地发挥档案的作用。但是分类标引的深度应适可而止，不能标引过细，使卡片数量过多，分类目录过于庞大，影响检索速度。

五、档案自动标引的质量控制

档案自动标引是指采用计算机技术自动完成对档案文件（案卷）题名、提要，以及全文的扫描处理，抽取关键词并规范成主题词或分类号的过程。

近年来，我国一些档案部门为了加快档案标引工作进度，减少人工标引工作量，开展了自动化标引并取得了可喜成绩。但由于计算机尚不能进行准确的主题分析，特别是对隐含的主题无法识别，转换中无法完全符合标引规则，因此，大多采用题名关键词自动标引，但不少文件的案卷题名不能准确揭示其内容主题，从而失去了自动抽词的基本前提。所以，目前还不能完全依靠自动标引，应该通过人工干预强化标引结果的质量控制，其方法主要有以下几方面：

（一）加强标引软件开发

从现有软件中优中选优，开发出能达到功能合理、内部词库标准、适用性好的软件。

（二）加强审校工作

审校内容主要有：主题分析是否准确；选词是否得当；标引深度是否适宜。使审校工作制度化，未经审校的自动标引结果不能存入数据库。

（三）调整标引软件

标引人员将审校中发现的问题记录下来，经过分析论证，凡带有共性的问题，可通过调整软件得以改善，使之更具适用性。

第六节　档案检索工具与目录中心

一、档案检索工具的含义与作用

档案检索工具是记录、报道、查找档案材料的手段，是开发档案信息资源的工具。记录是指登记馆（室）藏档案的内容和外形特征、档号、存址等，介绍所存档案的内容和成分，向利用者提供鉴别、确认档案文件的依据。报道馆（室）藏是指通过一条条记录，向社会和利用者介绍本馆（室）保存有什么样的档案材料，供利用者选择和使用。查找是指根据每个条目上记载的项目和提供的检索途径，把利用者所需要的档案材料迅速、准确地提供出来。记录是基础，报道、查找是手段，目的是识别档案和检索档案，更好地服务于社会主义现代化建设。

档案检索工具在档案管理中的作用具体表现在以下几方面：

（一）桥梁作用

档案馆、室保存的档案浩如烟海，如果不借助于科学的方法和手段，利用者便无法获取所需要的档案信息。档案检索工具在档案信息和利用者的特定需求之间架起一座桥梁，沟通了二者的特定需求关系。利用者借助检索工具，能以最短的时间和最少的精力，从数量浩瀚的档案之海中，顺利地提取和输出所需要的档案信息。

（二）交流作用

档案检索工具中储存了大量的档案信息，可以向外宣传馆（室）藏，提供查找档案的线索、引导利用者来馆（室）查阅档案，成为档案馆（室）与利用者之间的交流工具。同时，各档案馆之间相互交流开放档案的目录、索引、档案馆指南，既能扩大馆际间情报交流，又能互通有无，实现资源共享。

（三）管理作用

档案检索工具是开展档案业务工作必不可少的工具。档案馆（室）日常的收集、鉴定、保管、统计、检索、利用、编研等工作，都必须使用档案检索工具。收集时要根据检索工具检查档案是否齐全、完整，弄清还需要收集和补充什么档案。在保管、统计工作中，清点、排架、编制各种统计报表等，都必须借助于检索工具才能顺利进行。在提供利用和编研工作中，检索工具可以帮助档案人员熟悉馆藏、提高业务水平，利用者也可借助检索工具了解馆（室）藏档案的内容和特点，以便索取档案材料。总之，在档案管理中离不开档案检索工具。

二、档案检索工具的种类

档案检索工具的种类很多，根据不同的标准可进行不同的分类。目前比较常见的有以下几种：

（一）按检索范围分

1. 全宗范围

即以一个全宗或全宗的一部分档案为对象的检索工具，有案卷目录、案卷文件目录、全宗文件目录、全宗文件卡片目录、重要文件目录、重要文件卡片目录、文号目录、全宗指南等。

2. 档案馆（室）范围

即以档案馆（室）的全部或部分档案为对象的检索工具，有分类卡片目录、分类目录、主题卡片目录、主题目录、专题卡片目录、专题目录、专题介绍、人名卡片目录（或索引）、地名卡片目录（或索引）、档案馆指南等。

3. 若干馆范围

即以全国或某一地区若干档案馆的全部或部分档案（或专题）为对象的检索工具，有全国性的联合目录，如《全国明清档案联合目录》、《全国民国档案联合目录》、《全国革命历史档案联合目录》；地方性的各种联合目录，如《××省明清档案联合目录》、《××省革命历史档案联合目录》、《××省民国档案联合目录》等。

4. 专题范围

即以档案馆内有关某一专题的档案为对象的检索工具。如专题目录、专题指南、专题性人名索引、地名索引等。

（二）按载体形式分

1. 纸张式检索工具

以纸张为载体的检索工具有两种形式：

（1）卡片式。卡片式检索工具，是将一个条目著录一张卡片，将卡片按一定顺序排列而成的检索工具。有全宗文件卡片目录、重要文件卡片目录、专题卡片目录、主题卡片目录、人名（人物）卡片目录、地名卡片目录等。

（2）书本式。书本式检索工具，亦称簿式检索工具，是将著录条目连续排列并装订成册的检索工具。从装帧与否区分，有订本式和活页式；从体例上区分有目录式和叙述式。有案卷目录、卷内文件目录、全宗文件目录、重要文件目录、分类目录、主题目录、专题目录、人名目录、地名目录、文号目录、全宗指南、档案馆指南等。

2. 缩微式检索工具

缩微式检索工具是以缩微摄影方式制作的、以胶片为载体的检索工具。这种检索工具用于手工检索时使用缩微阅读器放大阅读，也可用于计算机检索。它的主要优点是存储密度大，节约空间；体积小，便于携带和交流；便于拷贝和复制；耐久性好，适宜长期保存和使用。缩微式检索工具一般是将书本式或卡片式检索工具以缩微摄影方式制作而成，但使用时需要一定的阅读条件。

3. 机读式检索工具

机读式检索工具是以特定的编码形式将档案的内容和形式特征存储在计算机存储介质上由计算机识读的检索工具。使用时可以在屏幕上显示，也可以打印输出。它的主要优点是存储密度高并可海量存储，检索速度快，还可多途径检索。但前处理工作与输入工作量大，还需要配计算机软件、硬件等设备编制检索数据库。

（三）按编制方式分

1. 目录

目录是将档案的著录条目，按照一定的次序编排而成的检索工具，有分类目录、主题目录、专题目录等。

2. 索引

索引是将文件或案卷中所反映的某一内部或外部特征分别摘录、注明出处，以一定的顺序编排而成的检索工具。它分人名索引、地名索引、档案存放地点索引、文号索引等。索引与目录没有严格的界限，一般的区分方法是，目录条目的著录项目比较完整，对档案的内容和形式特征有较为全面、系统的描述，索引则是对档案的某一部分特征进行著录，多是档案中所反映的各种事物名称（如人名、地名、机关名称等），著录项目简单，有的只有排检项及其出处（档号）两个项目。

3. 指南

指南是以文章叙述的形式，综合介绍档案情况的一种检索工具，有全宗指南、专题指南、档案馆指南等。

（四）按排检方法分

检索工具按排检方式分为分类和主题两大类。分类排检的有案卷目录、案卷文件目录、全宗文件目录、重要文件目录、分类目录、专题目录、文号目录、全宗文件卡片目录、分类卡片目录、重要文件卡片目录、专题卡片目录。属于主题范畴按字顺排检的有主题卡片目录、主题目录、人名卡片目录、人名目录等。

（五）按信息处理手段分

档案检索工具按加工文献和处理信息的手段，可分为手工检索工具和机器检索工具两大类。手工检索工具是由人工直接查找档案线索使用的目录或索引，常见的有卡片式和书本式。机器检索工具是指借助于电子计算机等手段查找档案材料所使用的检索工具，如机读目录、缩微目录等。

（六）按功能分

按功能来分，档案检索工具有查找性、报道性和馆藏性三种。查找性检索工具有全宗文件目录、分类目录、专题目录、主题目录、人名目录、全宗文件卡片目录、分类卡片目录、专题卡片目录、主题卡片目录、人名卡片目录等。报道性检索工具有档案馆指南、全宗指南、专题指南等。馆藏性检索工具有案卷目录、案卷文件目录、存放地点索引等。

上述区分是指主要功能而言，有些检索工具两种功能兼而有之。如查找性工具中的书本式目录，既用于查找，也用于报道和交流。馆藏性工具的案卷目录，也具有一定的查找和报道功能。

（七）按使用对象分

档案检索工具按使用对象分为公务与开放的检索工具，或称为档案馆工作人员使用的检索工具和利用者使用的检索工具。公务性检索工具有案卷目录、案卷文件目录、分类目录等。开放性检索工具有开放档案目录、档案馆指南、全宗指南、专题指南等。

三、常用档案检索工具的功能与编制的方法

手工检索工具按载体（纸张）形式分，有卡片式目录和书本式目录，二者在编制方法、主要著录项目、功能与作用上大体相同，只是形式上的差别（卡片或排版印刷成书本式）。

（一）全宗文件目录

全宗文件目录，较多采用卡片式，其编制方法如下：全宗文件卡片目录，是以全宗为对象，将所有文件（指永久与定期保存的文件）的内容和形式特征记录在卡片上，按照内容所反映的问题加以系统化组织而成的目录。它是档案馆，特别是机关档案室最常用的一种检索工具。

全宗文件卡片目录，采用一文一卡或一文多卡著录，能具体揭示每份文件的内容和成分，具体指明文件的所属类目和出处，存储的信息量丰富，具有查找迅速、准确、全面的特点，是一种基础性的检索工具。

全宗文件卡片目录的著录项目，一般应该设置题名（又称标题）、责任者（又称作者）、文件编号、文件形成时间、附注、主题词、（内容）提要、分类号、档号等。

制卡的方法，主要是一文一卡，但也有一文多卡，多文一卡、一卷一卡几种形式。一文一卡，即一份文件填制一张卡片；多文一卡，指请示与批复、正件与附件、同一事件、同一案件和事故方面的多份文件可以填在一张卡片上；一文多卡，就是一份文件材料反映了几个内容，应按不同内容或主题填制几张卡片，分别归入有关类目中去；一卷一卡，如财务预算、决算、统计表，花名册等分别立卷的可以一卷填一张卡片。

卡片排列的方法，一般按照大类—类—项—目（问题）—年度—作者—时间的顺序排列。

（二）案卷目录（见第四章第六节）

（三）案卷文件目录

案卷文件目录，亦称"卷内文件目录汇集"或全引目录，它是将全宗或全宗内的某一部分案卷目录和卷内文件目录汇编而成的一种检索工具。它不仅以案卷为检索单位，还能以文件为检索单位，在揭示档案内容与成分上有具体、系统、准确的特点，是全面了解档案内容与成分的基本工具，也为进一步编制其他检索工具准备条件。

案卷文件目录的格式，比较常见的有两种：一种形式是先列出每一个案卷的案卷号、案卷题名、起止日期、页号、保管期限等，实际是将案卷目录表的项目重抄一次，在每一个案卷下面再详细列出卷内文件目录；另一种是仅指明案卷号，下面列出这个案卷的卷内文件目录。

案卷文件目录沿用了案卷的分类体系，不能摆脱案卷这个圈子，只是有所补充，虽然列出了卷内文件目录，但不能严格按每份文件的内容来分类，问题不够集中，不便于按专题查找。同时，查阅时必须对卷内文件目录逐条审阅，也影响检索速度，有一定局限性。

（四）分类目录

分类目录，是依据分类表按照分类标志以一定次序编排而成的一种档案目录。它的主要特点就是将全部条目超越全宗的界限和全宗内分类排列的次序，依其内容和性质，应用科学的方法分门别类，组成特定的合理体系，以达到便于族性检索和记忆的目的，这也正是"分类目录"名称的由来。编制分类目录的基本方法如下：

1. 条目著录

分类目录的著录格式，应根据档案行业标准《档案著录规则》所推荐的文件级条目著录格式和案卷级条目著录格式，编制分类卡片目录。

著录单位，目前有案卷级（含一组案卷）、文件级（含一组文件）两种。从长远的发展趋势看，特别是输入电子计算机储存，以文件级或一组文件为著录单位更好一些。

2. 组成多套分类目录

省（自治区、直辖市）、地（市、州、盟）、县（区、旗、市）综合档案馆保存有中华人民共和国档案、明清档案、民国档案，时间跨度较长，档案种类多，内容庞杂，是集中组成一套分类卡片目录，还是分别组织几套，这是首先应当解决的问题。由于清代档案、民国档案有许多不同于新中国成立后档案的特点，所以《中国档案分类法》分别编制了中华人民共和国档案分类表，清代档案分类表，民国档案分类表。它们在分类体系和类目设置上差别较大。因此，应依照三个分类表分别组成中华人民共和国档案、明清档案、民国档案等三套分类目录，不能只组成一套综合性的分类卡片目录。

3. 条目的系统排列

各类条目的排列，首先按大类集中，再按分类号的顺序分别集中。档案分类表的分类号码采用汉语拼音字母与阿拉伯数字混用的方法。先按字母顺序排，同一字母的条目集中在一起，再按同组的阿拉伯数字的大小顺序排列，这样条目自然就按大类、类、项、目、细目分开了。在一个类目内条目的排列方法，目前多采用年度—级别—责任者（作者）—时间的顺序排列。就是将条目分开年度，年度内再分级别（中央、省、地、县），先上级，后本级，再下级。在同年、同级的情况下，再按作者排，先党委、后行政，先领导机关、后业务部门。如果作者相同，再按时间顺序排。这样排列的好处是，同一专题、同一年度、同一作者的文件信息集中排列在一起。只要方法统一，有规可循，就便于迅速、准确、完整、系统地提供利用。

4. 设置指引卡

分类目录的排列方法，类目间的相互关系，每一类目的内涵和外延，归类标准等，都应采用一定的方式揭示出来，才便于利用者正确地使用分类目录。因此，在分类目录中，有必要设置指引卡。

指引卡的排列，一般先排上位类导卡，后排下位类导卡，层层设置，有条不紊。

5. 编制分类目录说明

分类目录说明是对本档案馆（室）分类目录的介绍，可由两部分组成：一是类目一览表，将本馆分类目录中包括的类目按分类表体系顺序列出；二是类目说明，将归类原则以及每一类中的档案内容加以概要介绍，特别是对交替类目以及为解决集中与分散的矛盾而人为限定归类范围的类目更要介绍清楚，以便于目录使用者确切了解类目的含义。如将类目一览表张贴在阅览室中还可以起到宣传和介绍作用。

（五）专题目录

专题目录，是按照特定专题以一定次序编排而成的一种档案目录。它的特点是以专门题目为对象，把同一属性的文件条目组织在一起，可以是一个全宗内有关某一专题的档案材料，也可以不受全宗的限制，把全馆（室）有关某一专门题目的档案集中揭示出来。专题目录反映的内容全面、系统、专深、针对性强，有利于档案馆（室）工作人员迅速地、系统地提供成批的档案材料，对于科学研究，总结工作经验，决定某些重要问题很有帮助，深受机关干部、科研工作者的欢迎。

专题目录多采用卡片式，其编制方法如下：

1. 选题

选题是编制专题卡片目录的一个特点，也是编制工作的一个重要环节。选题恰当，符合利用者的需要，专题卡片目录就能发挥应有的作用。选题不当，就难以发挥作用，甚至造成人力、物力的浪费。选题应根据社会建设的总任务，党和国家的中心工作，科学研究和其他各项工作的需要，以及利用者和有关部门提出的要求，并根据本馆（室）保存档案的特点和人力、物力等条件，选择能够反映馆藏档案特色并具有一定研究意义和现实价值的题目。

2. 制订计划

对一些较大的专题，在编制工作开始之前应制订计划。计划的主要内容包括：题目的准确名称；题目内容所包含的问题及其分类方案；题目所包括的年限；题目所涉及的地区；查找档案所涉及的范围；选材标准；工作步骤和方法；人力分配等。计划不是一成不变的，在编制过程中还可做补充和调整。

3. 选材

档案馆（室）内往往由于某一专题涉及许多全宗和类别，需要进行挑选。首先，根据既定的专题内容，详细了解和确定与专题有关的全宗、年度、类别所包括的案卷；其次，将有关的案卷调出后，直接阅卷，逐卷逐件挑选属于本专题有考查价值的档案材料。选材的范围要适当广泛一些，有关该专题各方面不同论点的材料尽可能选入，给利用者提供全面、系统、完整的材料，但也不能把没有参考价值，甚至与专题无关的材料选入而影响专题卡片目录质量。

4. 填制卡片

填卡一般与选材过程结合进行，只要选材标准和范围明确，可以边选材边填卡。卡片的填写方法有三种，第一种是一份文件填一张卡片，第二种是一个案卷填一张卡片，第三种是组合填卡，即将几份内容相近的文件或几个内容相近的案卷组合填在一张卡片上。组合填卡有两种填法：一是将若干份文件或几个案卷按其相互关系逐个填在一张卡片上，这就需要在卡片上设置若干横格；另一种填法是将若干内容相近的文件或案卷内容综合拟写一个题名（标题）填在一张卡片上。填写卡片应按全宗和类别进行，不同全宗和类别的文件或案卷不能填写在一张卡片上。

专题卡片目录的著录项目，一般有专题名称、类、项、目、文件题名（标题）、责任者（作者）、文件编号、时间、主题词、附注、档号（全宗号、案卷目录号、案卷号、页号）等。

5. 系统排列

专题卡片目录的排列，应打乱全宗的界限，按照卡片反映档案的内容，分开类别和项目，在每一具体项目内再按文件的形成时间、重要程度等方法排列，然后将卡片放在卡片箱内。为便于查找，还应在类、项、目之间设置指引卡，标出不同的类、项、目。

（六）主题目录

主题目录是根据主题法的原理，将档案的主题按字顺排列的一种目录。主题目录的主要特点是能够集中地揭示有关同一事物的档案的内容，具有较好的特性检索功能。

主题目录的优越性在计算机检索中可以得到充分显示，将每份文件的主题词输入计算机后，能够以任何一个词作为检索项，查出有关该主题词的全部文件。

（七）人名目录

人名目录是将档案馆（室）所藏档案材料中涉及的人名及其简要情况著录下来，向利用者提供所查人名线索的一种检索工具。人名目录多采用卡片式，其编制方法如下：

人名目录的著录项目主要由两部分组成，一是个人的自然情况，包括姓名、性别、出生年月、民族、籍贯、文化程度、政治面目、简历等；二是指引部分，包括材料出处的档号（全宗号、案卷目录号、案卷号、页号）以及备注等。

人名目录从著录项目上分，有简单和详细两种：简单的人名目录（又称人名索引），只在人名（包括别名、曾用名）后面著录上档案材料的出处，即档号就可以了；详细的人名目录，除了简单的人名目录的项目之外，还可以著录上性别、出生年月、职业、文化程度、政治面目、简历、民族、籍贯等，有的可以标明文件的题名、责任者等，由于利用目的的不同，还可以增加问题性质、处理机关、处理结果等。

人名目录从体例上分，有综合性和专题性两种：综合性人名目录，是以档案馆（室）的若干全宗或全部档案为对象，按单份文件所涉及的人名都著录在卡片上，然后排列组织成目录。专题性人名卡片目录是以馆（室）藏档案中涉及某一个专门题目的有关人名著录在卡片上，组织成专题性的人名目录。如干部处分、肃反、审干、退职退休、干部任免等各种人名卡片目录。

人名目录，可以解决查人头材料的困难，能在很短的时间内，查出本馆（室）档案中有关某一个人的档案材料，具有迅速、准确、系统的特点，是其他检索工具无法代替的，在开展利用工作中，很受利用者的欢迎。

人名目录的著录方法是：编制综合性的人名目录，原则上凡是本馆（室）保存的永久、定期的档案材料中涉及人的材料，都著录成卡片。属于专题性的人名目录，首先按一定题目，查出涉及人名的案卷，然后按专题填写卡片，卡片填完后，要把该专题所有人名的卡片按姓氏笔画或按姓名的汉语拼音分开，将同一姓名的排列在一起。

编制人名卡片目录，进行系统排列时，可把同一个人的卡片集中在一起，但又要把同姓同名而异人的区别开来，避免发生张冠李戴，造成漏检与误检。

（八）全宗指南

全宗指南又名全宗介绍。它是以文章叙述的形式，介绍和揭示档案馆（室）收藏的某一全宗档案内容和成分及其意义的一种参考材料。其主要作用是向利用者介绍和报道有关某一全宗的立档单位的历史、全宗的历史、档案内容和成分的综合概述，从而为利用者提供研究机关历史和查找档案提供线索，并能帮助档案人员熟悉档案内容，更好地对档案进行科学管理和开展利用工作。

一个档案馆保存若干个全宗，它们的价值不同，并不一定要求每个全宗都要写全宗指南，只有那些在政治上、科学上以及实际工作中有重要意义的全宗才写全宗指南。假若力量许可，每个全宗都编写一个全宗指南，无论对提供利用和搞好档案管理工作都是有积极意义的。编写全宗指南应该在档案材料经过整理，进行了基本编目的基础上进行。如果该全宗的档案处于零散状态或者还准备加工整理，即使编制了全宗指南，也难以较好地发挥作用。

编写全宗指南，必须充分占有该全宗的有关材料。如立档单位历史考证，全宗历史考证，能说明机关历史与档案情况的有关材料，以及该全宗的各种检索工具和参考资料，在详细查阅档案、熟悉档案内容的基础上，才能编写出有质量的全宗指南。

全宗指南的内容一般包括：立档单位的简要历史、全宗的简要历史、全宗内档案的内容和成分介绍、全宗指南的辅助工具等部分。其中重要的是立档单位和全宗的历史简况，特别是全宗内档案内容和成分的介绍是主体。

1. 立档单位的简要历史

简要历史包括立档单位成立的历史背景、成立时间、地点、机关名称、性质、任务、隶属关系、所辖区域，组织机构设置及其职能的变化，立档单位经历的重大事件，执行的特殊任务，撤销机关还应指出撤销原因及其代行职能或继承单位的机关名称。编写立档单位的简要历史，能帮助利用者了解档案形成者——立档单位的社会地位和职能任务，更好地认识该全宗档案的特点及意义；也便于档案人员了解档案形成的历史背景，正确地进行档案的编目、鉴定等工作。

2. 全宗简要历史

全宗简要历史包括档案材料的起止日期、案卷数量、种类、主要内容、完整程度、整理、鉴定、保管、利用、交接情况，以及检索工具的种类等。

3. 全宗内档案材料内容和成分的介绍，这是全宗指南的主体

叙述方法可以按组织机构分别介绍，也可以按档案内容和成分所反映的问题分别介绍。究竟采用何种方式，需要根据原来档案的整理基础和便于利用的原则来确定。如果档案整理的比较好，一般以原分类方案为基础进行介绍；如果原来的分类不科学，可以做适当调整。

按问题介绍档案内容，应根据档案内容，参照立档单位的职能和任务确定类目，在介绍每一类目时，首先应指明类目的准确名称；其次要介绍该类内档案所属的时间、案卷数量、内容和成分、利用价值等。

按组织机构介绍档案时，首先指出组织机构名称；其次指明该组织机构的职能任务、案卷数量，然后进一步介绍档案内容和成分。

介绍档案的内容和成分，主要是指明档案的来源、内容、可靠程度、形成时间、利用价值等。具体介绍方法常见的有三种，并有一些辅助工具。

（1）简要介绍。即将案卷内容综合概括地介绍。优点是短小精练，阅读方便，编写迅速，可以及时提供利用；缺点是比较简略，内容不具体，难以满足利用者特别是科研工作者的需要。简要介绍一般适合于一些不太重要的全宗。

（2）详细介绍。即比较详细具体地介绍档案内容，甚至可以详细到对案卷逐个介绍以及注明卷号、起止时间等。优点是能提供详细的素材，深受利用者特别是科研工作者的欢迎；缺点是篇幅较大，不易编写，阅读不便。因此，这种介绍方法一般适用于具有重要价值而案卷数量又不太多的全宗。

（3）重点与全面相结合的方法。对于全宗内比较次要的案卷作综合概括介绍，对重要案卷或个别价值较大的文件做比较详细的介绍，甚至注明卷号、起止日期等。这种介绍方法是实际经验的总结，主次分明，兼有上述两种介绍方法之长，却避免了二者之短，是比较好的方法，很受利用者的欢迎。

（4）全宗指南的辅助工具。为了便于利用全宗指南，可以编一些辅助工具。如人名、地名索引，目次，机关通用简称等。

人物全宗指南在编写方法上具有其特点，要求必须揭示出该人物的政治、科研与社会活动、亲属与社会关系，以及档案内容和保存状况等。它一般由以下几部分组成：简要传略材料；著作手稿、日记、回忆录；来往信件；公务活动与社会活动的文件；财产状况与经济活动的文件；照片、图片、录音、录像；亲属及主要社会关系的材料。

（九）档案馆指南

档案馆指南是以文章叙述的方式，全面概要地介绍档案馆所保存档案情况的一种工具书。编写出版档案馆指南的目的，是使有关机关团体、科研工作者、广大利用者了解档案馆所存档案的成分和内容，看是否保存有他们所需要的档案材料，以便前去利用；编写档案馆指南，对档案馆工作人员也有重要作用，通过它可以了解本馆所保存档案材料的概貌，哪些档案材料在政治、经济、科学研究等方面具有重要价值，这对于主动提供利用，及时解答利用者的问题，迅速查找档案材料和开展编研工作都有着重要作用。对档案馆来说，编制档案馆指南，是一项重大的业务建设，也是档案馆工作成果和水平的集中反映，因此，世界上一些大型档案馆都很重视编辑和出版档案馆指南的工作。

档案馆指南的结构主要包括以下几个部分：目录、序言、档案全宗介绍、全宗介绍的分类排列、馆藏资料概况、附录等。

1. 目录

目录是目和录的合称。即把指南中的各个组成部分或章节的名目按一定的次序排列起来，并指明在指南中的页次，便是目录，也称目次。

2. 序言

也称前言、引言、导言，一般置于指南正文之前。档案馆指南是以书本形式公开出版，一般都有序言。序言应指出编写指南的目的和意义，结构体例、材料排列、指南的使用方法。概要地说明本馆保存的档案材料对于社会建设各方面的重要意义，引起利用者的重视。档案馆指南没有必要对馆藏所有全宗一个不漏地介绍，那样篇幅太大，不便利用，只需在序言中指出没有列入指南的是哪些全宗，进行简单的交代即可。此外还应说明关于借阅文件，制发文件副本，文件摘要的规定和手续，以便利用者明确知道，哪些材料可以查阅，哪些材料不能查阅，特别是对限制查阅或需要办理专门手续才能查阅的各类文件，应该列举清楚，并对如何使用指南以及有什么辅助工具，都告诉利用者。总之，序言是指导利用者分析和利用档案的有力武器，是他们的良师益友，起着提示和引导的作用。

在序言中，可以将档案馆的历史做简要概述，即档案馆概况，包括档案馆的建立、内部的组织机构、材料来源、档案材料的数量及起止年度、档案材料的整理、保管、利用情况等。档案馆概况既可以写在序言中，也可以作为正文自成一个章节。

3. 档案全宗介绍

它是整个指南的主体。介绍方法可分为逐个介绍和综合介绍。

逐个介绍是对档案馆的重要全宗逐一进行介绍。介绍方法与前面讲的"全宗指南"的编写方法大致相同，只是比"全宗指南"更概括和简要一些。除了指明全宗名称外，一般还应包括如下三个部分：

（1）全宗的概况。

（2）立档单位的历史概况。

（3）全宗内档案内容和成分的简要介绍。

综合介绍是将档案馆保存有若干性质相同或彼此间有很多共同点以及互有联系的全宗综合在一起进行介绍。因为这些全宗的档案类型相同，具有共性，采用综合介绍，可以避免重复。介绍方法是，首先给许多全宗拟定一个总的名称，如"医院"、"中学"；其次指出这些全宗所属立档单位的成立、性质和撤销的总概况；然后对这些全宗的档案给予总的简要介绍；最后列举各个全宗的名称、全宗号、案卷数量和档案的所属年代。

4. 全宗介绍的分类排列

全宗介绍在指南中的排列方法是一项不可忽视的工作，综合性档案馆保存有革命历史档案、旧政权档案、中华人民共和国档案，应作为不同的大类分开排列。在排列各部类全宗的时候，可根据历史时期、全宗性质、机关隶属关系、重要程度等特点，采取不同的排列方法。如旧政权档案中先分明、清、北洋政府、国民党政府、日伪等不同时期的政权性质，再结合其他特点排列。

中华人民共和国的档案全宗可采用以下方法排列：

（1）性质相同的全宗，按时间顺序排列。

（2）按隶属关系排列，把同一系统的全宗排在一起，本着先上级、后下级的方法排列。

（3）按重要程度排列，党政首脑机关和综合性机关排前，一般机关排后。

（4）按全宗的性质分别排列，如医院、工厂、学校、乡、村等。

5. 馆藏资料概况

每个档案馆不仅保存档案，而且保存有丰富的资料。长期的实践经验证明，利用档案的人往往需要利用资料，以补充档案之不足。因此，在指南中对馆藏历史资料、新中国成立后资料分类介绍，对利用者是有帮助的。

6. 附录

附录可以包括以下部分：

（1）档案馆的检索工具的名册。

（2）档案馆的规章制度，主要是有关利用和开放档案的各种制度。

（3）档案馆指南的辅助工具，如人名索引、地名索引、机关团体名称的简称表等。

（十）专题指南

这种检索工具是按照一定的题目，以文章叙述的形式，综合介绍档案馆（室）中有关该题目档案的一种材料，也属于一种工具书。在选题与选材方面，它与专题卡片目录是一致的；在档案的内容和成分介绍方面，则类似全宗指南，不同的是只有按档案内容介绍的方式，而没有按组织机构介绍的方式。专题指南的结构可由以下三部分组成：

1. 序言

对该题目的含义、意义、选材范围、档案价值以及编写方法作概要说明。

2. 档案内容介绍

这是专题指南的主体部分。以专题目录为基础编写的指南，可按照专题目录中划分的类别分别介绍。介绍时可采用简要介绍、详细介绍和重点与全面介绍相结合等方法，可介绍档案的来源、内容、起止时间、价值等方面的情况。

3. 附录

可将专题指南材料来源的全宗名单、人名、地名索引等加以编排，以便利用者使用。

四、档案目录中心

档案目录中心是指按照一定历史时期、区域、专业系统汇集档案目录信息，以统一的目录体系提供各种档案目录信息服务的工作实体。档案目录中心的建立是档案检索工具组织形式的新发展。它通过对各档案机构编制的档案信息目录的汇集，可以对全国各地区、各专业系统和各部门的档案信息进行宏观调控和系统检索，为档案信息资源共享创造条件。

我国从 20 世纪 80 年代末和 90 年代初，在国家档案局的统一规划和组织协调下，以中央档案馆、中国第一历史档案馆、中国第二历史档案馆为主分别筹建革命历史，明、清和民国档案资料目录中心。建立档案目录的历史意义和现实意义，具体表现在：

（1）全国性档案资料目录中心的建立，从根本上打破了档案资源按历史时期、地区、级次、全宗配置、管理检索的模式，将反映同一职能活动的档案信息，从不同全宗、不同档案馆集中起来，使其二次文献信息在目录中心汇总形成一个完整的、全国性的档案检索体系。

（2）从档案事业宏观管理的角度看，全国性的三大目录中心的建立，使我国档案馆网布局在实体网络的基础上，又形成了全国性的档案信息网络。它是国家档案馆网业务建设的一个重要组成部分，为实现档案信息共享，以及馆际间的协作交流和互通情报奠定了坚实基础。

（3）全国性档案资料目录中心的建立和发展，极大地促进了各级、各类档案馆标准化、规范化、现代化程度的提高，推动了档案馆自身检索体系的建设与完善，并使各档案馆的检索系统融入目录中心的检索系统之中，成为该系统的一个有机组成部分。

（4）全国性目录中心的建立，使档案信息系统拥有庞大的信息数据，有助于确立档案系统在国家情报系统中的地位。

第七节　档案目录数据库

一、档案目录数据库的概念和种类

（一）档案目录数据库的概念

档案目录数据库是档案数据库的一种存在形式。一般来说，档案数据库是以一定的组织方式存储在一起的相关档案数据的集合。档案目录数据库是将档案目录信息以一定的组织方式存储在一起的相关数据的集合。

建立档案目录数据库是实现档案信息化管理的一项重要工作内容。它可以有效提高档案服务人员和档案用户对档案信息资源的检索效率，增强检索效果。理解档案目录数据库的概念，主要应把握以下几个方面的含义：

1. 档案目录数据库的数据记录来源

档案目录数据库的数据记录的来源主要是档案管理部门（包括文档中心、档案室、档案馆等）已收藏的档案资源。

2. 档案目录数据库的数据记录构成

档案目录数据库的数据记录由若干个数据字段组成。每个数据字段包括：字段名称、字段名、字段类型及字段长度等项目。其中，字段名称是指需要著录的著录项目，包括必要项目（必著项）和选择著录项目（选著项），如档案号、题名、责任者、密级、保管期限、电子文档号等；字段名是指标识数据字段名称的一组符号，如"档号"的字段名是"DH"、"责任者"的字段名是"ZRZ"等；字段类型是指各字段对应内容的数据类型，包括字符型、数字型、日期时间型等（常见的数据字段类型可参见表8—1）；字段长度是指数据字段中可存放数据的最大字节数。

3. 档案目录数据库的数据库结构

档案目录数据库的基本结构可分为三个层次，即物理数据层、概念数据层和逻辑数据层。物理数据层是数据库的最内层，是物理存储设备上实际存储的数据的集合。这些数据是原始数据，是用户加工的对象，由内部模式描述的指令操作处理的位串、字符和字组成。概念数据层是数据库的中间一层，是数据库的整体逻辑表示。它指出了每个数据的逻辑定义及数据间的逻辑联系，是存储记录的集合。所涉及的是数据库所有对象的逻辑关系，而不是它们的物理情况。逻辑数据层是档案用户可以看到和使用的数据库，表示一个或一些特定档案用户使用的数据集合，也就是逻辑记录的集合。数据库的数据不同层次间的联系可以通过映射来实现。

常见的档案目录数据库的数据结构种类有："案卷级目录数据库结构"、"文件级目录数据库结构Ⅰ"和"文件级目录数据库结构Ⅱ"等数据结构。其中"案卷级目录数据库结构"、"文件级目录数据库结构Ⅰ"适用于按立卷方式整理的档案目录；"文件级目录数据库结构Ⅱ"适用于依据《归档文件整理规则》（DA/T 22—2000）整理的档案目录。

表 8—1 　　　　　　　　　　　　　　　**SQL SERVER 数据类型**

数据类型	类型	描述
bit	整型	bit 数据类型是整型，其值只能是 0、1 或空值。这种数据类型用于存储只有两种可能值的数据，如 yes 或 no、true 或 false 、on 或 off。
int	整型	int 数据类型可以存储从－2^{31} 到 2^{31} 之间的整数。存储到数据库的几乎所有数值型的数据都可以用这种数据类型。这种数据类型在数据库里占用 4 个字节。
smallint	整型	smallint 数据类型可以存储从－2^{15} 到 2^{15} 之间的整数。这种数据类型对存储一些常限定在特定范围内的数值型数据非常有用。这种数据类型在数据库里占用 2 字节。
tinyint	整型	tinyint 数据类型能存储从 0 到 255 之间的整数。它在只打算存储有限数目的数值时很有用。这种数据类型在数据库中占用 1 个字节。
numeric	精确数值型	numeric 数据类型与 decimal 型相同。
decimal	精确数值型	decimal 数据类型能用来存储从－10^{38}－1 到 10^{38}－1 的固定精度和范围的数值型数据。使用这种数据类型时，必须指定范围和精度。范围是小数点左右所能存储的数字的总位数。精度是小数点右边存储的数字的位数。
money	货币型	money 数据类型用来表示钱和货币值。这种数据类型能存储从－9220 亿到 9220 亿之间的数据，精确到货币单位的万分之一。
smallmoney	货币型	smallmoney 数据类型用来表示钱和货币值。这种数据类型能存储从－214 748.364 8 到 214 748.364 7 之间的数据，精确到货币单位的万分之一。
float	近似数值型	float 数据类型是一种近似数值类型，供浮点数使用。说浮点数是近似的，是因为在其范围内不是所有的数都能精确表示。浮点数可以是从－1.79E＋308 到 1.79E＋308 之间的任意数。
real	近似数值型	real 数据类型像浮点数一样，是近似数值类型。它可以表示数值在－3.40E＋38 到 3.40E＋38 之间的浮点数。
datetime	日期时间型	datetime 数据类型用来表示日期和时间。这种数据类型存储从 1753 年 1 月 1 日到 9999 年 12 月 31 日间所有的日期和时间数据，精确到 1/300 秒或 3.33 毫秒。
smalldatetime	日期时间型	smalldatetime 数据类型用来表示从 1900 年 1 月 1 日到 2079 年 6 月 6 日间的日期和时间，精确到 1 分钟。
cursor	特殊数据型	cursor 数据类型是一种特殊的数据类型，它包含一个对游标的引用。这种数据类型用在存储过程中，而且创建表时不能用。
timestamp	特殊数据型	timestamp 数据类型是一种特殊的数据类型，用来创建一个数据库范围内的唯一数码。一个表中只能有一个 timestamp 列。每次插入或修改一行时，timestamp 列的值都会改变。尽管它的名字中有"time"，但 timestamp 列不是人们可识别的日期。在一个数据库里，timestamp 值是唯一的。
uniqueidentifier	特殊数据型	uniqueidentifier 数据类型用来存储一个全局唯一标识符，即 GUID。GUID 确实是全局唯一的。这个数几乎没有机会在另一个系统中被重建。可以使用 NEWID 函数或转换一个字符串为唯一标识符来初始化具有唯一标识符的列。

续前表

数据类型	类型	描　述
char	字符型	char 数据类型用来存储指定长度的定长非统一编码型的数据。当定义一列为此类型时，必须指定列长。当总能知道要存储的数据的长度时，此数据类型很有用。例如，当按邮政编码加 4 个字符格式来存储数据时，就知道总要用到 10 个字符。此数据类型的列宽最大为 8 000 个字符。
varchar	字符型	varchar 数据类型，同 char 类型一样，用来存储非统一编码型字符数据。与 char 型不一样，此数据类型为变长。当定义一列为该数据类型时，需要指定该列的最大长度。它与 char 数据类型最大的区别是，存储的长度不是列长，而是数据的长度。
text	字符型	text 数据类型用来存储大量的非统一编码型字符数据。这种数据类型最多可以有 $2^{31}-1$ 或 20 亿个字符。
nchar	统一编码字符型	nchar 数据类型用来存储定长的统一编码字符型数据。统一编码用双字节结构来存储每个字符，而不是用单字节（普通文本中的情况）。它允许大量的扩展字符。此数据类型能存储 4 000 种字符，使用的字节空间上增加了一倍。
nvarchar	统一编码字符型	nvarchar 数据类型用作变长的统一编码字符型数据。此数据类型能存储 4 000 种字符，使用的字节空间增加了一倍。
ntext	统一编码字符型	ntext 数据类型用来存储大量的统一编码字符型数据。这种数据类型能存储 $2^{30}-1$ 或将近 10 亿个字符，且使用的字节空间增加了一倍。
binary	二进制数据类型	binary 数据类型用来存储可达 8 000 字节长的定长的二进制数据。当输入表的内容接近相同的长度时，应该使用这种数据类型。
varbinary	二进制数据类型	varbinary 数据类型用来存储可达 8 000 字节长的变长的二进制数据。当输入表的内容大小可变时，应该使用这种数据类型。
image	二进制数据类型	image 数据类型用来存储变长的二进制数据，最大可达 $2^{31}-1$ 或大约 20 亿字节。

资料来源：http://blog.sina.com.cn/s/blog_6a0cb8bc0100wa3i.html。

（二）档案目录数据库的种类

档案目录数据库根据不同的划分标准，可以区分为不同的种类。依据档案数据记录揭示档案内容和形式特征的深度，可以将档案目录数据库划分为文件级档案目录数据库和案卷级档案目录数据库；依据档案数据记录揭示档案资源的种类或类型，可以将档案目录数据库划分为文书档案目录数据库、科技档案目录数据库、专门档案目录数据库、明清档案目录数据库、革命历史档案目录数据库等；依据档案数据记录揭示档案资源的范围，可以将档案目录数据库区分为全国性档案目录数据库、区域性档案目录数据库、行业性档案目录数据库、档案馆档案目录数据库、档案室档案目录数据库、企业档案目录数据库；依据档案数据记录揭示档案资源的保密层级，可以将档案目录数据库区分为开放型档案目录数据库、保密型档案目录数据库；依据档案数据记录揭示档案资源的深度和广度，可以将档案目录数据库区分为综合性档案目录数据库、专题性档案目录数据库等。

二、档案目录数据库的结构

档案目录数据库主要包括两种类型，即文件级 . DBF 目录数据库结构和案卷级 . DBF 目录数据库结构。

（一）文件级 . DBF 目录数据库结构

文件级档案目录数据库中的数据记录通常由 21 个数据字段组成。其数据记录的字段名称、字段名、字段类型和字段长度可以参见表 8—2 执行。

表 8—2　　　　　　　　　　　　　文件级 . DBF 目录数据库结构

序号	字段名称	字段名	字段类型	字段长度	备注
1	档案馆代码	GDM	字符型	6	
2	档号	DH	字符型	24	
3	缩微号 *	SWH	字符型	18	
4	电子文档号 *	DZWDH	字符型	24	
5	题名	TM	字符型	250	
6	文件编号	WJBH	字符型	100	
7	责任者	ZRZ	字符型	100	
8	时间	SJ	字符型	40	
9	保管期限	BGQX	字符型	4	
10	密级 *	MJ	字符型	4	
11	解密划控	JMHK	字符型	1	
12	载体类型 *	ZTLX	字符型	10	
13	载体数量 *	ZTSL	数字型	3	
14	载体单位 *	ZTDW	字符型	10	
15	载体规格 *	ZTGG	字符型	10	
16	稿本 *	GB	字符型	10	
17	分类号	FLH	字符型	24	
18	档案主题词	DAZTC	字符型	100	
19	公文主题词 *	GWZTC	字符型	100	档案室选著
20	文件状况 *	WJZK	字符型	1	
21	附注 *	FZ	字符型	100	

注：带"*"者为选择字段。

（二）案卷级 . DBF 目录数据库结构

案卷级档案目录数据库中的数据记录通常由 16 个数据字段组成。其数据记录的字段名称、字段名、字段类型和字段长度可以参见表 8—3 执行。

表 8—3　　　　　　　　　　　　　案卷级 . DBF 目录数据库结构

序号	字段名称	字段名	字段类型	字段长度	备注
1	档案馆代码	GDM	字符型	6	
2	档号	DH	字符型	24	
3	缩微号 *	SWH	字符型	18	

续前表

序号	字段名称	字段名	字段类型	字段长度	备注
4	题名	TM	字符型	250	
5	责任者	ZRZ	字符型	100	
6	起始时间	QSSJ	字符型	20	
7	终止时间	ZZSJ	字符型	20	
8	保管期限	BGQX	字符型	4	
9	解密划控	JMHK	字符型	4	
10	载体类型＊	ZTLX	字符型	10	
11	载体数量＊	ZTSL	数字型	3	
12	载体单位＊	ZTDW	字符型	10	
13	载体规格＊	ZTGG	字符型	10	
14	分类号	FLH	字符型	24	
15	档案主题词	DAZTC	字符型	100	
16	附注＊	FZ	字符型	100	

注：带"＊"者为选择字段。

（三）革命历史档案、明清档案、民国档案目录数据库结构

各级国家档案馆在建立新中国成立前历史档案的目录数据库时，可以根据历史档案的种类，分别采用相关行业标准来进行。其中，革命历史档案的目录数据库建设，可参照《革命历史档案机读目录软磁盘数据交换格式》（DA/T 17.5—1995）执行；明清档案目录数据库的建设，可参照明清档案目录中心数据采集标准《明清档案机读目录数据交换格式》（DA/T 33—2005）执行；民国档案目录数据库的建设，可参照民国档案目录中心数据采集标准《民国档案机读目录软磁盘数据交换格式》（DA/T 20.4 —1999）执行。

三、档案目录数据字段的著录

（一）档案目录数据字段的选择

档案目录数据库的数据记录的数据字段分为必要字段和选择字段两种。其中，必要字段是指在数据记录中必须著录的字段，当前尚未产生的必要字段，如主题词、分类号等，可在完成标引后予以补充；选择字段是指档案部门可以根据实际情况加以取舍的字段，表8—2和表8—3中所列字段带"＊"者就是选择字段。

（二）档案目录数据字段的著录项目及著录要求

1. 档案馆代码

档案馆代码的著录可根据《全国档案馆名称代码》（中国档案出版社出版）赋予的档案馆代码著录（档案室此项不著）。

2. 档号

档号的著录可依据《档号编制规则》（DA/T 13—94）编制的档号结构进行著录。文

书档案的档号结构一般为："全宗号—案卷目录号—案卷号—件号、页（张）号"。凡是已经进行文书立卷改革的立档单位，且已按照《归档文件整理规则》整理的档案目录，其档号的著录结构为："全宗号—年度—件号"或"全宗号—年度—保管期限—类别—件号"。

（1）全宗号：用四位代码标识。其中第一位用汉语拼音字母标识全宗属性，后三位用阿拉伯数字标识某一属类全宗的顺序号。一个档案馆（室）内全宗号不得重复。

（2）案卷目录号：可根据全宗内档案整理状况设置。可按不同时间，不同组织机构，不同保管期限，不同专题或不同载体形态设置。一个全宗内不应有重复的案卷目录号。案卷目录号以二位阿拉伯数字标识。

（3）案卷号：一个案卷目录内的案卷号按排列次序流水编号，不得重号，用四位阿拉伯数字标识。

（4）分卷号：为选择字段。归档插卷造成案卷号重号时，赋予重号部分案卷的排列顺序号。同一案卷号下各卷依次序流水编分卷号，同一卷号下的分卷号不得重复。分卷号用两位阿拉伯数字标识，分卷号与案卷号间用小数点"."分隔。

（5）年度：按照《归档文件整理规则》整理的档案，年度指文件形成年度，是一种分类方法。年度以四位阿拉伯数字标识公元纪年，如"2012"。

（6）件号：用三位阿拉伯数字标识。案卷内文件按排列次序流水编号，同一案卷号下件号不能重复，也不应有空号。

（7）页（张）号：用三位阿拉伯数字标识。案卷内每页（张）按排列次序流水编号。同一案卷同内页号不能重复。

3. 缩微号

档案缩微制品的编号，包括"案卷缩微号"和"文件缩微号"两种。

（1）用缩微胶卷拍摄的案卷，其缩微号的推荐格式由全宗号、盘号、案卷地址号组成。其中全宗号可依据《档号编制规则》编制；盘号是在一个全宗内，按拍摄先后顺序给每盘缩微品的编号，用三位数表示；案卷地址号即案卷在缩微胶卷中的顺序号。

（2）用缩微平片拍摄的案卷，其缩微号推荐格式由全宗号、平片号组成。其中，全宗号可根据《档号编制规则》编制；平片号是在一个全宗内，按拍摄先后顺序给每张缩微平片的编号，一般由五位数组成。

（3）文件缩微号的著录要求是：用缩微胶卷拍摄的文件，其文件的缩微号是在案卷缩微号后用连线"—"加上文件件号或所在页号，件号或页号用三位数表示。

（4）以缩微平片形式拍摄的文件，其文件缩微号是在案卷缩微号后用连线"—"加上文件件号或所在页号，件号或页号用三位数表示。

4. 电子文档号

档案馆（室）收藏电子文件的一组符号代码。可使用由存储介质代码、全宗号、盘号及电子文件名称四部分组成的格式。其中，存储介质代码用字母表示，"GP"表示光盘，"CD"表示磁带，"CP"表示磁盘；全宗号可根据《档号编制规则》编制；盘号用数字表示，一般为二位数；电子文件名称可根据管理方便的原则自行规定。各个部分之间用"—"号连接，如CD—A007—03—LDF9002.TXT。

5. 题名

题名包括正题名、并列题名、副题名及说明题名文字。

（1）文件题名。

一般照原件著录，如原件没有题名，则应自拟题名，并加"〔 〕"号。原题名不能反映文件主要内容时，原题名照录，并据其内容另拟题名，加"〔 〕"号附后。

文件除正题名外，有并列题名、副题名、说明题名文字时，应按序依次著录。其中，并列题名是以另一种语言文字书写的与正题名相对照的题名。正题名与并列题名之间加"＝"号。副题名是解释或从属于正题名的另一题名。说明题名文字是指在题名前后对档案内容、范围、用途等的说明文字。副题名、说明题名文字前加"："号。

文件题名中的责任者与责任者项的内容重复时可省略不著。但如果责任者名称是题名不可缺少的组成部分，则应将责任者名称作为题名的一部分著录。

（2）案卷题名。

一般照录原文，原题名不能揭示案卷内容，或语句冗长不通时，应修改后再著录。

6. 文件编号

文件制发过程中，由制发机关、团体或个人赋予文件的顺序号。包括发文字号、科研实验报告流水号、标准规范类文件的统编号、图号等。文件编号除年度用"〔 〕"号外，其余照原文字和符号抄录。联合发文或有多个文件编号的文件，一般只著录立档单位的文件编号。

7. 责任者

对档案内容进行创造、负有责任的团体或个人。个人责任者一般只著录姓名，必要时在姓名后著录与文件相应的单位、职务、职称，并加"（ ）"号。团体责任者必须著录全称或不发生误解的通用简称，同一团体责任者的名称前后著录应一致。责任者有多个时，最多著录三个责任者，其中列居首位的责任者及立档单位本身是责任者的必须著录，被省略的责任者用"〔等〕"表示，各责任者之间以"；"号相隔。文件所署责任者为代称、别名、笔名时，应照原文著录，另将其真实名称加"（ ）"附后。未署责任者或原责任者不完整、不准确时，应著录考证出的正确的责任者，并加"〔 〕"号。会议文件责任者应写明会议全称、举行的届次数。

8. 时间

按著录对象的不同，分为文件形成时间和卷内文件起止时间。

（1）文件形成时间：一般公私文书、信札为发文时间，决议、决定、命令、法令、规程、规范、标准、条例等规范性文件为通过或发布时间，条约、合同、协议为签署时间，技术评审证书、技术鉴定证书、转产证书为通过时间，获奖证书、发明证书、专利证书为颁发时间，科研实验报告、学术论文为发表时间，工程施工图、产品加工图为设计时间，竣工图为绘制时间，原始实验记录、测定检修数据为记录时间。文件形成时间由八位阿拉伯数字组成，即为 YYYYMMDD。其中，"Y"表示年度，为四位数；"M"表示月份，为二位数；"D"表示日期，为二位数。汉字"年"、"月"、"日"可省略不著。位数不足者，应补"0"。

文件时间凡出现农历、民国纪年或地支代月、韵目代日的，一律转换成公元纪年，不加注。

原文件未署时间或所署时间有误者，应著录考证出的准确的文件时间，并加"〔 〕"号。文件时间不完整或部分时间字迹不清时，仍著录原时间，原时间中缺少或字迹不清部分以"0"补之，考证出的时间根据不足时，在其后加"?"字符。由若干份文件为对象著录一个条目时，著录其中最早和最迟形成的文件时间，中间用"一"连接。

（2）案卷内文件起止时间：其中，起始时间是指案卷内形成最早的文件日期；终止时间是指案卷内形成最晚的文件日期。

9.保管期限

根据档案价值确定的档案应该保存的时间。一般分为永久、定期两种。保管期限一般按案卷组成时所定保管期限著录，若已更改的，则应著录新的保管期限。

10.密级

密级一般按文件形成时所定密级著录，对已升、降、解密的文件，应著录新的密级，公开级、国内级可不著录。密级按 GB/T 7156—1987 文献保管等级代码表划分为 6 个级别，名称代码见表 8—4。

表 8—4　　　　　　　　　　　　文献保密等级代码

名　称	数字代码	汉语拼音代码	汉字代码
公开级	0	GK	公开
国内级	1	GN	国内级
内部级	2	NB	内部
秘密级	3	MM	秘密
机密级	4	JM	机密
绝密级	5	UM	绝密

11.解密划控

遵照《中华人民共和国档案法》有关规定，根据档案文件形成时间及文件内容确定档案是向社会开放还是继续保密控制使用。档案馆已确定为开放的文件或案卷，此项不著，不开放的文件或案卷则著录"K"字。

12.载体类型

档案载体物质形态的种类。分为甲骨、金石、简牍、缣帛、纸、唱片、胶片、胶卷、磁带、磁盘、光盘等。以纸张为载体的档案一般不予著录，其他载体类型据实著录。

13.载体数量及单位

数量为阿拉伯数字，单位用档案物质形态的统计单位，如"件"、"页"、"张"、"册"、"盒"、"盘"等。

14.载体规格

档案载体的尺寸及型号。如：16 开、A4、105mm×148mm、3.5 英寸。

15.稿本

指文件的文稿、文本和版本。分为正本、副本、草稿、定稿、手稿、草图、原图、底图、蓝图、影印本等。稿本应据实著录。

16.分类号

根据档案分类法确定的档案所属类目的符号。分类号应依据《中国档案分类法》（第二版）和《档案分类标引规则》（GB/T 15418—94）进行标引。

档案分类标引应根据档案的主题内容、价值、实际用途等因素，选定适当的标引深度，一般不超过 3 个分类号，各分类号之间用"＋"号连接。

归类相互交叉情况的处置要求是：

第一，采取集中归类与分散归类相结合的办法。例如：机构、人事方面的档案，根据《中国档案分类法》的类目设置，应按党、政、军系统分别归类，但某些系统（如科研系统）的机构、人事档案则在本专业类相对集中。又如，计划、统计、基本建设、设备、经费方面的档案，属于综合性的分别归于"JA 计划"、"JD 统计"、"R 城乡建设、建筑业"、"NJ 机械工业"、"KA 财政"，属于各专业的则分别归入相关专业类。

第二，采取规定宜入类目的办法。例如，标准、计量方面的档案，根据《中国档案分类法》类目设置，既可归入"U 标准、计量、专利"类，也可归入各专业类下所设的"UA 标准"、"UB 计量"类。实际工作中，可根据本部门检索需要，在分类表中规定其中一个类目为实际使用类目，并在另一重复类目下注明"宜入×××类"。

17. 主题词和关键词

（1）主题词是揭示档案主题内容的规范化的词或词组。

主题词应依据《中国档案主题词表》或本专业、本单位的规范化词表及《档案主题标引规则》（DA/T 19—1999）进行标引。

一个案卷或文件的主题词一般控制在 10 个以内，各个主题词之间空一个汉字的位置。

专用名词如机构名称、人名、地名、会议名称等，已编入词表的，要选用词表中的正式主题词，例如王尽美（王瑞俊、王灼斋）应标引为"王烬美"；未编入词表中的，则应选用统一的自然语言进行标引。

词表中若出现两个或两个以上的正式主题词表达同一概念语义时，应在词间规定用（Y）、代（D）关系，避免分散标引。例如，《中国档案主题词表》正式主题词中，有战史、劳模、国民党、政治局会议，同时也有战争史、劳动模范、中国国民党、中央政治局会议，则应分别规定其中最常用、最通用的一个词为正式主题词，另一个同义词为非正式主题词。

（2）关键词。

关键词是在标引和检索中取自文件题名或正文用以表达档案主题并具有检索意义的词或词组。关键词可标引分类号的汉语类名。多个关键词之间用"；"间隔。

18. 文件状况

根据档案载体的完好程度著录。著录时用代码标识。档案完好者，不予著录；档案载体破损不全用"A"表示；档案字迹褪色用"B"表示；档案载体老化用"C"表示；其他用"D"表示。

19. 附注

对各个数据字段的补充解释与说明。依各项目的顺序依次著录，项目以外需要解释和说明的列在其后。具体情况包括：

（1）各数据字段需要注明的事项：主要注明同一文件的不同题名或其他称谓、责任者、时间考证依据或著录来源等。例如："题名又称'三大方案报告'"；"责任者系根据统计表制发机关确定"；"文件时间系刊物所载时间"等。

（2）各数据字段以外需要注明的事项：主要注明文件附件题名，文件的特殊来源如捐赠、购买、交换、复制、寄存等，文件的真伪判断等情况。例如，"此件复制于中央档案馆"，"该件由×××于××××年捐赠"等。

四、档案目录数据交换格式及要求

（一）档案目录数据交换格式

交换档案目录数据的文件格式，《档案目录数据采集规范》（DB37/T 536—2005）规定扩展名为 .DBF 的 X base 关系型数据库文件作为档案目录数据交换的文件格式。

（二）档案目录数据交换要求

档案目录数据交换一般应满足如下几点要求：

第一，目录数据交换文件的组织方式是以 .DBF 为扩展名的关系型数据库文件。

.DBF 数据库文件名：

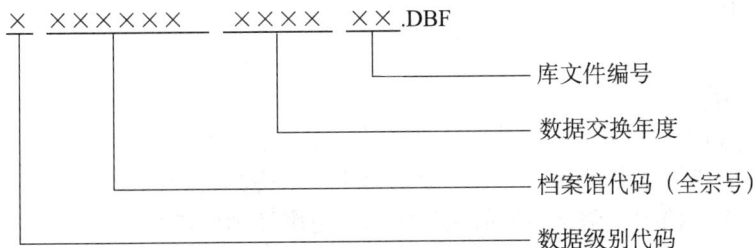

```
×  ××××××    ××××    ××.DBF
                              库文件编号
                          数据交换年度
                     档案馆代码（全宗号）
                数据级别代码
```

用于数据交换的 .DBF 数据库文件以数据交换年度进行划分存贮介质容量时，可分割为若干个子库文件存储，并按顺序进行编号。子库文件从 01—99 编号，如无子库文件，不编号。文件名格式中，除以下几种情况外所有项目都必须著录：

（1）建库单位是档案馆，可以不著录全宗号。

（2）建库单位的全宗号如还未确定，可以不著录全宗号，允许在文件名末尾加建库单位的简称。

（3）不进馆的档案数据库可以不著录档案馆代码和全宗号，允许在文件名末尾加建库单位的简称。

数据级别分为文件级和案卷级。文件级用汉语拼音字母"w"表示，案卷级用汉语拼音字母"A"表示。

例1：建库单位是某省委，数据级别是文件级数据库，档案馆代码是223001，某省委全宗号是0101，数据库交换年度是2014年，子库文件编号为2号。

库文件名著录为：w2230010101201402.DBF。

例2：建库单位是某市档案馆，数据级别是案卷级数据库，档案馆代码是223010，数据库交换年度是2013年，子库文件编号为1号。

库文件名著录为：A223010201301.DBF。

例3：建库单位是某省住建委，数据级别是文件级数据库，档案馆代码是223001，全宗号还未确定，数据库交换年度是2005年，子库文件编号为1号。

库文件名著录为：w223001200501某省住建委.DBF

例4：建库单位是中国人民大学，数据级别是案卷级数据库，数据库交换年度是2008

年，子库文件编号为 1 号。

库文件名著录为：A200801 中国人民大学 . DBF。

第二，经过加密处理的数据，交换时必须提供解密手段，保证可读性。登记备份的目录可加密备份，移交时应注明密级。

第三，经过压缩处理的数据，交换时必须提供解压缩手段。

第四，档案目录数据交换建议使用光盘、优盘或移动硬盘，不推荐使用 3.5 英寸软盘。注意：网上传递仅限于没有密级的目录数据。

第五，档案目录数据交换盘应带有外部标识，注明全宗名称、全宗号、相关年度及盘号，馆际之间档案目录数据交换要注明档案馆代码。

第六，档案目录数据交换盘应经过材质、内容、病毒等检测，材质符合要求、内容完整检验，确认为无病毒盘才能接收。

第七，《档案目录数据采集规范》涉及的各种符号，如"＝"、"＋"、"［］"、"."等，录入时，一律用"半角"。

思考与复习题

1. 简述档案检索的含义、过程与检索效率。

2. 简述《中国档案分类法》的编制原则与体系结构。

3. 简述《中国档案主题词表》的选词原则、范围和结构体系。

4. 简述档案著录的意义和方法。

5. 简述档案分类标引、主题标引的规则与方法。

6. 简述全宗指南与档案馆指南的编写方法。

7. 简述建立档案目录中心的意义与发展远景。

8. 简述档案目录数据库的概念及种类。

第九章

档案编研

内容提要

本章重点讲四个方面的内容：一、档案编研工作概述。二、现行文件编研。三、历史档案编研。四、档案编研制度。

第一节　档案编研工作概述

档案编研工作，即以馆（室）藏档案为主要对象，以满足社会利用需要为目的，在研究档案内容的基础上，对档案文献进行收集、筛选、加工，形成不同形式的出版物，供社会各方面利用的一项专门工作。现代社会，档案编研工作在整个档案工作中的地位和作用不断凸显。

一、档案编研工作的意义

阐述一项工作的意义和作用，事实上是在回答"为什么做"的问题。只有真正理解和把握了为什么做，才有了"做好"的内在动力。档案编研工作是整个档案工作的重要组成部分，在整个档案工作中具有重要的意义和作用，主要体现在以下几个方面：

第一，档案编研工作有利于充分发挥档案的价值与作用，实现档案工作的根本目标。档案是在人类社会实践活动中产生和形成的，是国家机构、社会组织或个人在社会活动中直接形成的原始记录，具有独特的、重要的、广泛的作用。在人类社会漫长的发展中，各个国家都形成和保存了大量的档案，然而，如果档案仅仅静态地被保存在档案馆（室）中，它的价值和作用将难以实现。档案编研工作，通过对档案进行编辑、研究，对档案资源进行开发和利用，以便于利用者利用的形式，通过多种途径，主动向社会提供档案信息服务，有利于活化档案的价值与作用，实现档案工作的根本目标。

第二，档案编研工作有利于档案工作整体水平的提高。档案编研工作以档案馆（室）藏档案为基础，档案的收集、整理、保管、鉴定等其他各个环节的工作直接影响着档案编研工作的开展，因此，档案编研工作的过程也是对档案其他各个业务环节工作的反馈和检验，既发现以往工作的优缺点，又对基础性工作提出新的要求，使档案馆（室）的整体工作水平在良性循环中不断提高。

第三，档案编研工作有利于档案原件的保管。对档案的利用，不仅要满足利用者当前的需求，也要着眼于未来。档案大部分是"孤本"，对原件频繁的利用不利于档案的长久保存，尤其是对于那些年代久远的、珍贵的档案，一旦损毁，将给国家和社会带来不可挽回的损失。通过编研工作，将各种编研成果提供利用，既满足了利用者的需求，又可以减少对档案原件的重复利用，有利于档案的长久保存。

二、档案编研工作的内容

档案编研工作是档案馆（室）工作人员以档案馆（室）藏档案为基础，主动向社会提供档案信息服务的一项重要工作，是充分发挥档案的价值与作用的重要途径。编研工作的内容要服从于编研工作的目的和意义，主要包括以下方面：

（一）熟悉档案馆（室）藏档案资源构成，研究档案馆（室）藏档案资源内容

档案编研工作以档案馆（室）藏档案资源为基础开展，因此，了解馆（室）藏档案的构成，并研究档案内容，是档案编研工作的基础性工作。在开展编研工作时，首先应梳理本馆的档案资源，包括馆藏的主要构成，馆藏档案的起止时间，特色馆藏等。只有对馆藏档案资源做到心中有数，才可能编研高质量的研究成果。其次，对馆藏档案内容进行深入细致的研究。只有对档案内容进行细致研究，才能充分挖掘档案的价值与作用，编写出满足利用需求的编研成果。

不同地区、不同级别、不同类型的档案馆（室），档案资源构成各不相同。随着社会的发展，档案馆（室）藏档案资源也会不断地优化和完善。因此，只有全面了解馆（室）藏档案，深入研究档案内容，档案编研工作才能形成一个良好的开端，并沿着健康的道路前行。

（二）形成不同层次的、形式多样的编研成果

档案编研工作的根本目的是通过不同形式的编研成果，挖掘和实现档案的价值和作用，更好地为利用者提供档案信息服务。从我国现有的实践和发展来看，档案编研工作主要通过以下几个方面，形成最终编研成果。

1. 编写档案参考资料

档案参考资料是档案馆（室）根据一定的题目，结合本馆（室）相关档案，进行综合加工编写而成的系统性材料。它综合记述档案的内容，反映档案所记载事件（或事物）的相关情况，既能起到帮助利用者查找利用档案的作用，同时又直接提供了利用者所需的有关档案的内容信息。档案编研工作中形成的参考资料种类很多，名称不一，常见的有大事记、组织沿革、统计数字汇集、专题概要等。

2. 汇编档案文集和编纂档案史料

汇编档案文集和编纂档案史料是档案馆（室）编研工作的重要内容之一，主要是按照一定的作者、专题、时间或文种等特征，将相关档案选编成册，按照不同的体例形成各种档案信息加工成果，在一定范围使用或公开出版。汇编档案文集和编纂档案史料除了对档案原件个别文字或形式方面做必要的加工外，不做任何内容上的改动，例如党政机关的重

要文件汇编、政策法令汇编，历史研究和各种专题档案史料汇编等。

3. 参加历史研究和编史修志，撰写有关文章和著作

档案工作和史学研究各有分工，档案馆的历史研究和专题研究，同史学界和其他学术界的研究工作有所不同，档案馆不注重著书立说和广泛系统地研究历史学或某学科的各种问题，而应充分发挥其丰富馆藏资源的优势。一方面，通过研究分析、整理汇编和公布史料，积极提供各项研究所需档案，配合编史修志等研究活动；另一方面，以本馆藏为基础，进行相应范围的历史研究，对出版的历史著作进行印证，撰写一定的历史专著或专门文章，参加或承担编修地方志，以此更好地发挥档案的价值与作用。

三、档案编研工作的原则

档案编研工作涉及诸多因素、诸多环节，是一个复杂的过程。在开展中需遵循以下原则：

（一）"编"和"研"有机结合原则

"编"和"研"是档案编研工作的两个重要组成部分。所谓"研"是对馆藏档案构成的研究，以及对档案内容的研究；所谓"编"是对"研"的深化和加工。对于编研工作的每一个环节都要进行深入的研究，从对馆藏的深入了解，到编研课题的论证、选题，到编研成果的完成，都是在研究的基础之上进行的。"编"是"研"的深化和外化，是形成编研成果的直接手段，可见，编研工作是编中有研，编研结合，只有将二者有机融合，才能将档案信息进行有效的提炼、加工、概括，形成优质的编研成果。

（二）合法合规的遵从性原则

档案编研工作的遵从性原则是指在档案编研工作中必须遵守和服从有关的规定和要求。首先，档案编研工作要遵守相关的法律法规和政策。档案编研成果要在一定范围内公开使用，且编研工作所基于的馆（室）藏档案非编研工作者自身形成的，因此，在编研工作中，应该遵循《中华人民共和国宪法》、《中华人民共和国档案法》、《中华人民共和国保守国家秘密法》、《中华人民共和国著作权法》等法律法规以及相关政策的规定。其次，档案编研工作要服从并服务于档案工作的根本目标。编研工作是档案工作的重要组成部分，编研工作的开展应与整个档案工作的开展和谐一致，实际工作中，应摒弃"为了编研而编研"的错误思想，确保编研成果的有用性和实效性。

（三）方便传播和用户利用原则

编研成果要在一定范围内公开使用，编研成果的传播和利用，有利于档案价值和作用的发挥，有利于档案信息资源的开发和利用。因此，在编研过程中，我们既要认真研究档案的内容，又要注重编研成果内容的可读性、易用性，并形成形式多样的编研成果，通过各种途径进行传播和利用。现代社会，飞速发展的科学技术为编研成果的传播和利用提供了更广阔的平台，充分合理利用现代信息技术，有利于编研成果的传播和利用。

四、档案编研工作的关键步骤

在后面的章节中，我们将详细阐述常见的档案编研成果的编写程序和方法。为了更好地学习和掌握不同编研成果的编写，我们先来介绍档案编研工作中最根本的、关键的步骤。

（一）选题

选题就是选择档案编研的题目。题目是统领整个编研工作开展的主线，其他环节的工作都是依据所选题目来展开的。科学合理的选题应做到"三匹配"：

1. 选题应与社会需求相匹配

具体而言，选题既要符合现实的需要，又要具有长远的利用价值，这就要求编研工作者既要考虑利用者现实的利用需求，又要发现和研究档案利用规律，通过一定预见性选择符合时代发展要求的题目。

2. 选题应与馆（室）藏档案资源相匹配

"巧妇难为无米之炊"，编研工作需要以丰富的馆（室）藏档案资源做支撑，如果与选题相关的馆（室）藏档案资源贫乏，就难以形成高质量的编研成果。每个档案馆（室）资源都有各自的特色，应结合自身的特色和优势档案资源确立选题。

3. 选题应与编研团队实力相匹配

编研工作是编与研的结合，编研工作团队既要有较高的研究能力，又要有较高的文字表达能力。既要能对素材正确理解，合理利用，综合分析，又要能系统整理，编辑加工，形成满足公众需求的信息产品。不同的选题，编研工作难度也各不相同。因此，编研工作要在客观认识编研团队实力的基础上，选择与本团队实力相当的题目。

（二）选材

在确定选题后，要通过各种途径查找档案，逐篇研究档案内容，考订文献真伪、形成时间，判断文献的价值等。

在材料选择中，一般要着眼于以下几个方面：第一，确保材料真实可靠。原始记录性是档案信息特有的属性，编研成果作为对档案信息加工而形成的信息产品，应通过真实可靠的材料，反映人或事的原貌。因此，应实事求是、客观地选择档案文献，对不同观点的材料兼收并蓄，不同种类的材料结合选用。第二，确保材料的齐全完整。围绕所选题目，收集与题目有关的全部档案文献，并进行分析，做到点面结合，正面材料与反面材料结合，重点与一般兼顾，典型性与多样性兼顾。第三，选择材料详略得当，重点突出。档案编研工作，不是将相关档案文献简单地集中起来，而是有针对性地、系统地对档案文献进行加工，能够灵活地、方便地供利用者利用。因此，材料的选择既要全面，又要详略得当，紧抓重点问题，突出重点内容。

（三）加工与编写

材料选择好之后，就要对所选档案文献进行加工，根据最终形成的编研成果的不同，对档案文献加工的过程也有所不同，一般表现为对档案文献文字语句的勘正与恢复，划分段落与标点，修拟标题与正文的删节，对文献内容的提炼等。无论以何种形式对档案文献进行加工，都应坚持"维护档案文献的原貌，忠实文献内容的原意"的原则，在真实、客观、准确的基础上进行。经过加工之后的档案文献，须按照一定的体例进行系统化编排和格式化处理，形成便于利用者利用的编研成果。

此外，编研工作的程序还包括辅助性材料的编写、审校等环节。不同编研成果的编写既应遵循编写过程中的统一要求和规律，又应满足各自的形式和特点，才能形成有价值、高质量的信息产品。

五、档案编研成果的分类

按照不同的分类标准，档案编研成果可以分为不同的类别，常见的分类方法主要有：

按加工层次划分，可以分为一次编研成果、二次编研成果、三次编研成果。一次编研成果是按照一定的要求，以档案文献原文为直接对象，经过收集、筛选、转录、校勘、编排、出版等环节，编制而成的反映档案原文的信息产品，比如各种文件汇编；二次编研成果是按照一定的要求，通过对档案原文内容进行浓缩、提炼、重新组合等加工，或用编者的语言表达，并通过一定的体例编制而成的信息产品，如档案文摘；三次编研成果是在利用一次、二次编研成果的基础上，经过深入综合分析、研究编写出来的档案信息产品，如手册等。

按表达方式划分，可以分为文字式、图形式、数据式、声像式等。

按选题范围划分，可以分为综合型和专题型。

按体裁特征划分，可以分为汇编、文摘、索引、简介、史志等。

按载体划分，可以分为传统纸质载体编研成果，缩微品、电子出版物、网上出版物等新型载体编研成果，展品型编研成果，艺术型档案编研成果等。

第二节 现行文件编研

现行文件编研工作是推动已公开现行文件利用服务有效开展的重要手段，是充分发挥文件价值和作用的重要途径。

一、法规性文件汇编

法规性文件是指法律、法令、条例、规则、章程等法定文件的总称，泛指国家机关制定的规范性文件，比如各项法律、行政法规、地方性法规、自治条例、部门规章等。将全部或一定范围、一定级别的法规性文件加以汇集，即形成法规性文件汇编。按照汇集内容可将法规性文件汇编分为综合性法规文件汇编和专题性法规文件汇编，前者多是将某一级政府颁布的各种法规性文件加以汇集，后者多是将某一专业领域的法规性文件加以汇集。

法规性文件汇编多以书本的形式公开出版，是组织机构、团体、个人日常工作的规范和查考依据，具有权威性、准确性等特点。

二、政策性文件汇编

由一定的组织机构、社会团体或个人，将围绕某一领域或某一主题的方针政策方面的规定性、领导指导性文件汇集成册，用以指导相关工作的开展，即为政策性文件汇编。政策性文件汇编为该项工作的开展指明了方向，提供了参考和依据，如由人力资源和社会保障部专业技术人员管理司编写的《职称工作实用政策文件汇编》，将职称工作相关的政策性文件按照一定的体例汇集在一起，便于利用者查找和利用，是职称工作开展的重要参考依据。

三、会议文件汇编

会议文件汇编是将会议中形成的具有查考利用价值的文件汇集成册。会议是一种围绕特定目的开展的、组织有序的、以口头交流为主要方式的群体性活动。会议具有沟通信息、发扬民主、科学决策、推动工作等作用。会议召开之前、之中、之后都会形成大量的文件，选择其中能够反映会议的基本情况、对工作开展以及对社会有价值的可公开文件加以汇集，便于公众和会议各方全面系统地把握会议内容和精神，有利于各项工作的开展，并保障公众的知情权，比如党代会、人代会、重要的专业会议和学术会议等，都会形成会议文件汇编。在会议文件的编制过程中，根据会议召开的实际情况，可将一次会议的文件汇编为一册，也可将若干次会议的文件汇编为一册。如《中国共产党第十七届中央委员会第六次全体会议文件汇编》，是对2011年10月15日至18日在北京举行的中国共产党第十七届中央委员会第六次全体会议的文件汇编，收录了会议讨论通过的《中共中央关于深化文化体制改革推动社会主义文化大发展大繁荣若干重大问题的决定》和发表的《中国共产党第十七届中央委员会第六次全体会议公报》等文件，供广大党员领导干部在学习工作中使用。

四、政府公报

政府公报是由政府机关出版发行的以登载法令、方针、政策、宣言、声明、人事任免等各类政府文件为主要内容的连续出版物，主要包括中央政府公报和地方各级政府、各机关公报。比如，《中华人民共和国国务院公报》（简称《国务院公报》），集中、准确地刊载：国务院公布的行政法规和决定、命令等文件；国务院批准的有关机构调整、行政区划变动和人事任免的决定；国务院各部门公布的重要规章和文件；国务院领导同志批准登载的其他重要文件。政府公报是政府信息公开的重要载体，是公民利用现行文件的重要途径。

五、发文汇编

发文汇编是将本单位某一时间段内的全部发文按发文字号排列而汇集成册的编研成果。一般以年度为单位，将一个年度内的全部发文加以汇集，便于利用者按发文字号查找利用。发文汇编一般由封面、文件目录、汇编的文件构成。封面包括单位名称、起止时间、编制单位、编制时间等要素；文件目录由顺序号、发文字号、发文单位、题名、发文时间、页号等要素构成；汇编的文件按文件字号进行排列。

六、专题文件汇编

专题文件汇编是根据利用者和本组织工作的需要，将反映某一专题的现行文件汇编成册，以便于查找和利用，如《2010 年中等职业教育管理文件汇编》。

此外，档案馆（室）应根据自身馆（室）资源以及利用者的需求，对现行文件进行汇编，形成形式多样、载体多样、便于传播和利用的现行文件编研成果。《中华人民共和国政府信息公开条例》（简称《政府信息公开条例》）第六条明确规定"行政机关应当及时、准确地公开政府信息"，现行文件是政府信息的最重要载体，档案馆是公民查阅政府信息的重要场所，因此，各级档案馆应该不断丰富现行文件资源，通过对现行文件的编研，将政府信息公开落到实处。

第三节　历史档案编研

丰富的档案馆（室）藏资源为档案编研工作提供了良好的基础，对历史档案进行编研是档案馆（室）重要的职能与工作任务之一，在长期的研究和实践中，档案馆（室）编研方法和编研手段不断完善和优化，编研成果更加多样化。本节以大事记、组织沿革、统计数字汇集、专题概要等一系列极具生命力的档案编研成果为切入点，对档案编研工作进行介绍。此外，档案史料的汇编也是历史档案编研的重要内容之一，已经形成了一套较为完善的理论和方法，另有专门课程讲述，故在此不赘述。

一、大事记

（一）大事记概述

大事记是按照时间顺序，简要、系统地记载某一组织、某个领域、某个人物等在一定历史时期内发生的重大活动或事实的参考资料。

大事记系统扼要地记录了一定时间的历史发展事实，揭示了重要事件、重要活动发生、发展的过程以及它们之间的联系，是一种常见的档案编研成果。大事记的作用主要体现在：第一，组织的发展和各项业务活动的进行往往具有一定的连续性，大事记可以帮助组织或个人回顾过去，了解本地区、本机关的工作和发展历史和变化过程，便于更加科学、高效地开展工作；第二，大事记对历史研究人员研究国家和地方的历史、编史修志，提供了真实可靠的参考资料；第三，大事记是对公众进行宣传教育的生动素材，有助于帮助公众正确认识某组织、某地区、某领域的发展历史；第四，文化是历史的积淀，"大事"中往往沉淀和积蓄了本组织、本地区的文化，大事记有助于传承和弘扬本组织、本地区的优秀文化。

大事记种类很多，目前我国档案馆（室）基于馆（室）藏档案资源所编的大事记，主要有以下几种：

1. 机关工作大事记

机关工作大事记主要记载某个机关在一定时期内的重要活动，如《青田政府大事记》。

2. 国家或地区大事记

国家或地区大事记主要记载全国或一个地区在一定时期内的重大事件。

3. 专题大事记

专题大事记主要按照一定专题记载某一地区或某一组织在一定时期内某一方面的重大事件。

4. 个人生平大事记

个人生平大事记主要记载某些重要人物生平的重要活动。

（二）大事记的编写

编写一部大事记，首先要确定所编大事记的时间界限（即大事记的起止时间）和内容范围（即所记载大事的范围、性质等）。其次要查找收集与所确定范围有关的档案文献，按照一定的程序，从档案文献中挑选出符合标准的"大事"。最后要将所选大事按一定的体例编排。

1. 大事记的选材

某一组织、地区或领域一定时期内所发生的事件繁多，而大事记不可能事无巨细一一罗列，因此，对"大事"的判断和选择标准至关重要。判断"大事"的标准一般包括以下几方面的内容：

（1）影响深远的事件。

在某一组织（地区、领域或人物）范围内，往往会发生很多重要的事件，这些事件在当时便被极大地关注和重视，且事后对本组织（地区、领域或人物）的发展，甚至在更大的范围内产生一定的影响，此类事应当作为"大事"编入大事记。比如历史性的会议，重要的法律、方针、政策的制定和颁布实施，重大的政治经济变革，重要的活动，各种自然灾害、重大突发事件等。

（2）意义重大的事件。

意义重大是指所选大事在行政、业务、文化、法律、教育等方面的作用突出，主要表现在能够为今后的工作提供借鉴和参考，能够为历史研究提供强有力的支持，能够为教育宣传、文化传承提供具有说服力的素材。"大事"的选材来源于馆（室）藏档案，档案对其形成者和社会在不同的时期，表现出不同的价值和作用。大事记编写过程中，从档案文献中所选择的"大事"应是能淋漓尽致体现档案所记载内容的价值和作用的素材。

（3）"大事"是相对重大的事件。

归根结底，判断"大事"没有一个绝对的、万能的标准。编写的大事记类型不同、性质不同，选择的"大事"也各不相同，因此，大事的选择，要充分考虑大事记编写的目的、大事记的作用、大事记类型等因素，并与之相吻合。比如，对某一机关自身的发展具有里程碑意义的重要政策的出台，在编写机关工作大事记时，必须将其作为大事收录，而在编写某一系统或某一地区的大事记时，根据需要，则不一定将其作为大事被收录。

根据以上标准，在具体选择和确定"大事"时，要把握一定的时空范围、事件的特点以及相互联系。一般情况下应注意以下方面。一是要立足于本地区、本系统、本组织自身的工作活动来选择"大事"，突出自身的活动和状况；二是根据本组织的性质、任务、主要职能活动来选择"大事"、"要事"；三是注意突出本组织、本地区的特点，选择反映一定时期内的中心工作和重要事件的"大事"。

结合选材标准，大事记的选材一般可分为以下三个步骤：第一步，初选。初选阶段力求材料齐全完整，凡属大事、要事范围内的材料力争全部收集。档案馆（室）藏是大事记材料的主要来源，必要时也可扩大取材范围，从多方面选择丰富的素材，比如各种媒体对本组织、本地区的相关报道、调查访问材料等。第二步，复选。对初选收集的材料进行进一步的选择，去粗取精，去伪存真，化繁为简，精益求精，精选最符合要求的材料。第三步，定选。确保材料真实、准确、完整，严格审核考证，确保无任何纰漏。

2. 大事记的内容结构和编写方式

大事记的内容一般由封面、序言、目录、正文、按语与注释、附录等部分按一定的顺序编排构成。

（1）封面。

封面由题名（标题）、记事上下年限、编制单位或编制人、编制年月等事项组成。

（2）序言。

序言，也可称之为前言、编辑说明等，即对大事记编写情况的总说明，主要内容包括：编写大事记的目的和意义，编写的指导思想和原则，大事记的时间界限，选材标准、材料来源，档案史料的价值，大事记的结构等需要说明的情况。

（3）目录。

目录，也称目次，即帮助读者查找大事条目的线索，目录与大事记的编排体例相一致，即按照正文大事条目的编排列出大事条目所在页次。

（4）正文。

正文是大事记的主体部分，由条目构成，条目由大事时间和大事记述两部分构成，一条一事，每条对大事涉及的时间、地点、人物、数据、发展过程、因果关系等内容，用简练的文字表达出来。

大事时间：大事时间应力求准确、具体，一般要写明时间发生的年、月、日，有些非常重大的时间还要写明时、分、秒。对某些历史事件，除了公元年号外，同时要注明当时的朝代年号。对于档案中没有标注时间或时间不准确的事件，应进行考证，在考证后标注。

大事记述：大事记述是对史实的记述，是大事记中最重要的部分。一般要求是，以一条一事的方式用简练、精确的语言记述所选大事。在记述过程中，大事的内容一般应揭示事件的人物、发展过程、结果、因果关系、关键数据等要素，既要全面、完整、系统地反映有关事实的真相，又要详略得当，简明扼要，因此需要编者科学合理地对档案文献原文进行加工，在实事求是的基础上对原记载进行精简、浓缩。语言表达方式一般采用记叙和说明，只记不议，实事求是、客观地记述事件的来龙去脉。一件大事对应一个事件，形成一个条目；一个条目中只能包含一件大事，不可将几件大事放在一个条目中综述，即便是同一事件有多件事要记载，也应各立条目，分段记述。

条目编排：条目编写好之后，按照时间顺序将其进行编排。

具体编排方法：将大事按照时间（年、月、日）先后顺序进行排列，先排有确切日期的大事，后排接近准确日期的，日不清楚者附于月末，月不清楚者附于年末，年不清楚者一般不作记录。如果是同时发生的大事，可按时、分或者重要程度排列；如果一件大事延续时间较长，多按结束日期排列。此外，有一些大事记时间跨度比较长，内容较多，为了便于查阅和利用，可以先分为若干个历史时期，或者先分为几个大类，再按时间顺序进行排列。

（5）按语与注释。

按语与注释是为了引导读者阅读，便于利用者正确理解大事的内容而编写形成的。进行历史时期划分或者类别划分编写的大事记，可在每个时期或者类目之前加按语，简要介绍这一部分的历史背景和大事要点。此外，大事记中某些历史事实中的词句有特定含义，或者有些人物、名称、背景不为今人所熟悉，则可以以注释形式加以说明。

（6）附录。

附录是指为了便于读者查阅，根据大事记的内容和读者的特点而编制的放在正文之后的参考书目、大事主题索引、人名索引、地名索引、行政区划图等等。

二、组织沿革

（一）组织沿革概述

组织沿革是系统记载一个机关、地区或专业系统的体制、组织机构、人员编制等变革情况的参考资料。按照内容范围不同，常见的组织机构大致有以下几种：

（1）机关、企业、事业单位等的组织沿革。它主要记载一个机关、企业、事业单位等的体制、内部机构、人员编制等演变情况。

（2）地区组织沿革。它主要记载一定区域内（如省、市、县等）所属党、政、群等各级组织的设置及其变化情况，或行政区划的演变情况。

（3）专业系统组织沿革。它主要记载一个专业系统（如工业系统、商业系统、教育系统等）所属组织的设置和变化情况。

组织沿革的作用主要体现在：首先，组织沿革便于人们认识和了解一定范围内组织机构的发展、变化的历史，进而从整体上、完整系统地认识该组织；其次，组织沿革为研究国家机关史、地方史、专业史提供了重要的参考资料，是历史研究不可缺少的宝贵素材；再次，组织沿革有助于档案馆（室）更好地开展档案整理、鉴定以及编写立档单位历史考证等工作；最后，组织沿革作为一种背景信息，可以帮助利用者认识全宗内不同档案的价值，更好地利用档案信息资源。

（二）组织沿革的编写

组织沿革通常以文字、图形、图表或者图文结合的形式，将组织发展、变革的历史脉络清晰地展现给读者，通常由封面、序言、目录、正文等部分构成。

1. 封面

封面一般由题名（标题）、组织机构沿革的起止时间、编制单位或编制人、编制年月等要素构成，根据需要，也可标注出编写组织沿革所用档案文献所属全宗的全宗号。

2. 序言和目录

序言包括组织沿革编写的目的、体例、时间断限、材料来源等内容。目录即组织沿革正文之前的目次，反映了正文的主要内容和排列次序。

3. 正文

正文是组织沿革的主体部分，正文的主要内容一般包括：

（1）机关的基本概况，如机关成立、合并撤销和复建情况，机关名称变更、办公地点迁移情况等。

（2）机关性质、职权范围、主要任务及其变化情况。

（3）机关的隶属关系及其变化情况。

（4）机关人员编制及其变化情况，如机关主要领导人的任免情况。

（5）机关内部组织机构设置、机关领导体制及其变化情况等。

正文主要内容的编排体例，常见的有：

（1）年度（阶段）—内容编排法。以时间为主线，将内容按年或阶段分开，然后在年或阶段下面分别叙述每一时期机关的基本概况、机关性质和职权范围等内容，逐年（或阶段）编写下去。这种编写方法，以时间推进的自然顺序反映了组织的沿革，有助于读者完整连贯地熟悉和了解整个组织的发展变化情况。其中，以阶段划分时，阶段的划分要与机关的发展变化特点相吻合，以便更科学合理地反映组织的变革情况。

（2）内容—年度（阶段）编排法。以组织机构的设置或者以与组织机构有关的各个方面（如组织的职能与任务、隶属关系、机构人员编制）为主线，分别论述其在每个年度或阶段的发展变化。这种编写方法，通过内容的划分，将同一内部机构或组织内同一方面问题的发展变化集中起来，有助于读者深入系统地了解组织的某一方面或某一问题。

在实际工作中，对于采用年度（阶段）—内容编排法的体例，通常附之以机构为主线的机构、人员等变化图表；对于采用内容—年度（阶段）编排法的体例，通常附之以时期为主线的历年机构、人员等变化图表。如此一来，可满足不同途径的查找和利用，使利用者全面系统地了解组织机构的发展变化。

三、统计数字汇集

（一）统计数字汇集概述

统计数字汇集又称基础数字汇集，即根据一定的需要和题目，将分散记述在档案中的数字汇集起来，以反映一定地区或某一方面在一定时期内的基本情况的档案参考资料。它具有数据集中、内容系统、简明扼要、形式灵活多样、便于利用等特点。统计数字汇集的作用主要表现在：首先，档案文献中的数据是人们在以往的社会实践活动中形成和积累下来的，有助于人们了解情况、研究问题、总结经验教训，统计数字汇集是科学决策的重要的参考和依据；其次，数字、数据能够准确地说明某一方面的问题，统计数字汇集是宣传教育中最具说服力的典型素材；最后，统计数字汇集是史学工作者进行历史研究的必要参考。

统计数字汇集的种类多种多样，可根据不同的需要进行编制，常见的主要有以下几种：

（1）从范围来看，可分为：组织统计数字汇集、地区统计数字汇集、专业系统统计数字汇集等。

（2）从时间来看，可分为：××××年（一年）的统计数字汇集、××××年——×××年（多年）的统计数字汇集。

（3）从内容来看，可分为：综合性统计数字汇集和专题性统计数字汇集。综合性统计数字汇集是记载和反映有关某一个单位、系统、地区全面情况的数字汇集，专题性统计数字汇集是记载和反映某一个方面或某一问题的基本情况的统计数字汇集。

（二）统计数字汇集的编写

统计数字汇集的编写方法灵活，一般包括：

1. 封面

封面由标题、编制单位、编印年月等要素构成，其中标题包括数字的来源单位、内容名称、记述的时间范围等。

2. 编写说明

说明编写的原因、目的、任务和所编材料的用途、选编范围、取材标准以及存在的问题等。

3. 目录

目录一般由顺序号、题名、页号组成。

4. 正文

正文的编写通常将图形、表格、文字叙述结合使用，以生动形象地反映和说明相关的基本情况。正文的内容一般包括统计对象、时间与空间范围、统计项目、统计指标、数值等内容，应尽量采用档案文献中的原始数据，所选数据要具有典型性、代表性、能够反映主题，要确保数据的真实性、准确性、权威性、一致性，同时，要根据实际工作的变化和统计内容的变换，及时调整汇编数据，以保证数据汇编的全面性和实用性。

四、专题概要

专题概要是以文章叙述的形式，简要说明和反映某一方面工作、现象的产生、发展、变化的过程与状态的一种档案参考资料。

它的作用主要是向利用者集中、系统地提供关于某一方面工作、现象的资料，以便于利用者有针对性、方便、快速地熟悉和了解某一专题的内容。

专题概要的编写，首先要选好题目。专题概要的选题对象极为广泛，可以是人、事、物等，最为重要的是选题要与馆藏和社会需求相适应。一方面，丰富的馆藏是专题概要编写的基础；另一方面，只有满足社会需求，专题概要的价值和意义才能充分发挥和体现。其次要根据不同的选题和档案文献确定专题概要的内容，通常要写清"是什么、为什么、怎么样"，比如人或事、物的历史、现状，作用和意义，发展趋势等等。最后要将内容按一定的逻辑体系编排。专题概要的编写源于档案文献，又不拘泥于档案文献，它是对档案内容进行综合整理、系统分析的结果，具有较强的可读性，但必须保证其客观性，不得主观臆断以致偏颇失真。

第四节　档案编研制度

由于历史的原因以及档案自身的特点，在很长时期内，我国对档案的管理"重藏轻用"，档案的价值与作用难以充分发挥。随着社会政治、经济、文化的不断发展和进步，我们在传承档案工作优良传统的同时，也以更加科学的态度审视档案工作。重藏轻用的思想不断被纠正，档案的"神秘面纱"正在被揭开，档案信息资源的开发与利用受到广泛关注，档案的价值与作用将进一步发挥。档案信息资源开发和利用的途径与方式多种多样，表现形式各不相同。档案编研工作是档案资源开发的重要表现形式，是全方位、多角度实现档案提供利用的前提性工作。由于档案编研工作在档案信息资源开发和利用中发挥着越来越重要的作用，档案馆（室）极为关注，并不断研究和探索档案编研工作如何深入、广泛、扎实有效地开展下去。

档案编研制度，在探求档案编研工作原理和基本规律的基础上，将档案编研工作的主客体以及相关内容纳入一定的框架，并进行标准化和规范化，以确保档案编研工作有章可循、有据可依。在有些档案馆（室），将档案编研工作视为"末端工作"，甚至视为"额外"工作，认为可做可不做；还有些虽然认识到此项工作的重要性，但由于人力、财力、物力等原因的限制，未能持久有序地开展。档案编研制度以制度规范的形式，从宏观和微观上为档案编研工作提供了指导，是档案编研工作持续开展的根本保障。

一、档案编研制度的制定程序

任何一项制度，都应合情、合理、合法，要避免成为"一纸空文"，才能对实际工作起到约束和规范作用。科学的档案编研制度的制定和形成主要涉及以下几个环节：

1. 确定档案编研制度的制定者

一项科学合理的制度的形成，往往需要一个团队，团队的成员具有不同的专业优势和特长，能代表和反映相关各方的意见。档案编研工作制度的制定，既要有档案编研工作者参与也要有本单位其他部门的人员参与，既要有本项工作的业务人员参与也要有本单位的相关领导参与，从而形成一个构成多样化的档案编研工作制度制定团队，才能形成具有科学性、全面性的制度。

2. 全面了解本单位的实际情况

档案编研制度一旦形成，就要能够有效地指导本单位编研工作的开展。虽然档案编研工作是档案工作的一个环节，但它不是孤立的，它受各种因素的影响。每个档案馆（室）都有其自身的特点和不同的发展过程。比如，每个档案馆（室）馆藏资源的数量、质量不同，档案馆（室）工作人员的素质不一，人力、财力、物力的状况不同，档案编研工作已有的基础不同等等，这些因素都直接影响着档案编研工作制度的制定。因此，制定编研工作制度的第一步就是全面了解本单位影响编研工作的各种因素，诸如上述提到的馆藏资源状况，已有工作的开展状况，其他业务环节档案工作开展的状况，人力、财力、物力等现状，并分析这些因素将对档案编研工作产生何种影响，为搭建档案编研工作制度框架打下良好的基础。

3. 拟写档案编研制度的提纲和主要内容

针对本单位的实际情况，结合档案编研工作的内容、任务、原则等，并综合各有关部门和人员的意见和建议，由熟悉档案编研工作的人员草拟档案编研制度的提纲和主要内容。之后，将其在制度制定团队内部讨论，并修改完善，在本单位更大范围内征求意见。征求意见的过程是有关部门和个人认可制度内容的过程，是制度得以实施的保证。

4. 撰写并形成档案编研制度全文

结合意见反馈在制度制定团队内讨论，然后，按照制度的格式、表述要求等形成档案编研制度全文。档案编研制度全文一般由标题、正文、落款三部分构成，正文结构一般采用分章列条式和条款式两种形式，将有关编研工作的规定、要求分层次写清楚，内容要具有严密性。语言表述应简洁明了，重点陈述说明做什么、怎么做。

从以上程序可以看出，档案编研制度的制定是一个复杂的过程，而这一复杂过程恰恰是制度的科学合理性与稳定可行的保证。很多制度形同虚设，往往是由于在制度制定阶段埋下的隐患。

二、档案编研制度的基本内容

（一）明确编研工作的总体思路

档案编研工作不是"形象工程"，只有编研出利用者满意的信息产品，该项工作才能具有生机和活力。在档案编研制度中，应阐明该项工作的指导思想、原则、工作思路等，才能确定正确的出发点，并从整体上全面地指导该项工作的开展。

任何组织的档案编研工作，都要以满足利用者需求，充分挖掘档案的价值为导向，档案编研工作的目标应与档案馆（室）整个档案工作的目标相一致。同时，在现代档案编研工作中，先进的科学技术为档案编研成果的形成、传播、利用等提供了宽广的平台，档案编研工作的开展应积极主动地应用各种先进的技术手段，形成丰富多样的编研成果，通过网络、广播、电视等不同的媒介传播编研成果。在此基础上，各个组织结合自身的工作特点，信息化水平、人员素质等等因素，规划出本组织编研工作的总体思路，将其列入制度之中。

（二）厘清编研工作的保障性条件

必要的人力、财力、物力的支持，合理的组织形式等等，是档案编研工作的基本保障。档案编研工作制度应该明确列出工作顺利开展的基本条件。现代档案编研工作的开展，形式丰富多样。从组织形式上看，既可以高度集中也可以相对分散，既可以局限于本组织内部也可以与其他组织共同完成，比如不同档案馆（室）之间的馆际联合编研，档案馆（室）与社会其他行业有关部门合作编研，综合档案馆与机关档案室联合编研等。从人力方面看，在本馆（室）工作人员发挥统筹、协调作用的基础上，应主动将档案馆（室）之外的其他部门的工作人员纳入编研队伍，积极与利用者互动并吸收利用者中具有一定史料分析研究能力的人员，以充实编研团队。从财力、物力等方面来看，要有能够保障编研工作开展的基本资金、物质条件的支持，但也应避免脱离实际工作而一味追求高规格、高标准的技术设备等物质支持。

在编研工作保障方面，现代编研工作应该打破以往工作的封闭状态，应注重以开放的理念，合理吸收利用内外部一切可以利用的资源，在更广的范围内、更深的层次上，进行档案编研工作。

（三）规范档案编研工作的内容

档案编研工作的内容是档案编研制度的重要组成部分，主要包括：规范编研工作的程序步骤，回答"由谁做"和"怎么做"等问题；明确档案编研成果的种类、数量、质量，并说明判断和评价标准；细化档案编研工作的基本模式与不断创新的举措等。

档案编研工作开展的基本程序一般包括：一是制订编研工作计划；二是选题；三是收集资料；四是对材料进行分析研究；五是根据不同的目标形成编研成果。档案编研工作作为一种业务活动，有其自身的特点和规律；但同时受整个档案工作以及组织环境、社会环境的影响。因此，无论是档案编研模式，还是档案编研成果，或者档案编研的程序步骤，都应不断适应变化的新情况，趋利避害，丰富和创新档案编研工作。

（四）明确奖励与惩罚措施

奖励与惩罚部分是为了保证制度被遵照执行而规定的奖励与惩罚的范围与措施，是确保相关人员和部门认真贯彻执行制度各项规定的手段。

（五）附则

即将不适宜放在以上四部分中但确需要说明的内容，放在本部分中加以说明。

思考与复习题

1. 说明档案编研工作的内容。
2. 简述档案编研工作中应遵循的基本原则。
3. 说明档案编研工作的关键性环节。
4. 请列举常见的现行文件编研成果。
5. 简述如何编写大事记。
6. 简述什么是组织沿革，以及如何编写。
7. 如何制定档案编研制度？档案编研制度的内容一般包括哪些方面？

第十章

档案提供利用

内容提要

本章重点讲四个方面的内容：一、档案提供利用在档案工作中的地位和怎样做好档案的提供利用工作。二、档案利用服务的方式。三、档案提供利用的宣传和咨询服务。四、开放档案。

第一节　档案提供利用在档案工作中的地位和怎样做好档案的提供利用工作

一、档案提供利用工作在档案工作中的地位

档案提供利用工作是将档案馆（室）收藏的档案信息以不同的方式提供给利用者利用，是档案工作为社会各项事业和公众服务的手段，直接体现整个档案工作的作用，在档案工作中占有突出的地位。

（一）档案提供利用工作是档案工作的中心任务

我们不是为档案工作而做档案工作，我们做档案工作总的目的，是提供档案为社会各项事业服务，为公众服务，充分发挥档案的作用。从这个意义来说，档案提供利用工作是实现档案工作目的的主要手段，从而也就决定了档案提供利用工作是档案工作的中心任务，是最重要的一项工作。

（二）档案提供利用工作是档案工作为社会主义事业服务的直接体现

档案提供利用工作是运用各种方式把档案信息提供给社会上各行各业使用，代表整个档案工作的成果为社会各项事业服务，直接与利用者发生关系，体现档案工作的服务性和政治性。只有通过档案提供利用工作，才能使档案工作发挥应有的作用，否则档案工作就失去了方向，乃至失去了存在的意义。所以，在实际工作中，人们总是把档案提供利用工作做得如何，作为衡量档案馆（室）业务开展的尺度，工作好坏的标志。

（三）档案提供利用工作对整个档案工作有检验和促进作用

在档案提供利用工作中，能够比较客观地发现和了解档案工作的其他业务环节的优缺

点，如收集的档案是否齐全，整理是否科学，鉴定是否准确，保管是否安全等，从而促使我们采取有效措施改进档案管理工作。由于利用工作的开展，必然向档案工作其他业务环节提出相应的要求，如需要丰富馆藏，加强收集工作，提高检索速度，编制各种检索工具，采用先进的技术手段等。这些要求必然促进了这些工作环节的开展，使档案业务水平得到不断提高，科学管理工作不断加强。

（四）档案提供利用工作是档案工作诸环节中最富有活力的一个环节

档案提供利用工作与广大利用者发生密切的联系，是档案工作联系群众、服务群众的纽带。一方面，通过提供利用工作把收藏的大量档案信息提供给利用者，满足多方面的需要，充分发挥档案的作用；另一方面，是对档案工作最实际、最有效的宣传，能扩大档案工作在社会上的影响，争取各方面的重视与支持。当前我国处于历史发展的新时期，档案事业要发展，档案工作要开创新局面，最重要的一环就是要搞好档案提供利用工作，使档案工作在建设高度的物质文明和精神文明中作出应有的贡献。

档案提供利用工作虽然在档案工作中具有突出的地位，对其他各项业务工作产生深刻的影响，但也不能忽视其他各项业务工作对档案提供利用工作的作用。它们是档案提供利用工作的基础和前提条件，档案提供利用工作不能离开这些工作而存在和发展，只有搞好了档案收集、整理、鉴定、保管、检索等工作，档案提供利用工作才能落在坚实可靠的基础上，否则就会成为无源之水，无本之木，谈不上开展档案的提供利用工作。

二、档案提供利用工作的指导思想

档案提供利用工作的指导思想：全心全意为广大利用者提供档案信息服务，最大限度地满足利用者的档案信息需求。

档案提供利用的指导思想，包括以下几层含义：一是要求档案馆（室）和档案工作人员要全心全意地为利用者服务，树立"利用者第一，利用者至上"的观念，强化服务意识；二是要求档案馆（室）及其工作人员在档案提供利用工作中，既要为国家各项工作服务，又要为广大人民群众服务；三是最大限度地满足广大利用者的档案信息需求，想方设法挖掘出馆（室）藏中有价值的档案信息，激发利用者的现实和潜在的档案利用需求，全面、及时、准确、有效地为档案利用者服务，尽最大努力满足广大利用者的档案信息需求。

上述指导思想是档案提供利用工作中必须遵循的行为准则。贯彻执行这一指导思想有利于开展档案提供利用工作，有利于统一档案工作人员的思想和行为，调动他们的积极性、主动性、创造性，提高档案提供利用工作的质量和效率。

三、怎样做好档案的提供利用工作

（一）明确服务方向，端正服务态度

档案工作是服务性的工作，它的服务性集中表现在档案的提供利用工作上。要想把服务工作即档案的提供利用工作做好，首先取决于服务方向的明确，服务态度的端正。

以服务于现代化建设事业为中心，全面地为党和国家各项工作服务、为人民大众服务，这是档案提供利用工作的服务方向。各档案馆（室）的档案工作人员应根据各馆（室）保存档案的性质、内容和范围等特点，具体安排为党政领导和机关工作、生产建设、文化教育、科学研究、经济体制改革等各项工作服务以及为人民大众服务的不同重点，处理好既要为经济建设服务，也要为社会发展服务，既要为现实服务，又为历史服务，既要为机关工作服务，还要为社会各方面服务的关系，积极做好档案的提供利用工作。这就要求档案工作者具有高度的责任感，坚定的群众观点和主动服务精神，解放思想、开动机器，不断研究档案提供利用工作的新情况、新特点，解决档案提供利用工作的新问题，千方百计为各项工作服务，时时为利用者着想，处处给他们以最大的方便。解决端正服务态度的问题，要采取得力措施，加强岗位责任制，做到分工明确，职责清楚，定期考核评比和奖惩制度，把权、责、利三者有机结合起来。

（二）熟悉档案，了解和研究利用者的需要

要想做好档案的提供利用工作，必须熟悉本档案馆（室）保存档案的内容和成分，做到这一点，工作才会由被动变为主动，及时、准确地把档案提供给利用者。所谓熟悉档案主要是熟悉馆（室）藏档案的数量、成分、内容及存址，熟悉每一个全宗的档案形成和整理状况以及全宗与全宗之间的有机联系，熟悉各全宗档案的利用价值。熟悉档案的方法很多，一般是结合收集、整理、鉴定、保管、统计等日常工作，有意识地熟悉档案；通过编制检索工具和开展编研工作，系统地熟悉档案的内容和成分；此外，还可以通过定期或不定期的检查，或有计划、有目的地翻阅某些重要档案，以及结合提供利用工作来熟悉档案。只有熟悉档案的内容和数量等方面的状况，才能减少提供利用工作的盲目性。

了解和研究利用者的需要，就是做好档案提供利用的预测工作。利用者对档案的需要千差万别，变化多端，但仍有规律可循，有共同性的利用倾向，有机关团体和个人的不同利用倾向。各种利用者利用档案都要受社会某种主要因素的影响和制约。例如社会形势、党和国家的中心任务，利用者的职业、担负的任务等，都制约着利用者对档案的需要。而且，在不同的历史时期，同一个历史时期的不同发展阶段，有着不同的政治形势，不同的经济要求和文化状况，不同的路线、方针、任务，都会产生不同的利用档案的倾向。因此，档案馆（室）必须根据社会各项事业发展的需求，结合时代发展动向，通过利用统计的分析或直接访问利用者，或向有关机关询问等方式，了解各个时期需要利用什么档案，怎样利用等情况，才能未雨绸缪、有的放矢，做好档案提供利用工作。要做到这一点，档案工作者应认真学习党的方针政策，关心国家大事，加强调查研究，注意社会发展和各项工作动向，了解和研究利用者的需要。一般来说，档案提供利用工作是被动性的工作，但如果既熟悉档案，又了解和研究客观需要，做到知己知彼，掌握利用的特点和规律，就能化被动为主动，做好档案提供利用工作。

（三）正确处理档案提供利用和保密的关系

利用和保密的关系问题，在提供利用工作中表现得最为突出，应特别注意解决好。我们保存档案的目的，是为社会各项事业服务，提供档案给各方面使用，充分发挥档案的作

用。档案馆的档案，党和国家以至全社会都要用。机关的档案机关用，这个机关的档案，那个机关也可能需要用。保存档案是为了用，如果只锁在箱柜里，长期禁锢起来不准使用，就失去了保存档案的意义。但是，档案不仅是可供各项工作利用的重要材料，而且有一部分又属党和国家机密。因此，在档案提供利用工作中要注意保守党和国家机密，这是关系到党和国家安危的大事，每个档案工作者必须严守党和国家机密，同一切失密、泄密现象做坚决的斗争。所以，在开展档案提供利用工作时，既要积极提供档案为各项工作服务，又要坚持保密原则。利用与保密，从根本上说，二者是一致的，都是为了合理地发挥档案在社会各项事业中的作用。保密，也是为了更好的利用。保密只是相对地把档案的使用限定在一定的范围和人员。那种认为保密就不准任何人使用，或永远无限期地保密下去，都是不正确的。对这一部分人保密，对另一部分人不保密，对外保密，对内不保密。保密是动态的，不是静止一成不变的，而是随着形势的发展，时间、地点等条件的变化而不断变化，可能昨天是保密的，今天就公开了。但在实际工作中，对什么样的档案要继续保密，什么样的档案可以解密，由于国家未制定解密法而发生困难，加上有时利用与保密确有矛盾之处，因此不好处理。以往对处理利用与保密关系的提法是：利用服从保密，在保密的前提下提供利用，以及保密服从利用等。经过实践检验，证明这些提法不够科学，有一定片面性，容易产生误解。"利用危险、保密保险"的思想，是"左"的余毒，应该肃清。缺乏保密观念，认为"无密可保"，也是错误的。档案在什么情况下提供利用，给谁提供利用，以什么方式提供利用，在什么情况下需要保密，范围多大，什么情况下需要解密等，都要服从党和国家的利益，在这个总的前提下，依据党的方针政策为标准，把二者统一起来。凡是档案提供利用有利于改革开放、促进安定团结和社会主义现代化建设就积极大胆地提供利用，反之则应注意保密。在具体处理提供利用与保密的关系时，要深入审查档案内容，根据时间的推移、地点和条件的变化、调整档案的密级，逐步扩大利用范围，减少烦琐的批准手续，方便利用者。

第二节　档案利用服务的方式

档案馆（室）利用服务的方式是多种多样的，因划分标准不同而各异。第一，按其提供档案信息加工深度的不同，档案利用服务可分为一次档案文献服务、二次档案文献服务和三次档案文献服务。一次档案文献服务即是提供未经加工的档案原件或复制件。在档案馆（室）开辟阅览室，利用者在馆（室）内阅览，也可将原件或复制件暂时借出馆（室）外使用，或向利用者提供档案缩微胶卷（片）、静电复印件、照片等。二次文献服务即为向利用者提供对原始档案文献进行加工整理后的二次档案文献，如文摘、目录等。三次档案文献服务是指根据一定的题目，采用特定的体裁对档案内容经过研究、综合加工编写而成的作品，如档案参考资料等。第二，按其服务设施和方法的不同，档案利用服务可分为档案阅览、档案外借、档案宣传报道、档案复制、档案信息咨询、制发档案证明、档案定题服务等。第三，按档案利用服务人员参与的程度，可分为被动式和主动式服务。本节主要介绍几种档案馆（室）为利用者服务的方式。

一、阅览服务

将档案提供给利用者阅览是档案馆（室）利用服务工作的重要方式。因此，档案馆（室）大都建立阅览室，它是档案馆（室）为利用者开设的查阅和研究档案的场所。

档案是历史记录的原始材料，在数量上一般都是单份（孤本），有的内容有一定的机密性。这些特点决定了档案在一般情况下是不外借的，主要在档案馆（室）内阅览的方法。在阅览室内利用档案好处很多，有专人监护档案的利用，便于保护档案材料，能减轻毁损速度，延长档案寿命；有利于更多的利用者查阅原件，充分发挥档案材料的作用；提高周转率和利用率，避免因一人借出馆外而妨碍他人利用；档案工作人员在阅览室有较多的机会接近利用者，能及时了解利用需要和利用效果，便于研究和掌握利用工作情况，有针对性地开展服务工作；利用者在阅览室可以同时利用许多档案材料，从中查阅某一卷、某一份文件、某一数据、某一图表，而不受数量的限制；利用者可以查阅许多不外借、不出版交流的内部的和珍贵的档案材料；利用者可以利用阅览室提供的条件和各种特殊设备，如查阅各种工具书、参考资料、使用缩微阅读设备、视听设备等，由于阅览室有良好的设备，安静的气氛和清洁的环境，便于阅览和从事研究工作。所以，在阅览室利用档案，对利用者和档案工作人员都是很方便的。因此，阅览室就成了档案馆（室）工作的"橱窗"，它代表档案馆（室）与利用者直接发生关系，利用者往往以阅览室工作的好坏来评价档案馆（室）工作。档案馆（室）应配备业务熟、事业心强、有较高的职业道德修养、甘做人梯、熟悉馆（室）藏的人搞接待利用，负责阅览室日常工作，开展咨询服务，解答利用者提出的各种问题，及时扩大利用档案的线索，不断提供新的档案材料，使有价值的档案信息能得到充分利用。档案接待利用人员在实践中鉴定分析本馆（室）内各项基础工作哪些是适用的，哪些是不适用的，从而进一步指导改进馆（室）内各项基础业务建设，反过来又促进了利用工作的开展。

阅览室的设置，既要从服务观点出发，又要从便于管理着眼，阅览室地址的选择，要符合宽敞、明亮、舒适、安静、方便的要求，以接近库房为宜，使环境既适宜于阅览和从事研究，又便于调卷。室内一般设有服务台、阅览桌、布告栏、存物柜、复印机、放大镜、纸、笔、墨等。重视改善查阅档案的环境条件，不要在墙上只是挂着保密制度、收费标准、查档须知之类的内容，还可以设计一些馆藏档案、资料及开放档案情况一览表，检索工具一览表，档案基本知识、术语介绍，查档办法等基本内容的东西，要站在利用者想了解哪方面的情况和需要的角度上去考虑安排阅览室的环境，阅览桌最好不设置抽屉，以免互相打扰，也便于工作人员对档案进行监护。在有条件的档案馆除开辟综合性的阅览室，还可设立若干专门的小阅览室，如视听档案阅览室、缩微档案阅览室等。阅览室可以附设为利用者服务的图书资料室，收藏历史、经济、政治出版物，报刊资料以及文摘、索引、书目、辞典、年鉴、手册、指南之类的工具书，档案检索工具和参考资料供利用者使用。阅览室的开放时间要适当延长，不要轻易挂"今天学习，恕不接待"的牌子，把利用者拒于门外。阅览室还应建立健全各种必要的制度，内容一般包括阅览室接待的对象、档案材料的借阅范围和批准手续，阅览者应遵守的各种制度等。

为了保密和保护档案，利用者不能借阅与其利用目的无关的档案。各级、各类档案馆提供社会利用的档案，应当逐步以缩微品代替原件。档案缩微品和其他复制形式的档案载有档案收藏单位法定代表人的签名或者印章标记的，具有与档案原件同等的效力。对于残旧、容易损坏和特别珍贵的档案最好是提供复制本，一般不借给原件，如果必须利用原件时，用毕立即归还。尚未整理的零散文件一般不外借，必须借阅时，要逐件登记。利用者不得将档案带出阅览室外，阅毕归还时需仔细检查档案材料的状况，如发生污损、涂改、遗失等情况，立即报告领导人，酌情处理。

二、档案的外借

档案一般是不借出馆外使用的，但是根据党政领导机关工作的需要，或某些机关必须使用档案原件做证据，不能在阅览室利用档案，可以暂时借出去使用。机关档案室把档案借给本机关领导和内部各业务单位使用的情况，就更为常见。必要时，还可以采用"送卷上门"的服务方式。

档案外借使用应有严格的制度，经过一定的批准手续，借出使用的时间不宜过长，借出档案时要交接清楚，有登记签字手续，借用档案的单位或个人应承担保护档案的完整和安全的义务，不得将档案自行拆散或变更次序，不得将档案转借、转抄、损坏、遗失，不得自行影印或复制，并要按期归还。档案馆（室）对借出的档案要定期检查了解借用单位对档案的保管使用情况，并在借出案卷的位置上，设置醒目的代卷卡片，指明借阅卷号、借阅时间、借阅单位和借阅人姓名，以利备查和督促借阅者按期归还。借出档案收回时，应认真清点，并在借阅登记簿上注销。如发现有被拆散、抽换、涂改、散失、污损等要及时报请领导处理。

三、制发档案复制本

档案馆（室）提供档案为党和国家各项工作利用，既可以提供原件，也可以根据档案原件制发各种复制本。制发档案复制本，根据所需单位的不同用途，分为副本和摘录两种。副本是指同一文件的抄写或复印的复本，反映档案原件的所有组成部分；摘录是摘录文件内的某一段落，某个问题或某一事实，某一人物情况或某些数字的材料，只反映原件的某些部分。

制发档案复制本的方法大体可分为：手抄、打字、印刷以及摄影、静电复印等。必要时还可以仿制与档案原件的制成材料及其外形完全相同的副本。制发档案复制本提供利用具有较多的优点：首先，可以使利用者不到档案馆（室）就在自己的工作岗位上随时参考所需要的档案材料，为党和国家各级机关广泛利用档案创造了极为便利的条件；其次，制发档案复制本，可以在同一时间内，满足较多利用者的需要，使档案更充分地发挥作用；再次，用档案复制本代替档案原件提供利用，减少原件利用的次数，有助于延长档案的寿命。同时，制发档案复制本，由于数量的相应增加，即使档案原件由于天灾人祸毁损了，只要复制本能保存下来，也能起到彼失此存的效果，对档案的保存和流传有重要作用。

档案复制本的局限性，是利用者总想看到原件，有的还要作为凭证，对复制本感到不满足。由于科学技术的发展，复制本的质量和精确度大大提高，能达到复制本与正本没有多大区别，基本上可以满足需要。当然档案复制本的印发，不利于保密，容易辗转翻刻、复印或公布，档案部门不易控制，因此，在制发范围和批准权限方面应妥善处理。

制发档案复制本，是档案部门根据自己的设备条件和利用者的申请进行的，首先由申请者提出所要复制的档案，并说明复制的要求，份数和用途等，然后经过一定的批准手续加以复制。档案复制本必须和档案原件细致校对，并在边上或背后注明本档案馆（室）的名称，档案原件的编号，加盖公章，以示对复制本负责。

四、档案证明

档案证明是档案馆（室）根据机关、团体或个人的询问和申请，为了证实某种事实在本馆（室）保存档案内有无记载和如何记载而摘抄的书面证明材料。如公安、司法部门需要审理案件，个人需要有关工龄、学历等方面的证明材料等。因此，制发档案证明是满足各方面利用档案来说明一定事实的一种手段，是档案馆（室）提供档案为党和国家机关、人民群众服务的方式之一。

档案证明必须根据机关、团体或个人的申请才能制发。在申请书中，要求写明申请发给证明的目的，并详细指出所需要证明问题的发生时间、地点等情况，以便制发证明时对申请书的审查和对证明材料的查找与编写。制发档案证明不是纯技术性的工作，它是一项具有政治性的工作，对申请书的严格审查和正确地编写档案证明，都需要档案馆（室）严肃而认真地对待。档案证明，一般都根据档案的正本或可靠（经校对）的副本来编写，只有在没有正本或可靠副本的情况下，才能用草案、草稿来编写，并在证明上加以说明。不论根据什么材料编写，都需要在档案证明上注明材料的出处和根据。档案证明的文字要确切，只能以引述和节录档案原文为主要方法，并做到引用或节录的内容、字、句、标点符号以及数字等与原文相符。如果必须由档案工作人员根据档案内容进行综合概括或叙述时，务必保证表述的客观性、真实性和准确性，不能擅自对档案进行解释和做出结论。编写好的档案证明，必须认真仔细地对照原文进行审校，确认无误后方能加盖公章。开具的档案证明实行一式两份制，并编写号码，利用者一份、档案馆（室）留存一份。

开具档案证明是一件严肃、细致的工作，要求从事这一工作的人员具有高度的责任感和良好的职业道德，忠于档案原件，忠于历史事实，不能认为档案有错进行更改。若发现档案原文在内容方面确有矛盾时，档案人员应当把几种不同的档案信息一并列入档案证明，注明出处，以供档案用户分析、研究和参考。档案人员开具证明时，不能根据利用者的无理要求开具档案证明，使开具的档案证明失真，绝不能在开具证明的过程中，讲人情，徇私舞弊。开具的档案证明不能泄露党和国家机密，有保密性质的档案证明要控制一定的使用范围，使档案证明真正起到服务于我国社会主义现代化建设事业和服务于人民大众的作用。

五、档案目录

档案目录是联系档案用户与档案馆（室）的一种重要桥梁。档案用户只有借助于一定的档案目录信息，才能顺利地实现其利用需要。由于档案信息的特殊属性，许多收藏在档案馆、档案室的档案文件的信息内容和成分，档案用户知之甚少或知之不详。因此，档案收藏部门必须采取一定的服务方式，消除档案用户的需求障碍，促进其利用需求的产生与实现。实践表明，印发、出版、交换档案目录（索引、指南），是一种有效解决问题、提高库藏档案文件利用率的服务方式。

在机关、企业事业单位，档案室可以将本单位的工作、生产或科研等项活动相关的档案目录，主动印发给有关领导和业务部门。通过这种服务，使他们能够及时地了解可资利用的档案信息状况，以便有效地减少不必要的重复劳动、节约工时、人力和财力。

在档案馆工作中，亦可在了解社会利用需求的特点、发展趋势的基础上，有计划地出版档案目录、索引、指南等档案信息材料，有效地帮助档案用户了解馆藏档案信息资料状况，引导档案用户顺利地查找档案。

六、档案展览

具体内容见本章第三节。

七、档案咨询

具体内容见本章第三节。

八、网络化、档案数字化环境下档案利用服务方式的变化

网络化、档案数字化环境下档案馆（室）利用工作的改变，包括思维方式、工作模式、管理方法等多方面，而且档案利用服务的方式也发生了革命性的变化，主要表现以下几个方面：

（一）计算机占据主要利用空间

档案馆的档案阅览室除了保留少量的用于查阅档案（文件）原件的阅览桌等设备外，其余绝大部分场地都将安装与馆内局域网相连的计算机。这些计算机根据需要，被集中划分为"公开现行文件"和"开放档案"利用工作站，供利用者查找自己所需要的档案信息。对于"控制档案"的利用，则应办理相关手续。

（二）网络服务成了查阅档案信息的主要方式

网络查阅档案信息可采取以下方式：

1. 文件下载

将档案原件和二次、三次文献下载到用户终端桌面的计算机，利用者就可浏览获取自己所需要的档案信息。

2. 网上数据库查询

档案馆将专题数据库置于网上，让数据库与网页连接，用户在档案网页上自由地检索相关档案信息。

3. 网页浏览

用超文本信息组织方式，将档案信息编辑成网页，用户通过浏览网页，阅读文字，观看图片等，以各种方式接收档案信息。

4. 定向网络传递

即定期将档案信息和编研成果传递给特定用户。

（三）下载、打印逐步取代复印档案

使用复印机复制档案的情况将大为减少，取而代之的是数字档案的下载和打印。这种改变对保护档案原件和提高编研工作效率十分有利。

（四）利用服务实现自动化

利用工作的全过程都可实现计算机管理。利用者登记、档案检索、阅览、下载、打印、查询、外借、催还等记录与统计，馆藏档案利用情况的综合统计分析等一系列工作由计算机自动完成，既提高了利用工作的准确性和效率，又将档案人员从手工劳动中解放出来。

第三节 档案提供利用的宣传和咨询服务

为了充分发挥档案的作用，扩大档案工作的影响，提高服务质量，在开展提供利用工作中，应当做好宣传和咨询服务工作，主动揭示馆藏，解答利用者提出的各种问题，及时准确地提供利用者所需要的档案材料。所以，开展宣传和咨询服务工作是档案提供利用工作的一个组成部分。

一、档案提供利用的宣传工作

（一）宣传内容

档案提供利用中的宣传工作，目的是启示人们正确认识和使用档案，使档案工作为人所知，取得领导和社会各方面的重视与支持，促进档案事业的不断发展。宣传的内容，应当抓住以下几点：

1. 宣传馆藏档案内容

档案馆是党和国家的科学文化事业机构，是永久保管档案的基地，是科学研究和各方面利用档案史料的中心。但由于档案的本质属性所赋予它的保密要求，千百年来，档案馆成为巨锁封闭的禁区，人们很难进入这个档案的世界，去发掘这些宝贵的文化财富，为全体人民造福。随着社会主义现代化建设事业的发展，我国已宣布开放档案，国内任何学者和公民都有权使用自己所需的档案。但广大利用者却因不了解档案馆保存着什么档案，是否有自己需要的档案材料，如何去利用它，而顾虑重重、踌躇不前。因此，必须大张旗鼓地宣传馆藏和开放档案的内容，鼓励和欢迎人们来使用，为利用者创造各种方便的条件，使来者有兴，去者满意，从而扩大档案馆的影响，密切档案馆与利用者的联系。

2. 宣传档案对社会建设的作用和实际效果

当前社会上不少人不了解档案的作用，甚至有档案也不用，给工作和生产带来损失。

档案馆（室）应在提供利用工作中，宣传本馆（室）所藏档案对机关工作、生产建设、科学研究等方面发挥的作用，以典型事例说明，使人们了解档案的价值和作用。

3. 宣传有关档案馆（室）工作的规章制度和基本知识

向广大利用者乃至有关群众宣传档案馆（室）的职能、工作任务和基本原则，利用档案的有关规章制度和手续以及在如何利用档案上给予具体帮助，从而提高利用者查找档案的效率和利用效果，自觉遵守规章制度，维护档案的完整与安全。

（二）宣传方式

宣传的方式很多，下面介绍几种：

1. 档案展览

举办档案展览，是为了配合各项工作的需要，根据一定的主题，系统地介绍和揭示档案馆（室）所保藏档案的内容和成分，普及档案利用的一种宣传和利用服务的方式，是档案馆开展爱国主义、革命传统教育，发挥社会教育的基本形式之一，也是档案馆改善外部发展环境，促进建设的有效途径。举办档案展览的形式很多：从时间上分，有短期和长期的展览；从内容上分，有综合性和专题性的展览。档案馆根据自己的条件可以在馆内设立长期的展览厅（室），陈列本馆保存有关国家、民族、本地区、本馆历史的珍贵文件和各种类型的档案材料，使人们一进入档案馆就对什么是档案、档案的种类和作用等，有一个概括的了解，引起对档案工作的重视。档案馆可以配合党和国家以及社会上一些重大政治活动和纪念活动，举办各种类型的展览，如清代档案展览，革命历史档案展览，各种专题性的人物和事件档案展览。机关档案室为配合当前的任务和机关的中心工作，也可以根据机关领导的指示，举办各种小型展览，如过去某些机关曾经举办过反文牍主义展览，规章制度展览等。档案展览可以由一个档案馆（室）单独举办，也可以几个档案馆（室）联合举办，或与博物馆、图书馆等有关部门联合举办。规模可大可小，内容可以随着需要定期更动，可以是知识性的，也可以是教育性的。展览可以是长期陈列，也可以临时展览。

档案展览在一定的时间、范围内组织较多的人参观，服务面广泛，展出的档案材料经过加工，比较系统、集中，内容丰富，形象鲜明生动。因此，档案展览能够起多方面的作用：档案展览本身就是提供利用的现场，利用者不必花许多时间去查找，就可以较为集中和系统地得到所需要的材料，甚至可以得到从未见过和难于找到的珍贵材料和线索；档案展览是经过选择的典型材料，是最有价值最吸引人以新颖、形象鲜明见长，能以档案的原始性、真实性揭示历史事件的本来面目，给观众留下深刻的印象，起到生动的宣传教育作用；档案展览能显示档案内容的丰富多彩和为社会各项事业服务的作用，从而使人们了解档案的意义，意识到档案财富的宝贵，保护这些历史遗产的必要性，引起社会上对档案和档案工作的重视与支持以及在工作中广泛利用档案的兴趣。

举办档案展览是一项具有政治性、思想性、科学性和艺术性的工作，必须认真组织好，档案展览的组织工作包括：

第一，选定展览的主题。举办展览应有明确的目的性，选好展览的主题是搞好展览的关键。选题要配合国家的中心任务、重大政治事件或现代化建设中一些重大的、急需解决的关键性问题。题目选对了，展览的效果就会好。题目的大小要适当，题目过大，档案过多，质量深度不易保证，题目过窄，感兴趣的群众少。

第二，精心选材。围绕展览的主题，精心选出展品，是组织展览过程中最重要的一环。档案展览内容的思想性、科学性和展出效果如何，档案的内容和种类的选择具有决定性的意义。展出的档案材料是最能表现和反映主题的材料，能正确揭示事件或事物本质，具有长远查考价值的材料，要充分注意展览内容的客观需求，注重社会性，避免档案馆单方面的主观意愿。

第三，编制展品和编写说明。对选出的档案进行分类编排也是很重要的。展品一般按专题编排，每个专题内再按事件和时间的顺序排列，既要照顾到一个专题内档案的集中和系统性，又要照顾到各个专题间的相互联系，使人看后既感到材料丰富、全面，又觉得主题明确、重点突出、层次分明，展览的各个部分之间形成一个有机整体。为了使观众一目了然，要为展览编写前言，在每个部分或专题之前，写明题名、提要和介绍。展览的说明文字要准确、简练、生动，能给观众留下鲜明而深刻的印象，对于加强展览效果有重要作用。

第四，陈列展出。综合性与专题性展览的展出场所选择对展览的效果影响甚大，档案馆必须结合展览的重要程度，精心挑选适宜场地。在目前各种档案馆或是在政府大院或是偏于一隅的情况下，挑选处于繁华地段的著名文化场所作为展出地，更有利于吸引和方便观众参观，增强社会影响力。展出后，应注意搜集和听取观众的意见，不断改进工作。

举办档案展览，必须重视对展出档案的保护和保密。展出一般都用仿制的复制本，必须展出原件时，最好陈放于玻璃柜中或采取其他保护措施，防止档案的遗失和损坏，同时原件展出时间不宜过长。展出机密性的档案，需经领导批准，并限定参观者的范围。

2. 利用电台、电视、报纸、刊物进行宣传

近年来，有些档案馆根据党和国家的方针政策，配合社会教育和党史、革命斗争史、编修地方史志的需要，在报纸上公布档案史料或撰写文章。中国第一和第二历史档案馆，创办《历史档案》、《民国档案》，主要公布明清档案和民国档案，并撰写一些印证历史和宣传历史档案有重要意义的论文。

3. 编辑出版档案史料和编写各种专题参考资料

档案馆（室）根据现代化建设和国家各项事业的需要，按照一定的专题或会议，将有关档案史料编辑成册，公开出版或内部参考，起到集中材料，便于查考的作用，是一种较好的宣传和提供利用的方式，受到各方面，特别是学术界的赞同。

二、档案咨询服务

档案咨询服务工作是档案馆（室）为利用者服务的一种方式。它是以档案为根据，通过个别解答问题的方式，向利用者提供档案、档案专业知识、档案检索途径的一项服务性的工作。

在档案利用过程中，经常遇到这样的情况：利用者由于种种原因，往往是带着亟待解决的疑难问题，来档案馆（室）查询利用档案。他们对馆（室）藏档案材料的内容和成分不够了解，对档案管理的原则和方法也不清楚，对需要查阅的档案检索要素诸如作者、年度、题名与所属全宗都说不清楚，只能提出所要解决的问题或者提出一些零散的线索。为解答他们提出的问题，就需要有专人承担利用者与档案之间的媒介作用。所以，档案咨询服务是利用者与档案之间的一座桥梁，同时咨询服务还应面向社会，为还不了解档案工作

或不知道每一个公民都有利用档案的权利的人们解答各种疑惑问题，扩大档案的影响，起到向社会宣传档案的作用。

（一）档案咨询的种类

档案咨询的种类，可从不同角度划分。

1. 按内容性质，可分为事实性咨询、指导性咨询与检索性咨询

事实性咨询是指档案馆（室）为解答利用者某一特定问题而进行的咨询服务。如利用者要求获得某一具体事件发生的时间、地点，某一会议的召开时间、会议内容和参加人数等。指导性咨询，是指档案馆（室）对档案用户在查阅档案时所发生的疑难问题，进行指导服务。如指导档案用户掌握使用档案检索工具以及查找档案材料的方法，解答档案用户在利用档案过程中的知识性咨询等。检索性咨询，是指档案馆（室）根据档案用户的利用需求，有计划、有组织地帮助利用者获得某一方面的档案信息而提供的服务，也称情报性咨询服务。如利用者需要某一个学术性研究课题有哪个单位或个人正在进行研究，搞到了什么程度，有什么成果可以利用等情况，某一个专题的材料保存在何处等。针对这些问题档案服务人员需要调查研究，确定范围，明确检索途径，查找出有关档案材料或提供进一步检索这方面的材料的线索。

2. 按档案咨询的难易程度，可划分为一般性咨询和专题性咨询

一般性咨询是针对利用者在利用档案中提出问题进行解答性服务。如档案馆（室）基本情况，利用档案的规章制度，馆藏档案的内容和成分，某一机关或某一人物的档案是否在馆内保存，利用声像档案、照片档案、缩微档案方面的知识等。专题性咨询是指为解决利用者急需解决的课题或专题而提供的服务。利用者为完成一个课题，要求档案馆系统地提供有关的档案材料，这就要求咨询人员与专业人员共同研究制订方案，有计划、有重点地查找档案，进行针对性地服务。这种服务针对性强、涉及面广、发掘程度深，需要档案数量大，要求档案人员进行综合思维和分析并与利用者互通信息、密切合作，才能取得成效。

3. 按利用者向档案部门提出咨询问题的方式，可划分为口头咨询、书面咨询和电话咨询

口头咨询是利用者来馆（室）查阅档案的过程，可能遇到许多疑难问题，要求档案人员帮助解决。利用者提出的咨询问题多种多样，有的要求查找某一事实或某个专题的档案材料，有的要求介绍馆藏档案与检索工具的使用方法，有的要求解答某一个名词术语扩大查找线索。接受口头咨询时，档案人员与利用者直接交谈，弄清其意图、要求，问题的中心实质，善于从利用者的谈话中进一步获得解决问题的线索。书面咨询是指远离档案馆（室）的单位或个人，写信来咨询。电话咨询一般多用于处理利用者急需解答的咨询问题。

（二）档案咨询的步骤

参考咨询工作的步骤一般为：

1. 接受咨询问题，建立咨询记录

把电话咨询、口头咨询变为书面咨询。

2. 研究分析问题

只有对利用者提出的问题了解具体，找出问题的关键所在，考虑所需档案材料的范围，才能使问题的解决针对性强，才能有助于提高咨询工作的质量和服务水平。

3. 查找档案材料

在调查研究的基础上，按照已确定的范围，选定检索工具，明确检索途径和方法，查找有关的档案材料。

4. 答复咨询问题

经过一系列工作，找出利用者所需要的档案材料后，即可答复咨询问题。答复咨询的方式，依具体情况而定。可分别采用，直接提供答案，提供档案复制件，介绍有关查找线索等等。

5. 建立咨询档案

答复利用者的问题，凡是比较重要和今后可能重复出现的以及一时解答不了的问题，就记录下来，建立完整的档案，以便定期统计和总结工作，提高咨询水平。

第四节　开放档案

一、什么是开放档案

开放档案，就是将已满一定保密期限的和可以公开的档案，解除封锁、禁令和不必要限制，向社会开放，允许经过一定的手续就可以通过各种方式利用。也就是说，开放档案是指档案馆所保存的档案，过了一定期限，除按照国家有关保密的规定需要继续保密和控制使用的外，均须根据不同情况，分期分批向社会开放。凡属开放的档案，我国公民持有合法证明（介绍信、工作证、居民身份证等），经档案馆同意后，办理借阅登记手续，就可以利用开放的档案。《中华人民共和国档案法》第十九条规定：国家档案馆保管的档案，一般应当自形成之日起满30年向社会开放。经济、科学、技术、文化等类档案向社会开放的期限，可以少于30年，涉及国家安全或者重大利益以及其他到期不宜开放的档案向社会开放的期限，可以多于30年；中华人民共和国公民和组织持有合法证明，可以利用已经开放的档案。以法律的形式规定了档案开放的大体期限，而利用已开放档案是公民的权利，受到法律的保护，任何人不得侵犯和剥夺。档案管理部门有责任保障公民的合法权利，为其提供利用有关的档案。

《中华人民共和国档案法》第二十条还规定：机关、团体、企业事业单位和其他组织以及公民根据经济建设、国防建设、教学科研和其他各项工作的需要，可以按照有关规定，利用档案馆未开放的档案以及有关机关、团体、企业事业单位和其他组织保存的档案。这就是说，我国公民和各种社会组织，不仅可以利用已开放档案，而且可以根据工作、教学、科研的需要，按照一定的手续要求利用未开放的档案。这是国家赋予公民的权利，受到法律的保护。

二、开放档案的意义

第一，开放档案是有利于贯彻"开发信息资源，服务四化建设"的新方针，是繁荣科学文化事业的一项新政策，对有效地开发利用档案信息资源，发展我国科学文化事业，对推动社会主义现代化建设，都将产生巨大而深远的影响。

第二，开放档案是实现档案馆由封闭型、半封闭型向开放型战略转化的重大措施。由于历史原因，档案馆长期处于封闭、半封闭状态。想利用档案的人，不得其门而入，许多有价值的档案，不能发挥作用。现在，档案馆的大门，已经徐徐向社会打开。广大利用者纷纷来馆利用，沉睡的瑰宝，在社会主义现代化建设中发挥出重要的作用。人们对档案的价值、作用以及档案工作的重要性有了更深刻的认识，正以巨大的力量推动着档案馆实现从封闭型、半封闭型向开放型的转化。

第三，开放档案将对档案馆工作的发展产生深远的影响。开放档案既是思想观念上的革新，又是档案馆工作上的巨大变革。使档案馆工作由过去的收集、整理等基础工作和准备工作，逐步转移到今后更好地开展对档案内容的研究工作和利用工作方面来，由过去被动的、零散的和主要为党政领导机关和政治斗争服务，转变为今后以大量地、系统地提供档案，面向社会主动为党和国家各项工作服务，为社会主义现代化建设，为科学研究和历史研究服务，为人民大众服务方面来，通过提供利用来检验和推动各项业务工作，促进档案馆工作的建设与发展。

第四，开放档案，系统公布和出版档案史料，撰写史志，促进历史科学的研究，为祖国保存、整理世代流传珍贵的文化遗产，为后代留下档案，为维护中华民族历史的真实面貌等方面都将作出积极的贡献。

三、开放档案的理论依据

开放档案的理论根据，由以下因素决定：

（1）档案价值在一定意义上是一种客体满足主体需要的关系及其程度，档案价值的实现，决定了档案必须向社会开放。

（2）随着时间的推移和条件的变化，档案机密性的弱化趋势，决定了档案最终可以开放。

（3）档案是重要的信息资源，只有使其走向社会供人民群众利用，才能把深藏于档案馆中的档案信息变成精神的和物质的财富，造福于人类，决定了开放档案的必要性。

（4）档案是"知识之源、文化之母"，内容丰富，可以满足各行各业的利用，决定了档案开放的广泛性。

（5）社会民主化进程促进了档案的开放。

四、档案开放的标志和条件

档案向社会开放的标志是：开放档案与受控档案已经分开，并编制有开放目录；档案开放的范围与数量已经同级党政领导机关正式批准，并向社会发布了开放档案的信息；在接待对象和接待手续方面已符合法规要求；已采取不同的形式向社会开放档案；已有数量不等的公民持合法证件到档案馆查阅所需要的档案。

档案开放的条件有：有一定数量的档案；档案已经过整理编目；有开放档案的规章制度；具备必要的阅览条件和复制设备。

五、档案开放的起始时间

根据 1997 年 6 月 7 日国家档案局发布施行的《中华人民共和国档案法实施办法》第二十条的规定，开放档案的起始时间为：

（1）中华人民共和国成立以前的档案（包括清代和清代以前的档案；民国时期的档案和革命历史档案），自本办法实施之日起向社会开放。

（2）中华人民共和国成立以来形成的档案，自形成之日起满 30 年向社会开放。

（3）经济、科学、技术、文化等类档案，可以随时向社会开放。

前款所列档案中涉及国防、外交、公安、国家安全等国家重大利益的档案以及其他虽自形成之日起已满 30 年，但档案馆认为到期仍不宜开放的档案，经上一级档案行政管理部门批准，可以延期向社会开放。

六、如何做好开放档案的工作

开放档案，既是社会客观的需要，又是档案馆工作发展的需要。因此，应把开放档案作为档案馆工作的着眼点和出发点，结合本馆实际，采取多种措施，把开放档案工作做好。具体说就是应当继续解放思想，增强开放意识，克服一切有碍于开放档案的思想阻力和障碍；正确处理好开放与保密的关系，搞好新中国成立后档案的降密、解密工作，加快新中国成立后档案的开放速度；切实处理好开放档案与被控制档案的关系，做到该开放的开放，该控制的控制；切实解决好开放工作中存在的实际问题，正确处理好开放工作与基础工作的关系，使开放工作与基础工作再上一个新台阶；开辟各种渠道，突出服务的多样性、主动性和针对性；强化开放档案的宣传工作，使开放档案深入人心，引导公众自觉地利用档案。

思考与复习题

1. 简述档案提供利用工作在档案工作中的地位。
2. 怎样做好档案提供利用工作？
3. 简述档案利用服务的方式。
4. 简述开放档案的理论依据、标志和条件。

第三编

专门档案管理

第十一章
专门档案导论

内容提要

本章重点讲三个方面的内容：一、专门档案概述。二、专门档案的管理。三、专门档案的管理体制。

第一节　专门档案概述

随着各项专业工作的发展和档案工作的开拓，越来越多的人认识到，在许多专业部门中，除文书档案、科技档案外，还有一些形式特殊、功能特殊的材料，应作为档案保存，人们把它称为专门档案或专业档案。20 世纪 80 年代以后，这类档案受到了档案部门和有关部门的重视，专门档案的种类也越来越多。

一、专门档案的概念

关于专门档案的定义目前主要有以下几种提法：

第一，专门档案是指在某些专业范围内产生，有比较稳定的文件名称、格式和形成规律，有各自的整理和管理方法的各种门类档案的总称。

第二，专门档案是指在某些专业职能活动中产生，记录特定专业信息，具有比较稳定的文件名称，特有的形成规律，从而产生特有的整理和管理办法的各种档案的总称。

第三，专门档案是指除文书档案和科技档案之外的、所有在专门活动中形成的档案，如会计档案、人事档案、诉讼档案、医院的病历档案、婚姻登记和工商注册登记档案等。它具有较强的自我独立性和规律性。

综上所述，专门档案的定义可以表述为：专门档案是指机关、企业、事业单位及其他社会组织，在从事某些专业活动中，为了实现相关的职能而形成的具有比较稳定的文件格式和各自管理方法的各种门类档案的总称。

二、专门档案的构成条件

构成专门档案需要有一定的条件，这些条件也可以称为构成要素。构成专门档案的条件主要有下列四点：

（一）形成于一定的专业机关或部门

构成专门档案的那些文件，都是在专业机构或部门的一定专业领域内形成的，比如司法机关的诉讼档案，公证机关的公证档案，工商行政管理机关的工商企业登记档案、商标档案，都是根据其特有的职能而形成的，是别的机关所没有、也不可能有的。人事档案、会计档案虽然绝大多数单位都有，但也是形成于各单位的人事管理部门与财务部门，也是特定的部门形成的。当然，专业机关形成的，不一定都是专门档案，专业机关也有文书档案。

（二）文件的内容、形式、功能、处理程序和管理方法有明显特点

构成专门档案的那些专门文件，其内容、形式、功能、处理程序、管理方法与普通的行政公文有明显不同。一般都有专一的内容、特殊的形式、固定的格式和严格的办理程序。

1. 从内容上讲

多数专门文件记述与反映一个具体对象的情况，如一个人（干部档案）、一个企业（工商企业登记档案）、一个案件（诉讼档案）、一间房屋（房地产档案）等。

2. 从形式上讲

专门文件表格式、填写式的多；内容、项目比较固定；有稳定、规范的文件名称，即便是文字材料，也不同一般公文，不套公文格式；各种专门文件又各有不同格式，不能通用。

3. 从功能上讲

普通公文是联系工作、指导工作的工具，而专门文件各有其特殊的功能。比如诉讼文书是我国公安机关、人民检察院和人民法院根据各自的职权按照一定的诉讼程序处理各种刑事、民事等案件制作的具有法律效力的文书；工商企业登记文件的功能，在于为企业确定法人资格，通过企业登记产生营业执照，是企业进行合法经营的依据；干部档案的各种材料，则是考核使用干部的重要依据。它们都有各自的不同功能。

4. 从处理程序上讲

专门文件大部分是内部使用文件，不参加一般公文运转程序。比如会计文件的形成和处理程序和公文完全不同；人事档案材料的形成、处理、归档，绝大部分也不纳入公文运转范围；其他如诉讼档案、工商企业登记档案等，都有其自己的一套处理程序。

这里有一点要说明的是：专门档案一般应是由那些有特殊处理程序的专门文件构成，但有特殊处理程序的不一定都是专门文件。

5. 从管理方法上讲

专门文件有适应不同专业领域特点的整理管理方法。比如诉讼档案采取按年度、审级、一案一号的立卷原则，把立案编号、收发登记、立卷归档、档案管理有机地结合起来；由书记员进行立卷，固定卷内排列顺序，这些都很适合审判机关的特点，和一般机关不同。

（三）有一定数量

专业机关形成的专门档案，一般都有一定的数量。有些机关部门的专门文件，虽然从

内容和形式讲符合专门档案的条件，但数量少，没有稳定的来源（如某些一次性调查），就不必作为专门档案单独保存，从这个意义上讲，专门档案具有相对性。

（四）具有可分性，即可操作性

一个单位的文书档案、科技档案、专门档案，是有一定联系的。目前所说的专门档案，有的和文书档案、科技档案界限清楚，很容易划分；有的则界限模糊，很难分清。是否可以明确地分解出来，也应该成为是否构成专门档案的一个辅助条件。

上述条件是互相联系的，一般说，必须同时具备上述条件，特别是第一点、第二点，才能构成一个门类的专门档案。

三、专门档案的特点

（一）特殊性

与普通档案相比，专门档案的特殊性表现在两个方面：

1. 特殊的文件处理程序

归入专门档案的文件材料，往往是本业务活动中内部产生出来的，其形成、承办、结束以及保存和利用等过程，都是在本业务部门完成的，一般都不经过机关的收发文登记。从文件的作用、内容和形式上看，都与本业务密切相连，而与其他方面并无多大的关系，这是专门档案的突出个性。例如，艺术文件材料，是在艺术活动中形成的反映艺术成果的特殊文件，如剧本、乐谱之类，它不像包括艺术团体在内的各单位和各部门普遍产生的请示、报告之类的文件需要经过统一的文件起草、收发、运转、承办等处理程序。专门档案是业务人员不经过文书部门而直接形成的本业务活动的原始记录。可以看出，专门档案一定是有特殊处理程序的业务文件。值得注意的是，专门档案虽然是有特殊处理程序的文件，但有特殊处理程序的文件不一定就是专门档案。比如，会议记录，内部各部门的各项规章制度等，虽然文件的处理程序也比较特殊，但它们不应归入专门档案。

2. 特殊的文件形式

专门档案与普通档案相比较，在文件的形式上又有很大的区别。归入普通档案的文件绝大多数是按照通用的公文规格和格式形成的，而专门档案，则是基本按照自己工作的需要，由特定的规格、格式文件形成的。每一种专门档案都有各自特殊的形式，即使同一种专门档案，也分几种不同类型的文件，其大小尺寸也不尽相同。比如，会计档案中的报表、账簿、凭证等专用文件，它们与普通档案的文件在形式上是完全不同的。

（二）单一性

就一种专门档案来说，它的文件材料相对来说是比较单一的，这种单一性体现在：

1. 单一的来源

专门档案是在一个专业主管单位或部门中集中形成的，这样的文件材料在非本业务部门并不通用。如人事档案是在组织人事部门形成的，宣传报道档案是新闻出版单位形成的，经济合同档案是合同审批机关集中保存而形成的。应该明确，专门档案只能是在一个单位或一个部门集中保存该类专用文件的情况下形成的。当然，也不能把一个单位或部门的所有档案都看成是专门档案，组织人事部门的档案不全是人事档案，财务部门的档案不全是会计档案，它们还同时形成另外一类档案，即普通档案。

2. 单一的内容

专门档案所反映的是本专业活动内容，从内容上看，专业性很强，是比较单一的，不像普通档案包罗万象。但是，我们要注意一个问题，那就是，在业务活动中形成的文件，不一定全是反映本业务内容的，有时也有综合性的内容。尤其要注意，即使是反映本业务内容的文件，却经过一般的通用公文处理程序，属于通用文件，这是普通档案，绝不能划归专门档案。专门档案必定是反映该专业活动内容的，但反映该专业活动内容的不一定就归属于专门档案，这也是为什么要把这种档案叫专门档案，而不叫专业档案的原因。

3. 单一的形式

专门档案的种类虽然很多，每一种档案也有几种不同的形式，但从总体上看，专门档案的文件形式是特定的，不像普通档案包揽一切。从某种意义上讲，专门档案的文件形式是从普通档案中分离出来的，分离的原因是因为这类文件有特殊的形式、固定的格式、严格的规定，因而，在管理上有着与普通档案不同的要求。分离出来后，同一种文件，按照统一格式和规定集中起来，就使得同类档案在其形式上一致起来，与普通档案相比就显得单一化了。比如，司法文件，均有各自的格式和规定，如起诉、判决书等，不外乎这么几种文件，而且比较集中，与普通档案区别很清楚。在建立一种专门档案时，就应该首先明确它的文件形式，这既是专用文件的归档范围，也是专门档案的构成条件，我们可以以此作为区分普通档案和专门档案的基本依据。

（三）同类文件数量多

这是专门档案的又一突出特点。同一种比较特殊的文件，只有当在一定时间内某一单位和部门集中产生，积累一定数量后，方可成为一种专门档案。比如说，人口普查档案，同类文件数量很多，专门性又强。再如，婚姻登记档案，内容单一，比较简单，但数量却很多，在民政局婚姻登记部门，每年要进行成千上万对婚姻登记，形成大量专用文件，不能不构成一种专门档案。反之，如果数量很少，虽专门性很强，却没有作为专门档案单独管理；没有实际意义，不如不分，这是从现实出发的。因为划分档案种类，本身就是为了便于按不同特点和要求进行科学管理。如果没有一定的数量，就形成不了自己的特殊要求，也就没有必要单独划类。过去，很多专门性的文件材料，因数量不多，与普通档案一起分类、整理，当然，也是按照文件材料的内在联系分门别类的，只是没有作为专门档案罢了。实践证明，这也是可行的。随着事业的发展，同类文件材料数量急剧增加，为了管理和利用的需要，就不得不建立起独立的专门档案。由此可见，专门档案的形成条件成熟与否，在很大程度上取决于该类文件材料的数量。

归纳上述三个特点，可以明确专门档案必须符合下列条件：必须是经过专业单位或部门集中形成的；必须具备反映专业活动内容的；必须是专门的格式和一定数量的同类文件材料。同时具备这些条件，才能构成一种专门档案。当然，这里仅仅是对专门档案的一般特性和要求做概括性的分析，每一种专门档案又有各自的特点，还需要逐个具体研究。根据上面的分析，我们还可以对专门档案定义作如下另一种补充表述：专门档案是指某一专业机关或部门自身业务活动中形成的，反映本业务活动内容的，有一定价值的大量同类专用文件。这一定义与档案、普通档案的基本含义是相对应的。档案是作为历史记录保存起来以备查考的文件。普通档案是各单位在活动中形成的，反映各项活动内容的通用文件。专门档案则是一定的单位所产生的反映一定内容的专用文件。从这三个定义的相互关系以及定义属概念的含义上可以看出，专门档案的这一定义是有一定根据的，是可以成立的。在实际工作中，应该根据这一定义，按其特点和要求来加强专门档案的建设，作为指导专门档案工作的理论依据和工作原则。以会计档案工作为例，要加强会计档案工作，必须首先明确什么是会计档案，它包括哪些专门性文件材料。经过长期的实践证明，只有会计凭证、会计账簿、财务报告三种专用文件材料，才符合专门档案的条件。即它们都是集中形成于财务部门，反映财务活动内容，有特殊的文件规格、格式和处理程序，而且同类文件数量又多。它们构成了会计档案的特指对象，与普通档案有着明显的区别。过去，对会计档案的对象也不甚明确，曾认为会计制度、各种财务管理规定、财务工作总结、调查报告、来往文书等，也属于会计档案的范畴，所以把它又叫做"财务档案"、"财会档案"等，这样，会计档案就没有明确的特定的对象，会计档案与普通档案的界限容易混淆，实际工作就会受到一定的影响。所以，不仅要研究专门档案的一般定义，而且，还要根据这一定义明确每一种专门档案的特定概念。

第二节 专门档案的管理

一、专门档案需单独保管

过去，许多单位的档案室保存的主要是文书档案，档案门类单一，发展不平衡。档案室的工作人员只有管理文书档案的经验，而对现在不断出现的专门档案，既缺乏专业知识，又不懂专门档案的特点和要求，这不能不说是一个缺陷。应该看到，专门档案在专业性比较强的单位或部门，往往是比较重要的档案，是本单位或本部门所有档案中的主体，如研究院（所）档案主体是科研档案，工业企业单位档案主体是技术档案，学校档案主体是教学档案。一个专业性较强的单位，其档案主体往往是本专业活动中形成的专门档案，毫无疑问，应该把它纳入档案管理之中。在有多种门类档案的单位里，专门档案的管理，仍然按照全宗原则实行集中统一管理。专门档案集中形成于一个单位或一个部门的，虽有一定的特殊性，但它与本单位、本部门的普通档案，总有着某些内在联系；它们虽有各自特性，但却都是一个单位各项工作活动的记录。业务活动与行政管理、会计、统计、人事等工作，构成了一个整体，反映了一个单位的全貌。人为地放弃这些联系，而去强调不同单位的一种专门档案的整体性和成套性，就会使一个单位的档案整体被分割开，反而不便于档案的管理和利用。所以，专门档案不要另立全宗，全宗理论同样适用于专门档案的管理。1987年底，国家档案局制定的《机关档案工作业务建设规范》，也明确提出了一个机关在其工作活动中形成的各种门类和载体的档案为一个全宗的原则。这是专门档案管理的一条基本原则。专门档案管理的具体方法是各异的，可以视具体一种档案的实际情况而定。一般来说，专门档案的管理，是独立进行的，不能把它混淆于文书档案和科技档案中。在划分普通档案和专门档案两大类的情况下，专门档案一般是按文件的内容结合形式立卷的，同类文件材料装订成册，单独进行案卷排列，排列方法比普通档案简单，档案保管期限有明确规定。近期内，业务性强、使用频繁的可以暂时保存在本业务部门，档案室每年与有关部门一起编定档号、汇总目录、定期检查、监督保管和利用；待若干年后，一次全部接收进入档案室实行集中统一管理。档案室集中管理时，应将一个全宗的全部档案，首先按档案门类，进行全宗内档案的分类，然后对普通档案，按年度结合机构或问题等分类方法进行案卷的排列和编号，按年或保管期限编制案卷目录；专门档案则按自己的特点分类排列，一般是同一种档案，每年的档案连续大流水编号，编订一本案卷目录即可。当案卷数量多时，则要考虑分开登记案卷目录，案卷目录号仍按目录本数相接编号。这仅仅是专门档案的一般管理方法，每一种专门档案怎么管理还需专门研究。

二、专门档案管理遵循的基本原则

专门档案往往产生在专业性强的机关或企业、事业单位，而且是比较重要核心的档案，是机关或企业、事业单位的主体档案，如土地管理局，档案的主体是土地管理档案；房产管理局，档案的主体是房产档案。因此，专业活动中形成的专门档案，毫无疑问，应该归入档案管理之中，其管理仍然按照全宗管理的原则，实行集中统一管理。

（一）专门档案必须集中统一在本单位综合档案室管理

各种门类档案的管理所遵循的依据是党和国家关于档案工作的方针政策、法规文件，国家档案行政管理部门制定的通用的规章制度、规范、标准。如《中华人民共和国档案法》、《档案法实施办法》、《机关档案工作条例》、《档案著录规则》、《中国档案分类法》等。

我国档案工作的基本原则是实行档案的集中统一管理。专门档案是国家全部档案的一个组成部分，也是现行机关、团体、企业、事业单位档案的组成部分，必须实行统一管理。这里还要指出的是，专门档案无论是会计档案、审计档案还是土地管理档案都具有整体性和成套性的特点。从宏观讲，集中统一管理国家的全部档案，集中统一管理一个机关单位的全部档案，这是我国档案工作的基本原则和管理体制。各种门类的档案，必须依据档案工作共同的管理法规、标准、规范，针对不同门类档案的特殊性，将各种门类档案集中起来统一管理。这是专门档案管理的一条基本原则。虽然专门档案具有整体性、成套性的特点，但管理的具体方法各异。一般来说，专门档案应该实行集中统一管理，这是由国家的性质和社会制度决定了的，应该归国家和人民所有。作为各种专门档案是由各对口业务部门在其工作中形成的，办理完毕必须归本单位的综合档案室。虽然一个单位的全部档案是一个完整不可分割的整体，各种专门档案属于这个整体成分之一，但是对于需要长远保管的档案，在本单位保存一定年限后，应统一移交给当地有关档案馆，不得任意转移、销毁。

从微观上讲，各种专门档案在本单位应该有统一的科学管理方法。其中最主要的是专门档案形成前身的文件材料的积累和归档，要纳入本单位的规章制度中，纳入档案综合管理程序和工作计划中，要使领导重视，全体工作人员有一定的档案意识，使每个工作人员养成一个良好的工作习惯。处理问题有依据，处理过程有记录、有统计数据，处理结果有总结。

（二）维护专门档案的完整与安全

维护专门档案的完整与安全，对专门档案有着十分重要的意义。所谓完整，是从数量的意义讲，就是要使专门档案收集齐全，不能残缺不全；从质量上讲，就是要保证专门档案的准确、系统，不能与客观实际相抵触，更不能任意割裂分散。所谓安全是一定要保证专门档案的真实、可靠。改善专门档案的保管条件，科学的管理，方可延长专门档案的使用寿命，不使其遭到不应有的损失。

专门档案，特别是房地产档案、土地管理档案、合同档案、诉讼档案等，若不完整、不准确、不系统，不仅影响使用，甚至有害，造成假象，引出错误结论，造成与事实不符的冤假错案，给个人、集体、国家造成不应有的损失，给人民生活带来困难。

总之，集中统一管理各种门类档案，维护各种门类档案的安全、完整，采用现代化技术和科学方法，保护和修复好专门档案，尽最大努力延长专门档案的使用寿命，是各种门类档案工作的共同目标和任务。

三、编制类目

如何管理好专门档案，难点是如何分类，制定分类大纲（方案）。首先要搞清分类概念。所谓分类大纲（方案）就是用文字或图形列举专门档案分类的类和属类之间的关系，概括各个类和属类所包括档案内容和范围，用来指导专门档案划分类和属类的，分类大纲是用来划分专门档案的一种工具。也就是标明各个类别名称，表示全宗内档案分类体系的纲要，这就叫分类大纲。编制分类大纲的目的是利用分类大纲指导机关单位档案划分类和属类。其作用是对档案的实体进行控制，对档案内容进行检索。

类是管理档案、档案划分的特殊性形式，是根据事物的本质属性进行划分。专门档案分类没有一定的模式，不同种的专门档案分类方法不同。不同门类的专门档案的分类，就是对立档单位所形成的各种门类档案按其自然形成特点、时间、内容和形式上的异同，分成若干个层次和类别，使其构成有机整体。用分类形式揭示出档案的内容和它们之间的联系，条理地反映出立档单位的历史面貌。所以，分类方案的确定，必须在文件归档前，通盘考虑和确定妥善的分类方案，使立档单位的立卷和编目有所遵循，使归档的案卷实现有序地排列。为此立档单位在分类时必须遵守分类的原则，划分的类应遵循类的实际运用性、科学系统性、相对稳定性和科学适用性及各类的保证性。

（一）类目的实际运用性

专门档案类目的实际运用性表现在分类时应遵循专门档案自然形成规律，最大限度地保持专门档案文件来源、产生的时间和内容诸方面的历史联系。掌握同一级类目划分后应按同一标准进行组卷。这里要说明的是分类大纲是用来划分档案的一种工具。通过分类大纲的制定来管理立档单位全部档案实体，它不是一种理论性研究和设想。因此，立档单位编制的分类大纲要符合本单位的实际情况，能够把本单位所形成的全部档案包括在内，同时还可以根据实际情况，在执行几年后，根据实际工作的需要，类目可以扩充或减少。

（二）类目的科学系统性

专门档案在整理前，必须选择科学实用的分类大纲，其原因是不同的立档单位担任的职能不同，产生形成档案的种类、数量、重要程度都不相同。因此，必须从实际出发，按照形成档案的类别选择既科学适用又合理的类目。必须指出，大类和属类的概念一定要明确，含义要清楚，分类级别要分明，归类要准确，类目之间不能重复、相互交叉，又不设空类。从而使全宗档案类目的设置能够深刻地反映立档单位活动的全部实际情况。分类大纲在使用的基础上要求具有科学系统性。

（三）类目的相对稳定和科学适用性

在一个全宗内档案的分类方案一旦确定，制定出分类大纲，应该始终保持前后一致。没有特殊情况，不轻易改动分类大纲。这是因为制定分类大纲时，是在对全宗档案科学管理的基础上，经过充分研究，反复推敲后制定出来的，它关系到全宗内档案的整理、编目、排列、统计及编制检索工具等一系列工作。因此，分类大纲制定后，应尽量保持稳定，但运用几年后，若整个全宗内容有所增或减，那么分类也随之有所变动，有的单位由于职能转变、机构合并或撤销，其档案分类方案变动较大，甚至根据新内容重新制定新的分类大纲，有的单位只是局部微调整即可。如人民法院诉讼档案的分类，是根据 1984 年《人民法院诉讼档案管理办法》的有关规定制定出来的。其类目设置是刑事类、民事类、经济类、行政诉讼类四个大类。近年来由于社会发展的需要，形成各类诉讼卷内容多，案情复杂，在办案过程中，为了加强秉公执法，人民法院设立检查办案执行情况组，于是形成了检查办案过程的文件材料，其材料无法归入上述制定的分类大纲的类目中去，所以在原四大类的基础上增设了检查执行类。由此看来，一个立档单位全宗内所有档案的分类方案一旦确定后，要保证它的稳定性，但在执行过程中又可以有所补充，有所调整，其目的是制定的分类方案既保持相对稳定又具有科学的适用性。

（四）类目的保证性

类目的保证性，是指每个子类下必须有一定数量的案卷，通常讲不设空类，就是子类下不能没有案卷。例如房地产管理所档案的分类大纲与上述人民法院诉讼档案的分类又不同。房地产管理所档案是根据县、市级房地产管理所在各项活动中形成全部档案的总称。其分类大纲设置有党政类、房地产管理类、基建设备类、财务管理类。每个大类下设属类、子类，每个子类必须有案卷组成，保证类不虚设，类是实体组成的，绝不能设空类。

专门档案和其他档案一样，也是人们在社会实践活动中形成的，是以不同的内容、不同的形式的记载，同样记述和反映了国家政治、经济、科学技术和文化生活的真实面貌，它是机关或企业、事业单位所形成全部档案的一个整体部分，必须实行集中统一管理，进一步从宏观管理上调整和理顺档案的管理体制，完善各种门类档案的管理制度，使专门档案的管理更加规范化、条理化、科学系统化。

全面的分析和研究专门档案，是档案研究的新课题，是属于市场经济发展的客观要求。由于专门档案种类繁多，内容丰富，问题复杂，每一种专门档案的概念、对象、内容、名称及分类层次、结构均需作专题研讨。

第三节 专门档案的管理体制

随着我国经济体制改革的不断深化和社会主义市场经济体制的不断完善，为了全面提高机关和企、事业单位档案工作的科学管理水平，促进机关和企、事业单位档案管理系统化、标准化、规范化建设，使之更好地为机关工作和社会服务，近几年来，在抓好文书档案工作的同时，档案管理部门重点狠抓了专门档案的基础建设，并充分利用专门档案，为经济建设和宏观决策服务，收到了明显效果。

一、提高认识，加强领导，健全机构，完善设施

专门档案是国家档案的一个重要组成部分，是一项重要的基础性工作。它不仅是机关工作的完整的、系统的反映和记录，而且是为领导进行科学决策的重要基础和依据。有些专门档案的建立，本身就是市场监督管理活动的重要组成部分，并具有两个显著特点：一是具有很强的法律意义，它关系到市场主体活动的准则；二是与经济工作密切相关，对经济状况的分析有较高的资料价值。专门档案的利用范围广，既是我们从事监督管理和行政执法活动的基础，也是为社会提供服务的源泉。基于上述认识，某市工商局自觉地把机关档案工作列入领导的议事日程，纳入机关工作整体规划。分工一名局领导负责，办公室主任亲自抓，在局机关设立了综合档案室，配了 3 名专职档案人员，在局机关各处室明确了兼职档案人员 24 名，形成了档案管理网络。为了实现档案管理现代化，为机关综合档案室和各处室配备了档案管理必要的设备，在办公用房比较紧张的情况下，安排了档案管理用房 2 间，共 168 平方米，并安装了防护设施；在机关经费不足的情况下，拿出 40 多万元购置了档案柜 96 组，复印机 3 台，计算机 6 台，空调器 3 台，去湿机 2 台，及防火、防盗、防虫等设施，做到了专人、专柜、专室三落实。只要是档案管理工作需要的，局领导都千方百计予以解决，从而保证了档案管理工作的需要。

二、建立健全档案管理制度，规范专门档案的管理

专门档案门类多，数量大，工作难度大。如果没有规范的管理制度，档案的收集、整理就会出现混乱局面。为了加强对专门档案的管理，档案管理部门认真总结档案管理工作的经验和教训。经过调查研究，反复实践，先后制定了九个档案管理制度，包括《立卷归档制度》、《档案保密制度》、《档案保管制度》、《档案借阅利用制度》、《机关专门档案管理制度》、《档案鉴定销毁制度》、《三合一制度》、《企业档案查询制度》、《档案人员岗位责任制》。这些制度涉及档案的收集、整理、立卷、归档、保管、利用、统计等各个环节。特别是专门档案管理制度，明确了专门档案的范围、管理原则、管理方法，纳入了机关档案管理体系，并针对专门档案的特殊性提出了特殊要求，使专门档案管理工作有章可循。

三、认真收集整理，保证专门档案的完整性、真实性、系统性

针对专门档案复杂多变的特点，档案管理部门采取档案管理人员与具体从事业务工作的专业人员相结合，自己组织整理与聘请专业人员整理相结合的方法，由档案专职管理人员指导和协调。同时，在专门档案的收集整理上坚持了三个原则：一是完整地收集资料，要求一个"全"字。专门档案按照建档原则，采取平时收集、定期收集、集中收集结合。例如某市工商局企业登记材料，商标注册材料，广告经营许可证材料，经济违法查处材料，私营企业登记材料等，每办完一个，收集整理一个卷宗；定时收集主要是在每年对企业年检时进行，因为年检时间相对集中，工作量大，年检结束后组织突击收集整理；集中收集主要是对各个门类的专门档案收集而言的。二是科学的分类立卷，要求一个"准"字。对收集的材料按真实、准确、精练的原则，将必须归档的材料归集在一起，对不符合归档规定的材料，认真分析，慎重处理。三是系统地整理材料，要求一个"细"字。整理档案材料既注意收集完整齐全，更注意系统合理。

四、搞好开发利用，发挥专门档案的服务功能

管理档案是手段，利用档案是目的。要开发利用专门档案，充分发挥专门档案在经济建设中的作用。还以某市档案管理部门为例，在收集整理的基础上，一是编制了全引目录、案卷目录、分类目录、分区域目录和卷内目录计100多册，提供准确的检索工具。二是认真开展了档案资料的编研工作，编写了组织机构沿革、大事记、建立全宗介绍、收发文汇集等。为查找档案资料提供方便，还建立了微机房，将部分专门档案输入微机管理。同时，注意专门档案利用实效，并做好登记。

思考与复习题

1. 专门档案的定义及其基本含义是什么？
2. 专门档案的构成条件有哪些？
3. 专门档案的特点有哪些？
4. 专门档案的管理需要注意什么？

第十二章

人事档案

内容提要

本章重点讲四个方面的内容：一、人事档案和人事档案工作。二、人事档案的收集与鉴别。三、人事档案的分类。四、人事档案的转递和查阅。

第一节　人事档案和人事档案工作

一、人事档案

人事档案是组织、人事、劳动（或人力资源管理）部门在人事管理活动中形成的，归国家所有的，记述和反映人员经历、德能勤绩和工作表现的，以个人为单位集中保存备查的各种方式和载体的真实记录。

人事档案是历史地、全面地考察了解和正确选拔使用职工的重要依据，是国家档案的重要组成部分。我国的干部（公务员）、职员、工人、学生（从中学开始）、军人都建立了人事档案，其主体是干部和企业职工档案。

人事档案主要来源于一定单位的人事管理活动。所谓人事，并不是指人和事，而是指用人以治事，主要是指人的方面，以及同人有关的事的方面。人事档案就是国家在用人治事，以及处理与人有关的事情时所形成的文件材料。比如：为了解员工的基本情况，布置填写履历表、登记表、自传；对员工进行鉴定、考核和民主评议，形成鉴定书和考核材料；在用人过程中，形成录用、定级、调资、任免、升迁、奖惩等方面的各种文字、表格、声像和电子文件材料。

人事档案是反映个人经历、思想品德、业务实绩、个性特点、专长爱好等情况的真实记录，真实反映一个人的客观面貌。人事档案中的自传、履历表、登记表，是个人经历、思想演变、家庭与社会关系的反映；历年的鉴定，记载着个人不同时期的表现和组织的评价；入党、入团、提职、晋级等材料，是个人在党和组织的教育培养下成长的佐证；政治与工作情况的考核、考察、奖惩与科研成果的登记等方面的材料，是个人政治表现、工作能力、成绩贡献、技术专长的展现。所以，人事档案是个人情况如实记载的历史记录。

人事档案是处理完毕的具有利用价值和保存价值的文件材料。作为人事档案保存的人事文件材料，必须是完成了审批程序、内容真实、完整齐全、手续完备、有查考价值的材料，以保持人事档案的优化状态。

人事档案是以个人姓名为特征组成的专卷或专册。它的内容和成分只能是同一个人的有关材料，才方便查找利用。假如一个人的材料被分散，就无法正确反映该人的全貌，影响对其全面评价。如卷内混杂了他人的材料，就会因张冠李戴而贻误工作，造成不良后果。

上述人事档案的定义，指明了人事档案的来源、形成原因、内容范围、价值因素和以个人为单位的形式特征。它既揭示了人事档案的本质属性——真实的历史记录，也提出了如何识别和判定一份文件材料是否属于人事档案的标志。

二、人事档案工作

（一）人事档案工作的基本任务和人事档案管理部门的职责

人事档案工作是用科学的原则和方法管理人事档案，提供档案信息为组织、人事、劳动（或人力资源管理）工作服务的一项工作。人事档案工作是组织、人事、劳动工作的重要组成部分，也是国家档案工作的组成部分。它是为贯彻执行人事工作路线、方针和政策，选贤举能，知人善任，为社会主义现代化建设服务的。

人事档案工作的基本任务是，根据改革开放形势下组织、人事、劳动工作的需要，加强人事档案材料的收集归档工作，完善管理体制，搞好队伍建设，做好基础工作，进一步改善保管条件，努力提高科学管理水平，保障提供利用，有效地为组织、人事、劳动工作服务，为社会主义现代化建设服务。

人事档案管理部门的职责是：

（1）保管人事档案，为国家积累档案史料。

（2）收集、鉴定和整理人事档案材料。

（3）办理人事档案的查阅、借用和转递。

（4）登记员工的职务、工资和工作变动情况。

（5）为组织、人事工作提供人才信息，为有关部门提供员工情况。

（6）做好人事档案的安全、保密、保护工作。

（7）调查研究人事档案工作情况，制定规章制度，搞好人事档案的业务建设和业务指导。

（8）推广、应用人事档案现代化管理技术。

（9）定期向档案馆（室）移交死亡员工的档案。

（10）办理其他有关事项。

（二）人事档案工作的管理体制

人事档案工作实行集中统一和分级负责的管理体制。人事档案是人事管理活动的历史记录，是开展人事工作的必要条件。管理人事档案是人事工作自身的需要，是组织、人事、劳动部门的职责，人事档案应由各级组织、人事、劳动部门集中统一管理。我国现行人事档案的管理体制是，工人档案由所在单位的劳动（或人力资源管理）部门管理，学生档案由所在学校的教务或学生工作部门管理，军人档案由各级政治（干部）部门管理，干部档案则按干部管理权限集中统一管理。各级组织、人事部门有明确的管理权限，分管哪一级干部，就管哪一级干部的人事档案，做到人档统一。这一原则，在地（市）以上单位是完全适用的，但在县以下的单位（包括县委、县政府直属单位），管的干部少，大多只有几十个人，有的甚至只有几个人。单位小，档案少，无专人管理，不具备保管条件，严重影响了干部档案的安全保密和业务建设。为此，《干部档案工作条例》规定：县以下机关、单位的干部档案实行由县委组织部集中管理，或由县委组织部、县人事局等单位相对集中管理。不具备保管条件或档案很少的单位，其干部档案由上一级单位管理。干部档案被纳入综合档案室管理的单位，其干部档案要固定专人管理。

我国人事档案工作目前仍实行分块管理。干部档案工作的领导与指导，由各级党委的组织部门负责；企业职工档案工作由所在企业的劳动职能机构负责，接受劳动主管部门的领导与指导；学生档案工作由所在学校的有关部门负责，由教育主管部门领导与指导；军人档案工作由各级政治（干部）部门负责领导与管理。除军人档案工作外，上述三项档案工作均已纳入全国档案工作管理体系，由各级档案行政部门，按《中华人民共和国档案法》等有关规定，进行宏观管理和协调工作。

（三）人事档案工作机构

《干部档案工作条例》规定：县以上（含县）的组织、人事部门，应建立相应干部档案管理工作机构，并负责对本地区、本部门、本系统的干部档案工作进行指导、监督和检查。每管理1 000人的档案需配备一名专职干部，有业务指导任务的单位，要配备相应的业务指导人员。县以下实行集中或相对集中管理档案的单位，根据上述原则应当配备专职人员。不需要建立机构的单位，必须配备专职或以干部档案工作为主的兼职档案工作人员。1992年，劳动部、国家档案局颁发的《企业职工档案管理工作规定》指出：职工档案由所在企业的劳动（组织人事）职能机构管理。实行档案综合管理的企业单位，档案综合管理部门应设专人管理职工档案。依据以上规定，中央各部委、省、地（市）、县均建立了人事档案管理机构，按照管理1 000人档案配备一名专职干部的要求配备人员。中央各部委和省（市、自治区）一级的人事档案部门除管好本身的人事档案外，还担负本系统和全省（市、自治区）人事档案工作的检查与指导任务，根据指导任务的实际需要，酌情配备业务指导人员。

20世纪末，随着我国市场经济的迅猛发展，组织人事制度改革的不断深化，人员流动大潮汹涌澎湃。为适应新形势，1996年，中共中央组织部、人事部颁发了《流动人员人事档案管理暂行规定》，确定了流动人员人事档案管理遵循"集中统一、归口管理"的原则，接受同级党委组织部门、政府人事行政部门的监督和指导。"授权"流动人员人事档案管理机构为县以上（含县）党委组织部门和政府人事部门所属的人才流动服务机构（简称"人才流动服务机构"），其他任何单位不得擅自管理流动人员人事档案；严禁个人保管他人的档案。从此，我国的流动人员人事档案统一由人才流动服务机构（或称人才流动服务中心）管理。这种新的管理模式是我国人事档案机构的创新，也是人事档案工作与时俱进的体现。

第二节　人事档案的收集与鉴别

一、人事档案的收集

（一）人事档案收集工作原理

人事档案收集工作应依据如下基本工作原理来进行：

1. 过程控制与结果控制原理

人事档案的管理主体有责任明确人事档案管理的业务工作流程，合理选择控制节点，清楚描述每个节点应形成的人事档案材料的种类和内容要求。人事档案的管理主体应重视结果控制，做好日常接收材料的审核工作，保证材料的"合规性"、真实性和可靠性。

2. 精细化管理原理

注意细节，材料的真实性（如"三龄二历一身份"，年龄、工龄、党龄，学历、工作履历，干部身份）、完整性（如签章的有无）。确保人事档案作为人力资源管理工具的有效性，防止用人失察、用人失当、用人失误等问题的发生。

细节决定成败，没有严格的精细化管理，就会造成人事档案管理的失败！

3. 动态化管理原理

人才流动服务机构应加强与人员及其现所在工作单位的联系，做好档案材料的收集工作，不断充实人事档案的内容。注意：人事档案是一种动态性和延展性很强的专门档案，它会随着人员的成长而生长。管理人事档案的机构必须按照人事档案的形成规律和特点，不断补充相关人员的记录材料。

人事档案收集工作需要注意的几个问题主要包括：

第一，材料必须是办理完毕的正式材料。

第二，材料必须是真实、完整齐全、文字清楚、对象明确、写明承办单位或个人署名的材料，有形成材料的日期。

第三，必须是手续完备的材料。凡规定应由组织审查盖章的，须有组织盖章。规定要同本人见面的材料（如审查结论、复查结论等）一般应有本人签字，特殊情况，本人见面后未签字的，可由组织说明。对于考察任免等材料，必须注明批准机关名称、时间和文号。

第四，档案材料最好统一使用 A4 规格的办公用纸，材料左边应留 2～2.5 厘米订边。不得使用圆珠笔、铅笔、红色及纯蓝墨水和复写纸书写。除电传材料需要复印存档外，一般不得用复印件代替原件存档。

第五，注意相对人基本信息的收集和补充，包括身份证复印件、联系方式（本人及亲属）信息、供职单位信息等。

第六，注意履行告知义务，消除相对人的误解，提供服务指南和帮助信息。需要告知的事项包括：人事档案与相对人切身利益的关系；人事档案相对人的义务；用人单位的责任与义务；人事档案管理机构的服务项目和工作流程等。

第七，注意制度建设，强化规范化管理。坚决做到档案不合格的不接收，材料不符合要求的不归档。

（二）人事文件材料的归档

归档工作应遵循真实、全面、及时、规范的原则，重点收集反映干部自然情况和德、能、勤、绩、廉等方面的材料，并根据经济社会发展和组织工作的需要，不断充实完善干部人事档案的内容。

1. 人事文件材料的归档范围

根据《干部人事档案材料收集归档规定》（中组发〔2009〕12号）的要求，人事文件材料的归档范围包括：

（1）履历材料。

其中包括履历表和属于履历性质的登记表等材料。根据中组部《关于做好文件改版涉及干部人事档案有关工作的通知》（组通字〔2012〕28号）要求，现行的16开型《干部履职表》统一更换为国际标准的A4型（297mm×210mm）。

在填写方式上，《干部履历表》除本人签字或盖章及单位签字盖章两栏须手写外，其余各栏应使用Word文档编写打印。采用手写填写的，应使用钢笔、碳素笔（黑色、蓝黑色）等填写，不得使用圆珠笔、铅笔及红色、纯蓝色墨水填写，字迹要工整、清晰。

（2）自传材料。

其中包括自传和属于自传性质的材料。

（3）报告个人有关事项的材料。

其中包括领导干部个人有关事项发生变化的报告表等材料。

（4）考察、考核、鉴定材料。

其中包括：考察材料，在重大政治事件、突发事件和重大任务中的表现材料；定期考核材料，年度考核登记表，援藏、援疆、挂职锻炼等考核材料；工作调动、转业等鉴定材料；后备干部登记表（提拔使用后归档）等材料等。

（5）审计材料。

其中包括经济责任审计结果报告。

（6）学历学位材料。

其中包括：高中毕业生登记表；中专毕业生登记表；普通高等教育、成人高等教育、自学考试、党校、军队院校报考登记表，入学考试各科成绩表，研究生推免生登记表，专家推荐表；学生（学员、学籍）登记表，学习成绩表，毕业生登记表，授予学位的材料，毕业证书、学位证书复印件，党校学历证明；选拔留学生审查登记表等参加出国（境）学习和中外合作办学学习的有关材料；国务院学位委员会、教育部授权单位出具的国内外学历学位认证材料等。

（7）培训材料。

其中包括为期两个月以上的学员培训（学习、进修）登记表、考核登记表、结业登记（鉴定）表等材料。

（8）职业（任职）资格材料。

其中包括职业资格考试合格人员登记表或职业（任职）资格证书复印件、教师资格认定申请表等材料。

（9）评（聘）专业技术职称（职务）材料。

其中包括专业技术职务任职资格评审表、申（呈）报表，聘任专业技术职务审批表等材料。

（10）反映科研学术水平的材料。

其中包括：当选为中国科学院院士、中国工程院院士的通知；遴选博士生导师简况表；博士后工作期满登记表；被县处级以上党政机关、人民团体等评选为专业拔尖人才的材料；科研工作及个人表现评定材料，业务考绩材料；创造发明、科研成果鉴定材料，著作、译著和有重大影响的论文目录。

（11）政审材料。

其中包括：上级批复、审查（复查、甄别）结论、调查报告及主要依据与证明材料；本人对结论的意见、检查交代或情况说明材料；撤销原审查结论的材料；各类政审表。

（12）更改（认定）姓名、民族、籍贯、国籍、入党入团时间、参加工作时间等材料。

其中包括个人申请、组织审查报告及主要依据与证明材料、上级批复，计算连续工龄审批材料等。

（13）党、团组织建设工作中形成的材料。

其中包括：中国共产党入党志愿书、入党申请书、转正申请书；整党工作、党员重新登记工作中民主评议党员的组织意见，党员登记表，党支部不予登记或缓期登记的决定、上级组织意见；不合格党员被劝退或除名的组织审批意见及主要依据材料；取消预备党员资格的材料；退党、自行脱党材料；恢复组织生活（党籍）的有关审批材料；中国共产主义青年团入团志愿书；加入或退出民主党派的材料等。

此类材料中，党员的档案中没有《入党志愿书》的，要区别情况，分别对待。对新中国成立以前入党的同志，因当时环境条件限制，档案中没有《入党志愿书》，只要组织关系一直没有中断，就不需要补办《入党志愿书》或补办手续。

新中国成立以后入党的同志，如果档案中没有《入党志愿书》，要积极设法查找，并查清原因。可由所在单位党组织与发展这些同志入党的单位党组织以及他们工作过的单位党组织联系。党员本人应该积极配合，如实向党组织汇报自己入党的经过，主动提供有关线索。如果确实无法找到《入党志愿书》，必须由该党员入党时所在单位的党组织开具组织证明，填写党员登记表，存入本人档案，一般不要补办《入党志愿书》。如经调查，确系假党员，应按有关规定严肃处理。

（14）表彰奖励材料。

其中包括县处级以上党政机关、人民团体等予以表彰、嘉奖、记功和授予荣誉称号的审批（呈报）表、先进人物登记（推荐、审批）表、先进事迹材料，撤销奖励的有关材料等。

（15）涉纪涉法材料。

其中包括：处分决定，免予处分的意见，上级批复，核实（调查、复查）报告及主要依据与证明材料；本人对处分决定的意见、检查、交代及情况说明材料；解除（变更、撤销）处分的材料；检察院不起诉决定书；法院刑事判决书、裁定书；公安机关做出行政拘留、限制人身自由、没收违法所得、收缴非法财物、追缴违法所得等的行政处理决定等。

（16）招录、聘用材料。

其中包括：录（聘）用审批（备案）表；选调生登记表及审批材料，选聘到村任职高校毕业生登记表；应征入伍登记表，招工审批表；取消录用、解聘材料。

（17）任免、调动、授衔、军人转业（复员）安置、退（离）休材料。

其中包括：干部任免审批表及相应考察材料；干部试用期满审批表；公务员登记表，参照公务员法管理机关（单位）工作人员登记表；公务员调任审批（备案）表，干部调动审批材料；援藏、援疆、挂职锻炼登记（推荐）表；授予（晋升）军（警）衔、海关关衔、法官和检察官等级审批表；军人转业（复员）审批表；退（离）休审批表等材料。

（18）辞职、辞退、罢免材料。

其中包括：自愿辞职、引咎辞职的个人申请、同意辞职决定等材料；责令辞职的决定，对责令辞职决定不服的申诉材料、复议决定；辞退公务员审批表、辞退决定材料；罢免材料。

（19）工资、待遇材料。

其中包括：新增人员工资审批表、转正定级审批表、工资变动（套改）表、提职晋级和奖励工资审批表或工资变动登记表、工资停发（恢复）通知单；享受政府特殊津贴的材料；解决待遇问题的审批材料。

（20）出国（境）材料。

其中包括：因公出国（境）审批表，在国（境）外表现情况或鉴定等材料；外国永久居留证、港澳居民身份证等的复印件。

（21）党代会、人代会、政协会议、人民团体和群众团体代表会议、民主党派代表会议形成的材料。

其中包括委员当选通知或证明材料、委员简历、代表登记表等。

（22）健康检查和处理工伤事故材料。

其中包括：录用体检表；反映严重慢性病、身体残疾的体检表；工伤致残诊断书、确定致残等级的材料。

（23）治丧材料。

其中包括生平材料、非正常死亡调查报告等材料。

（24）干部人事档案报送、审核工作材料。

其中包括干部人事档案报送单、干部人事档案有关情况说明等材料。

（25）其他材料。

其中包括：毕业生就业报到证（派遣证）；人事争议仲裁裁决书（调解书）；公务员申诉处理决定书（再申诉处理决定书、复核决定）；再生育子女申请审批表等有参考价值的材料；经过认定的由相对人提供的学历、学位证书复印材料。

2. 不需要归档的人事文件材料范围

不需要归档的人事文件材料主要包括：

（1）材料不齐全不完整的。一份材料残缺（页数不全）不齐，头尾不清，时间不明，张冠李戴的。

（2）材料手续不完备、不规范的。

（3）材料用纸或书写不符合归档要求的，要退回处理。

（4）提干、升学、入党等群众评议的发言记录、谈话记录。

（5）论文、著作、译著；技术报告、技术总结、情报、技术动态、技术设计与图纸、实习报告、教学改革论述、答辩记录。

（6）试卷、准考证、入学通知、作业、毕业设计、学生证、毕业（结业、肄业）证。

（7）信封、函调证明材料信、调查提纲、调查证明材料信、工资介绍信、行政介绍信、党员介绍信等。

（8）未转正的预备党员《入党志愿书》，要求入党的思想汇报、学习汇报，批准入党前的组织谈话记录、群众座谈会记录、小组及支部会议讨论记录等材料。

（9）单位集体立功受奖的事迹材料、呈报审批表。

（10）属于个人保管的材料，如毕业、结业证书（原件），奖状（原件）、聘书（原件）、私人信件、日记等。

3. 干部人事档案的形成、归档机制、归档时间要求

（1）形成要求：干部人事档案材料形成部门，必须按照有关规定规范制作干部人事档案材料。

（2）归档机制和归档时间要求：建立干部人事档案材料收集归档机制，在材料形成之日起一个月内按要求送交干部人事档案管理部门归档并履行移交手续。

（3）建立联系制度和主动收集要求：干部人事档案管理部门应当建立联系制度，及时掌握形成干部人事档案材料的信息，主动向干部人事档案材料形成部门、干部本人和其他有关方面收集干部人事档案材料。

（4）归档材料审核要求：干部人事档案管理部门必须严格审核归档材料，重点审核归档材料是否办理完毕，是否对象明确、齐全完整、文字清楚、内容真实、填写规范、手续完备。

（5）登记和补充收集要求：成套材料必须头尾完整，缺少的档案材料应当进行登记并及时收集补充。

（6）重新制作、补办和审改要求：归档材料填写不规范，手续不完备，或材料上的姓名、出生时间、参加工作时间和入党时间等与档案记载不一致的，材料形成部门应当重新制作，补办手续，或者由具有干部管理权限的组织（人事）部门审改（或出具组织说明）并加盖公章。

（7）原件归档及复制件处置要求：归档材料一般应为原件；证书、证件等特殊情况需用复印件存档的，必须注明复制时间，并加盖材料制作单位公章或干部人事关系所在单位组织（人事）部门公章。

（8）归档文件材料的格式规范要求：干部人事档案材料的载体使用国际标准 A4 型的公文用纸，材料左边应当留有 2～2.5 厘米装订边，字迹材料应当符合档案保护要求。

（9）接收归档时间执行要求：符合归档要求的材料，必须在接收之日起一个月内放入本人档案，一年内整理归档。

（10）"五不准"纪律规定：不准以任何借口涂改、伪造档案材料；不准将应归档材料据为己有或者拒绝、拖延归档；不准将本规定所列归档范围之外的材料擅自归档；不准将虚假材料和不符合归档要求的材料归入档案；不准私自、指使或者允许他人抽取、撤换或

销毁档案材料。

对违反干部人事档案材料收集归档工作纪律的，视其性质、情节轻重和造成的后果，对负有主要责任的领导人员和直接责任人员进行批评教育，或给予党纪、政纪处分。其中，档案工作人员参与涂改、伪造档案材料的，要从严从重处理，并不得继续从事干部人事档案工作。

二、人事档案的鉴别

人事档案鉴别工作就是按照一定的原则和规定，对收集起来的档案材料进行审查、甄别其真伪，判定有无保存价值，确定其是否归入人事档案。它是人事档案材料归档以前的最后一次检查。鉴别是系统整理的基础和前提，也是保证人事档案材料完整、精练、真实的重要手段。鉴别工作的好坏直接决定着人事档案质量的优劣，对能否正确贯彻人事政策也有一定的影响。它是一项非常重要的工作，在人事档案工作中占有特殊的地位。

（一）鉴别工作的原则

鉴别工作的政策性很强，必须遵循"取之有据，舍之有理"的原则。取之有据，是指归入人事档案的材料要有依据，符合上级的有关规定。舍之有理，是指决定剔除的材料，要有足够的理由，尤其是准备销毁的材料，更须十分谨慎，不能武断和草率。人事档案是培养、选拔职工的依据，有时一份材料会影响一个人的使用。因此，应以高度负责的精神，慎之又慎地决定材料的取舍。为正确贯彻鉴别工作原则，必须做到以下几点：

1. 鉴别档案材料必须以有关政策规定为依据

《干部档案整理工作细则》指出：鉴别归档材料，必须根据中央有关文件的精神，以《干部档案工作条例》和《干部人事档案材料收集归档规定》等有关规定为依据，严肃认真地进行。在人事档案工作的长期实践中，中央有关部门制定了一系列文件，确立了鉴别的原则、政策界限和具体要求，这是鉴别工作的依据和准绳。人事档案工作人员只有树立牢固的政策观念，深刻领会有关文件精神和具体规定，才能做好鉴别人事档案材料的工作。

2. 鉴别档案材料应坚持历史的、辩证的观点和实事求是的原则

《干部档案整理工作细则》指出：鉴别工作应坚持历史唯物主义和辩证唯物主义的观点，具体问题具体分析，根据形成材料的历史条件、材料的主要内容、用途及其保存价值，确定材料是否归入档案。人事档案形成于不同的历史时期、不同的单位和个人，内容错综复杂，情况千差万别，对每份材料的处理不可能全部从党中央、国务院有关文件中找到现成的答案，因此，必须运用历史的、辩证的观点，具体问题具体分析。既要对材料内容和形式进行认真、全面、细致的分析，还要联系材料形成的历史条件，具体判定每份材料的价值和手续完备的程度，切勿简单化和一概而论。

3. 鉴别档案材料要有严格的制度

鉴别是决定档案取舍和存毁的大事，必须有严格的制度保证其顺利进行。凡从档案中撤出的材料，必须遵循"舍之有据"的原则，符合有关规定。要有专人负责，严格把关，对比较重要材料的取舍，应请示有关领导。销毁档案材料，必须逐份登记，履行审批和监销手续。

（二）鉴别的内容和方法

1. 判断是否属于人事档案

通过各种渠道收集来的材料，由于种种原因，有些属人事档案，有些属文书档案、案件档案、业务考绩档案、诉讼档案等。有的材料应该归档，有的应由本人收存，有的需转递有关部门。鉴别工作的任务之一，就是把不属于人事档案归档范围的材料剔除出去。

（1）从党团组织收集来的入党、入团志愿书、申请书，转正申请书，本人的政审材料，党团员登记表，优秀党团员事迹材料等属于人事档案范围。讨论入党入团的会议记录、个人思想汇报、审批通知书，未被批准的入党、入团志愿书、申请书等由所在党组织保存。

（2）从纪检、监察和行政管理部门收集来的处分决定、结论、批复、本人对处分决定的意见和检查交代材料属于人事档案范围。本人申诉材料、旁证、检举揭发材料，属于案件档案范围，由纪检、监察部门保存。

（3）从专业技术单位和学校收集来的评聘专业技术职称（职务）的申报表、审批表、考绩材料、发明、创造、革新成果登记和论著目录、受奖材料、学位学衔材料、毕业登记表、学历证明、考试成绩单（册）等属人事档案范围。著作、论文、译文、技术革新与创造发明体会等属科技人员业务考绩档案范围。入学通知、试卷等由学校和培训部门保存。毕业证书、学生证、受奖证书等由本人保存。

（4）从组织、人事、劳动部门收集来的干部职务任免、员工录用、聘用、招用、职级待遇调整、更改姓名、参加工作时间等的登记表和审批材料等属于人事档案范围。干部任免、职级待遇调整的请示报告、命令、通知，离退休的审批材料等属文书档案的范围。任命书、残疾证、离退休证、各种证书、个人信件、日记等由本人保存。

2. 判断是否为本人的档案材料

人事档案是以员工姓名为特征整理保存的，确定档案材料是否归档，首先应弄清楚是谁的档案，不能因同名同姓、同姓异名、异姓同名而张冠李戴，因一人多名而将材料分散。为防止张冠李戴，应仔细核对档案材料上的籍贯、年龄、性别、家庭出身、本人成分、工作单位、加入党团组织及参加工作时间、职务、工资级别等基本情况是否相同，主要经历是否一致。有些材料从形式看像是某人的，实际上不是，须从内容上加以辨认区分。由于历史原因，形成一人多名，鉴别时要核查曾用名及更改姓名的材料，否则，容易把同一个人的材料分散在几处，给查找、利用造成困难。

3. 判断是否处理完毕和手续齐全

只有处理完毕和手续完备的材料，才能归入人事档案。凡是悬而未决需要继续办理的"敞口"材料，不得归入人事档案。如干部任免、晋级、授衔、工人转干，有请示而无批复，涉及重大问题只有检举揭发无结论者，均属未处理完毕，不应归入人事档案。即使归入人事档案也应退回材料形成单位，待处理完毕后再归档。

4. 判断是否真实、准确、完整

人事档案材料的内容必须真实、准确，不能有虚假、模棱两可、相互矛盾之处。鉴别中发现内容不实、词义含混、观点不明确、相互矛盾的材料，均应及时退回原形成单位重新撰写、核实。鉴别中应仔细检查材料系列的完整程度。每份材料不得有缺页，对于无时间、作者或签名盖章等要素的材料，一经发现应及时收集补充或办理补办手续。

5. 查对是否重复

人事档案要保持精练，拣出重份和内容重复的材料。不管什么材料，正、副本只各保存一份。如某人一次填了几份履历表，正、副本各放一份即可。有人在入党过程中多次写了申请书，有人被审查时对同一问题多次写了交代材料，有人对同一问题在不同时期写了内容相同的证明材料，鉴别时，只需选取一至两份内容齐全、手续完备、字迹清楚的归入本人档案，其余的剔除。

鉴别工作中，还应同时检查档案材料有无破损、霉烂变质、字迹模糊、伪造或涂改等现象，有问题及时处理。

（三）剔除材料的处理

1. 转出

经过鉴别，认定不属员工本人的材料，或者是不应归入人事档案的材料，均应转给有关单位保存或处理。转出时，要写好转递材料通知单。

2. 退回

近期形成的档案材料，手续不够齐全，或内容尚需查对核实，应提出具体意见，退还有关单位，待修改补充后再交回来。凡应退还本人的材料，经领导批准后退还本人，退时应进行登记，接收人清点无误，签名盖章。

3. 留存

不属于人事档案范围，又有保存价值的参考材料，整理后由组织、人事部门作为业务资料保存。

4. 销毁

无保存价值、重份的材料，应按有关规定销毁。销毁时要认真审查，逐份登记，并说明销毁的理由，经主管领导批准后，进行销毁。

（四）人事档案材料的审核

人事档案材料的审核，是对已归档和整理过的干部档案进行审查核定，逐页逐项地核对材料内容和有关信息，以确保档案内容真实可靠，信息准确无误，材料完整齐全的工作。它既是鉴别工作的一项重要内容，又是在特定历史条件下才需要单独进行的工作。

1. 审核的主要内容

（1）档案材料是否齐全、完整，档案内容是否客观、真实，有无涂改造假。

（2）档案材料是否手续完备，填写是否规范。

（3）档案中有无错装、混装的现象。

（4）档案整理是否符合要求。

2. 审核要求

（1）保证档案材料完整、齐全、真实，档案信息准确无误。

（2）对档案中缺少的主要材料要逐一登记，并补充收集归档。

（3）对档案中涉及的干部出生时间、入党时间、参加工作时间和学历学位等信息前后记载不一致的，要按照有关政策规定予以确认，确保档案中的信息真实可靠。

（4）对审核出的问题，要逐一进行登记，找出问题产生的原因，并研究提出解决的措施和意见。

21世纪初，在相关管理部门的统一部署下，开展了干部档案的审核，特别是对领导干部档案的审核工作。在解决现存的档案材料不齐全，内容不够真实，信息不够准确，整理不够规范等方面，取得了良好的效果。通过审核强化了干部档案的基础性工作，提高了管理质量，推动了干部档案信息化建设，使干部档案工作更好地为组织人事工作服务，为社会主义现代化建设服务。

第三节　人事档案的分类

人事档案的分类，是人事档案整理工作的一项重要内容。其中包括人事档案的种类划分和每个相对人人事档案的分类两项内容。通过有效的人事档案种类划分和每个相对人人事档案的分类，可以为人事档案的科学管理和利用创造有利条件。

一、人事档案的种类划分

人事档案的种类划分，是根据相对人的特点，将人事档案划分成不同的种类的过程。依据不同的标准，可以将人事档案划分成各种不同类型。

（1）根据人事档案相对人的身份特征，可以将其划分为：学生档案、干部档案（国家公务员档案）、士兵档案、企业职工档案（工人档案）等。

（2）根据人事档案相对人的从业属性特征，可以将其划分为：国家公务员档案、国有企业和事业单位员工档案、社会流动人员档案等。

（3）根据人事档案相对人的在岗状况特征，可以将其划分为：现职人员人事档案、离（退）休人员人事档案、辞退（开除）人员人事档案、离职（或退职）人员人事档案等。

（4）根据人事档案相对人的生命状态特征，可以将其划分为：在世人员人事档案、死亡人员人事档案等。

（5）根据人事档案相对人的可联系性特征，可以将其划分为：可联系人员人事档案、无头档案（失去联系人员的人事档案）等。

（6）根据人事档案相对人的内容真实程度，可以将其划分为：真实的人事档案、虚假的人事档案等。

（7）根据人事档案的保存价值特征，可以将其划分为：具有长远保存价值的人事档案、定期保存的人事档案等。

二、人事档案正本的分类

每个相对人的人事档案分类，是根据归档人事文件材料的内容性质和形式特征，将其按照规范要求划分成若干类别的专业活动。

（一）人事档案的分类原则和分类要求

1. 分类原则

每个相对人的人事档案分类，应坚持如下五项业务原则：

（1）分类应以"个人"为基本单元。

（2）分类应体现材料的内容性质。

（3）分类应体现历史主义原则。

（4）分类应体现"简化原则"。

（5）分类应体现适用性原则。

2. 分类要求

（1）客观性：人事档案的分类标准选择和分类方法的确定，应体现人事档案的本质与特征。

（2）逻辑性：人事档案的分类要遵守必要的形式逻辑规则的要求。

（3）实用性：人事档案的分类的结果必须便于人事档案的保管和利用。

（4）思想性：人事档案的分类，要体现用户保障性和材料保证性原则的要求。

（二）干部人事档案的分类方法

干部人事档案按要求可以细分为十个类别：

（1）履历材料。

（2）自传材料、报告个人有关事项的材料。

（3）考察、考核、鉴定材料，审计材料。

（4）学历学位材料，职业（任职）资格材料，评（聘）、套改和晋升专业技术职务（职称）材料，反映个人科研学术水平的材料，培训材料。

（5）政审材料，更改或认定姓名、民族、籍贯、国籍、出生日期、入党入团时间、参加工作时间等材料。

（6）党、团组织建设工作中形成的材料。

（7）表彰奖励材料。

（8）涉法违纪材料，党纪、政纪处分材料。

（9）招录、聘用材料；任免，调动，授衔，军人转业（复员）安置，军（警）衔审批，检察官、法官、海关关衔等级审批，退（离）休材料；辞职、辞退、罢免材料；工资、待遇材料；出国（境）材料；党代会、人代会、政协会议、人民团体和群众团体代表会议、民主党派代表会议形成的材料。

（10）健康检查和处理工伤事故材料，治丧材料，干部人事档案报送、审核工作材料，学生报到证等其他材料。

上述十类干部人事档案的归类要求及需要注意的事项包括：

第一类：履历材料。

这一类主要包括以反映干部本人自然情况、经历、家庭和社会关系等情况为主要内容的材料。注意：中央和地方各级党委委员（候补委员）、人大常委会委员、政协委员简历归入第一类。

第二类：自传材料、报告个人有关事项的材料。

自传材料包括自传和属于自传性质的材料。自传是个人撰写的自己家世、身世和主要社会关系的自述。注意：自传材料的归类，应以内容和用途为依据，不能单纯按名称归类，如以自传为主的履历或简历表也应该归入第二类。

第三类：考察、考核、鉴定材料，审计材料。

这一类主要包括干部人事管理工作中，组织人事部门通过各种途径，对干部德、能、勤、绩、廉，进行调查、评价的材料。归入本类的材料，必须是经过组织研究认可正式形成的，手续完备，能正确、历史地反映干部实际情况的，具有查考价值的鉴定、考察、考核材料。注意：根据利用工作实际需要，"干部任免审批表及相应的考察材料或表现材料调整归到第九类第二小类"。

第四类：学历学位材料，职业（任职）资格材料，评（聘）、套改和晋升专业技术职务（职称）材料，反映个人科研学术水平的材料，培训材料。

这一类主要包括记载和反映干部学习、技能、科研水平的各种材料。注意：过去学生登记表归第一类，学习（培训）鉴定表、学习（培训）考核表归第三类，中组部最新规定统一调整到第四类。第四类采用二级分类法，分成四小类：学历学位材料；职业（任职）资格和评（聘）专业技术职务（职称）材料；反映科研学术水平的材料；培训材料等。

第五类：政审材料，更改或认定姓名、民族、籍贯、国籍、出生日期、入党入团时间、参加工作时间等材料。

这一类主要包括干部审查和干部基本情况更改形成的材料。注意：过去更改或认定姓名的材料是归在第一类的，中组部最新调整到了第五类；"三龄二历一身份"的认定材料统一规定归在第五类。

第六类：党、团组织建设工作中形成的材料。

这一类主要包括干部参加党、团组织的有关材料。注意：此类包括民主党派的入党材料。

第七类：表彰奖励材料。

这一类主要包括对干部给予奖励或表彰的材料。注意：享受政府特殊津贴材料有的归在第四、七、九类，中组部最新规定统一归在第七类。

第八类：涉法违纪材料，党纪、政纪处分材料。

第九类：招录、聘用材料；任免，调动，授衔，军人转业（复员）安置，军（警）衔审批，检察官、法官、海关关衔等级审批，退（离）休材料；辞职、辞退、罢免材料；工资、待遇材料；出国（境）材料；党代会、人代会、政协会议、人民团体和群众团体代表会议、民主党派代表会议形成的材料。

注意：《公务员登记表》和《参照公务员法管理机关（单位）工作人员登记表》应归入第九类第二小类，视同任免类。第九类采用二级分类法，分成四小类：工资材料；任免材料；出国（境）材料；参加会议的代表登记表等其他材料。

第十类：健康检查和处理工伤事故材料，治丧材料，干部人事档案报送、审核工作材料，学生报到证等其他材料。

这一类主要包括：录用体检表；反映严重慢性病、身体疾病的体检表；工伤致残诊断书、确定致残等级的有关材料；生平、非正常死亡调查报告等；干部档案报送单、干部档案有关情况说明、视作交费年限登记表等材料也归入此类。

分类中特殊问题的处理：

（1）报送的新任管理干部档案，第四、第九类材料必须进行二级分类。各单位对非中管、省管干部档案，目前可根据实际情况逐步调整，利用三年至五年时间调整到位。

（2）内容交叉材料的分类：以自传为主的履历或简历表归第二类；学生登记表、学习（培训）鉴定表、学习（培训）考核表归第四类；享受政府特殊津贴材料归第七类；干部任免审批表及所附的考察材料或表现材料归第九类第二小类；中央和地方各级党委委员（候补委员）、人大常委会委员、政协委员简历归第一类。

（三）企业职工人事档案的分类方法

企业职工人事档案是企业选人、用人，开发人力资源的基础，也是企业档案信息资源的重要组成部分，是职工个人维护合法权益，政府有关部门落实政策、化解矛盾、维护社会稳定的法律凭证，是现代企业制度下职工享受各项劳动待遇、记录参加社会保障情况的重要凭证。根据劳动部、国家档案局颁发的《企业职工档案管理工作规定》，企业职工人事档案的分类一般可以分为如下十类：

（1）履历材料：是指个人经历和基本情况，包括简历表、履历表、招聘职工登记表、职工登记表、更改姓名证明等材料。

（2）自传材料：是指自己撰写的传记材料。

（3）鉴定、考核、考察材料：包括实习、毕业鉴定，学习、培训、工作、技术、工作调动等考核鉴定材料。

（4）评定岗位技能和学历材料：包括学历、学位、成绩、培训结业成绩表和评定技能的考绩、审批、职称评审等材料。

（5）政审材料：包括政审表，政治历史问题和本人检查交代及证明材料，申诉及落实政策的材料。

（6）参加中国共产党、共青团及民主党派的材料：包括加入党团组织和民主党派的申请书、志愿书、转正材料，退出党团组织和民主党派的材料等。

（7）奖励材料：包括经公司级以上组织授予的各种物质、荣誉奖励决定和先进事迹材料，如先进生产者、劳动模范、三八红旗手、模范党团员及立功材料。

（8）处分材料：包括违犯党纪国法或违反厂规厂纪所受的处罚、处分决定及本人检查、旁证材料。

（9）招工、劳动合同、调动、聘用、复员退伍、转业、工资、保险、福利待遇、出国、退休、退职等材料：包括岗位工种变动审批表、工龄改变证明、转正定级表、工资变更审批表、调资升级表、调动工作登记表、工资处理表、聘用审批表、解聘登记表、保险福利待遇审批表、出国、内退、退职、退休、解除或终止劳动合同证明等材料。

（10）其他可供组织参考的材料：是指凡以上九类不能包括的、有较大参考价值的，以及县或相当县级以上组织盖章的结论材料。

三、人事档案副本的分类

人事档案的副本由正本中以下类别主要材料的重复件或复制件构成：

第一类的近期履历材料。

第三类的主要鉴定、干部考核材料。

第四类的学历、学位、评聘专业技术职务的材料。

第五类的政治历史问题的审查结论（包括甄别、复查结论）材料。

第七类的奖励材料。

第八类的处分决定（包括甄别、复查结论）材料。

第九类的任免呈报表和工资、待遇的审批材料。

其他类别多余的重要材料，也可归入副本。

四、类内档案材料的排列

（一）排列的要求

人事档案的排列，应符合以下要求：

（1）排列次序有条理，能保持材料之间的有机联系，使类内的各材料成为一个有机整体。

（2）从个体来说，每份材料应有固定位置，从整体上说一个类内的材料脉络分明，方便利用。

（3）能适应人事档案材料不断增加的特点，便于及时补充新材料，又不破坏原有的排列顺序。

（二）人事档案材料的排列方法

1. 按档案材料形成时间顺序排列

依档案材料形成时间的先后由远及近排列。正本的第一、第二、第三、第四、第七、第十类均按此法排列。其中，第七类的奖励材料应将组织的审批材料放在前面。

2. 按材料内容（问题）的主次关系（重要程度）进行排列

第五类、第八类的排列顺序为，上级批复、结论或处分决定，本人对决定处分和结论的意见、调查报告、证明材料、本人检查、交代材料。第六类材料的排列，应将入团、入党、加入民主党派的材料分别排列。入团志愿书排在入团材料之前，入党志愿书排在入党材料之前，然后排列申请书、转正申请书、党（团）员登记表等。多次填写的党（团）员登记表，按时间先后顺序排列。

3. 按内容结合时间顺序排列

第九类材料内容多，采用按内容性质相对集中排序与按时间排序相结合的方法，先分成四个小类：

（1）工资待遇材料。

（2）调动任免与离退休材料。

（3）出国、出境材料。

（4）其他材料。

各小类内的材料，均按形成时间的顺序排列。

第四节　人事档案的转递和查阅

一、人事档案的转递

人事管理工作中，干部的任免权限与人员的主管单位不是一成不变的，由于多种原因，经常改变员工的主管单位和协管单位。因此，人事档案随着干部任免权限的改变、员工主管单位的变化，要及时转至新的主管部门，这就形成了人事档案转递工作。

人事档案工作是为人事工作服务的，只有对人员的管理和人事档案管理相一致，才有利于发挥人事档案的作用。做好转递工作是保持管人与管档案相一致的有效措施；是保证人事档案工作及时为人事工作服务的必要条件；是维护人事档案的完整与安全的一项重要业务建设，也是人事档案部门接收人事档案和充实档案内容的重要途径之一。

（一）转递工作的要求

1. 及时

为避免管人与管档案脱节，发生有人无档或有档无人的现象，必须及时转递人事档案。中共中央组织部早在 1952 年 8 月下发的《转递干部档案材料的通知》中明确规定：干部档案材料应于干部调走三天内转走，不得积压。1990 年修订的《干部档案工作条例》也规定：干部工作调动或职务变动后应及时将档案转给新的主管单位。要达到上述要求，人事管理部门与人事档案部门，应密切合作，相互衔接好。人事管理部门在员工提升、调动、转业、复员、离休、退休的决定或通知下达后，应及时抄送或通知人事档案部门，以便续填职务变更登记表和转递人事档案。

2. 准确

转递人事档案必须以任免文件或调动通知为依据，在确知有关人员新的主管单位后，直接将人事档案转至该人新的主管单位。不要把人事档案转到非人事主管单位的上级机关或下级机关，更不能盲目外转。

3. 安全

转递人事档案工作，应确保人事档案材料的绝对安全，杜绝失密、泄密和丢失现象。转递人事档案只能用机密件通过机要交通转递，也可由转出或接收单位派专人送取，不准本人自带，不得以平信、挂号、包裹等形式公开邮寄。凡转递人事档案，均应密封并加盖密封章，详细填写统一的"人事档案转递通知单"，确保其绝对安全。

（二）转递人事档案的原因和方式

转递人事档案的原因有：员工职务变动（提拔、免职、降职）改变了主管单位；员工跨单位、跨系统调动；员工所在单位撤销或合并入新单位；干部任免权变化与人事管理范围的调整，人事档案的管理范围也进行相应的调整，员工所在单位的隶属关系发生变动；干部进入院校学习毕业后统一分配，中专、高等院校毕业生分配工作；军队干部转业到地方安置或复员；员工离休、退休后异地安置；员工辞职、退职、开除公职、刑满释放、解除劳教后重新就业的；员工死亡后，按规定应向相应档案馆（室）移交的；"无头档案"查到下落的，形成人事档案材料的单位需要向主管单位人事档案部门移交的，等等。遇有上述情况者，应按规定转递其人事档案。

转递人事档案的方式主要有零星转递和成批移交。零星转递是指日常工作中经常的、数量不大的人事档案材料及时转递给有关单位，这是转出常用的主要方式，一般通过机要交通来完成。成批移交主要是指管档单位之间数量较多的人事档案的交接，经交接双方商定，由接收单位或移交单位派专车、专人到移交（或接收）单位取送，若移交与接收单位相距太远，则通过机要交通转递。

（三）转递人事档案的程序和手续

1. 转出的工作程序和手续

凡转出的人事档案，原主管单位应按规定进行认真清理和整理，做到材料齐全，内容真实，装订整齐。零星转递时，应把要转走的档案，在转出材料登记簿上详细登记，并在人事档案底册上注销，注明何时何原因转至何处，以及转递发文号；仔细填写《人事档案转递通知单》，将材料严密包封，加盖密封章，以机密件寄出；收到接收单位退回的转递通知单（回执）时，要粘贴在转递存根上，以备查考。成批移交的程序和手续是：取出人事档案材料，在转出材料登记簿上逐项登记，并在人事档案底册上注销已转出的人员名单；移交单位应编制移交文据和人事档案移交清册一式两份；文据上应有移交原因、档案数量、移交时间、移交单位和移交人，交接双方在移交文据上签字，以示负责。

2. 接收单位的工作程序和手续

接收单位收到转来的人事档案后，应仔细检查是否属于本单位所管理的人事档案，审核转递人事档案材料通知单，看其转递理由是否充分，有无误转的同名异人的档案，发现有误应及时退回，查对档案材料数量与人事档案转递通知单或移交清册的记载是否相符，档案材料的归档和整理是否符合要求，有无毁损情况，发现问题可退回重新整理、制作或补办手续。经过上述程序，确认无误，接收人应在《人事档案转递通知单》的回执或移交清册上签字，并加盖公章，将回执寄给转档单位，同时对接收的人事档案材料进行登记后入库。

（四）"无头档案"形成的原因及其处理方法

"无头档案"是由于不知员工去向而积存在人事档案部门的人事档案材料。"无头档案"长期积压在人事档案部门，既转不出去，又不能销毁，不仅不能发挥作用，而且还需要花费人力、物力去管理，无疑是一种浪费。员工的主管单位由于有人无档，增加了对员工考察了解的难度，影响对员工的培养、选拔和使用。因此，人事档案管理部门既要重视对已有"无头档案"的处理，又要防止产生新的"无头档案"。

1. "无头档案"形成的原因

所以有"无头档案"主要是由于档案人员不稳定，制度不健全，档案工作与人员调动、任免工作脱节，转递不及时、不准确、不彻底等因素造成的。员工已经改变了主管单位，没有及时转递人事档案做到档随人走，使人与档案脱节，时间久了，情况一变再变，人员去向不明，而形成了"无头档案"。转递时，对接收单位名称不清楚或书写不准确，接收单位收到后又未仔细查对，误收误存，久而久之，人档脱节，找不到档案当事人下落。人事档案材料的收集、归档不及时，或对收集来的零散材料没有及时整理，而转递人事档案时，只转走整理好的，余下的零散材料，时间一长就转不出去，形成了"无头档案"。新中国成立初期档案工作不正规，未建立转递制度，"文化大革命"中转递制度被废除，档案人员调动频繁，交接手续不完备，业务不熟悉，工作不够细致，也是形成"无头档案"的原因之一。

2. 对"无头档案"的处理

对"无头档案"处理的主要方法是：先对"无头档案"清理鉴别，分清有无价值。无价值的档案，造册登记，报领导审核批准后予以销毁。有价值的档案，详细登记，积极查询该人的主管单位。其方法可以先内后外，先近后远，内查外调，可以通过当事人的亲朋好友，查阅历年员工外调登记册，公安局的户口簿，以向原籍查询，必要时人事部门印发被查询员工基本情况名册，发至各地人事部门广为查找，经过多方查询实在无下落者，可将有价值的材料，转至当事人原籍的县一级组织、人事部门代为查找，或移交县档案馆保存。

3. 杜绝"无头档案"的再产生

（1）人事档案部门要建立严格的管理制度并贯彻执行，发现未转递的档案材料及时予以处理。

（2）人事档案部门要及时掌握人员录用、调动、任免及职务（职称）、军衔变动的信息。人员调动要坚持先调档后调人，新的主管单位一旦发现人到而档案未到时，应主动催要。

（3）新收集的档案材料，及时归档、整理装订。转递时，坚持一个人的档案一次全部转出，不得分批转递。

（4）保持档案人员的相对稳定，以便熟悉业务，更好地开展工作。档案人员调动时，应坚持"先配后调"，交接清楚后再调出。

二、人事档案的查阅

人事档案的内容涉及党和国家机密与个人隐私，查阅借用中，既要满足组织、人事、劳动工作和其他方面的利用需求，发挥其应有的作用，又要贯彻执行保密法规和制度，确保人事档案的完整与安全，防止失密和泄密。

（一）查阅的原则和范围

查阅人事档案总的原则是：宽严适度，内外有别，灵活掌握，便于利用。就利用者而言，由于人事档案是人事工作的重要依据和工具，组织、人事、劳动部门利用档案应从宽，其他部门利用档案应相对严一些。就利用范围而言，高级干部、中级干部、有贡献的专家、学者和有影响的知名人士，以及机要人员的人事档案，提供利用时从严掌握，严格审批手续，对一般干部、工人、学生的人事档案，利用范围可从宽一些。

根据有关规定，员工的主管单位，组织、人事、劳动、纪检、监察、保卫、军法、检察等部门，凡因人员任免、调动、升学、提拔、出国、入党、入团、福利待遇、离休、退休、复员、转业、纪律检查、组织处理、复查、甄别、治丧等，要了解该人的情况，可以查阅和借用人事档案。其他单位不得直接查阅和借用人事档案，如确因工作需要，须办理手续。

关于有关单位或个人因编写党史、军史、革命斗争史、地方志、人物传记等，一般不得查阅人事档案，可直接采访本人。如本人已去世或年迈丧失记忆，有病不能口述的，可查阅其履历和自传材料。

（二）查阅的要求

利用人事档案必须符合查阅范围的有关规定：利用党委组织部门的人事档案必须是中共党员；组织、人事、劳动部门查阅人事档案须有手续完备的信件；其他部门查阅人事档案应持有本单位领导签字的正式查档介绍信或《查阅人事档案审批表》（简称《审批表》）；查档人员不得查阅本人及其亲属的档案；未经领导批准，不得查阅同级人员的档案，下级不得查阅上级人员的档案；本单位组织、人事部门一般不得查阅本单位领导人的档案；只准查阅介绍信或《审批表》中提到的有关内容，其他所要调查的内容拒绝提供。

（三）查阅的程序和手续

查阅人事档案，必须持介绍信或《审批表》，由主管负责人签字并加盖公章，报人事档案部门审批后方可查阅。《审批表》或介绍信中，应写明查何人档案、理由、内容以及查档人姓名、单位、职务、政治面貌等。查阅时，要摘抄或复制档案材料的，要说明理由。

人事档案部门接到《审批表》或介绍信后，应认真审核《审批表》及查档人证件，看查档理由是否充分，查阅内容是否属于利用范围，手续是否齐全完备，然后决定该不该提供利用，提供哪一部分档案，提出处理意见报领导审批。提供利用时，将《审批表》及介绍信留下，办好借阅登记手续后，才能把档案交给利用者阅览。

人事档案一般不外借，在特殊情况下经过批准，也可以短期外借，外借时须办理以下手续。申请借阅者必须持有手续完备的《审批表》或介绍信，由人事档案管理部门审核并经主管领导批准后，才能借出。借出时，要认真登记，除在"借阅人事档案登记册"上逐项登记外，还须填写"人事档案借阅卡片"并将借阅介绍信或《审批表》一起保存，供备查和催办。归还时，应认真检查、清点无误后在登记册和借阅卡上注销。

（四）出具证明和复制档案材料的手续

利用者索取和出具人事档案内容的证明材料，应履行必要的手续。凡符合调查证明材料范围的县级和相当于县级以上党委组织、人事、劳动、公安等部门、人事档案管理部门可以依据利用者的需要，出具证明材料，经领导审阅批准后，加盖公章，然后登记发出或直接交给利用者。

　　档案材料的复制，先由利用者提出申请，说明复制的内容和形式（手抄、复印、摄影），份数和用途，经人事档案部门审核批准后，方可复制。复制品应与原件内容一致，注明材料出处，复制日期，并加盖公章，以示负责。

　　查阅注意事项主要包括以下几条：

　　（1）凡要了解员工情况，适宜与本人见面的，可建议直接采访本人，一般不得查阅人事档案。

　　（2）跨单位、跨系统查阅人事档案，除持完备手续的介绍信或《审批表》外，还必须经人事档案部门主管领导批准。

　　（3）子女或直系亲属入党、入团、入学、参军、提干、招干、招工、出国等进行审查，需要了解父母和亲属情况的，按有关规定，由员工所在单位的管理部门提供情况，一般不必查阅本人档案。

　　（4）查阅人事档案，只许在指定的阅档室进行，不准携出室外。查阅档案时，不准议论档案内容、泄露和向外公布档案内容。借出的档案，要妥善保管，严格保密，不得让无关人翻看，未经批准不得复制。凡违犯者应视情节轻重，予以批评教育直至纪律处分。属于假公济私者，按违犯《中华人民共和国档案法》处理。

思考与复习题

1. 简述人事档案的定义、特点与作用。
2. 简述人事档案工作的基本任务和职责。
3. 简述人事档案材料的归档范围。
4. 简述人事档案鉴别与审核工作的内容和方法。
5. 人事档案正本分哪几类？
6. 简述人事档案转递工作的要求和方式。
7. 简述"无头档案"产生的原因及其处理方法。
8. 简述人事档案查阅中应注意的问题。

第十三章

会计档案

内容提要

本章重点讲五个方面的内容：一、会计档案概述。二、会计档案的收集与保管。三、会计档案的整理。四、会计档案的鉴定与销毁。五、会计档案的提供利用。

第一节　会计档案概述

一、会计档案的定义

会计档案是机关、企业、事业单位或其他经济组织（以下统称单位）在进行会计核算过程中接收或形成的，记录和反映单位经济业务事项的，具有保存价值的文字、图表等各种形式的会计文件。其含义如下：

（一）会计档案的来源广泛

会计档案的形成者来自四面八方，既有企业、事业单位，又有各种社会组织、社会团体，既有近些年发展起来的个体工商户、专业户，又有中外合资企业等。可以说，凡是有经济活动的地方与单位，就会产生会计档案。

（二）会计档案是会计核算的产物

会计核算是对会计对象进行连续、系统、完整的记录和计算。需要核算的每一项经济活动，必须严格地以凭证为依据，按规定的手续填制凭证，并按照有关政策和制度的规定审核经济活动是否合理、合法；设置科学的账户体系，对经济活动的内容进行归类反映；根据账簿记录，对核算资料进行整理汇总，按照规定的指标和格式，制成具有内在联系的报表体系，作为日常核算的集中和概括。凭证、账簿和报表都是在会计核算活动过程中形成的，是科学地组织会计核算的需要。

（三）会计档案的主要成分是会计凭证、会计账簿和财务报告（会计报表）

会计档案的内容和成分主要是指会计凭证、会计账簿和财务报告（会计报表）。除此之外，一般不应属于会计档案的范围。只有通过会计凭证、会计账簿和财务报告（会计报表）这个统一的会计核算体系，才能对企业、事业单位、机关和团体的资金周转活动，进行连续的、系统的、全面的反映和监督。

二、会计档案的特点

会计档案与其他类型的档案相比较，有以下特点：

（一）广泛性

从形成会计档案的部门与单位来看，凡是具备单独会计核算的单位，都会产生会计档案。全国能独立核算的单位有几百万个，各级国家机关、事业单位几十万个，各级财政税务机关有几万个。全国国有企业和行政事业单位有预算会计人员几百万人。这些单位和人员，每天都在发生大量的会计事项，每年产生的会计凭证、会计账簿和财务报告（会计报表）等会计档案以千万吨计，会计档案产生与使用的广泛性，是它的一大特点。

（二）严密性

会计工作有严密的法规和规章制度作保障。会计档案是会计核算的产物，它与会计核算中的每项具体、细致的工作息息相关，没有会计核算这个环节，也就无所谓会计档案。从会计档案的内容和程序来看，它是先有会计凭证，然后依据会计凭证填写会计账簿，最后根据会计账簿，编制财务报告（会计报表）。在反映经济活动与财务收支方面，一环扣一环，具有连续性，联系十分紧密。一项经济活动或一项财政开支，从其业务发生到结束上报，连续地进行记录，对一连串的数字进行正确地计算、综合和分析。在一系列程序中，会计凭证、会计账簿和财务报告（会计报表）密切相连，不能脱节。这种内容与程序的严密性，远远超过了普通档案。

（三）稳定性

会计系统包括工业会计、农业会计、商业会计、银行会计、行政事业单位会计等，门类很多，遍布生产流通和非生产流通各个领域。会计档案尽管内容与种类繁多，但是它的基本成分只有三个方面：会计凭证、会计账簿和财务报告（会计报表）。这种成分的稳定性，是区别于其他类型档案的重要标志之一。

三、会计档案的作用

会计档案是在会计工作中形成的，会计工作又是由于管理经济的需要而产生的。因此，会计档案在经济活动中具有重要作用。

（一）信息提供作用

会计档案可以为制订经济计划、进行经济可行性研究、作出经济决策、领导经济工作提供各种有用的信息，为研究、指导国家经济建设提供可靠的数据和可比性资料，会计档案对国家制定经济政策提供重要的、有用的会计信息资源。

（二）凭证查考作用

会计档案是各个单位从事经济管理活动的重要凭据和历史证据，完整、系统的会计档案能有效地保证正常的工作、生产秩序，而且能及时地解决问题，化解各种经济纠纷和工作矛盾，也可以为研究国家的经济建设活动规律和特点，提供一定帮助。

（三）监督检查作用

会计档案对保护国家财产，监督执行国家财务制度和财经纪律有着重要作用，是查处经济案件，打击经济领域犯罪活动的有力工具。

（四）历史研究作用

会计档案是研究经济发展，总结财政工作的经验教训的可靠史料。充分开发利用高质量的会计信息资源，探索国民经济发展规律，会计档案在历史研究中将会发挥更大的作用。

四、会计档案工作

会计档案管理工作依靠财会部门和档案部门的紧密配合，按照《会计档案管理办法》等有关法规的规定，与各级档案部门一道，建立、健全会计档案管理制度，以确保会计档案工作为国家经济建设服务。

（一）会计档案工作的管理体制

由于会计档案工作的特殊性，会计档案形成的专业性，会计档案的管理就需要财会部门与档案部门的密切配合。

1. 会计档案管理纳入法制轨道

党的十七大以后，全党工作的重点转移到以经济建设为中心的社会主义现代化建设上来，会计作为管理经济的重要组成部分，成为监督经济建设的重要手段，会计档案作为国民经济宏观决策的科学依据，越来越被人们所重视。1984 年 4 月 24 日，财政部颁发了《会计人员规则》（简称《规则》），对建立会计岗位责任制、使用会计科目、填制会计凭证、登记会计账簿、编制会计报表，管理会计档案、办理会计交接等事项都作了具体规定。《规则》第一次把"管理会计档案"作为会计人员的重要职责之一。同年 6 月 1 日，财政部、国家档案局联合制发《会计档案管理办法》，该办法于 1998 年 8 月 21 日经财政部、国家档案局重新修订并于 1999 年 1 月 1 日开始施行，它对会计档案的立卷、归档、保管、调阅与销毁，都作了明确规定。1985 年 1 月 21 日由第六届全国人民代表大会常务委员会第九次会议通过颁布的、经 1999 年 10 月 31 日第九届全国人民代表大会常务委员会第十二次会议修订、2000 年 7 月 1 日开始施行的《中华人民共和国会计法》，对会计档案管理规定了明确的条款，使我国会计档案的管理纳入了法制建设的轨道。

2. 在财政部与国家档案局领导下，地方财政和档案业务管理机关对会计档案实行指导、监督和检查

随着国家有关部门对会计档案管理的重视，各省、市、自治区、直辖市的财政部门与

档案部门的密切配合。在财政部和国家档案局的领导下，结合有关文件以及各地的特点制发会计档案管理的地方性文件，从而便于实行对会计档案管理的指导、监督与检查。

3. 基层财务会计部门与档案室具体管理会计档案

基层财会科室是直接产生会计档案的部门，它们按照国家财政制度和本单位经济管理的需要，开展各项会计业务活动。由于会计档案形成和管理的特殊性，会计档案在相关年度查考利用率比较高。按照《会计档案管理办法》的规定，当年的会计档案，在会计年度终了后，可暂由本单位财务会计部门保管一年，期满后，原则上应由会计部门移交本单位档案室保管。档案室经认真核实、查对、确无任何差错或疑问后，办理交接凭证。档案室以及档案管理人员应按照有关规定，严格履行自己的职责。

（二）会计档案管理制度

1998 年 8 月 21 日财政部、国家档案局联合颁发的并于 1999 年 1 月 1 日起施行的《会计档案管理办法》，进一步充实和完善了会计档案工作制度。档案管理部门对于违反会计档案管理制度的，有权进行检查纠正，情节严重的应当报告本单位领导或财政、审计机关处理。

1. 以《中华人民共和国会计法》为准绳，提高法制观念

《中华人民共和国会计法》第十五条规定：会计凭证、会计账簿、会计报表和其他会计资料，应当按照国家有关规定建立档案，妥善保管。会计档案的保管期限和销毁办法，由国务院财政部门会同有关部门制定。把会计档案作为国家法律规定下来，在我国还是第一次，把会计档案写进国家法律也是第一次。可见，会计档案管理工作不仅是档案部门的事，而且是财政部门、会计部门的重要任务。

2. 按照《会计档案管理办法》的原则规定，制定具体实施办法

由于各部门、各地区、各单位的具体情况不同，在具体方法上不可能完全一致，允许有一定的灵活性。比如，中国人民银行系统，参照国家制定的会计制度，自行制定本部门的会计档案管理办法和制度，报财政部与国家档案局备案。对于集体所有制企业、事业单位以及其他类型的组织和个人，他们的会计档案管理办法和制度，由有关主管部门参照财政部与国家档案局的有关规定自行制定。

3. 适应形势发展的需要，不断完善会计档案管理办法

国家建设事业的发展，对经济管理和会计工作不断提出新的要求。一些新技术、新方法日渐引进到经济管理和会计领域，档案管理技术也在发展更新。随着电子计算机在会计工作中的应用，会计凭证、会计账簿和财务报告等会计档案的形式也将发生变化，需要通过调查研究，适时做出会计档案管理的新规定。

第二节 会计档案的收集与保管

政府机关职能的转变，企业经营机制的转变，企业组织形式的多样化，社会财务管理的复杂化，使会计档案的形成和来源非常广泛。要保证会计档案的齐全完整，保证会计数据信息的科学利用，做好会计档案的收集是最关键的环节之一。

一、会计档案收集工作的要求

要使会计档案信息齐全、完整，收集工作必须有以下要求：

（一）认真贯彻执行"统一领导、分级管理"的原则，集中统一管理会计档案

集中统一管理档案是会计档案收集工作最基本的要求，是国家会计档案能够实现集中统一管理的基础。《中华人民共和国会计法》第十五条规定：会计凭证、会计账簿、会计报表和其他会计资料，应当按照国家规定建立档案，妥善保管。由此可见，集中统一管理会计档案，是会计部门与档案部门的基本职责，是受法律保护的。

（二）收集工作要遵循会计档案的形成规律

随着经济建设的迅速发展和经济管理的日趋现代化，会计核算的领域在不断扩大；会计的职能，在我国以公有制为主体的商品经济中的重要地位和作用日渐被认识。我国的会计核算，逐渐冲破传统的事后记录、计算、反映的狭隘范围，正在形成一个包括预测、计划、控制、计算、考核、分析等环节的核算体系。会计档案及其前身会计文件材料，正是在各项经济管理、生产活动、经营销售、预算决策的会计工作环节活动中自然形成的，有其一定的形成规律。这就要求会计档案的收集工作，必须遵循会计工作各个环节的形成规律，及时收集归卷。

（三）收集工作要保证会计档案的齐全、完整和准确

随着科学管理的深入，各单位在制订经济计划，组织经济可行性研究，进行经济决策，领导经济工作时对会计信息的数量、质量的要求会越来越高，越来越频繁。为此，会计档案的齐全、完整、准确，是保证会计信息质量的关键。

二、会计文件、记录材料的归档与会计档案的移交

（一）会计文件、记录材料的归档范围

1. 纸质会计文件、记录材料的归档范围

各单位在进行会计核算过程中接收或形成的，记录和反映单位经济业务事项的下述文件材料，应纳入归档范围：

（1）会计凭证：原始凭证，记账凭证。

（2）会计账簿：总账，明细账，日记账，其他辅助性账簿。

（3）财务会计报告：月度、季度、半年度、年度财务会计报告。

（4）其他会计资料：银行存款余额调节表，银行对账单，会计档案移交清册，会计档案保管清册，会计档案销毁清册，会计档案销毁鉴定意见书，其他具有保存价值的会计资料。

2. 电子会计文件、记录的归档范围和应满足的基本条件要求

单位内部形成的电子会计文件、记录，同时满足下列条件的，可仅以电子形式归档保存：

（1）电子会计资料来源真实有效，由相应的信息系统生成和传输。

（2）使用的会计核算系统能够准确、完整、有效接收和读取电子会计文档数据；能够输出符合归档格式的会计凭证、账簿、报表等会计文件和记录；设定并履行了经办、审核、审批等必要的电子签证程序。

（3）使用的档案管理系统能够有效接收、管理、利用电子会计档案数据，符合电子数据长期保管要求，并建立了电子会计档案与相应纸质会计档案的索引关系。

（4）采取有效措施，防止电子会计档案数据被篡改。

（5）建立电子会计档案备份制度，能够有效防范自然灾害、意外事故和人为破坏的影响。

（6）不属于永久保存的会计档案。

（7）单位从外部接收的原始凭证，附有符合《中华人民共和国电子签名法》规定的第三方认证的电子签名，且同时满足电子会计文件和记录归档要求所需条件的，可仅以电子形式归档保存。

（二）会计文件、记录材料的归档时间和归档要求

属于当年归档范围的会计文件、记录材料，一般应当在会计年度终了后半年内，由单位会计机构向档案机构或档案工作人员进行移交。

因工作需要确需推迟移交、由会计机构临时保管的，应当经档案机构或档案工作人员所属机构同意，且最多不超过三年。

临时保管期间，会计档案的保管应当符合国家有关规定，且出纳人员不得兼管会计档案。

各单位应建立会计归档制度，并明确归档的会计文件和记录材料的内容、范围和登记方法。根据会计文件和记录材料形成的规律和特点，可把归档或具体的收集渠道落实到人，以保证会计档案的收集归档质量（见表13—1）。

表13—1　　　　　　　　　　　会计人员分工归档表

会计核算		会计凭证	出纳、会计主管
	账簿	总账	主管会计
		现金账	出纳会计员
		银行账	会计员
		各种明细分类账	会计员
	财务报告（会计报表）		主管会计或科长
电算会计	电算会计软件文件　　电算会计软盘文件		程序设计员
其他	会计档案移交清册、会计档案保管清册、会计档案销毁清册、会计档案保管期限表		会计档案员

（三）会计档案的移交和保管

单位会计档案的移交应遵循如下要求进行：

（1）单位会计机构在办理会计档案移交时，应当编制会计档案移交清册，并按国家有关规定办理移交手续。

（2）移交的会计档案为纸质会计档案的，应当保持原卷的封装。

（3）移交的会计档案为电子会计档案的，应当将电子会计档案及其元数据一并移交，且文件格式应当符合国家有关规定。特殊格式的电子会计档案应当与其存取软件一并移交。

（4）因撤销、解散、破产或其他原因而终止经营的单位，应将在终止和办理注销登记手续之前形成的会计档案，按照国家财政部和档案行政管理机关的有关规定处置。

（5）单位分立后原单位存续的，其会计档案应当由分立后的存续方统一保管，其他方可查阅、复制与其业务相关的会计档案；单位分立后原单位解散的，其会计档案应当经各方协商后由其中一方代管或按照国家有关规定处置，各方可查阅、复制与其业务相关的会计档案。单位分立中未结清的会计事项所涉及的会计凭证，应当单独抽出由业务相关方保存，并按规定办理交接手续。

（6）单位因业务移交其他单位办理所涉及的会计档案，应当由原单位保管，承接业务单位可查阅、复制与其业务相关的会计档案。对其中未结清的会计事项所涉及的会计凭证，应当单独抽出由业务承接单位保存，并按规定办理交接手续。

（7）单位合并后原各单位解散或一方存续其他方解散的，原各单位的会计档案应当由合并后的单位统一保管。单位合并后原各单位仍存续的，其会计档案仍应当由原各单位保管。

（8）建设单位在项目建设期间形成的会计档案，应当在办理竣工决算后移交给建设项目的接收单位，并按规定办理交接手续。

（9）单位之间交接会计档案时，交接双方应当办理会计档案交接手续。移交会计档案的单位，应当编制会计档案移交清册，列明应移交的会计档案名称、卷号、册数、起止年度和档案编号、应保管期限、已保管期限等内容。交接会计档案时，交接双方应当按照会计档案移交清册所列内容逐项交接，并由交接双方的单位有关负责人负责监交。交接完毕后，交接双方经办人和监交人应当在会计档案移交清册上签名或盖章。

（10）电子会计档案应当与元数据、相关软件一起移交，电子会计档案有相应纸质载体的，应在元数据中体现相关信息，建立关联。档案接收单位应对保存电子会计档案的载体及其技术环境进行检验，确保所接收的电子会计档案真实、完整、可读和安全。

（11）境外机构形成的会计档案，关系国家安全的，未经有关业务主管部门和国家保密主管部门批准，不得以任何形式将其携带、寄运或传输出境。驻外机构和境内单位在境外设立企业的会计档案，应当依照国家有关法律规定管理。

（12）单位委托中介机构代理记账的，应当在签订的书面委托合同中，明确会计档案的保管要求及相应责任。

三、会计档案盒与会计档案的排放

（一）会计档案盒

会计档案盒主要是指用来保护会计凭证、账簿、报表的盛装用具。它既能减少频繁利用存放的机械磨损，又能有效地防光、防尘以及防有害气体对档案的直接危害，是保护会计档案的一种较好的办法。

1. 会计档案盒的制作要求

用 250 克的牛皮纸印刷、折叠而成。它存放整齐、美观、搬动方便。对制作会计档案盒有一定的技术要求，一般应符合下列条件：

（1）制作卷盒的材料要坚固耐用，且要采取防虫措施，在制作时应加一定的防虫药剂。

（2）卷盒应取存方便，减少机械磨损。

（3）卷盒表面要光滑，便于除尘。

（4）卷盒尺寸应以存放案卷方便为准。

2. 会计凭证档案盒

会计凭证档案盒的规格一般为长 25cm，宽（厚度）3cm～5cm，高 12cm。总之，会计凭证盒要略大于装订好的凭证。在会计凭证盒的脊背上装上塑料膜，以备往上插会计凭证卡片，卡片上印有"会计凭证、类别、年、月、卷号、保管期限"等项即可，以方便拆换。因为会计凭证保管期限较短，一般不超过 15 年即要销毁，而会计档案盒可以较长时间使用，因此，届时只要换去卡片即可继续使用，这样可以节省大量经费。使用时，将印有"会计凭证"字样的一头朝外放入档案架或柜橱内，查找利用十分方便。

3. 会计账簿档案盒

会计账簿档案盒的规格为长 30cm，宽 22cm，高 3cm～5cm。在盒盖翻口处两边的适当位置要设置穿扣，使盒盖能紧扣住卷盒。在会计账簿档案盒的脊背上印上科目、目录号、案卷号、保管期限等项即可。存放时，将会计账簿档案盒的脊背向外放入档案橱内，科目醒目，方便查找。

4. 财务报告（会计报表）档案盒

财务报告（会计报表）档案盒的规格为长 30cm，宽 22cm，高 3cm～5cm，与账簿档案盒类似。在其封面上要印制编号、密级、年度会计报表、编报单位、单位负责人、会计主管、填报人、保管期限等项。脊背上印制财务报告（会计报表）年代、目录号、案卷号、保管期限等项。如果财务报告（会计报表）较厚，要采取特殊的方法予以保管。

（二）会计档案的排放

接收入库的会计档案登记后，即可上架入柜固定其存放位置，以便查阅利用。由于会计档案的形成形式大小不一，规格不同，应该从保管条件的实际情况出发，科学地进行排放。档案柜架的排放，应符合下列要求：

1. 整齐一致

会计档案的排列，要整齐一致，横竖成行，如有大小样式不一的会计档案架（柜），应适当分类，尽可能做到整齐美观。

2. 松紧适度

会计档案架、柜排放，不宜太松或太紧。既要注意最大限度地利用库房面积，又要便于档案的搬运和取放。

3. 统一编号

为了便于库房内会计档案的管理，应将所有的档案架、柜进行统一编号。

会计档案的排放一般有两种方法：

第一种是会计年度排放法，即把一个会计年度形成的全部会计档案分为财务报告（财务报表）、账簿、凭证、其他四大类，按保管期限降级依次排放。其优点是方法简便，一个年度形成的会计档案在一起，便于查找和利用。这种方法运用于会计年度形成档案较少的单位。

第二种是会计档案形式排放法，即全部会计档案，按财务报告（报表）、账簿、凭证、其他四大类分别排列（第二个层次再分会计年度）。其优点是形式清楚、排放整齐，便于鉴定销毁，查找利用方便。这种排放法，适合会计年度形成会计档案数量较多的单位。

第三节　会计档案的整理

会计档案数量多、来源广、内容丰富、信息量大。要使这个庞大的信息系统很好地为现代化经济管理和经济建设服务，必须按其形成规律进行系统、科学的整理。

一、会计档案整理的内容与原则

会计档案的整理工作，就是将零散的和需要进一步条理化的会计文件，通过科学的分类、组合、立卷、排列和编目，组成一个有序体系的过程。会计档案是会计在进行经济管理和经济建设活动中产生的，而会计工作是由会计设置，会计核算，会计分析，会计检查和会计预测、决策五个部分组成的。它们是相互依赖、相互配合、密切联系的，但又各自具有相对独立性。因此，会计档案整理工作的内容，就是依照会计工作的基本环节，进行科学的分类整理。

整理会计档案必须遵循的原则是，遵循会计档案形成的规律，保持其相互间的有机联系，分门别类，便于保管和利用。会计在其各个工作环节中所形成的会计文件，都有其各自的特点。按其各工作环节的特点，分门别类立卷，具有会计档案整理的科学性，而且便于档案部门管理以及会计人员和其他利用者利用会计档案。

二、会计档案的分类

会计部门在对经济管理和经济建设活动中形成的大量杂乱的文件，只有通过科学的分类和整理，才能使之条理化。

会计档案的分类要从各单位的具体情况出发，不能一刀切，目前主要有以下方法：

（一）会计年度—形式（凭证、账簿、财务报告）—保管期限分类法

这种分类方法，首先应分开会计年度，再把一个会计年度的会计档案按财务报告（报表）、账簿、凭证三种形式分为三大类，然后在三大类内按永久、25年、15年、10年、5年的顺序排列，一年编一个案卷流水号。这种分类方法简便，容易掌握，分类与保管统一，便于查找和利用。这种分类方法适用于单位预算会计、企业会计，如表13—2所示。

表 13—2   会计年度—形式—保管期限分类表

年度	形式	保管期限	卷号
2000 年	财务报告（报表）	永久	1—2
	账簿	25 年	3—4
	凭证	15 年	5—6
2001 年	财务报告（报表）	永久	7—8
	账簿	25 年	9—10
	凭证	15 年	11—12

（二）会计年度—保管期限—组织机构分类法

首先按会计年度分开，再把一个年度的会计档案按不同保管期限分开，然后，在同一保管期限内，按单位内的组织机构的顺序进行排列［同一组织机构先排财务报告（报表），后排账簿与凭证］。一年编一个案卷流水号。这种方法适用于各级总预算会计单位，如表13—3所示。

表 13—3   会计年度—保管期限—组织机构分类表

年度	保管期限	组织机构	卷号
2000 年	永久	预算处	1—3
	永久	工财处	4—6
	永久	办公室	7—8
2001 年	25 年	预算处	9—11

（三）会计年度—会计类型—形式—保管期限分类法

把会计档案先分成会计年度，再把一个年度的会计档案的会计类型（税务部门的税收计划、税收会计、经费会计）分设属类；然后按同一属类内的会计档案的财务报告（报表）、账簿、凭证顺序结合保管期限进行排列。这种分类方法适用于专业性强的各级税务机关的会计档案。

三、会计档案案卷质量与调整

《会计档案管理办法》第六条规定：整理会计档案原则上应当保持原卷册的封装。个别需要拆封重新整理的，档案机构应会同会计机构和经办人员共同拆封整理，以分清责任。因此，在具体做法上一般不必拆封整理，不另加案卷封面、卷内目录和备考表，也不另编张号，只在原封面中加盖表示档号的戳记。

会计档案的立卷，应遵循经济活动和财务收支规律，由会计机构办理终结后，按照现金、银行存款、销售往来等会计科目装订成册，各类账簿也按科目成册形成案卷，直接成为档案的基本保管单位。在立卷时，一本凭证作为一个保管单位，一本账簿作为一个保管单位。财务报告（会计报表）是将年报、季报和月报分开立卷，同时考虑报表的多少组成保管单位。

在装订处理上，凭证、账簿原样不动，对年度决算报表，根据其原来整理装订的具体情况，进行分别的处理和装订。

在整理加工中，对账簿处理有两种方法：

（1）对死页账，为了保持原来面貌，不拆去空白页，填好账簿启用表。并在账皮上贴账簿封面卡片。

（2）对活页账，填好启用表，拆去空白页，编好页码，前面加账簿封面，后面加备考表装订好，这样不仅减少体积，并且又易于保管。对于凭证、账簿、财务报告（报表）封面上原有项目没有填清、填全的，要由会计机构的经办人补填，对于破损、缺页、装订不牢固的案卷，应由会计机构负责修补与装订，对于不符合要求的会计档案，档案机构不予接收。

四、会计档案的编目

会计档案经过分类、排列、装订和编号，使之位置固定下来，然后都要登入案卷目录，这就是会计档案的编目。为了保证会计档案编目工作的质量，编制会计档案案卷目录工作，一般由会计部门负责完成，这也是会计管理工作的一个组成部分。《会计档案管理办法》第六条规定：当年形成的会计档案，在会计年度终了后，可暂由会计机构保管一年，期满之后，应当由会计机构编制移交清册，移交本单位档案机构统一保管。这里所写的"编造清册"就是指编制案卷目录。编制目录方法，通常按会计凭证、会计账簿、财务报告（会计报表）和其他会计资料分别编制目录。保管期限不同的案卷，一般应该分别编制案卷目录，尤其是永久保管的会计档案，应该单独编制案卷目录。

会计档案案卷目录，是按保管单位进行登记编制的，著录案卷内容和成分并按一定次序编排的、用于检索的案卷名册。会计档案案卷目录的项目主要有：顺序号、案卷号、原凭证号（或文号）、案卷标题、起止年月日、件数和页数、保管期限、存放位置、备注等。格式如表13—4所示。

表 13—4　　　　　　　　会计档案案卷目录

顺序号	案卷号	原凭证号	案卷标题	起止年月日	页数	保管期限	存放位置			备注
							库房号	柜号	格号	

会计档案的案卷目录填写方法如下：

（一）顺序号

顺序号指会计档案在案卷目录中顺次排列的序号，用阿拉伯数码填写。

（二）案卷号

案卷号指每个案卷在该目录内的流水号。一本目录内不能有重复的案卷号。

(三) 原凭证号

原凭证号指记账时按科目赋予的凭证编号。无原始凭证号，可填写该凭证册上的编号。

(四) 案卷标题

案卷标题指案卷封面上的标题。案卷标题不能过简，应写成××单位××年度报表，××单位××年度经费总账。

(五) 起止年月日

起止年月日指案卷最早形成年、月、日至最后年、月、日。

(六) 件数和页数

件数指会计档案中所保存材料的份数，页数指填写案卷的总页数。

(七) 保管期限

保管期限指会计档案保存的时间，分为永久、25 年、15 年等几种。

(八) 存放位置

存放位置指会计档案存放库房、架、格、盒的具体位置。

(九) 备注

备注指需要说明的未尽事宜。

第四节 会计档案的鉴定与销毁

会计档案在立档单位中占有重要地位，它是构成档案全宗的重要组成部分。会计档案的鉴定是一件细致而复杂的工作，必须认真对待。

一、会计档案保管期限的确定

会计档案保管期限是根据国家财政部和国家档案行政管理部门的会计档案管理办法之规定，结合鉴定组织对会计档案的保存价值和发挥作用时间长短的预测与估价，划分的会计档案保存年限。会计档案的保管期限，按规定划分为永久和定期两种。其中列入定期保存的会计档案保管期限包括 25 年、15 年、10 年、5 年、2 年等 5 档。各种会计档案的保管期限，应从会计年度终了后的第一天开始计算。

（一）永久保存的会计档案

下述会计档案应作为永久档案保存：

（1）财政总预算单位形成并保存的"财政总预算"、"政府综合财务报告"文件。

（2）行政单位、事业单位形成并保存的"部门财务报告"、"部门决算"文件。

（3）税收会计单位形成并保存的"税收年报（决算）"文件。

（4）企业和其他组织形成并保存的"年度财务会计报告"文件。

（5）各会计单位形成并保存的"会计档案移交清册"、"会计档案保管清册"、"会计档案销毁清册"、"会计档案销毁鉴定意见书"等。

（二）保存 25 年的会计档案

下述会计档案的保管期限应划定为 25 年：

（1）税收会计单位形成并保存的"税收日记账（总账）和税收票证分类出纳账"。

（2）行政单位、事业单位形成并保存的"现金出纳账、银行存款账"。

（3）税收会计单位形成并保存的"现金出纳账、银行存款账"。

（4）企业和其他组织形成并保存的"现金出纳账、银行存款账"。

（三）保存 15 年的会计档案

下述会计档案的保管期限应划定为 15 年：

（1）企业和其他组织形成并保存的会计原始凭证、记账凭证，总账、明细账、日记账、其他辅助性账簿。

（2）行政单位、事业单位形成并保存的各种会计凭证（包括原始凭证、记账凭证和传票汇总表），日记账、总账，明细分类、分户账或登记簿。

（3）财政总预算单位形成并保存的财政总预算拨款凭证和其他会计凭证（包括拨款凭证和其他会计凭证），总账，明细分类、分户账或登记簿。

（4）税收会计单位形成并保存的各种完税凭证和缴库退库凭证，日记账、总账，明细分类、分户账或登记簿等。

（四）保存 10 年的会计档案

下述会计档案的保管期限应划定为 10 年：

（1）财政总预算单位形成并保存的国家金库编送的各种报表及缴库退库凭证，各收入机关编送的报表，部门决算、税收年报（决算）、国家金库年报（决算）、基本建设拨款贷款年报（决算）等财务会计报告。

（2）税收会计单位形成并保存的国家金库编送的各种报表及缴库退库凭证，税收会计报表（包括票证报表）等。

（五）保存 5 年的会计档案

下述会计档案的保管期限应划定为 5 年：

（1）行政单位、事业单位形成并保存的月度、季度、半年度财务会计报告，银行存款余额调节表，银行对账单，税务申报表。

（2）财政总预算单位形成并保存的财政总预算会计旬报，财政总预算会计月、季度报表，银行存款余额调节表，银行对账单。

（3）行政单位、事业单位形成并保存的会计月、季度报表，银行存款余额调节表，银行对账单。

（4）税收会计单位形成并保存的银行存款余额调节表、银行对账单等。

（六）保存 2 年的会计档案

下述会计档案的保管期限应划定为 2 年：

（1）财政总预算机关的所属单位报送的会计旬报，会计月、季度报表。

（2）行政单位、事业单位的所属单位报送的会计月、季度报表。

（3）税收会计单位的所属税务机关报送的税收会计报表（包括票证报表）。

（七）应根据实际情况确定保存期限的会计档案

（1）企业和其他组织形成并保存的"固定资产明细账（卡片）"应在固定资产报废清理后，继续保管 5 年。

（2）行政单位和事业单位固定资产明细账（卡片）应在固定资产报废清理后，继续保管 5 年。

（3）税收会计单位的缴款书存根联，应在销号后继续保管 2 年。

（4）会计电子档案的保管期限，原则上应从长保管。

二、会计档案鉴定工作的组织领导与方法

在会计档案鉴定工作中，加强组织领导，合理、有序地选定鉴定工作步骤与方法，明确鉴定工作的要求，是十分必要的。

（一）组织领导

会计档案鉴定工作责任重大，必须有组织、有领导地进行，任何人不得擅自处理。各单位必须成立有主管领导、会计部门与档案部门负责人参加的鉴定工作领导小组，制定鉴定工作方案，学习与贯彻有关规章制度，明确鉴定工作要求、步骤与方法，确保鉴定工作的质量。

（二）鉴定步骤与方法

由于会计工作的经济责任性和会计档案内容和成分形成的特殊性、多样性，决定了会计档案鉴定工作的层次性，使会计档案的鉴定需要分阶段进行。

第一步：初步鉴定。它是在会计核算材料整理过程中由会计人员完成。会计部门在每年的会计年度终了时，要对需要归档的会计材料进行整理、编目、装订，并且根据会

计档案管理办法，确定每卷册档案的保管期限。此项工作贵在认真、细致、规范与坚持。

第二步：复查鉴定。档案部门接收会计部门移交的档案后，要定期会同会计人员对已到保管期限的会计档案进行复查鉴定，或延长保管期限，或确定销毁。对某些在初步鉴定时保管期限定得不适当时，可予以纠正。

第三步：销毁鉴定。对保管期满可以销毁的档案，由档案部门提出意见，再由会计部门与档案部门共同鉴定，经认定，确无继续保存价值时，造具清册，经过批准可以销毁。

（三）鉴定工作的要求

鉴定工作的要求包括：

（1）认真做好鉴定与销毁前的准备工作，建立与健全鉴定工作制度，做好档案部门与财会部门的沟通与交流。

（2）形成制度，定期会审。

（3）对判定保管期满会计档案的价值时，其中涉及外事、未了债权债务的原始凭证以及历史遗留问题有重要参考价值的原始凭证与名册，要拣出重新立卷，由档案部门保存到确无保存价值时再销毁。

三、会计档案的销毁

这是一项既严肃、谨慎，又必须办理的重要工作。

（一）会计档案销毁清册的编制

《会计档案管理办法》规定：会计档案保管期满需要销毁时，由本单位档案机构提出销毁意见，会同会计机构共同鉴定，严格审查、编造会计档案销毁清册。它是指会计档案超过其保管期限，经鉴定后对失去保存价值的会计档案所编制的目录名册，它作为被销毁会计档案的依据，其格式如表13—5所示。

表 13—5 会计档案销毁清册

案卷号	单位	类别	案卷标题	所属年月	会计专业编号	页数	保管期限	鉴定日期	销毁日期	备注

（二）会计档案销毁审批报告的编制

会计档案销毁审批报告，是指经过鉴定对需要销毁的会计档案的各类情况进行总合，上报单位领导、上级主管部门以及上级财政部门和档案部门审批，且由监销与销毁人员签名盖章的责任报告，其格式如表13—6所示。

表 13—6   会计档案销毁审批报告

会计档案销毁审批报告

经会计档案鉴定小组于　　　年　　　月　　　日鉴定后，共清理出无保存价值的会计档案　　卷应予销毁，请审批。

单位名称　　　　　　　　　　　　　　　　　　　　　　　　　　　　年　　　月　　　日

会计档案名称	起止卷号	共计册数	起止年度	应保管年限	已保管年限

主管部门审批意见：　　　　　　年　月　日	本单位领导意见：　　　　　　年　月　日
会计机构审批意见：　　　　　　年　月　日	档案机构审批意见：　　　　　　年　月　日
监销人签名：　　　　　　年　月　日	销毁人签名：　　　　　　年　月　日

　　各单位按规定销毁会计档案时，应由档案机构和会计机构共同派员监销。各级主管部门销毁会计档案时，还应有同级财政部门、审计部门派员参加监销。集体所有制单位必须由主管部门派员监销。各级财政部门销毁会计档案时，由同级审计机构派员参加监销。

第五节　会计档案的提供利用

　　在众多的会计档案中，怎样选择经济管理中所必需的会计档案信息为领导决策服务呢？这就需要做好会计档案信息的开发利用工作。

一、开发会计档案信息资源的途径

　　会计档案是各单位的重要档案之一，它以其丰富的原始数据，为企业编制计划，改善经营管理，预测经济前景，领导决策，提供全面和可靠的信息。在企业管理中，做好会计档案信息的开发，尤为必要。

　　（1）通过提供原件，满足利用者的会计信息利用需要。

　　会计档案是企业单位在经营管理活动中形成的，它真实客观地记录了各单位历年来经济活动的全过程和各个经济环节上的活动情况。根据这个信息系统，对各单位的经济活动过程加以对比分析，从而得出带规律性的、有量化概念的结论。这种依据客观规律和大量原始材料得出的结论有令人信服的历史依据，可以帮助解决各种矛盾和化解纠纷。

　　（2）通过提供会计档案副本或复制品，满足会计信息利用者的利用需要。

　　（3）通过电子网络平台，满足会计信息利用者的利用需要。

　　（4）通过提供会计档案信息加工品，满足会计信息利用者的利用需要。

二、会计档案的检索工具

会计档案的检索工具主要有会计档案案卷目录和专题目录。案卷目录的编制方法大体有以下几种：

（1）编制会计凭证、账簿、财务报告（报表）三者合一的会计档案案卷目录。

（2）分别编制会计凭证目录、会计账簿目录、财务报告（会计报表）目录。

（3）分保管期限编制不同的会计档案案卷目录。一般情况下，以第三种方法为好，其优点是与会计档案的排列、编号一致，既有利于保管，又便于移交和销毁档案。案卷目录式样，详见本章第三节会计档案分类部分。

专题目录，则是根据编制长远规划和国家经济建设的需要，将历年案卷目录中有关生产、基建、供销、经费、财务决策及其说明等按专题编制的目录。

三、会计档案编研工作

利用会计档案从事编研工作，是一项行之有效的利用方式。

（一）基础数字汇集

它是利用会计档案中各方面数据信息，将立档单位的经济管理活动的数据，按若干项目汇集成册，以供领导与业务人员全面、系统地掌握情况。

（二）重要数据汇集

这是一种简单又比较重要的编研材料，如表 13—7 所示。

表 13—7 　　　　　　　　　　　重要数据比较表

数量（万元） 年代　　　项目	总产值	实现利润	上缴利税	工资总额	奖金总额	产品成本	企业留利	人均产值

（三）阶段性资金分析表

它使领导从某一阶段企业经营情况来研究企业的经济发展概况，或与某一阶段企业经济活动规律进行对比，以总结企业发展或经营的经验教训。

（四）企业历年经济效益曲线图

它是一个直角坐标系，横坐标为年度，纵坐标为企业经济效益，每年的经济效益在平面上对应一个点，这些点用线段连接起来，形成曲线图。它可以直接从曲线上看出企业经济效益发展的变化规律，一目了然（见图 13—1）。

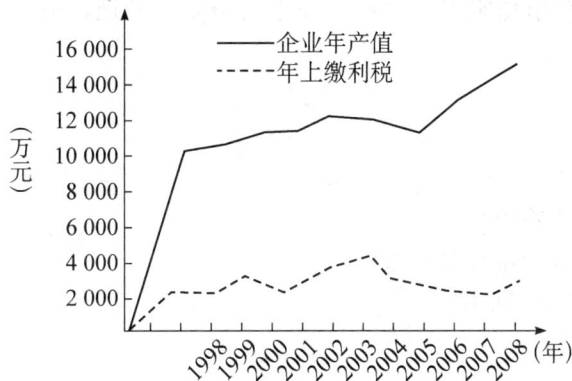

图 13—1 历年经济效益曲线图

四、提供利用会计档案需注意的问题

（一）建立、健全会计档案的借阅制度

要对会计档案的利用范围、利用方式、批准手续，以及归还案卷的检查，作出具体规定并认真贯彻执行。

（二）严格借阅手续

本单位人员因工作需要借阅会计档案，要经会计主管人员同意。外单位人员查阅会计档案，要有正式介绍信，经会计主管人员或单位领导人批准后，在指定地点查阅。调阅档案的人员，均需填写"调阅会计档案登记簿"，登记调阅者的姓名、工作单位、调阅理由和所调档案的名称、日期等。调阅人员一般不得将会计档案携带外出。

（三）确保会计档案原件的完整和安全

无论何人查阅会计档案，均不得在会计档案上做任何标记，不得折叠、涂改和污损，更不能拆毁原卷册，抽换会计凭证和账页，不得造成遗失和泄密事故，违者应视情节轻重进行严肃处理。

（四）对复制、摘抄会计档案材料严格审查把关

利用者需要复印、复制、摘抄会计档案时，需事先征得档案保管人员审查签字，并经会计机构主管负责人审查批准后才能交付利用者。工商、税务、司法等机关需要以会计档案作为凭证时，可以出具复印件，加盖会计档案管理机构证明章，不得拆卷，更不能带走原件。

会计档案提供利用时，档案管理机构与会计主管机构应注意收集会计档案提供利用的效果，并把利用效果反馈的具体情况，包括利用目的、利用卷次及人次、解决问题的程度、社会效益和经济效益以及尚待解决问题的难点等等，逐一详细地登记在"利用效果登

记簿"上，以便及时总结档案提供利用工作中的经验与教训，进一步改进会计档案管理工作。

思考与复习题

1. 什么是会计档案？
2. 会计档案的特点有哪些？
3. 如何确定会计档案的保管期限？
4. 会计档案如何提供利用？

第十四章

声像档案

内容提要

本章重点讲三个方面的内容：一、声像档案概述。二、照片档案。三、录音、录像档案。

第一节　声像档案概述

一、声像档案的定义

随着社会的发展以及科学技术的进步，人类不仅可以将自然现象和历史事件通过文字表达，而且可以通过各种声像记录手段，客观地、形象地反映政治、经济、外交、文化、教育、科学研究、军事、艺术、新闻等各个领域的活动，由此产生了与纸质的文字档案并行、载体形式特殊的声像档案。这些声像档案已成为国家档案的重要组成部分。

声像档案是指国家机构、社会组织以及个人从事政治、经济、科学、文化、教育、军事等活动中形成的、有保存价值的、以音响和形象等方式为载体，并辅以文字说明的历史记录，亦称音像档案、视听档案。它是国家全部档案的重要组成部分。

声像档案定义的基本含义有以下三个方面：

（一）形成于一定的专业单位或部门

构成声像档案的那些文件，除了一般的工作单位以外，比较多地产生于宣传、新闻、广播、电视、文化艺术、科研等部门。

（二）声像档案的形式、功能以及处理程序有明显的特色

构成声像档案的那些文件材料，其形式、功能以及处理程序与普通的公文有明显的不同。它一般均有特殊的形式、固定的功能以及规范的处理程序。

声像档案具有特殊的形式与载体。声像档案不同于一般的文字档案，新的记录技术与新型载体为声像档案提供了新的形式。记录技术的发展使声音和图像的记录手段逐步发展到感光记录、磁记录和激光记录。

声像档案具有固定的功能。它以声音和图像作为信息交换的方式，再现社会活动和各

个历史阶段某些自然景观、人类活动以及科研工作的全貌与细节，运用某些手段，将某些瞬间动作化快为慢、化慢为快，为人们的利用提供方便。

声像档案中的照片、录音带与录像带都有比较规范化的处理程序。照片档案是由底片、照片以及文字说明相互补充而成。录音与录像带，都是利用磁记录设备将待记录的信息转变成电信号，使文件载体的磁性层发生选择性磁化来保存信息，并用设备将文件载体磁性层上的磁信号转变成电信号重放出来。录音与录像磁带的形成与处理程序，是按照一定的原理，有规律地进行的。但声像档案一般情况下不参加公文运转过程，绝大部分也不纳入公文运转范围，它有自己的一套办理程序。

（三）声像档案必须辅以文字说明

声像档案是以声像记录材料的特殊载体为主、文字说明为辅的一种历史记录。文字说明在声像档案的构成中，是不可缺少的要素。文字说明是画面、音响、形象的译写，声音和图像以及文字说明缺一不可。如果没有文字说明作补充，就会使人无法明白声像档案所反映的时间、地点、人物、背景等具体情况。所以，声像档案除特殊载体外，还必须辅以文字说明做补充。

二、声像档案的特点

声像记录不需在纸上传播信息，而是在现代技术产生的新载体材料上传播信息。声像档案具有如下特点：

（一）形意结合，形象逼真

一般的文字档案不如声像档案那样给人以活灵活现的感觉，有些事件或活动，通过文字甚至是连篇累牍的文字也很难表达清楚，然而通过反映事物变化的照片、录音、录像等，则很快就可以解决问题。声像记录和文字说明是形意结合的整体，它们互相依赖、互相印证、互相补充。声像档案是人们活动的声像记录，它可以使利用者有身临其境的感觉。声像档案是以画面的可视形象，生动地展现在读者面前，而且配有音乐、语言，便于利用者理解和接受。声像档案的形象性与直接感受性超过其他类型的档案。

（二）时间感、空间感强烈

一般载体的档案，作为相互交换信息的工具，在时间与空间上是有限的。而声像档案由于依赖于先进的科学技术和快速的传送手段，它的时间感与空间感比一般档案强烈，甚至可以进行超越时空的远距离传送，这是一般档案所望尘莫及的。声像档案可以把一瞬即逝的容貌记录下来并予以再现，可以将人们引向对历史的深切怀念或者使人们对历史有更深刻的认识。

（三）易复制、好转移，原件与复制件难区分

声像记录品容易复制，而且难以区分原件与复制件。一般的纸质档案，原稿与复印稿

是很容易区分的，而要区分原版磁带与制作精良的磁带复制件、区分原版底片与制作精细的翻版底片，那是十分困难的。

同时，纸质档案的书写记录与书写载体间的关系是难以分割的，而记录在声像档案载体上的信息，可转录到感光胶片、磁带和光盘上。而且作为声像档案载体的磁带可用来多次记录，使它成为各种相互依存技术的产物，声像档案向不同载体间的转移，有改变原始信息质和量的可能。随着科学技术的发展，胶片、磁带、磁盘、光盘等所记录的声像信息比纸质档案更易复制。因此，对声像档案的原件和复制件要认真区分，以便于保管和利用。

三、声像档案的作用

作为档案保存下来的声像记录材料，其用途是很广泛的。它有与其他类型档案相同的一面：既是制定政策和推广先进经验的依据之一，又是进行经济建设、开展科学研究以及进行政治斗争的有利条件。与其他种类的档案相比，声像档案也有不同的一面，其特殊作用如下：

（一）为宣传报道服务

声像档案与声像档案记录材料，好比文件与档案的关系，是有密切联系但并不相同的两个概念。比如，新闻照片是用于最新事态、人物的宣传报道，而照片档案是历史的记录，两者互相配合，可以收到事半功倍的效果。《开国大典》这张照片，是报道 1949 年 10 月 1 日，毛泽东主席在天安门城楼上向全世界宣告中华人民共和国的成立时的情景，这在当时是轰动世界的新闻。然而在 1979 年 10 月 1 日报纸重新刊登这张照片，则是作为照片档案，为配合新中国成立 30 周年庆祝活动的新闻报道服务的。

（二）广泛交流信息

由于纸质档案传统载体信息的承载量有限，给国内外学术研究和科研成果的交流带来很大困难与不便，随着现代科学技术的发展与档案载体形式的变化，信息容纳量会越来越大。声像档案的信息容纳量极大地超越传统的纸质档案并被大量复制，以满足人们从不同角度利用档案的需要，打破了时间和空间对人们认识问题的限制，大大扩展了人们观察与认识事物的范围，体现了声像档案广泛交流的特点。

（三）深入科学研究

声像档案是运用各种技术手段表现声音和形象的，它用直接逼真、感性立体的声像，把有关信息传达给利用者；视听、音像结合，使人有如身临其境之感，协助科研人员回忆、分析、对比、观察、测听、研究和揭示有关问题。同时，声像档案还可通过播放设备的放映与特殊手段，将某些瞬间的动作化快为慢、变慢为快或进行定格处理，为科学研究争取了时间，提供了比一般文字档案更为便利的条件。如中国科学院沙漠研究所珍藏的不同时期的卫星照片、航空照片和普通照片，既可观察到国内外沙漠发展和治理情况，又可给有关部门提供可靠数据，为科学研究与经济建设服务。

（四）艺术欣赏价值

由于声像档案含有更多无法用文字表述的信息和形象，而一些耐人寻味和具有艺术欣赏价值的声音和图像被固定在声像档案上面，能使利用者体会到声情并茂的艺术效果，体会到图像与声音的艺术感染魅力，给利用者以艺术享受和深刻思考。声像档案内容丰富，形式多样，传播快，不受地域、时间的限制，不受人们文化程度的限制，甚至不识字的人也能接受某些声像档案的内容。戏曲、电影、电视形成的影片、电视片、照片、画册、录音、录像带等，比起文字的纸质档案，更具有生动、具体、活泼的艺术感染力。

四、声像档案工作

（一）照片档案工作

中华人民共和国成立以后，党和人民政府对照片档案的保护非常重视，在政务院新闻总署下面设立了新闻摄影局，负责收集和保管国家照片档案资料。1950 年和 1951 年间新闻摄影局逐渐和国内的主要报刊建立了发稿关系，和国外通讯社、报刊建立了交换图片的关系，在全国收集了许多有价值的摄影作品，同时出版了全国性的画报刊物《人民画报》。随后各省市也出版了不少画报，如《东北画报》、《华东画报》、《西北画报》，中国人民解放军出版社出版了《解放军画报》。

1952 年新闻摄影局合并到新华通讯社，成立了新华社新闻摄影部。新华社承继新闻摄影局的任务，明确规定收集保管国家照片资料为摄影部的任务之一。负责这项任务的机构，开始时叫资料室，后来定名为照片档案室。1952 年 9 月中共中央宣传部和中国人民解放军总政治部宣传部联合发出的《关于摄影图片宣传的几项规定》中，进一步明确规定：各地、各部门所存有关政治、经济、人民生活、文化艺术、名胜古迹、山水风光、革命史迹、对敌斗争等有价值的底片或原片，应通知新华社，并尽可能将原片或原片翻制后送新华社。1953 年 12 月，在全国召开的摄影报道会议上明确提出，新华社是新闻"图片总汇"。

1956 年，中共中央办公厅决定：将中南海摄影科保管的中央领导同志 1937 年前后至新中国成立以来的全部照片档案，移交给新华社摄影部的照片档案室保管，中南海摄影科也随同合并到新华社摄影部。

全国范围内的照片档案工作，由于当时摄影技术尚没有大范围的普及，照片产生数量不大，对照片档案的利用也不频繁。加上当时正处于国民经济恢复和建设时期，国力不强，全国没有建立统一的照片档案管理机构，各地各类的历史照片档案，有的由文物部门收管，也有的由档案部门收管。各单位在工作中形成的照片档案，一部分随文书档案一起归档保存，一部分则散失或保存在个人手中。

党的十一届三中全会以后，随着科学技术的进步和人民生活水平的提高，摄影的应用范围越来越广。照片档案的大量产生，其中一部分被作为文书档案的附属部分，随同文书档案一起移交到档案部门，但还有相当一部分脱离于档案馆（室）的大门之外。1984 年 10 月 1 日，中国照片档案馆宣布正式成立。中国照片档案馆是全国性的照片档案中心，是新闻照片和历史照片的总汇，同时也是照片档案的研究机关，由新华社和国家档案局领导。

中国照片档案馆的任务是：

（1）保证新华社新闻摄影报道的需要。

（2）按照国家档案工作的有关规定，集中统一保存和管理我国照片档案和有关资料。

（3）有计划、有步骤地在国外广泛收集我国各种有价值的照片档案资料。

（4）收集国外有价值的国际照片资料。

（5）对库存照片档案资料进行整理、分类、鉴别、研究、保管，并逐步实现照片档案管理的科学化、现代化。

（6）向国内外用户提供档案资料；编辑各种照片资料专辑，多方面地提供照片档案。

在中国照片档案馆建立的前后，全国各地的照片档案工作，也逐渐开展起来。一些基层档案部门开始把照片档案工作作为日常工作的一部分列入计划，一些部门为了有效地进行工作，还制定了相应的照片档案工作规章制度。如中共中央对外联络部档案处制定了《声像和其他技术材料的归档范围与办法》；黑龙江省森林工业总局拟订了《声像档案进行收集、归档、集中统一管理暂行规定》；1988 年沈阳市档案局专门下发了关于声像档案管理的文件，并制定了具体条例和办法等。一些企业和相当多的生产建设部门，逐步开展了照片档案工作。

中华人民共和国国家标准《照片档案管理规范》于 2002 年 12 月 4 日发布，2003 年 5 月 1 日起实施。该标准首次发布时间为 1989 年 10 月 25 日，对照片档案的收藏、整理和保管各方面工作内容和方法，做了全面与系统的规定。

（二）录音、录像档案工作

目前，我国已形成了大量的声像档案，但是收藏在各级档案馆的并不多，大多声像档案保存在企业、事业档案馆（室）内，特别是城市建设档案馆，声像档案工作有较快发展。

第二节　照片档案

照片是采用感光材料、利用摄影的方法记录形象的单个画面。照片档案是一种专门性档案。

一、照片档案的构成与种类

《照片档案管理规范》指出，照片档案是国家机构、社会组织或个人在社会活动中直接形成的、以静止摄影影像为主要反映方式、有保存价值的历史记录。

（一）照片档案的构成

照片档案主要由底片、照片及文字说明所构成。

1. 底片

底片分为原底片与翻版底片。原底片是照片在形成过程中，最初产生的底片。原底片是照片档案的最原始材料，也是照片档案中的重点部分。翻版底片，又称复制底片。复制底片的目的，除了保护原底片以外，还在于补充缺损或遗失的底片。一旦原底片损坏或损失，就可以将翻版底片补充进去，作为照片档案保管。

2. 照片

照片是通过底片洗印而成的。照片清晰，便于辨认，一般情况下，归档的每张底片均附有一张照片。在底片损坏或遗失时，还可以根据照片翻制。随底片同时归档的照片，可以作为档案保存。

3. 文字说明材料

文字说明材料主要是指照片的题名与文字说明。照片上所表现的形象只是事件的一个或几个片段，它所反映和说明的事实具有一定的局限性，需要有文字说明加以补充。照片和文字说明是相辅相成的，是互不可分的整体。

（二）照片档案的种类

照片档案的种类很多，从照片的体裁可以分为以下几类：

1. 新闻照片档案

新闻照片档案是将已经选编并办理审批手续，完成新闻报道任务后的新闻照片，配以文字说明，经过分类整理集中保管起来的、并对今后具有连续宣传价值和查考利用价值的新闻照片材料。

2. 科技照片档案

科技照片档案是记录和反映自然界中的各种现象的某个过程、某种现象的照片。

3. 艺术照片档案

艺术照片档案是摄影造型艺术照片筛选而成，包括人像照片档案、风景照片档案、花卉照片档案、动物照片档案以及经过加工的历史文物照片档案、工艺美术品照片档案等。

二、照片档案的管理

由于各地、各单位的情况不一样，照片档案的状况、质量与数量也不一样，照片档案的管理方法也不尽一致。现将其主要管理方法分述如下：

（一）照片档案的收集

1. 照片档案收集工作的内容

按照国家颁布的《照片档案管理规范》和有关规定，通过例行的接收制度和专门的征集办法，将分散和散失在单位和个人手中具有保存价值的照片档案，分别集中到各有关档案室和各级各类档案馆，实现统一管理。它的内容包括三方面：

（1）档案室依靠有力的控制手段，接收本单位各部门需要归档的照片档案。

（2）档案馆在接收各现行机关或撤销机关档案时，一并接收照片档案。

（3）档案室（馆）对零散的具有保存价值的照片档案的征集或收购。

2. 建立照片档案的归档制度

照片档案工作开展得好坏，关键在于是否有简便易行的归档制度。

（1）建立归档制度，对归档时间、范围、方法以及质量要求，做出专门规定，并把归档工作制度化，把它作为档案接收工作不可缺少的组成部分。在注意其他种类档案归档的同时，不能忽视照片档案。档案管理部门在接收有关单位移交的档案时，也应检查是否包括照片档案。

（2）明确照片档案的归档范围，应以反映本单位工作活动为主，并且应具有一定的参考利用价值。具体归档范围应是：本单位在工作活动中产生的具有凭证和参考价值的照片；领导人和著名人物参加与某单位、某地区有关的重大公务活动的照片；反映本地区重大事件、重大事故、自然灾害及异常现象的照片；本单位向有关单位提出内容和要求，组织拍摄或征集的照片；与本单位其他载体档案有密切联系的照片；外单位形成但经本单位选用的照片。

（3）采取措施引导与控制照片的流向，及时予以归档。按照《照片档案管理规范》的要求，可以通过严格措施，确保档案部门掌握照片档案的产生、流向和收集。

3. 档案馆（室）保证质量接收照片档案

（1）要明确接收照片档案的侧重点，凡可作为本地区、本机关、本单位或个人社会活动情况的历史记录，具有保存价值的照片，无论保存在任何部门、单位或个人手中，都应列入收集范围之内。

（2）力求照片档案的齐全完整，既有数量上的齐全、又有质量上的完整。两者必须并举，不可偏废。为了实现照片档案的齐全完整，必须运用宣传教育、政策法律、行政和经济等手段。

（3）档案馆（室）对有保存价值的照片档案进行翻拍补充。这种措施是为了弥补照片档案收集时的不足，但不允许也不可能把大量的翻拍片作为档案保存。有条件的档案管理部门，也应配备专用的摄影器材，在有些场合也可以直接参与照片的拍摄与制作工作，它能进一步促进收集工作的积极开展。

4. 照片档案收集工作的方法

由于人们的照片档案意识不强以及历史原因，过去形成的照片多数散存在个人手中，给收集工作带来很多麻烦。为此，照片档案的收集工作方法可以概括为以下七个"结合"：

（1）档案业务管理部门与有关行政部门工作相结合，调动有关部门的积极性。

（2）档案馆（室）收集照片与清理机关、团体、企业、事业单位的积存照片相结合，明确照片档案收集的重点单位。

（3）向机关、组织征集与向个人征集相结合，取得单位与个人的有力支持。

（4）档案工作部门自己动手收集与争取兄弟单位协助收集相结合，进一步拓宽收集工作的渠道。

（5）全面收集与重点收集相结合，以重点单位带动全面。

（6）无偿收集和有偿征集相结合，区别情况，分别对待。

（7）收集历史照片与现实照片相结合，多渠道、多层次开展收集工作。

（二）照片档案的整理

按照《照片档案管理规范》的要求，本着有利于保持照片档案的有机联系，有利于保管，便于为用户提供服务的原则，进行照片档案的整理。照片档案的底片应单独整理和存放，照片和文字说明应一同整理和存放。

照片档案的整理方法因照片档案的数量、状况及保管单位的情况不同，而有较大的差别。在非专门保管照片档案的档案馆（室），在照片档案数量比较少的单位，照片档案一般是从属于文书档案或科技档案的，并统一排序与编号。收集来的照片档案是脱离文字档案和其他档案而独立存在的一部分。对于这种类型的档案，现在一般的做法是对其采取不同于文字档案或其他档案的管理方法。而是对这些档案单独分类、编目、单独整理、单独存放。

在保存档案数量较多的专门性档案馆（比如中国照片档案馆），对照片档案的整理方法既系统又规范，它标志着我国照片档案管理的最高水平。

1. 照片档案的分类

根据照片档案的特点，从馆藏实际情况出发，适当考虑照片档案与其他类型档案的联系，达到分类的客观性、逻辑性与实用性的要求，因此底片与照片应有不同的分类方法。

（1）底片的分类。按制成材料分类，分为软质底片、硬质底片；按尺寸大小分类，2寸、4寸、特大号各为一类；按年度分类，即按不同历史时期产生的照片来分类；按内容分类，即按底片所反映的问题、剧目、工程、项目、产品类型来分类。对于底片数量少的单位也可以不分类，按底片收到的先后次序流水编号即可。

（2）照片的分类。一般按照照片所反映的内容或专题来进行分类，使同一内容或同一性质事物的照片归入同一类中，保持其内在的联系。照片的分类，应在全宗内按年度—内容分类。分类应保持前后一致，不应随意变动。也可以考虑与文书档案的分类方法保持一致。照片档案数量较多的单位，还可以从摄影的目的、记载的内容和表现形式，划分为记录性照片和艺术性照片两大类。

2. 照片文字说明的编写

文字说明同底片、照片一起构成了照片档案的基本要素。如果没有文字说明做补充，就会使人无法明白画面上所反映的内容、时间与地点。

文字说明包括事由、时间、地点、人物、背景、摄影者六个要素，它是综合运用上述六个要素，概括地揭示照片影像所反映的全部信息。单张照片的说明在照片正下方书写，也可在照片右侧或左侧书写。大照片的文字说明可另纸书写，一同保存。

3. 照片档案的立卷

照片档案分类以后，应将照片组合成案卷，一般情况下，一项内容一卷，内容相近的也可组成一卷，每卷不宜超过 30 个芯页。照片档案数量很少的单位，一年的照片也可组合成一卷。卷内排列一般按照重要程度或时间顺序进行排列，按序嵌进装具。照片的编号，应先编每卷的卷号，再编每卷的页号，再编卷内照片的序号。照片的分类号、底片号、参见号应在文字说明栏中写清。如有可能，在每张照片的背面也应写明上述各种号码，以便查找利用。

4. 照片档案的编目

照片档案按照《照片档案管理规范》的要求，填写案卷的卷内目录、卷内备考表、案卷目录。

底片较多的单位，对底片分类以后，要编号登入目录登记簿中。一张底片或一组密不可分的底片为一个保管单位，编一个底片号。底片号是按收到（或发出）的先后次序编号登记保管的。底片目录登记簿包括如下项目：分类号、底片号、简要内容、拍摄者、拍摄地点、拍摄时间、底片数量、技术状况、底片来源、收到或发出日期、备考。其中底片号是上述项目中最重要的一项。它编写在乳剂面的右上角。底片是装入纸袋中保管的，因此在纸袋外面同时打上底片号。

对接收或移交来的相册，不要轻易拆掉，而应经过简单登记入册与整理加工，注明形成单位、时间、数量、作者和相对应的底片号。

（三）照片档案的考证与价值鉴定

1. 照片档案的考证与鉴别

照片档案，尤其是形成时间较久的照片档案，由于形成时间距现在较长，给准确判定增加了难度，为此应通过如下方法考证：

（1）通过文字档案与史料考证鉴别。

（2）通过调查询问进行考证鉴别。

（3）实地考察鉴别。

（4）对照比较考证鉴别。

2. 照片档案价值的鉴定

照片档案作为一种非定量的物体，对其进行价值判定难度较大。但有几个要素可以作为鉴定照片档案价值时的参考：

（1）照片形成的年代。

（2）照片反映的内容。

（3）照片的制成材料。

（4）照片的技术质量。

3. 照片档案的保管期限

关于照片档案的保管期限，无论纪录性照片还是艺术性照片，一般在拍摄过程中就已经过选择，在印、放或冲洗过程中，还要进行筛选，因此，对保存下来的照片档案的保管期限，一般划为永久或长期保存比较妥当。购进的或与外单位之间互相赠送的照片，如果和本地区、本单位的工作无直接联系，只是作为互相学习、宣传交流情况之用，则应作为资料存放。

（四）照片档案的保护

照片档案保管工作的主要任务是集中统一地管好照片档案，采取必要的措施，维护照片档案的完整与安全，防止或克服一切可能损毁照片档案的因素，尽量延长照片档案的寿命。

1. 照片档案库房

有条件又有必要的单位，应建造符合《照片档案管理规范》要求的照片档案库房，不具备条件的单位，也应选择温湿度比较适宜的房间作为保存照片档案的场所，至少要有专门的柜、箱来保管照片档案。其中对于底片的保管条件，要求更为严格一些，库房内昼夜温度变化不应大于±3℃，湿度变化不应大于±5％。同时，库房还要注意防火、防尘、防光、防污染、防地震。

2. 照片档案的装具

照片档案在形式上与保管要求上和文书档案有一定区别。一般情况下，保管文书档案案卷的装具是不适用于照片档案保管的。目前主要有如下几种装具：

（1）普通相册。采用商店出售的相册作为保存照片档案的工具。其优点是方便、美观，缺点是成本高、规格不一，不便写说明。许多单位已经意识到这种保管装具的弊端，开始力求更实用、更经济的保管装具。

（2）自制相册。模仿商店出售的相册形式，自制相册，比较灵活但不规范、做工复杂，成本也不低。

（3）仿照文书档案规格自行设计相册。每卷 12 张芯页、装入 96 张照片，并把照片用相角固定在芯页相应的位置上，卷内芯页用三孔一线法装订。

仿照文书档案卷皮的规格自行设计相册，是一种可行的方法。它的规格与文书档案一致，有利于照片档案与文书档案的统一管理；比购买的相册经济实惠，有利于在照片档案工作中推广。

（4）新型照片档案册。它是按照国家标准，从封面到内心，使用质量上乘的中性纸，同时活页装订，便于组卷，照片册与底片册两相对应，存用方便。北京市精美纸制品厂生产的照片档案册和照片底片册，就是由北京市档案局业务监督指导处依照我国国家标准《照片档案管理规范》监制的。

关于大张照片档案的保管，应按《照片档案管理规范》格式写上说明，并在说明下方注明："此系大照片，存放于大照片第×盒"。同时在卷内目录的备注栏内注明"大张"或"大照片"，这样既方便查找大照片，又利于大照片的单独存放与保管。

三、照片档案的提供利用

照片档案是一种具有形象真实性、审美性和易传播性的档案信息。照片档案自产生以来，始终为人们广泛地利用着。具体提供利用的方式，除了借阅、复制外，还有展览、咨询和宣传以及编辑画册出版。

（一）展览

展览是根据某种工作需要，按照一定的主题，系统地陈列照片档案，供参观和展阅的一种重要的提供利用方式。它以生动引人的宣传教育作用和丰富多彩的内容，引起人们对照片档案的注意和利用的兴趣。

照片档案展览，可以根据本单位自身条件，与其他档案一起设立长期的展览厅（室）陈列本单位保存的有关国家、民族、本地区、本专业系统、本单位历史和现实的珍贵照片，以引起社会对档案工作的重视。这种展览可以档案部门自己举办，也可以与有关部门共同举办，可以在国内举办，也可以在国外举办。

（二）咨询与宣传

照片档案工作人员要尽量向社会各界揭示所藏照片档案的状况和内容，并做好宣传工作。中国照片档案馆在这方面取得了较好的收益。1990 年至 1991 年，全国十几家报纸杂志刊登宣传、介绍中国照片档案馆的文章，不少单位与个人看到报道，主动到中国照片档案馆要求查找与利用有关的照片档案。这种宣传所形成的巨大影响与波及面，是主动开发与宣传照片档案信息资源的直接结果。

（三）编辑出版照片画册

编辑出版照片画册的原则是：服务现实，忠于原照，考虑馆藏，保证质量。

编辑照片画册的基本程序是：选题，拟制编辑画册方案，选材，加工和排列，审校和出版。

1. 选题

选题应当符合时代要求，具有正确的政治方向。具体地说：

（1）选题要符合现实需要，具有长远的利用价值。

（2）选题要限制在馆藏照片档案允许的范围内。

（3）选题还要考虑是否具有较强的编辑力量。

2. 拟制编辑画册方案

拟制编辑画册方案的内容包括：照片画册的主题内容、编辑目的要求、选材范围、人员分工、时间安排、工作步骤、岗位责任、质量保证措施等。它是在充分征求意见基础上集思广益而成，并须经有关领导的审核与批准。

3. 选材

在选材过程中，要求运用历史的、全面的、发展的观点去看待照片档案，并运用马克思主义阶级分析方法，把辩证唯物主义与历史唯物主义有机地结合起来，对照片档案做出准确而全面的评价，并进行合理地取舍，进而达到正确选材的目的。其基本要求是：以选材原则为指导，围绕选材大纲，按照编辑方案所确定的步骤，挑选为反映题目所需要的材料。

4. 加工和排列

加工是围绕题目对所选照片档案进行处理，使之符合画册要求的过程。加工是指在分析研究的基础上对照片的选录、校对、文字说明和标点的考订。

排列是指照片画面的排列，解决画册的编辑体例或组织形式问题。按照分类方案与排列体例，将全部选定的照片档案逐件进行排列，以固定每份照片档案在画册中的位置。

5. 审校和出版

为了保证画册的内容准确无误，应严格做好照片档案的审校工作。这项工作一般可分为初步审校、全面审校和最后审校三段进行。

照片画册的出版，是在上述工作的基础上和在馆藏照片档案范围内，经过认真选题与选材，经领导审核后方能出版。

我国照片档案管理有自己的优势，照片档案是国家所有的，由国家集中统一管理。它为促进照片档案的收藏，开发照片档案信息资源奠定了良好基础。

第三节　录音、录像档案

录音、录像档案，是一种特殊的文件材料，即用专门的器械和材料，采用录音、录像的方法，记录声音和图像的一种特殊载体的档案，分为唱片、磁带录音与磁带录像档案等。

一、唱片档案

唱片是采用机械录音的方法，把声音录制在片状的圆盘上，存蓄在密密的声槽中，使用时再用唱机，将声槽中存储的声音重发出来。唱片种类分为粗纹唱片、密纹唱片、立体声唱片三种，近几年又新增了激光电视唱片等。唱片档案主要产生于文化、艺术、教育和科研部门，包括录音片（蜡片和胶片）、金属模版、文字材料。它基本按照制成材料分为金属模版、唱片两大类，可分别整理保管。金属模版可按版次分别入库，可按生产时的片号、版号分类排列保管；唱片可按片种（粗纹、密纹、立体声）和规格（尺寸、胶版、薄膜）内容分类。唱片档案应附有文字记录材料，报告要有原文，音乐、戏曲应有唱词、乐谱等。档案管理部门在接收唱片档案时，要同时检查是否有文字记录材料，并且在听音时，要核对原文。

二、录音、录像档案

利用电生磁原理，磁记录设备可将记录的信息转变成电信号，使文件载体的磁性层发生选择性磁化来保存信息；通过磁重放设备又将文件载体磁性层上的磁信号转变成电信号重放出来。通过这种磁记录形成录音、录像磁带，把其中具有保存价值的东西留存下来就是录音、录像档案。

录音、录像方法简便、高效、使用方便。但它易于失磁，在保管不适宜时，容易变质或折断。随着录音、录像活动的普及，录音、录像档案的数量会越来越多，人们对它的利用需求也会日益增长，因此，必须加强管理。其具体管理方法如下：

（一）归档与收集

在录音、录像档案产生较多的单位（电台、电视台），记者、编辑应将采访录制的各种素材，经过编辑加工，与有关登记单、审查表一并送交有关领导审定。送审表上应注明节目来源、节目内容、录音地点、原录日期、复制日期、录音效果、机速、时间以及过去消磁情况等。经过审批后的录音、录像材料才能归档，与之有关的文字材料应同时归档。

在录音、录像档案不多的单位，还要通过各种方式开展经常性的收集。通过向有关人员宣传档案工作的基本常识，防止在未经审查与批准的情况下，把反映立档单位基本活动面貌的磁带很快消磁，造成不可弥补的损失。因此，录音与录像档案也应同其他档案一样，其中具有保存与利用价值的应按照归档制度的要求交档案室统一保管。

（二）验收

接收录音与录像档案要进行验收。手续是从核对录音、录像登记表开始，先检查登记表中的各项内容是否填写清楚，手续是否完备；随后是根据登记表记载的内容听音观看，其目的是核对内容和技术状况。视听时要以文字材料为依据。保存录音与录像档案的档案部门，应备有视听设备，以便进行物理性能与电磁性能的检查。

（三）分类

录音、录像档案，在一般机关、单位形成的并不多，内容比较单一，无必要分类。在形成数量较多的单位，利用也很频繁，可以按内容进行分类。通常按政治、经济、文学艺术、科学、教育分为若干类别。如果数量多，还可以再分属类。分类时应把永久保留性节目与临时性节目分开，把机密的与一般的分开，把不同版种（原版、复制版、播出版）区别开来。

（四）编目

档案馆（室）对验收并须分类入库的录音、录像档案，应登记入册。如果数量少只建立总登记簿即可。按收到的先后次序入册，主要包括如下一些项目：编号、收到日期、录制日期、内容、责任者、录制单位、录制地点、放送时间、技术状况（消磁情况、模版质量）、数量、备注等。

录音、录像档案应装在特制的盒内或套内，在盒套外面贴上标签，并写明题目（内容）讲话人、录制日期、盘（卷）数、编号、带长、时间等项目。盒内还附有文字材料，并统一编号。

（五）鉴定

在录音、录像档案形成较少的单位，主要把好消磁关，如认为确有消磁必要，需征求业务部门意见，并送领导审批，在登记目录中注销。

在录音、录像档案较多的单位，其中有些具有长久保存价值，最好把磁带复制成唱片模版，以便长久保存。有些磁带在保管一段时间后，要进行复查。有些磁带内容重要，为了长久保存，可以复制；有些已失去继续保存的价值，经过审查批准，可以消磁。

（六）保护

接收入库的磁带录音要装入特制的磁带盒内。在盒内应有固定盘心的定位装置，磁带装入盒后应松紧适度，不应过紧；磁盘盒应有一定的硬度，以防变形。录音与录像档案的保护条件与方法如下：

1. 适宜的温湿度

磁带受潮容易变形，所以要防潮，不要太干燥；温度过高，易于使磁带变脆。实践证明，对于磁带来说，库内温度保持在 15℃～25℃，相对湿度保持在 45％～60％为宜。为此，库房内应有空调设备和温湿度的测量仪器，以便随时记录数据，随时调整气温和湿度，及时改善库房的环境与条件。

2. 磁带应卷绕平整，不能有折皱、弯曲，防止带体损坏

磁带卷绕不当，如带边朝外面突出，太松或太紧，在磁带运行时，均会造成带体损坏。如卷绕太松，走带时会出现滑动，使磁带上出现折皱；卷绕太紧，易造成磁带永久性变形。所以，磁带应卷绕松紧适当，边端应平整。

3. 定期复制与转绕

磁带上保存的信息是有限的，为了使磁带上的信息长期保存下来，必须定期转录，可以根据磁带保存情况，5～10 年转录一次。

长期保存的磁带档案在目前情况下最好是 6～12 个月重绕一次，重绕的目的是释放磁带内部压力，并定期检查，一旦发现问题，可以及早重新复制。轮流倒带，带基不易损坏。倒带时，遇到断接处可用清洗溶剂清洗一下，重新接好。

4. 磁带要竖放

磁带的正确放置是竖直放在专用的磁带架上，可使其受力均匀，避免磁带卷边或变形，磁带的重心落在带盘芯上，可以避免因卷绕松弛造成磁带横向损伤。存放磁带处应避免强日光照射，强日光有损磁层稳定性，促使记录信号衰减，影响重放信息的清晰度。

5. 磁带使用与保存处所应避免靠近磁场

如果磁带离磁场太近，会使磁带退磁或磁化，造成信号失落，影响重放效果。存放磁带的库房，应避开散杂磁场的地方。比如，存放有电动机、电视机、扬声器、变压器等物附近，易产生磁场，磁带应避免放在这类电器上或其附近。

思考与复习题

1. 简述声像档案的定义及其基本含义。

2. 何谓照片档案？其主要成分有哪些？

3. 磁带录音、录像档案的保护须注意什么？

第四编

档案信息化

第十五章

档案信息化概论

内容提要

本章重点讲三个方面的内容：一、档案信息化的概念和内容。二、我国档案信息化的发展阶段。三、档案信息化的意义与发展原则。

第一节　档案信息化的概念和内容

20 世纪计算机技术和通信技术的成功融合和广泛应用，从根本上改变了信息产生、处理、传输、存储的方式，并以这种改变推动了社会经济结构、生产方式以及人们生活方式和工作方式的彻底变革，"信息化"一词是对这个过程的概括。如今，信息化已经成为全球共同的路径选择，成为世界各国的发展战略，成为各行各业的建设重点。档案信息化是国家信息化、地区信息化、行业信息化和机构信息化的重要组成，也是当代档案学理论和实践的核心任务。

一、档案信息化的概念

简而言之，档案信息化是指应用信息技术生成、管理、开发利用档案的过程，亦有档案信息化工作、档案信息化建设、档案管理信息化、档案工作信息化等称谓。这个概念具有以下几个方面的特点：

（一）档案信息化是一个动态的概念

信息化本身是一个渐进的过程，信息技术不断发展，信息资源不断丰富，技术应用不断扩展，资源开发不断深入，社会变革不断产生。档案信息化随着社会整体信息化的推进而不断发展，每一个新的进展都是前一阶段的结果，同时又是下一发展阶段的新起点。因此，无法就某国家、地区、行业、单位是否实现了档案信息化进行回答，只能分析其档案信息化建设的状态和水平。

（二）档案信息化以信息技术的应用为前提

信息技术应用是档案信息化的起点，也是其最基本的特征。信息技术在档案管理中的应用是全方位的，涵盖档案从生成到永久保存或销毁的整个过程，如电子文件的生成、纸质馆藏数字化、档案自动标引、档案信息网络检索等。

（三）档案信息化是一个多要素综合作用的过程

信息技术只是档案信息化的一个要素，在应用信息技术生成、管理、开发利用档案的过程中，还有其他多个非技术因素在共同起作用，包括符合档案信息化要求的档案管理业务、人才、标准规范、政策法规、管理体制与机制等。"三分技术、七分管理"，档案信息化的成果，往往不在于技术本身的先进程度，而更多地取决于非技术因素的支撑程度，取决于技术、非技术因素之间的匹配程度。

二、档案信息化的内容

档案信息化的覆盖面很广，一切与应用信息技术生成、管理、开发利用档案有关的活动都属于其内容。从工作性质来看，档案信息化的内容主要包括环境构建和资源建设两大类。所谓环境构建，是指为档案信息化建设创造适宜的环境、提供全面的保障的工作，具体包括体制和机制的完善、法规政策的健全、标准规范的制定、社会服务体系的培育、人才的培养等内容，可视作档案信息化的宏观管理层。而资源建设中的"资源"指档案信息，资源建设是指在档案从形成到保存或销毁的整个生命周期中合理应用信息技术，促进管理效率和服务水平的提升，具体包括资源创建、资源管理、资源服务、系统设计与管理等内容，可视作档案信息化的微观操作层。承担档案信息化环境构建的主要有国家和地方各级相关主管部门，包括档案行政管理部门、立法机构、信息化主管部门、行业主管部门等，开展资源建设的主体为各级各类档案馆和立档单位档案室。

环境构建和资源建设相辅相成，环境构建是基础，资源建设是核心。没有适宜的体制机制、法规标准、人才、服务等环境支撑，档案信息化的发展便会缓慢且艰难，这在档案信息化初始阶段显得尤为突出；而资源建设的成果直接体现了档案信息化的意义所在。

（一）环境构建

1. 管理体制和机制的理顺

体制和机制历来是各项事业的关键问题，其科学与否，关系到事业中各个要素能否得到合理配置，各方力量能否得到有效激发。同时，由于体制和机制涉及多个部门的责权关系和组织体系，往往也是难点所在。"统一领导、分级管理"是《中华人民共和国档案法》所规定的档案管理体制。档案信息化作为档案事业的一部分，在此框架下运作。档案馆（室）的工作由国家档案行政机关统一掌管，地方各级档案行政机关分级管理。同时，专业档案工作则要接受专业主管部门的统一管理。

信息化建设使得这个体制框架变得复杂化：一方面，作为社会整体信息化的组成部分，档案信息化需要接受国家、地方、行业整体信息化的统筹，而我国现阶段尚未建立分工合理、责任明确的信息化体制，存在政出多门的问题；另一方面，电子文档一体化的迫切性又要求档案主管部门与文件工作主管机关工作相衔接，而党、政、军三大系统拥有各自的文件工作主管机关。可以说信息化条件下档案管理体制由条块结合变成多头指挥，成为管理不统一的根源，如党、政、人大、政协共用的、相对统一的档案主题词表都很难提出。无论是国家还是地方，都需要理顺体制，建立、完善切实可行的协调、监督机制，保证档案信息化良性发展。

2. 法规政策的健全

档案信息化是一项新工作，管理对象是具有新特点的档案类型，采用的是新的技术手段、电子化、自动化、网络化的工作内容和方法也较以前发生较大改变。这个过程中必然会产生许多新的问题，其中涉及权利和义务关系的问题需要通过法律法规来调整和规范，比如电子文件的凭证作用、保存要求、信息开放原则和内容等，而涉及事业定位、发展途径的问题则需要政策引导和支持。目前最迫切的政策需求是将档案信息化作为信息资源开发利用的重要内容，纳入国家、政府、行业、地方信息化之中，纳入相关的国家、地方和行业信息化发展战略行动计划之中，并制订与信息社会发展要求相适应的档案信息化规划和攻关计划。

3. 标准规范的制定

档案信息化过程遭遇到的操作规程问题需要通过标准规范来解决，以普及优秀的档案管理实践经验，统一管理方法，减少低水平重复，促进信息共享和交换。数字档案的管理较之传统档案管理的标准化要求更高，否则可能面临多种风险。比如：若没有全国统一的档案信息交换格式标准，档案馆各自采用不同的格式建设档案数据库，就会形成一个个信息孤岛，无法或难以交换、共享；若没有电子文件存储格式标准，档案信息将可能因无法输出而丢失，可能导致珍贵记忆的空白。因此，档案信息化的推进过程同时也是档案标准化不断深入的过程。

4. 社会服务体系的完善

单靠档案馆、立档单位、相关主管部门，并不能胜任档案信息化的所有工作。这项事业还需要多方社会力量的参与，包括档案管理软硬件提供商、信息安全服务商、咨询机构、高等院校、科研机构、行业协会等各类服务组织，这些组织所提供的产品和服务是档案信息化发展的必备要素。相关部门可通过出台政策、制定标准、出资等方法吸引社会力量参与到档案信息化工作中，并规范服务过程和服务方法。随着社会服务体系的完善，档案馆（室）可将部分重复性、技术性或智力性工作外包，如扫描、数据录入、系统开发、系统维护、系统评估、制度设计、方案设计等，以提高效率和质量，降低成本。

5. 人才的培养

档案部门有着这样一个共同的慨叹："既懂信息技术又懂档案专业的人才太少了！"这个事实是许多单位信息化水平徘徊不前、许多档案管理软件不适用、许多档案工作者难以准确描述档案管理软件需求的根源所在。档案信息化工作所需要的人才并不仅限于复合型人才，也需要更为专业的档案人才、技术人才、管理人才，这是因为专业知识正在快速更新。人才的培养，需要在教材建设、师资建设等多方面同步努力，也需要学校教育、在职教育、国内培训、国际交流多渠道进行。此外，还应将培养人才和吸引人才、留住人才并重。

（二）资源建设

1. 资源创建

资源创建是指通过各种手段形成数字档案及其加工信息的过程。这里数字档案及其加工信息统称为"数字档案信息资源"，这些信息以二进制代码存在，可在计算机上处理，可通过网络传递。数字档案信息资源是档案信息化工作的立身之本。没有资源，信息化无从谈起。在手段、方法持续更新的背景之下，资源本身的重要性彰显。

数字档案信息资源的层次丰富、种类繁多。按照信息的加工程度，可分为原文信息、目录信息和编研信息。数字档案原文信息可直接在计算机系统中生成，一般称为电子文件或电子档案，本书统称为电子文件①；也可通过扫描等模/数转换手段将已有的纸质档案、缩微胶片、照片、录音、录像数字化加工后形成，称为数字化档案。数字档案原文信息包括文本、图像、数据、声频、视频等多种媒体格式。计算机系统中的档案目录也叫机读目录，可以由人工输入形成，也可以通过捕获文件形成过程中的元数据而自动生成。在档案管理系统中，机读目录多以数据库的形式存在。编研信息在档案原文信息和目录信息的基础上加工而成。相较传统的编研成品，数字环境中编研信息的种类和表现形式更为多样化，音频剪辑、视频剪辑、网上展览、知识库就是其新成员。

2. 资源管理

档案信息资源创建之后，需要对之实施有效管理，维护其真实、完整、可用。不同种类的档案信息资源，管理工作的具体内容也有所区分。总体来讲，无论是电子文件、数字化档案，还是机读目录、编研信息，都以电子形式保存在计算机系统中，因而其保存过程中的维护工作都是必需的，包括存储、载体转换、迁移、访问与安全控制、备份等。在信息技术不断发展和新旧技术之间兼容困难的情况下，数字信息保存后失真、丢失、无法识读的风险很大。长期保存一直是国际上信息资源领域理论研究的焦点，也是档案信息化工作的难点。而电子文件管理的内容则要宽广很多，除了保存、维护之外，还需对之加以分类、价值鉴定、收集（归档）、处置、著录和统计，而这些工作都可全部或部分实现自动化。

3. 资源服务

资源服务是指通过一定的方式方法将档案信息资源提供给用户利用。除了传统的阅览、出借、复制之外，网络服务是目前用户群最广、最有发展前景的服务方式。档案馆在互联网上建立网站，提供档案目录检索、档案原文浏览、网上展览、编研信息发布等多种信息服务。而立档单位档案室则一般通过局域网向内部用户提供查询、浏览、利用申请与批准等服务。

4. 系统设计与管理

系统设计与管理是指对档案管理系统的设计、实施与维护工作。这是档案信息化中极富特色的一部分内容。档案管理系统是用来管理档案信息资源的计算机系统，包括硬件基础设施、操作系统、数据库管理系统、应用软件等。档案管理系统设计与管理的任务包括计算机、服务器的购置，交换机、路由器、防火墙等网络设备的部署，软件平台的选型，存储介质和存储方案的明确，备份、灾难恢复、认证等安全保护技术的确定等，当然其中最重要的还是档案管理软件的开发与维护。有时人们直接用"档案管理系统"来称呼档案管理软件，其功能好坏直接关系资源管理的质量。

按照管理对象，档案管理系统可分为档案辅助管理系统、电子文件管理系统（亦称电

---

① 关于电子文件、电子档案的概念及其相互关系，详见第十六章第一节。

子档案管理系统)、集成档案管理系统。档案辅助管理系统是利用计算机的数据处理能力，对档案整理、编目、保管和利用工作进行辅助管理的系统，管理对象主要是处于非现行阶段的传统档案及其数字化版本，机读目录是其发挥辅助功能的基本工具。电子文件管理系统以电子文件为对象，涵盖其从生成到永久保存或销毁的全过程，元数据是其发挥功能的基本工具。集成档案管理系统是对档案辅助管理系统和电子文件管理系统的集成，适用于多载体档案并存的情况，可实现传统档案和电子文件的统一管理和提供利用。

第二节 我国档案信息化的发展阶段

对我国档案信息化发展阶段进行划分，有助于认识其发展规律，总结经验教训。从 20 世纪 70 年代至今，从推进方式、建设规模、建设重点、档案管理方法革新程度等角度来看，我国档案信息化大致经历了起步、成长、提升三个阶段。

一、起步阶段

我国档案信息化的起步阶段的时间跨度大约从 20 世纪 70 年代末到 20 世纪 90 年代初。这个阶段具有如下几个方面的特色：

（一）档案信息化推进方式为自发式

我国档案信息化起步于个别单位自发性的研究和实验。1979 年起，中央档案馆、中国人民解放军档案馆、国家档案局档案科学技术研究所等个别机构陆续购置计算机设备，开展了计算机在档案管理应用的调研和可行性论证工作，并着手开发档案管理实验性的应用系统，拉开了我国档案信息化的序幕。

（二）以单机系统为主要的技术工具

20 世纪 80 年代应用在档案管理中的信息技术装备主要是单机系统，当时研发的管理软件主要也是单机版，可能也正是由于这个原因，当时的档案信息化被叫做"档案计算机管理"。

（三）以基于机读目录的档案辅助管理系统为建设重点

此阶段中，计算机处于档案管理辅助工具的地位，且只能覆盖档案管理的部分环节，代表性应用是建立机读目录和在此基础上实现的档案编目和目录检索。自动标引技术是这个阶段研发的关键技术，同时在检索处理技术上也有所创新，如中央档案馆的基于模糊运算的智能性检索系统和国防科工委档案馆的人工智能关键词处理技术等。《档案著录规则》、《中国档案分类法》、《中国档案主题词表》等相关的著录标引标准也于 20 世纪 80 年代出台。档案辅助管理系统的建设需求带动了国内档案管理软件市场的发展，通用性软件开始出现。

20 世纪 80 年代末，文档一体化计算机辅助管理软件产生，如 1989 年上海市政府办公

330 /

厅完成文档一体化计算机辅助管理系统，把收发文、办文、立卷、编目、标引、归档、保管、鉴定等文件处理和档案管理活动有效整合，并在文书立卷改革上作了尝试。

（四）档案信息化建设的规模较小，相对封闭

这个阶段拥有计算机装备的机构很少，数据量也不足。尽管中央档案馆、河北省档案馆等几家档案馆的数据记录总量分别超过 100 万条，但是就平均水平来看，受设备和人员不足的限制，每个单位每年的平均建库量不足 5 万条记录。[①] 同时档案管理系统主要应用于档案部门内部，未与其他系统相连，而且操作和使用计算机的也只是少数专业人员，所以应用效果受到局限。

二、成长阶段

20 世纪 90 年代，在信息技术快速普及、网络应用高速推进的时代背景下，我国档案信息化也进入了快速成长阶段。这个阶段的主要特色如下：

（一）档案信息化推进方式由自发向自觉过渡

这个阶段档案信息化建设的主要推进方式仍以机构自发开展、分头探索为主。不过这种自发行为的规模迅速增加，据统计，到 20 世纪 90 年代末，档案工作中使用的计算机数量已超过 1 万台。同时，在国家层面也逐渐采取了一些举措促进档案信息化建设。比如，1996 年国家档案局成立了电子文件归档与电子档案管理研究领导小组，集合有关力量开展相关研究。再如，1996 年国家档案局开始对国内的计算机档案管理软件进行测评和筛选工作，1997 年推荐了首批软件。不过，对于档案信息化建设，无论是国家还是地方尚无统一的规划。

（二）基础设施建设进展较快，但相应的社会化服务水平不高

此时购置计算机的档案部门迅速增加，有些档案部门开始部署内部网络，并和其他系统相连。到 21 世纪初，全国档案部门拥有微机 26 000 多台，服务器 1 500 多台。[②] 档案管理软件的应用较为普遍，据不完全统计，软件种类达到 1 000 多。但是总体上档案信息化得到的外部支持仍然较少，面向档案信息化工作的社会化服务水平不高。鲜有机构在运作档案信息化项目时向外部咨询；外包业务主要在数字化操作、数据录入等手工劳动领域；通用性的档案管理商业软件市场有所发展，但欠成熟，表现在每种软件的用户数量过少，至 20 世纪 90 年代末大约有 70％以上的软件只是在本单位应用，另有 20％的软件用户数量只有几个至十几个，能推广到上百个用户的很少。[③] 这种现象既造成了重复投资，也不利于档案信息化质量的提升。

---

① 参见邱晓威、孙淑扬：《我国档案计算机管理的发展历程与前景分析》，载《档案学通讯》，1999（5）。
② 参见杨公之主编：《档案信息化导论》，12 页，北京，中国档案出版社，2001。
③ 参见倪慧敏、邱晓威：《档案管理软件的商品化分析》，载《档案学通讯》，1998（1）。

（三）档案辅助管理软件的功能得以拓展，传统档案的管理方法改进明显

档案辅助管理软件的建设仍然是档案信息化成长阶段的发展重点，光盘、条形码、多媒体等技术不断得以应用，其功能也不断拓展，包括：

（1）网络功能的增加，从最初的单机版发展到客户机/服务器（C/S）模式、浏览器/服务器（B/S）模式的网络版，并开始与办公自动化等其他应用系统互联互通。

（2）覆盖管理环节的增加，从编目、检索发展到归档、立卷、库房管理等多个环节。

（3）检索功能的增加，从基于机读目录的自动编目、联机检索发展到档案全文信息存储与检索。

（4）处理信息媒体类型的增加，从一般的文本、数据管理发展到文本、数据、声音、图像等多种媒体档案信息的综合处理。在档案辅助管理软件一点一滴的进步背后，是档案管理方法的革新。比如借助于计算机系统，实体案卷无须再承担检索功能，案卷内部文件之间不再必然具有有机联系，从而大大简化了档案实体整理。再如在一些文档一体化档案辅助管理软件的支持下，收发文登记与归档、分类立卷、价值鉴定能够同步完成。

（四）电子文件管理成为档案信息化建设的新热点

20 世纪 90 年代中期，电子文件开始大量产生，采用传统的管理方法难以保护其作为档案必须具备的原始性、可靠性，甚至连最起码的可以识读的要求有时也无法满足，这给档案界带来了巨大挑战。鉴于电子文件将是信息社会档案管理的主要对象，电子文件的归档与管理因而迅速成为人们的关注焦点。电子文件管理的第一个科研项目、第一篇博士论文、第一本教材、第一个标准都是在这个阶段开展或出台的。当然，这个阶段被管理的电子文件，往往并不具备独立的文件属性，在处理过程之中或处理完毕之后需要打印出纸质文本。电子、纸质文件双轨运行，双套保存，这在一定程度上折损了电子文件管理方法的科学性。不过，有关机构就电子文件全过程管理进行探索，深化了文档一体化的发展，兼顾电子和纸质文件的一体化管理软件面世并受到欢迎。

三、提升阶段

21 世纪之后，信息化被提升到国家战略的高度，这为档案信息化的发展提供了良好的社会环境。档案信息化已经从个别单位的实验性探索变为所有单位档案管理的必由之路。无论是信息化的规模和质量，还是信息化意识和方法都有了大幅提升。这个阶段的特色如下：

（一）档案信息化开始整体推进

2002 年 11 月《全国档案信息化建设实施纲要》发布，明确提出了全国档案信息化建设的目标和主要任务，标志着国家层面开始了档案信息化建设的整体规划，档案信息化开始整体推进。2005 年年底，"国家数字档案建设与服务工程"（简称"金档"工程）提出，国家层面的宏观组织进一步得以加强。各地档案行政机关也效仿国家做法，为当地的档案信息化建设制订专项规划，有些地方还将档案信息化纳入政府信息化、国民经济与社会发展信息化的规划之中。

（二）信息化投入增加，信息基础设施进一步完善

随着对档案信息化的重视，投入也开始增加。各地各行业都有多项投资不菲的馆藏数字化、电子文件管理、数字档案馆项目立项，有些项目投入金额达到数百、数千万，可以说档案信息化建设的外部条件得到了较大改善。信息基础设施进一步完善，仅国家综合档案馆拥有计算机的数量就从 2002 年的 9 590 台增加到 2006 年的 23 189 台，5 年时间增长了 142%；服务器的拥有量从 2002 年的 374 个增加到 2006 年的 1 381个，增幅达 269%。[①]

（三）电子文件管理、馆藏数字化、档案信息网络服务成为三大发展主线

随着国家整体信息化的快步推进，越来越多的单位已经采用了以电子方式为主的工作方式，电子文件管理无可争辩地成为档案信息化建设中最引人关注的部分。2005 年 4 月 1 日《中华人民共和国电子签名法》出台，认定了电子文件的"原件"资格，这促使了依存于纸质档案的电子文件管理向独立的电子文件管理发展。经过十多年的探索，电子文件归档、鉴定、元数据管理、管理流程优化等领域都有了长足的进步，实时归档、集中存储、双重鉴定、元数据自动捕获等方法都已经从理论探讨走向了实际应用。自 2004 年年底起，江苏、安徽、广西、天津等地陆续开展了电子文件中心建设，开启了地方政府集中管理电子文件的实践。相关标准规范制定脚步加快，《电子文件归档与管理规范》（GB/T 18894—2002）正处于修订阶段，电子文件管理软件功能需求、元数据等一批国家标准的制定相继启动。

馆藏数字化为网络环境中档案信息服务提供资源基础，该领域投入显著增加，其规模迅速扩大。在中央档案馆、中国第一历史档案馆、中国第二历史档案馆以及北京、天津、辽宁、上海、江苏、安徽、陕西、广东、重庆等省市档案馆档案数字化试点工作的推动下，馆藏数字化已经成为各档案机构开展信息化工作的必备内容，部分档案馆（室）甚至已经或计划将所有馆藏都予以数字化。《纸质档案数字化技术规范》（DT/A 31—2005）标准的出台为之提供了科学指南，缩微胶片、录音、录像、照片档案数字化技术规范也在起草过程中。

进入 21 世纪之后，在机构内部通过局域网传递档案信息服务已经非常普遍。在 1999 年政府上网工程的促进下，档案部门通过档案网站逐步开展面向社会的网络化服务。至 2006 年年底，我国几乎所有省、直辖市、自治区都开通了省级档案网站，各级市县综合档案馆开设的网站已达 150 多家，专业档案馆、高校档案馆设立的网站也逐日增多。这些网站是档案信息服务的新窗口，将档案目录信息、原文信息以及编研信息提供给全球用户，这种服务方式打破了地域、时间的局限，极大地提高了档案信息利用率。《关于加强信息资源开发利用工作的若干意见》（中办发〔2004〕34 号）明确了信息资源开发利用对于国家信息化的战略意义，提出要大力开展公益性信息服务。国家档案局随之颁布了《关于加强档案信息资源开发利用工作的意见》，并以 2005 年 1 号文件下发，这为档案信息网络化服务提供了更为扎实的认识基础和政策环境，也提升了档案公共服务意识。

---

① 参见《党的"十六大"以来全国档案事业发展成就数字解读》，载《中国档案报》，2007 - 10 - 15。

（四）数字档案馆成为新的发展焦点

在电子文件管理、馆藏数字化、档案信息服务网络化的合力之下，将这三项任务集于一身的数字档案馆建设工作应运而生，且发展迅猛。2000 年，我国第一个数字档案馆项目"深圳市数字档案馆工程的研究与开发"立项。2003 年第一个建成的数字档案馆系统"青岛市数字档案馆"开通。2004 年第一个企业数字档案馆"江苏电力公司数字档案馆"通过验收。"十一五"之后，经济基础好、信息化程度高的地方、行业、机构纷纷着手建设数字档案馆，数字档案馆成为新的发展焦点。

数字档案馆代表了网络环境下档案信息资源的整体处理模式。从管理对象来看，数字档案馆涵盖了所有种类的数字档案信息资源，从数字化档案、电子文件到各种加工信息；从技术角度来看，数字档案馆系统是档案辅助管理系统、电子文件管理系统、档案网站的集大成者；从建设目标来看，数字档案馆建设旨在实现档案信息的长久保存、整合、共享与社会服务；从建设内容来看，数字档案馆是一个系统工程，涉及规范制定、机制设计、信息基础设施构建、应用系统开发、数字资源建设与服务、人才队伍培养等多方面内容。我国综合档案馆建设的数字档案馆普遍以馆藏数字化为主，项目周期短，基础研究和整体规划不足，馆间数据共享程度低，尚存在较大的提升空间。

（五）面向信息化的档案人才培养方案初步确定，社会服务能力提升

21 世纪初，《档案计算机管理》、《电子文件管理教程》等一批档案信息化教材面世，各高等学院档案学专业课程方案增加了计算机原理、网络、软件设计、档案计算机管理、电子文件管理等课程，以培养适应信息化需要的高素质、综合性人才。

基层单位、档案行政主管部门在推进信息化过程中，开始向咨询公司、高等院校、研究机构寻求方案设计、整体规划等智力支持，档案管理系统行业扩大，除了应用软件厂商外，存储厂商、数据库提供商、监理公司也开始进入档案领域，社会服务体系正在形成。

起步、成长、提升三个阶段的划分只是立足于现有水平对我国信息化发展阶段的划分。从人类发展的长河来看，档案信息化的工作才刚刚开始。

第三节　档案信息化的意义与发展原则

档案信息化是档案管理部门面对信息技术革命的积极回应，是档案管理发展的必然选择。对于档案管理工作，其根本意义在于触发并推进了档案管理从理论到实践、从理念到手段的全面革新，提高了管理效率和服务质量；对于档案管理人员，其意义在于开阔视野，更新观念，提高素质；对于整个社会来讲，其意义在于丰富了公众的信息生活，促进信息产业的发展。

一、档案信息化的意义

（一）催生新理论

档案信息化的开展，尤其是电子文件管理的探索，孕育出新来源观、后保管模式、文

件连续体等一批新的基础理论，这些理论如今已经对档案管理实践产生全面而深刻的影响。

1. 新来源观

来源原则或称全宗原则是最重要的档案管理原则。来源指的是档案形成者，包括组织机构或个人。来源原则要求在档案整理和分类时，同一来源的档案不可分散，不同来源的档案不可混淆。由于组织机构变动频繁，特别是电子世界里文件是动态的数据集合，与形成机关不再是一一对应的关系，一些档案学者因而主张建立"新来源观"，变"实体来源"为"概念来源"，即来源不仅指文件的形成机关，更包括其形成目的、形成过程等。来源原则的应用领域也不仅限于实体整理与分类，在检索、鉴定、著录、凭证性确认等活动中也具有重要作用。《国际档案通用著录标准》［ISAD（G）］反复强调的"多级著录"规则是其一个典型应用，美国、加拿大、澳大利亚等国家档案馆的机读目录系统严格按照全宗、类、案卷、文件这样的层级来展现，以体现文件间的有机联系。

2. 后保管模式

后保管模式与新来源观一脉相承，也是档案记录革命的产物。"后"作为前缀，是对某个事物的否定。保管模式将档案管理的重心放在档案的实体保管上，放在档案的内容上；后保管模式则将重点从档案的实体保管转移到信息利用上，从档案的内容转移到其形成过程、文件反映的职能、文件之间的联系（即背景或概念来源）上。档案管理者的角色也由被动的保管员转变为关于业务职能、文件联系的知识的主动提供者。

3. 文件连续体

文件连续体是对文件生命周期理论的扬弃。该理论构建了一个由文件形成者、业务活动、价值表现和文件保管四个坐标轴，生成、捕获、组织、利用四个维度组成的立体化的理论模型，用以描述文件生成、管理、保存中的各种要素及其相互影响。该理论认为文件管理是往复运动于从生成到处置的连续体中的一个过程，区别于文件生命周期线性分割文件生命阶段和管理活动的思路。其意义在于提醒文件、档案工作者以整体的、联系的观念管理文件和档案，提倡档案工作者早期参与或介入文件管理，在文件生成的同时或之前就开始。在文件连续体理论的启发下，以美国为代表的应用文件生命周期理论的国家，对文件生命周期理论加以完善，提倡"文件全生命周期"的管理，打破文件价值形态与其保管场所的对应关系，对文件实施全程的、连续的管理。

（二）促进管理效率的提高

管理效率的提高意味着以较少的人力、物力、时间完成较高质量或较多数量的工作。信息化过程中档案管理效率的提高主要表现在：

1. 档案管理的自动化和档案实体管理的简化

经过精心设计的档案管理系统一方面可以实现许多管理过程的自动化，包括归档、存储、鉴定、统计分析，另一方面还可以简化档案实体管理，如立卷、实体分类等，从而减少档案工作人员的手工劳动，缩短工作时间，提高管理效率。

2. 历史档案原件得到保护

利用信息技术可以从两个角度来保护历史档案：第一，代替原件提供利用。经过数字化之后，利用者可以查看历史档案的数字化版本，从而减少对原件的损害，这是较为普遍的保护视角。尽管数字化本身对原件也会造成一定的损害，但是相比反复的物理接触，损害程度还是比较轻的。第二，以电子的方式传承历史。不管保护措施如何完善，档案载体的寿命总是有限的，字迹会消退，介质会损坏，影像会模糊，声音会暗哑。如果将珍贵的历史档案数字化，且格式选择得当，用"0"、"1"比特表示的档案信息就会永久存在，这是保护珍贵档案原件的新视角。台湾于2002年7月开始实施"数位典藏计划"，将台湾地区重要的典藏（包括珍贵图书、文物、档案等）予以数字化，其目的之一就是建立数字化的文化典藏，保存文化历史记忆。

（三）促进服务水平的提高

服务水平的提高意味着以更为恰当的方式将更丰富的信息提供给用户，满足其日益增长和变化的需求。信息化过程中档案服务水平的提高主要表现在：

1. 多元化利用需求的满足

手工环境下，每种检索工具只能提供一种检索角度，限制了利用。档案管理系统具有很强的数据处理能力，可实现目录数据的一次输入、多次输出，可以从多个角度查检档案，有助于满足用户多元化的检索需求。

2. 查询效率的提高

相比亲临现场，在多个手工检索工具中翻找、在多个柜架中寻觅，在计算机中输入检索词并等待档案管理系统的反馈就显得简单多了。信息化条件下查询效率的提高不仅表现在检索时间的缩短，更表现在查全率和查准率的提高上。越是跨时空、大规模、综合性的查找，这种优越性表现得越明显。比如，总后财务部按照总后统一部署对新中国成立之后颁发的法规标准开展全面彻底的清理，按照手工查档方法，需要对该全宗50多年、5 000多卷、5万多份档案进行一次全面翻阅，需用时至少1个月，还要进行复印，费时耗材。现在，他们利用几张数字化档案光盘，输入几个关键词，就将所需档案全部找到。[①]

3. 服务内容和手段的丰富

网络环境中，档案信息服务的主动性能够更好地得以发挥。档案工作者可以通过网站将开放档案全部发布，可以将档案信息以文字、图像、音频、视频等多种媒体形式予以展现，可以将档案信息与其他数字信息有机整合，并以超链接、超媒体的方式提供便捷的访问途径，还可以通过电子邮件、手机短信等手段提供服务。利用者可用的信息内容更为全面、立体，获取服务的手段、途径也更为多样化。

（四）促进交流与合作

档案信息化对于档案工作和档案工作者既是机遇，又是挑战。从技术应用、系统设计到档案利用需求，都在不停地发生变化，新问题不断涌现，迫切要求档案界加强与外部的交流与合作，学习经验、交流心得，寻求在理念、制度、方法、手段等各方面的支持。近年来档案界在中外交流以及产、学、研合作方面得到了加强，与信息技术、图书情报、法律、公共管理等领域的交流与合作也有深化趋势。

---

① 参见王贤会等：《档案信息化建设带来的变革与启示》，载《中国档案》，2006（4）。

（五）促进人员素质的提高

档案信息化对档案人员的素质提出了更高的要求，相关档案人员的专业素质、信息素质和综合素养得到了提升，视野、能力、观念得到改善。从电子文件管理到数字档案馆建设，从对业务流程和业务系统的支撑到公共服务，档案工作者们做了许多创新性工作并获得良好的效果。

（六）有助于公众信息生活品质的提升

档案是一座文化的金矿，既有反映重大历史事件和重要决策的珍贵文献，也有反映百姓生活和地方风土人情的点滴记录。通过信息技术搭建的新平台，享用这些独特的文化产品和文化服务的用户数量正在迅速扩张。这项工作不仅可以满足广大历史工作者的研究需求，更面向千万普通大众，满足其追根溯源的心理需求，提高其对民族文化的认同感，提升其信息生活的品质，而高品质的信息生活是信息社会的重要标志。

（七）推动信息产业的发展

档案信息化对于软硬件产品的需求是推动信息产业发展的重要力量，存储设备、归档软件的市场逐年扩大。与此同时，档案也是数字内容产业的原始素材，部分历史档案可以做增值开发。台湾的"数位典藏计划"除了有建立数字化的文化典藏、提高公众文化素养的人文目的之外，还有一个重要的经济目的，那就是利用数字化的典藏，促进知识管理、多媒体网络、中文语言处理等相关技术各项的研发，促进内容产业的发展，使民间可以对数字化之后的典藏做增值性应用。

二、档案信息化的发展原则

档案信息化的意义深远，任务繁重，要实现其稳健快速的发展，需要坚持注重效益、统筹规划、需求导向、保障安全的原则。

（一）注重效益

档案信息化的效益体现在两个方面：一是合理的投入产出比，二是工作成果的可持续性。进入"十一五"之后，国家、地方、行业档案信息化项目投入增加显著，耗资几百万元、上千万元的项目并不鲜见。历史上也出现了很多深刻教训，如因格式选择不当导致电子文件无法阅读成为"死档"；对数字化对象的范围鉴选不当，导致数字化资源束之高阁；为数不少的单位先后用过多个档案管理软件，档案数据散存在这些系统中互不联通，查询极为不便等。在档案部门占有资源较少、目前外部发展环境较好的情况下，应格外重视信息化效益，通过科学的规划、监控、审计机制，保证投入的有效产出以及档案信息化的可持续发展。

（二）统筹规划

统筹规划是注重效益原则的必然要求。档案信息化是一个长期发展的系统工程，要素众多，投资不菲，为充分发挥各方面的积极性，避免重复建设和盲目建设，促进信息交换与共享，提高档案信息化的整体水平，需要对各阶段的目标、任务、措施进行总体规划和部署，分步实施，有序推进。在国家、地方、行业和基层单位等各个层面，都有必要开展相应的档案信息化规划工作。国家、地方档案行政管理机关，行业主管部门以及各档案馆（室）应在国家、地方、行业、单位信息化规划的框架下，协调好与相关部门的关系，对相应层次的档案信息化建设进行统筹考虑，作出总体安排。

（三）需求导向

需求导向原则也是注重效益原则的要求。只有面向档案管理和开发利用的主要需求，解决工作中存在的实际问题，才能提高信息化项目的实际效果，实现合理的成本效益比，并有助于档案信息化的持续推进。从规划到实施，从法规建设到标准制定，从系统开发到资源构建，都应切实以需求为导向，认真调研、广泛论证、集思广益，不能拍脑袋决策，不能做成面子工程。

（四）保障安全

保密是手工条件下档案安全保护工作的主要任务。而电子环境中档案安全保护的任务则除了防止泄密之外，还需要防止数字信息的丢失、失真和不可用。磁性、光学载体存储密度高，区区一张光盘的丢失可能意味着上千份档案的丢失。网络的四通八达在为合法利用提供方便的同时，也为修改、删除、泄密等非法利用提供了渠道。可以说信息时代档案安全保护的难度加大，这就要求在健全法规、统一标准的基础上加强档案信息的安全保障工作，正确处理信息开放与安全保密的关系，搭建信息安全保障体系，从硬件挑选、软件设计、制度建设、人员管理等方面全面维护数字档案信息资源的安全。

思考与复习题

1. 如何理解档案信息化的概念？
2. 档案信息化的内容有哪些？
3. 比较档案辅助管理软件和电子文件管理软件的异同。
4. 我国档案信息化建设面临哪些体制上的问题？
5. 从 20 世纪 70 年代至今，我国档案信息化大致经历了哪几个发展阶段？每个阶段有何特点？
6. 结合某单位、地方、行业或国家的实际情况，谈谈档案信息化的意义。
7. 如何做好档案信息化的统筹规划？
8. 如何理解需求导向这一档案信息化的发展原则？

第十六章

电子文件管理

内容提要

本章重点讲六个方面的内容：一、电子文件的概念和技术特点。二、电子文件管理的目标和方法要点。三、电子文件的形成与分类。四、电子文件的鉴定与归档。五、电子文件的著录和开发利用。六、电子文件的保管与移交。

第一节　电子文件的概念和技术特点

一、电子文件的概念

电子文件，又称数字文件，是在数字设备及环境中生成，以数码形式存储于磁带、磁盘、光盘等载体，依赖计算机等数字设备阅读、处理，并可在通信网络上传送的文件。[①]作为文件家族的新成员，电子文件与其他类型文件的区别在于记录方式和载体形式的不同，两者在支撑业务活动和传承社会记忆方面的功能则是一样的。

电子文件是内容、结构和背景这三个要素的统一体。内容是指文件中所包含的表达作者意图的信息。结构是指文件内容信息的组织表达方式，分为物理结构和逻辑结构。物理结构是指文件信息存储于载体上的位置及分布情况，例如文件的正文、批示、附件等各部分信息在载体上的存储位置。电子文件所使用的载体、编码方案、存储格式即反映了其物理结构方面的信息。逻辑结构是指文件信息的内在关系，例如文件中的文字排列、章节构成、页码顺序、插图位置、附件等方面的信息。背景是指能够证明文件形成环境、形成过程、存在状态以及文件之间相互关系的信息，如作者、签发人、成文日期、收文者、形成文件的活动说明、文件生成的软硬件环境、文件状态改变的说明、相关文件名称及其关系说明等。背景亦称形成背景，在文件形成过程中生成，是说明文件来源、证明其原始性的关键要素。

电子档案是具有保存价值的电子文件。从全球范围来看，档案界同行较多采用电子文件而较少使用电子档案的概念。其原因大致有两个：其一，在电子文件形成初期，尚不能确定这种新型载体的文件能否作为档案永久保存，即便将其接收进馆，仍称之为文件而非档案，时至今日，虽然电子文件作为档案保存的可能性已经得到论证，但称谓并没有随之

[①]　这个定义出自国家标准《电子文件归档与管理规范》（GB/T 18894—2002）。

改变；其二，电子环境中，现行文件与档案之间的界限已不明显，文件生命阶段的各项管理活动要重新整合，某些档案管理活动需要提前至文件形成阶段。采用大文件观，将电子文件和电子档案统一称为电子文件，有助于实现科学管理。因此，这种名称上的变化有其深刻的管理背景。目前我国也多以电子文件的称谓为主。

电子文件的种类多样，按照信息存在的形式，可分为文本文件、数据文件、图像文件、影像文件、声音文件、程序文件、多媒体文件、超文本文件、超媒体文件等。

二、电子文件的技术特点

从泥板、石刻、甲骨、竹简到纸张，当文件记录在这些传统载体上时，人们形成、管理和利用文件时无须他物，人与文件之间的关系是直接的，如图16—1所示。而到了电子文件，这种直接的关系被打破，计算机系统是文件无法离开的生存环境，人对文件的一切行为都需要借助于系统才能实现，只有通过特定的程序才能记录、修改、办理和阅读文件内容，如图16—2所示。相比传统载体的文件，电子文件具有许多新的特点，这些特点皆因系统而生，故而称之为技术特点。这些技术特点对电子文件管理提出了新的要求，产生了深远的影响。在一定程度上，电子文件管理方法和理念的变革源自于此。

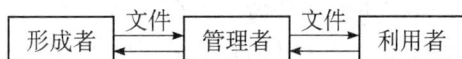

图16—1　传统环境中人与文件的关系

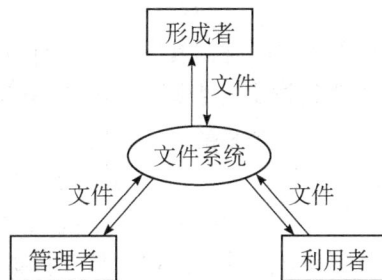

图16—2　电子环境中人与文件的关系

（一）信息的非人工识读性

在计算机系统中，信息以"0"、"1"的数字代码表示，和人的肉眼所视完全不同，不同类型的信息有各自的编码方案。只有通过特定的程序对这些代码进行解释还原，人方可识读和理解。电子文件信息的非人工识读性对管理工作提出了一个基本要求：为了能够使用电子文件，首先要保证它可以识读。

（二）信息的系统依赖性

电子文件信息的系统依赖性有两层含义：其一，在一般意义上，电子文件的形成、处理，以至归档后的全部管理活动都必须借助于计算机系统才能实现；其二，电子文件信息在显示输出时依赖于特定的计算机系统，那就是其形成系统，与形成系统不兼容的计算机和应用软件则无法打开文件。在 20 世纪七八十年代开始保存电子文件的档案馆，大多遭遇到因无法提供相应软件导致文件不可用的问题。如 2001 年美国航天总署发现其 20 世纪 70 年代中期取得的有关火星资料的计算机档案已经无法读取，当初撰写该档案格式的软件工程师，已经去世或无法回忆起当年的工作，旁人也无法解读当年的程序原始码。[①] 因此，若要文件可以识读，必须借助其形成系统或与之兼容的系统。

（三）载体的可转换性

载体的可转换性亦称"信息与特定载体之间的可分离性"。传统载体的文件，信息一旦生成，即被固定在某一载体上，两者结合为"原件"。虽然也可通过静电复印等方法传播、利用信息，但可容易地分辨出原件和复制件。人们通过判断载体及记录在载体上的笔迹、签名、印章等相关标记的原始性来判断文件的原始性，通过保护载体的原始性来维护内容的原始性。电子文件中则不存在实体意义上的原件，它可以根据需要在不同的载体上同时存在或相互转换，不同载体上的信息，包括字体、签名、印章在内，则可完全一致，载体的转换并不会影响到电子文件信息的原始性。而且由于磁性载体和光学载体寿命短，对于电子文件而言，转换载体是必需的。没有一份电子文件拥有恒久不变的载体，电子文件不可能有固定不变的实体形态和物理位置。正因为如此，对于电子文件，人们往往用"真实性"而非"原始性"的概念来描述其信息的原生特性。

（四）信息的易变性

电子文件信息容易改变，其主要原因有：其一，人为有意改动，计算机系统中人们对信息的增删更改十分方便，除非事先设定，否则并不会留下痕迹；其二，系统无意改动，计算机技术发展速度很快，编码方案、存储格式、系统软件、存储介质不断推陈出新，而转换过程中由于操作和其他方面的原因，可能导致信息的改变、损失甚至丢失。如果说可以通过制度和技术措施来有效规避人为有意的改动，系统无意改动则是防不胜防的。电子文件载体的可转换性、信息的易变性导致手工环境中依靠保护载体原始性来保护档案信息原始性的方法在电子世界里失效。

（五）信息存储的分散性

电子文件信息存储的分散性表现在两个方面：其一，一份电子文件的内容、结构和背景信息分散保存。以行政公文为例，其内容和结构信息由字处理软件生成，而包括起草者、审批者、审批流程、办理意见、签发时间等许多背景信息，则由办公自动化系统生成，两者可能分别存放在文件系统和数据库中。其二，一份电子文件的信息可能来自其他多个文件。比如，一份关于某城市人口情况的报告，其数据来源于常住人口和流动人口的数据库，生成该报告的应用程序只保存这些数据的地址和其他内容信息，有关数据仍然保存在人口数据库中，因此关于该报告的内容、结构和背景信息，可能分布在不同的系统、

---

① 参见毛庆祯：《电子档案格式之开放性研究》，http：//www.lins.fju.edu.tw/mao/works/filestd.htm，2004-09-10。

机器、地点。电子文件信息分散存储，在归档保存时容易出现部分信息缺失的情况，影响文件质量及其功能的发挥。

（六）信息存储的高密度性

电子文件的信息存储密度大大高于以往各种人工可识读的信息介质。一张 5 英寸 CD-R 光盘（650MB～1GB）可存储 3 亿～5 亿个汉字或数千页 A4 幅面的文稿图像，一张容量达 4.7GB 的 DVD 光盘，可存储 20 多亿汉字和数万页文稿图像。过去一个几十平方米库房中的档案信息量现在则可能十几张光盘就可以承载，这极大节约了存储空间。随着技术的进步，电子文件介质的存储密度还将继续加大。然而，存储的集中也意味着风险的集中，载体一旦受到侵害，损失就可能很大。2007 年 10 月，英国皇家税务及海关总署在邮寄过程中丢失两张重要数据光盘，其中包括约 2 500 万人的个人资料和银行信息，这意味着英国 6 000 万人口中，有近一半人将面临受欺诈的危险。[①]

（七）信息的可操作性

相比被固化在传统载体上的信息，电子文件中的数字信息则是灵活、可变的，人们可以利用各种技术工具和手段，对之进行多种操作，如剪切、复制、粘贴、着色、压缩等，这为文件信息利用带来了极大的方便。经过相应的操作，人们可以使电子文件处于操作者希望的状态之下。该特点要求电子文件管理者更多地考虑用户的需求，为其提供便利，同时也要注重保护归档电子文件不被人为有意改动。

（八）信息的可共享性

共享性是指一份文件可实现多人、同时、异地利用。电子文件的出现，打破了必须在固定场所、在固定的时间内、查阅固定份数的文件的利用限制。在网络环境中，同一文件可以同时在多台处于不同地点的计算机屏幕上显现，利用者不必亲临文件保存地，也不必受限于档案馆（室）作息时间，数字时代全天候、跨地域的信息服务已经非常普遍。电子文件因而被誉为"流动的资源"。不过，电子文件信息的可共享性也给其安全性造成了一定的威胁，向合法用户开放的同时也给偷窥现行机构、档案馆信息秘密的行为提供了机会，给病毒、蠕虫、木马等恶意程序的入侵提供了渠道。

第二节　电子文件管理的目标和方法要点

一、电子文件管理的目标

电子文件管理的目标是决定电子文件管理内容和方法的核心因素。电子文件管理的目标主要可以分为两类：一是电子文件的质量目标，包括真实、完整、可读、可用、保密、

---

① 参见中央电视台：《英国税务及海关总署丢失数据光盘》，http://news.cctv.com/world/20071121/108272.shtml，2007-11-27。

及时等；二是电子文件管理的其他目标，包括提高业务效率、满足法规要求、降低业务风险、维护社会记忆的完整等。这些目标的实现程度依赖于电子文件的质量。这里主要阐述电子文件的四个最基本的质量目标：真实性、完整性、可读性和可用性。

（一）保证电子文件的真实性

对于电子文件的真实性有多种解释，其中最具代表性和影响力的观点有两种。第一种是原始记录性在数字世界中的演绎：真实性是指电子文件确系业务活动的真实记录，其内容、逻辑结构和背景信息经过传输、迁移等处理后依然保持不变，与形成时的原始状态一致。它要求电子文件不是非法用户伪造的；没有经过非法改动；处理工作亦未造成其内容、逻辑结构和背景信息的变动。当然，物理结构以及一些信息显示形式上的变化并不影响电子文件的真实。尽管表述可能有所差异，我国的大部分学者、由三十几个国家和地区的专家参与的"永久保障电子文件真实性的国际研究项目"（Inter PARES）采用的都是此类界定。第二种是国际标准 ISO15489《信息与文献——文件管理》的定义：文件与其既定用意相符；文件的形成者与发送者与其既定的形成者与发送者相符；文件的形成与发送时间与其既定的形成与发送时间相符。所谓"既定"，是指法规、标准、制度的规定。这个定义除了明确了信息不能非法变动之外，还强调其生成的合法性，内涵更为丰富。考虑到我国档案管理的实情，本书采用第一种解释。

电子文件的真实性表现在两个方面：一是文件在形成过程中的真实，即某一份文件客观反映和真实记录了机构业务活动，只有真实的电子文件才能有效支撑电子化业务活动，保证其有序运行；二是文件在形成之后的真实，表现为在整个文件生命周期里未被误改或篡改，保持历史说明能力，这样的真实性也称为长期真实性，是电子文件作为社会记忆长久保存的基本前提。

正因为电子文件真实性的重要作用，其认定与维护工作一直是电子文件管理中的关键内容，其中文件形成过程中的真实性问题更是受到社会的普遍重视。保证电子文件真实性的最大难题就在于电子文件不可能不变，它的载体会变化，存储位置会改变，格式可能转换，这些变化有些会影响到真实性，有些则不然，关键要掌握各种可能的变化，准确判断出变化的性质及其后果，并且做好相应的防控措施。电子文件形成过程中的真实性，主要依靠包括身份认证、数字签名、权限控制等在内的技术手段以及配套管理制度来保证；对于其长期真实性，主要采用事前控制存储格式、完整保存电子文件信息、全程跟踪记录文件形成和管理过程、事后审计的方法来加以维护。

（二）保证电子文件的完整性

完整性是指文件信息齐备，没有缺失。电子文件的完整性主要包括两个方面的含义：其一，每一份电子文件的内容、结构和背景信息没有缺损；其二，是作为记录机构活动真实面貌的、具有有机联系的电子文件及其他形式的相关文件数量齐全，文件之间的有机联系得以揭示和维护。

完整性是实现电子文件价值的保障，对于真实性、可读性、可用性的保证也有着重要意义。说明电子文件重要属性和有效管理过程的信息若不完整，则往往不能证实其真实性；若说明文件技术状况方面的信息缺失，则对其可读、可用也有负面影响。

为了确保每一份电子文件的完整，应分析电子文件的构成要素，完整的电子文件是这些要素的有机结合。在传统环境下，文件的各个要素是可视的，并且通过载体固定在一起，而在计算机系统中，表达电子文件内容、结构和背景的要素完全可能独立存在，分别管理，而且有些要素是不可视的，如对于文件格式的控制命令等。为保证和维护电子文件的完整性，需要有意识地将这些要素集中管理。

对于某项活动形成的电子文件及相关文件的完整，应提前明确归档范围和归档要求，通过系统执行和人工监控将具有有机联系的文件收集齐全，并在相关文件之间建立有效的关联。如果这些文件都是电子形式的，则有必要将这些电子文件进行适当的物理集中，并通过链接、标引等方式保持其有机联系。如果一项活动除了形成电子文件外，还生成纸质文件、模拟影像、缩微胶片等其他载体形式的重要文件，如很多机关自身生成的请示和其他对外行文是电子文件，而收到的批复和其他来文却是纸质文件，则可通过数字化手段将其他载体形式的文件数字化，并建立关联；若没有数字化，则应在目录中反映整个活动所形成的所有文件。

（三）保证电子文件的可读性

电子文件的可读性是指文件经过存储、传输、压缩/解压缩、加密/解密、载体转换、系统迁移等处理后能够以人可以识读、可以理解的方式输出，并保持其内容的真实性。电子文件的可读性是其存在和价值的基础，如果文件不能顺利读出，文件中的信息便成为"死信息"，再有价值的东西也失去了存在的意义。

电子文件的系统依赖性使得每一份文件只有在相应的系统环境中才能读出，这个系统环境涵盖的因素很多：中央处理器（CPU）、载体、操作系统、应用软件、加密软件、压缩软件等，其中任何一个因素的规格、版本发生改变，就可能导致文件的全部或部分无法读出，尤其以应用软件的影响最大。人们日常的工作和交往中常常遇到电子文件读不出来的情况，教训也相当深刻。

目前保证电子文件可读性的措施主要有这样几类：其一，将电子文件以开放格式保存。格式规定应用软件解释文件中数据的方式，通常文件的后缀名标志了其格式。开放格式的规范是公开的，若开放格式由标准化组织推动，则为标准格式。任何组织和个人可根据公开的规范编写开放格式文件的编辑、阅读软件，由此摆脱其对特定软硬件的依赖。不过目前并非所有文件都能转换成开放格式，有些文件在格式转换过程中可能有信息丢失或变形情况。因而有些档案部门同时保存文件的原始格式和开放格式。其二，将文件形成系统与电子文件一起归档保存。这种方法保全了电子文件的形成环境，不过形成系统的收集、维护都需要专门人员来做。其三，采用能打开多种格式文件的阅读软件，这种软件只能浏览不能编辑电子文件，这一点符合档案管理要求，缺陷在于其能够打开的文件格式是有限的。其四，随着系统环境的变化，将电子文件从旧的技术环境（平台）转换到另一种技术环境上，这个过程称为迁移。迁移是不同信息格式之间的转化，有时还涉及整个系统配置的改变。其缺点在于可能造成部分文件受损。其五，将电子文件信息转移到纸张、缩微胶片等传统载体上，这种方案无法呈现声音、视频等非静态信息。以上措施各有优缺点，目前业界倾向于开放格式的解决方案。

（四）保证电子文件的可用性

可用性指文件可以查找、检索、呈现或理解。也就是说一旦用户产生使用文件信息的需求，便能查找到所需信息，并且文件能以用户可理解的方式输出。可用性以可读性为前提，同时提出了便于查询利用的更高要求。

为保证电子文件可用性，除了做好可读性维护之外，还应准确把握和预见各方面的信息需求，对电子文件及相关信息内容进行有序组织、深入挖掘，提供多种检索途径和多样化的信息产品，及时回应利用申请。此外，还要保护电子文件的信息安全，避免在利用过程中遭到破坏，避免非法用户的访问。

二、电子文件管理的方法要点

电子文件管理要在传统档案管理原则、方法的基础上，结合电子文件的特点和社会需求的变化，加以合理变革和更新。不同机构、种类的电子文件，其管理要求和管理方法不完全相同，但如下基本要点则是一致的：

（一）对电子文件生命周期全过程实施持续管理

电子文件的管理，要遵循全程管理原则，对电子文件从产生到永久保存或销毁的整个生命过程实施连续管理。

对电子文件整个生命周期实施连续管理，是追求整体效益最佳化的要求。应打破现行文件和档案管理分段、脱节的管理模式，注重各个生命阶段所有管理活动和管理要素的统筹兼顾，把握实施管理行为的最佳时机和适宜方式，削减在分类、著录、存储等方面的重复劳动、抵触措施或遗漏之处，强调各项管理内容和要求的无缝链接、系统整合和总体效应。

对电子文件整个生命周期实施连续管理，是保证电子文件质量的要求。电子文件管理过程中任何一项具体操作的失误都有可能对电子文件造成不良后果。因此，应对文件各个生命阶段施以统一的质量要求和管理要求，并对文件生成、登记、修改、审核、签署、分发、鉴定、归档、保管及利用的全过程进行监控、跟踪与记录，及时发现和纠正失误。

（二）自电子文件形成阶段开始便实现档案管理功能

电子文件的管理，要遵循前端控制原则。在电子文件的生命周期中，文件的形成是前端，处理、鉴定、整理、编目等具体管理活动是中端，永久保存或销毁是末端。前端控制是全程管理的必然延伸，它要求对电子文件管理过程的目标、要求和规则进行系统分析和科学整合，把需要和可能在文件形成阶段实现或部分实现的管理功能尽量在文件形成阶段实现。

自电子文件形成阶段开始便实现档案管理功能，是保证电子文件长期真实、完整、可读、可用的有效策略。形成阶段是决定电子文件质量的关键时期，文件的内容、结构、形成背景都在此阶段形成。如果有不符合文件质量要求的地方或是管理失误，到了档案保存阶段将不可修复或难以更正，比如没有生成足够的背景信息、选择了依赖某种特殊软硬件的存储格式等。在文件形成过程采取适当措施贯彻落实档案管理要求，可以有效避免其先天不足，以尽可能低的成本达成尽可能好的结果。比如，在文件形成时就确定其是否属于归档范围，重点监管应归档文件的动向，确保其得到合理处置。

自电子文件形成阶段开始便实现档案管理功能，化被动的收集、保管为主动监管、控制，有助于提高管理效率，提升管理质量。电子文件形成阶段的档案管理措施，一般是由文件形成者在创建、接收、登记、处理文件的同时完成，或由电子文件管理系统自动完成，不需要档案管理者事后作业，管理效率和效果均佳。如在文件生成、处理的同时及时捕获说明其形成过程的管理信息，可以消除事后著录、重复录入，减少信息误差。

在初步建立了电子文件管理系统的机构中，电子文件在业务系统中生成和运转，在电子文件管理系统的辅助下捕获和归档，因此电子文件管理过程的前端就延伸到了业务系统和电子文件管理系统的设计阶段，前端控制的形式也部分转移到业务系统和电子文件管理系统的功能设计之中。这也是有观点认为控制要从文件形成之前开始的原因所在。

（三）对电子文件管理流程加以优化

文件管理流程是指文件生命周期中施加于文件的一系列相关的管理活动的有序组合。电子文件管理流程不是对手工管理流程的复制和模拟，而应根据电子文件的技术特点，利用计算机系统高效处理数据、一次输入多次输出、可并行作业等优势，构建更为科学高效的新流程，具体落实全程管理和前端控制。

相比手工管理流程，电子文件管理流程的内容，以及组成流程的各项管理活动的开展时间、承担者、相互关系都有变化。在内容上，有些管理活动需要增加，如确定文件存储格式、确定文件存储位置等；有些管理活动被简化，如实体整理、分发；另外一些则变得复杂，如鉴定工作中增加了技术鉴定的内容，著录的范围扩大等。在电子文件管理活动的开展时间上，有些活动提前，如归档、鉴定、分类、著录等提前到文件形成阶段就开始；与此同时，著录、鉴定等延伸到整个文件生命周期。在承担者上，除了档案人员、文件形成者之外，信息技术人员、计算机系统成为电子文件管理队伍的新成员。信息技术人员承担技术鉴定、迁移、备份等技术管理工作；如果设计和使用得当，文件系统可以承担、参与许多事务性、重复性的工作任务，如文件的分发、鉴定、归档、著录、跟踪、统计等，使之自动化。在文件管理活动之间的相互关系上，手工条件下基本上依次开展、顺序衔接、相互独立的管理活动，在电子环境中正逐渐变得同时开展、相互交叉、部分内容合成，从而使得电子文件管理流程具备并行化、非线性化、集成化等特征，如很多文件管理活动的结果都可能自动记录到著录数据库中，从而导致著录同其他文件管理活动的集成。

各单位应综合考察业务、技术、制度、标准、人员、文化等多个要素，通过合并、削减、前置、并行、自动化等手段，优化设计电子文件管理流程，并将电子文件管理流程的优化纳入机构业务流程的整体优化之中。

（四）以电子文件管理软件为中心实施管理

电子文件的技术特点和随之而来的管理问题都直接或间接地起源于系统，而最后的解决途径也一般都要归结到系统的设计上。在电子文件管理体系中，管理系统（主要是软件）处于中心位置，没有系统的管理对于电子文件而言是不可想象的。设计合理的电子文件管理系统是相关管理制度、标准、方法的执行者，是电子文件管理活动重要的承担者，是全程管理、前端控制和流程优化的根本保证。

承担电子文件管理功能的系统主要由两部分组成：形成电子文件的业务系统和独立的电子文件管理系统。业务系统负责生成合格的电子文件并将之交付给电子文件管理系统，电子文件管理系统负责适时捕获、采集电子文件并保证其长期真实、完整、可读、可用。这两个系统之间应该有数据接口，以保障数据顺畅、无损传递。当然，有些业务系统包括功能相对齐备的文件、档案管理模块，不过一般只能管理本系统产生的电子文件，而专业的电子文件管理系统则能综合管理多种电子文件。

近年来电子文件管理软件的功能需求一直是国际关注的热点，对于文件系统开发的参与也被档案部门看作解决电子文件管理难题的一条重要措施。独立的电子文件管理系统应该具备的一般功能包括捕获（归档）、分类、鉴定与处置、著录（元数据管理）、存储与保护、检索与利用、安全与存取权限控制、日志与审计、报表设计与制作等。[①]

（五）将元数据作为电子文件管理的基本工具

元数据（Metadata）是信息技术应用后才出现的概念，其一般性解释为"关于数据的数据"，其基本功能为描述和定义数据。作为数据管理的工具，元数据被广泛地应用在数据库、图书馆、情报、文档管理等信息资源管理领域。国际标准 ISO15489 将元数据定义为描述文件的背景、内容、结构及其整个管理过程的数据。全世界档案管理领域基本都采用此概念。

元数据是个新概念，但其实质并非全新。手工管理中出于检索目的而编制的著录卡片、目录中的信息，以及文件登记簿、销毁记录、利用记录中的信息皆为元数据。只不过这些信息的存储和管理分散，需要重复输入。电子文件的元数据较传统文件的元数据管理的范围扩大，它好比电子文件的跟踪摄像机，全面描述文件的本来面貌和生命历程。元数据可在源头一次性捕获，并为不同管理活动所调用，无须反复输入。

正因为其全面的描述作用，元数据的功能是全方位的。根据完整的元数据记录，可以回溯电子文件的原貌和变化过程，从而确认电子文件的真实性，这是保障长期真实性的最重要的措施。利用元数据可以维护文件内容、结构和背景之间以及文件之间的关联，从而保护电子文件的完整性。元数据记录了电子文件形成、迁移后的技术环境，为保证其长期可读性提供了必要的信息。对具有检索意义的元数据加以有效组织，可为利用者提供全方位、多角度的检索入口，从而有力地支持了文件的可用性。在一次性捕获元数据之后，便可以在多项文件处理、管理活动之间共享，从而为电子环境下文件管理流程的集成和优化提供了基础和保障。

因此，元数据是电子文件管理的基本工具，是业务系统和电子文件管理系统的信息血脉，每一项管理活动都是记录、调用相关元数据的过程。档案部门应明确需要采集的元数据项目、捕获方式和管理方式，并在有关的业务系统和电子文件系统中实现。

（六）采用基于职能的管理方法

职能是机构对于社会承担的主要职责，它包括为了完成一定目标而组织在一起的若干

---

① 参见冯惠玲主编：《政府电子文件管理》，67 页，北京，中国人民大学出版社，2004。

工作。有时若干部门联合执行某项职能，有时不同部门在职能中会有交叉。机构承担的职能相对稳定，而组织结构和部门设置则相对灵活多变。文件是机构履行职能的记录，职能的类别是判断文件类别的依据，职能的重要程度是决定文件重要程度的依据，按照职能分类体系组织文件，可以充分反映文件的来源联系，说明其来龙去脉。职能分类法、职能鉴定法以及以职能为基础组织文件信息提供利用，是档案管理中极富特色的专业方法，为多个国家所采纳，并被国际标准 ISO15489 确认，在电子文件管理中也应该采用这些管理方法。职能分析也是电子文件管理系统设计过程所必须开展的工作内容。

以上要点的阐述都是在方法层面上展开的。管理好电子文件，仅有科学的方法是不够的，还要构建覆盖观念、制度、组织、方法、手段在内的全面的管理体系。

第三节　电子文件的形成与分类

一、电子文件的形成

电子文件的形成是对电子文件从无到有的过程的统称，一般包括创建、流转、传输三类活动。

（一）创建

电子文件的创建，是指在计算机系统中拟制文件或接收外单位的来文的过程。已经电子化的业务类型非常多，电子文件的创建工作也各不相同，从行政公文的起草、设计图纸的绘制到公民纳税数据的登录，种类多样的电子文件全面记录信息社会的方方面面。经过创建的电子文件应在软件系统中予以登记。

如果说形成阶段是电子文件管理的关键时期，那么创建则是关键中的关键。电子文件创建期要展开一些重要的管理活动，主要包括：

1. 为文件命名

这是电子环境中新增的管理内容，文件名是操作系统识别文件的主要标志，机构最好制定文件命名规则，以防命名随意所导致的重名、无法体现内容等不良情况。

2. 确定文件的存储格式

最好在文件创建的时候就采用通用格式或开放格式，以免事后格式转换造成信息损失，这实际上在选购应用软件时就要考虑的。各类电子文件常用的成为标准的开放格式如表 16—1 所示。如果难以采用开放格式，应尽量选用覆盖面广、成为事实标准的存储格式，以降低未来格式迁移的难度。

表 16—1　　　　　　　　　　　　　电子文件存储格式

电子文件种类	开放格式	常用的封闭格式
文本文件	.txt，.xml，.odt，.uof，.pdf	.doc，.ceb
图像文件	.jpeg，.tiff，.bmp，.gif，.svg	.psd
声音文件	.mp3，.wav	.wma，.mov，.rm
视频文件	.mpeg1，.mpeg2，.mpeg4	.avi，.asf，.mov，.rm

3. 对电子文件进行分类

判断电子文件的类别，国际上通用的方法是根据文件反映的职能判断文件在整个分类体系中的位置。

4. 对电子文件进行价值鉴定

根据电子文件保管期限表，赋予其保管期限。当然，目前还有很多机构的鉴定工作并非是在电子文件创建期完成的。

5. 将电子文件保存在适宜的位置

有条件的单位，公务活动中形成的电子文件不宜随意存储在个人计算机中，而应集中存储，以便保护和控制。

6. 形成元数据

上述管理活动会产生许多有价值的元数据，如作者、标题、时间、存储格式、编号、类别、存储位置等，应该予以实时捕获、集中管理。

（二）流转

流转是电子文件由机构内部多个部门、多个人员处理生效的过程，也是可借助信息系统规范业务流程、大幅提高效率的阶段。在业务系统中，可以为不同类型的文件设定相对固定的流转路径，也可允许用户为一份文件自定义流转路径。

在电子文件流转的过程中，容易生成多个版本，应加强版本控制，避免不必要版本的出现，保证归档的是最终版本，并保存必要的修改痕迹。流转也是生成元数据的重要环节，可能生成的元数据包括审批人、审批过程、审批意见等。流转过程还应保证创建阶段形成的元数据不丢失，并始终与文件保持关联。

（三）传输

传输是指电子文件在不同机构之间的传递过程。一个单位的发文经过网络传输成为另一个单位的来文。电子文件的传输大致有两种形式：一是通过公共网络，一般可利用电子邮件、即时通信等工具传递，这种传输方式并不安全；二是通过专门网络传递，如虚拟专用网（VPN）或企业网，可通过电子邮件、即时通信等工具传递，也可通过专门的传输软件传递，后者一般采用了加密、数字签名等技术手段，安全性更高。如国务院办公厅和各地区、各部门之间建立了电子公文传输系统，可传输红头文件。

除了安全因素之外，电子文件的传输还有一些值得关注的管理问题，比如格式问题，为保证传输的快捷与安全，电子文件在传输之前往往经过压缩、加密、转换格式等处理，到了接收方需要解压缩、解密、转换格式后方可阅读，这既可能造成信息丢失或变形，也可能因依赖某种特殊系统而对文件的处理、存档造成不便。再如传输软件与业务系统的集成问题，由于系不同的商业软件，二者的集成度可能不高，这意味着在发送、接收电子文件的时候，需要人工将文件从一个系统转入另一个系统，甚至是从一台计算机转入另一台计算机，不仅手续复杂，而且容易导致元数据的不全。

二、电子文件的分类

电子文件的分类有实体分类和信息分类两种。

（一）实体分类

实体分类是对保存电子文件信息的载体的类别划分，由于电子文件存储密度高，载体的数量较少，故而类别划分相对简单，可按照载体类型连续编号，亦可结合存储信息的媒体类型简单分类后编号。

（二）信息分类

对于电子文件的信息分类，有看法认为电子文件的著录信息（元数据）很详细，只需输入关键词、作者、时间等，便可以快速检出有关文件，很少有用户会使用分类号或主题词来查检文件，分类支持检索的功能较弱，分类主要的目的就是满足存储、与纸质文件对照等日常管理的需要，宜简单粗放，可借鉴传统档案实体分类中的组织机构分类法或时间分类法，或者根据信息媒体类型划分文件类别，包括文本类、图像类、声音类、视频类等。

上述看法有其现实合理性，其缺陷在于未从整体管理的角度看待电子文件的分类。除了支持检索之外，电子文件的分类具有更为广泛的用途，包括揭示文件之间的有机联系、支持鉴定、支持存取权限控制、支持归档等，这些功能的发挥取决于合理的分类方法——职能分类法，即依据电子文件反映的机构职能进行类别划分的方法。当然，组织机构、时间、媒体类型也是常用的、辅助的文件分类方法。

利用职能分类法对电子文件进行分类一般包括三个步骤：

1．建立职能分类方案，制定电子文件分类方案

电子文件形成机构所承担的职能（function）有多项，为了完成某一项职能需要开展若干业务活动（activity），而一项活动往往由若干单独的事务步骤（transaction）组成，通过职能、活动、事务的关系分析，可以形成多层级的、结构化的树状职能分类方案，如图16—3所示。电子文件分类方案和职能分类方案基本一致，类、子类、案卷基本对应着不同职能中所形成的电子文件集合，具体的层次设置需要结合电子文件形成机构的实际情况而定，如图16—4所示。分类方案不是一成不变的，需要定期进行维护。无论是职能分类方案还是电子文件分类方案，都要为每个职能、活动、事务，以及类、子类、案卷配置唯一的分类标识符。

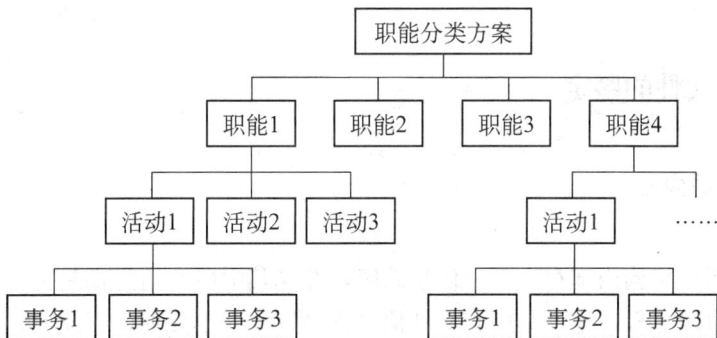

图16—3　电子文件形成机构的职能分类方案

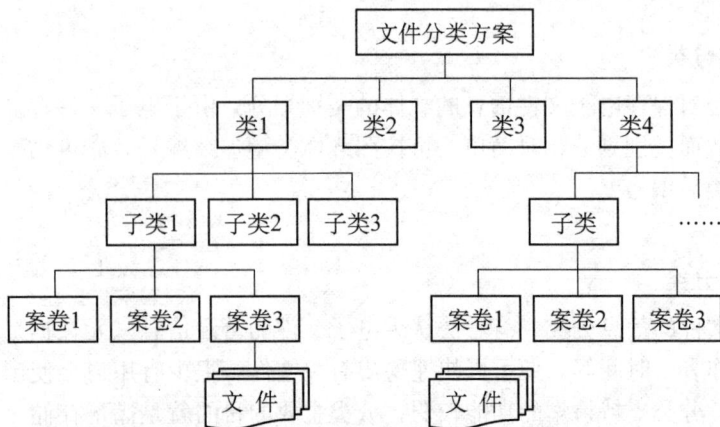

图16—4　电子文件的分类方案

在我国，在一定程度上可以参考《中国档案分类法》编制分类方案。但从分类层次上来讲，由于《中国档案分类法》是对所有组织机构的整体职能进行分类，所以难以直接指导机构内部职能的划分。

2. 在业务系统和电子文件管理系统中配置职能分类方案和文件分类方案

形成电子文件的业务系统和电子文件管理系统都应当支持电子文件的职能分类，并能够对之加以维护，跟踪其发展变化。

3. 对电子文件进行分类

在电子文件创建的时候，根据系统中已定义的分类方案，选择或填写电子文件的类目，并赋予其相应的分类标识符。

按照职能对电子文件进行分类，可以反映其文件最本质的有机联系，即来源联系。不仅如此，职能分类法还有效地促进其他重要的电子文件管理活动，提高自动化水平和管理效率。比如基于分类方案制定保管期限表，规定每一类而不是每一份文件的保管期限，这样就可以在判定文件类别时自动判断其保管期限，并可以类目或案卷为单位执行批量、自动的鉴定处置。

第四节　电子文件的鉴定与归档

一、电子文件的鉴定

（一）鉴定的内容

1. 鉴别

电子文件形成机构内部存在多个信息系统，并非其中所有信息都是文件信息，如私人邮件、某些即时消息等，也不是所有文件信息都是以独立单元加以存储的，如数据库中某些数据记录。鉴别工作就是确定哪些信息构成一份文件，明确需要以文件管理方法加以管理的数字信息对象。鉴别一般在文件创建时期开展，其结果就是赋予每一份电子文件唯一的文件号。

2. 双重鉴定

双重鉴定是电子文件鉴定工作的核心内容，其任务在于科学地判断电子文件的保存价值，确定其保管期限。为此，需要从两个方面入手：一是判断电子文件信息的有用程度，称为内容鉴定或内容分析，二是判断电子文件有用程度是否具有实现的可能，即检查电子文件的技术状况，以明确电子文件的利用价值是否处于可利用的状态，称为技术鉴定或技术分析。两者合称双重鉴定。在双重鉴定中，内容鉴定是核心，技术鉴定是保障。

3. 处置

处置是对双重鉴定结果的具体执行，工作人员根据确定或调整了的保管期限对电子文件进行留存、销毁、移交等操作或处理。

4. 监控

鉴定是一项高智力水平的工作，也具有相当的风险，为了保证其合乎规范，及时纠正某些不当行为，需要对电子文件鉴定过程予以记录，根据记录加以监控。

（二）内容鉴定的方法

职能鉴定法是电子文件鉴定的主要方法，文件价值的大小取决于职能活动的重要程度。这种方法立足于文件产生的原因（社会运转和职能活动的需要），而不是某一部分利用者的利益或兴趣，从而克服鉴定过程中的主观性和随意性，增加鉴定的客观性，使得利用紧随而不是领先于鉴定。它面对的是某种职能、活动或事务的文件，而不是单份文件，故而常常表现为一种"批处理"的方式，鉴定的效率高。职能鉴定法的实施以职能分类法为前提，没有后者，前者的执行往往无法深入，也不可能实现鉴定的自动化。当然，电子文件的内容鉴定，也不排除逐件鉴定的直接鉴定法，对于未被保管期限表收入其中的新文件，以及微观文件等特殊文件，有时需要采取直接鉴定法。

电子文件内容鉴定的步骤如下：

1. 制定电子文件保管期限表

保管期限表是电子文件鉴定的依据性文件，主要包括文件的名称、类别、保管期限、处置类型等内容。在电子文件管理系统设计的调查阶段，便应开展职能分析、职能分类，并参照执行《机关文件材料归档范围和文书档案保管期限规定》和其他有关科技文件、专门文件归档范围及保管期限的规定，着手保管期限表的制定工作。保管期限表应该具体、可操作性强、具有可扩展性。

2. 将电子文件保管期限表纳入管理系统并予以维护

根据电子文件保管期限表的规定，明确系统各类用户的鉴定职责。若条件允许，还应开发自动鉴定的模块。

3. 归档鉴定

在鉴定自动化的系统中，文件一旦生成，系统即将文件类别与保管期限表的条款对照判断，划定其保管期限。如果某些文件未纳入保管期限表，导致系统暂时无法判断其保管期限时，应及时提示用户判断。尚未实现自动鉴定的机构，一般是在文件办理完毕之后由形成者或档案人员进行鉴定。

4. 期满鉴定

对于保管期限到期的文件，系统应自动提示用户以便下一步处置，或更改其保管期限，或作其他处理工作，如暂缓一段时间销毁等。期满鉴定一般由档案人员承担。没有自动提示功能的系统中，期满鉴定则主要依赖档案人员的自觉。

5. 进馆鉴定

具有永久保存价值的电子文件在形成机构中保存一段时间后，应向相应的国家或地方档案馆移交。对于这些文件，系统应自动提示用户进行检查，档案馆应从保存价值、完整性、可读性等方面进行复核后再接收进馆。

（三）技术鉴定的方法

技术鉴定需要在电子文件生命周期中多次开展。无论是归档鉴定、期满鉴定还是进馆鉴定，都必须在内容鉴定的同时开展技术鉴定。每一次技术环境的变换，如载体转换、迁移等，都需要对电子文件的技术状况进行检测。此外，该项工作还应定期开展。

技术鉴定的过程大致如下：

1. 分析影响文件技术状况的因素以及采取的相应措施

技术鉴定的实质是事后的检查，在总体上是一项被动性的工作，其结果依赖于技术分析之前采取的防范措施的效果。所以，要判断电子文件是否真实、可靠、完整、可读，首先需要分析影响文件信息质量的因素及据此所采取的措施。

2. 检查保障措施的实施结果

对每一项保障措施的实施结果进行检查，比如检查文件是否按照预先规定的标准格式保存；检查文件的数字签名；检查文件的元数据记录是否齐全；检查一份文件各个要素是否完备；分析联系一份文件各个要素的手段是否有效，包括超级链接、标签等；运用病毒检测软件检测文件及其存储介质是否携带病毒；检查介质的规格是否符合工业标准；检测介质物理性能，如清洁度、光滑度、是否有划伤、磨损等。

3. 根据检查的结果，判断文件技术状况

如果电子文件的技术状况已经不足以保证其质量，应该采取载体转换、迁移等应对措施。

二、电子文件的归档

归档是赋予有保存价值的电子文件以档案身份的过程，其标志性动作是将具有档案价值的电子文件由形成部门向档案部门移交，电子文件管理责任也随之由文件生成部门向档案部门正式转移。电子文件的管理强调主动控制，亦常用"捕获"一词来表示对应归档文件的主动收集和获取。

（一）归档范围

电子文件归档的主要对象，是经过鉴定需要保存的电子文件。此外，还应从以下几个方面考虑收集相关材料：

1. 支持软件

电子文件具有软硬件依赖性，对于采用专有格式的电子文件，可归档文件的支持软件及软件的文档资料，档案部门已有的无须重复归档。

2. 元数据以及相关管理信息

描述电子文件内容、结构和背景的元数据都必须随着电子文件一起归档。另外，电子文件形成阶段的管理活动也可能形成一些记录材料，如更改单、登记表、使用权限登记表等，有些可能记录在纸张上，也应予以归档。归档之后应保持元数据、管理信息与文件的联系。

3. 其他载体形式的文件

在同一活动中，除了电子文件外，有时还会生成纸质文件、缩微胶片等其他形式的重要文件，如上级机关的来文、外购设备文件等。为保持这些文件之间的历史联系，确保同一活动中形成的档案信息完整无缺，需要将之一同归档。有条件的单位可将这些文件作数字化处理，作为电子文件归档和保存。

4. 纸质或缩微拷贝

《电子文件归档与管理规范》（GB/T 18894—2002）规定：具有永久保存价值的文本或图形形式的电子文件，如没有纸质等拷贝件，必须制成纸质文件或缩微品等。虽然《中华人民共和国数字签名法》已经承认了部分电子文件的原件资格，不过大多机构为谨慎起见，仍坚持将电子文件及其硬拷贝一起归档，双套保存，这就是双套制。

双套归档是文件载体转换时期不可避免的一种现象，只要电子文件管理中的关键问题得不到根本解决，双套归档就有其存在的合理性和必要性。虽然双套归档起到了双保险的作用，但同时也加重了档案部门的日常工作，增加了管理成本。一些基层单位已开始单独归档电子文件的探索，仅以电子形式保存的文件有通过局域网传递的上级来文、在纸质条件下不予归档的微观文件等。

（二）归档方式

电子文件的归档方式有两种：物理归档和逻辑归档。二者的区别在于归档前后电子文件的存储位置是否改变。

1. 物理归档

物理归档是指把计算机及其网络上的电子文件以网络传输或介质传递方式移交给档案部门的过程。归档前后电子文件的存储位置发生改变。以网络传输方式进行的归档亦称在线归档，电子文件形成者将归档文件通过网络直接传输到档案部门规定的地址，并存储在档案部门本地载体上。以介质传递方式进行的归档亦称离线归档或卸载式归档，电子文件形成者将归档文件存储在一定的介质上移交给档案部门。

2. 逻辑归档

逻辑归档是指在计算机网络上进行、不改变原存储方式和位置而实现的电子文件向档案部门移交的过程。电子文件生成在什么位置，归档后的物理位置仍保持不变，仅其管理职责由形成部门移交给档案部门。逻辑归档也有两种类型：

（1）电子文件存储在形成部门的服务器中。电子文件归档之后档案部门并不实际拥有文件数据，但负有管理职责，依照有关规定对其安全保管和合法存取进行有效的监控。电子文件保存在原系统中的时间是有限的，为减少文件形成系统的荷载，提高系统效率，并集中保护电子文件，还是应该定期将有用文件信息做物理归档。

（2）电子文件存储在档案部门的服务器中。电子文件形成伊始就已经保存在档案部门本地，实现了数据的集中存储。采取这种逻辑归档方式的机构，具备较为完善的网络基础设施和相对全面的系统规划设计。

无论是物理归档还是逻辑归档，都要实现电子文件的集中控制，保证电子文件的安全以及利用的便利。

（三）归档时间

电子文件的归档时间分实时归档和定期归档两种。实时归档是指电子文件形成后即刻归档；定期归档是指按照机构有关规定，在电子文件形成一段时间之后再向档案部门移交。一般来讲，逻辑归档尽可能实时进行，以免发生失控；物理归档既可实时进行，又可与介质归档一样，借鉴纸质文件归档的经验并遵照有关规定定期完成，如管理性文件在次年年初归档，科技文件在项目完成之后归档，机密文件随时归档等。双套归档的电子文件和纸质文件，归档时间应尽可能统一。在实际工作中，无论采取何种归档方式，都存在提前归档的趋势，这有利于及时控制有用文件信息，保护其完整与安全。

（四）归档要求

归档电子文件的质量要求包括：

1. 齐全完整

归档的电子文件应齐全完整，凡是归档范围内的文件均应及时向档案部门移交。尤其应注意相关电子文件的支持软件、元数据、管理信息、其他载体文件和硬拷贝的收集。

2. 真实有效

归档的电子文件应真实有效，文本文件应是最后定稿，图形文件如经更改，应将最新版本及更改记录予以归档，各种文件的草稿、原稿根据需要决定是否归档。有条件的机构应采用数字签名技术，以便确认电子文件的有效性。

3. 格式规范

电子文件存储格式是保证长期可读性的一个极为重要的问题，能够转换为通用格式的应予尽量转化。

4. 多套保存

归档的电子文件至少应保存三套，其中一套封存，一套提供利用，另一套异地保管。封存和异地保管的电子文件需要脱机保存，提供利用的电子文件可联机，可脱机。电子文件在长期保存过程中可能会出现读取的错误，以不同载体、不同方式多套保存，可以减少出错、失真现象，增加安全性。

5. 经过分类

归档的电子文件应经过分类，定期归档的电子文件还需要形成机读目录。介质归档时还应对电子文件的载体简单整理，在载体或其包装盒表面贴上标签，注明编号、名称、密级、保管期限、软硬件环境等。

（五）归档手续

为明确责任，电子文件移交双方应确认归档电子文件的数目、技术状况以及相关材料是否齐全，并在确认结果上签字盖章，保存备查。

第五节　电子文件的著录和开发利用

一、电子文件的著录

电子文件的著录，是指获取、核对、分析、组织和记录关于文件内容、结构、背景和管理过程的信息，以准确描述电子文件的过程。由此概念可以看出，在电子文件管理中，著录信息即元数据。具体说来，著录项目即元数据元素，著录项目的具体数据即元数据元素的值，著录条目的格式即元数据格式，著录信息的编制即元数据的生成、捕获，著录信息的管理即元数据的管理，著录信息的应用即元数据的应用，著录信息的保存、维护和移交即元数据的保存、维护和移交。

（一）电子文件著录的特点

相比国家档案局1999年颁布行业标准《档案著录规则》（DA/T 18—1999）中"在编制档案目录时，对档案内容和形式特征进行分析、选择和记录的过程"这个定义，电子文件著录具有全面性、全程性、综合性的特点，两者的比较如表16—2所示。

表 16—2　　　　　　　　　　　　电子文件著录与传统著录

项目名称	电子文件著录	传统著录
范围	文件的内容、结构、背景和管理过程	档案的内容特征和形式特征
作用	维护文件的真实、完整、可读便于检索（编制检索工具）	编制检索工具（如目录）
时间	整个文件生命周期	文件归档后
手段	人工直接编制，文件系统自动捕获	人工直接编制（手工编制或人工录入计算机）

1. 全面性

电子文件著录的全面性包括两层含义：其一，描述对象的全面性，具体包括文件内容、结构、背景和文件在形成后所经历的整个管理过程。其二，作用的广泛性，著录最基本的作用是描述电子文件，在此基础上可以有多种用途，除了挑选具有检索意义的著录信息编制检索工具之外，还包括保障电子文件的真实、完整、可读等。[①]

---

① 参见本章第二节有关元数据部分的内容。

2. 全程性

电子文件的著录不再发生于归档后的某一个时间点，而是贯穿于文件的整个生命周期。文件一经产生，其著录便已开始；文件一旦变化，其变化情况就被记录在案。

3. 综合性

电子文件的著录综合采用人工著录和系统自动著录相结合的手段。随着自动化程度的加深，人工直接著录将减少，系统自动著录将增加，电子环境中大多著录信息都可以由系统自动生成或捕获。当然，不管自动化程度如何，人工控制是必不可少的。

对电子文件著录范围、作用、时间、方法的思考促进了对档案著录的全面反思。在国际档案理事会 1999 年 9 月发布的《国际档案通用著录标准》[ISAD（G）]（第二版）中，对于档案著录的解释则为：通过获取、核对、分析、组织和记录有助于确认、管理、查询和解释档案材料、背景及其生成时的文件系统的信息，以形成对所描述对象及其构成部分的准确表述的过程及成果。可以看出，这里的著录概念已经比传统的为检索开展的著录要宽泛、深刻，与电子文件著录的内涵基本一致。

（二）电子文件的著录项目

较 1985 年颁布的国家标准《档案著录规则》（GB/T 3792.5—1985）而言，《档案著录规则》（DA/T 18—1999）增加了"电子文档号"一项，且为必要项目。但是不难看出，该标准规范的仍然是旨在编制检索工具的档案著录，针对电子文件的著录项目不足。目前，澳大利亚、英国、加拿大等国家已经出台了元数据标准，我国一些地方和行业也出台了自己的元数据标准，2008 年 3 月国家档案局公布了《电子文件元数据标准》征求意见稿。较传统的著录标准而言，这些标准具有以下特色：

1. 内容类著录项目基本一致

两类标准基本上都包括文件题名、分类号、主题词、关键词等项目。

2. 结构类著录项目增多

结构类著录项目描述了与电子文件解码、输出相关的属性，除了稿本、文种等之外，元数据标准还规定了格式模板、媒体类型、数据格式、存储位置、系统环境、密码、数字签名等著录项目，这些项目为电子文件著录所独有。

3. 背景类著录项目细化

电子文件的背景类著录项目包括形成文件的职能活动、职能部门、工作人员、形成时间等行政背景，形成文件的法律依据等法律背景，以及文件间联系等。其中的人员、时间项目，则有可能根据文件的特点予以细化。比如对于电子邮件，人员则可能包括发件人、收件人、转发者等。详细的背景信息有助于确认电子文件的历史原貌。

4. 增加了管理过程类著录项目

在出台的所有元数据标准中，都设有管理史、保存史、利用史等项目，用来描述保存文件过程中鉴定、归档、销毁、迁移、移交、载体转换、利用等各项活动的时间、人员、处理结果和相关法律规定。这对于回溯电子文件历史原貌异常关键。

二、电子文件的开发利用

电子文件开发利用工作的内容较手工管理并无明显区别，信息开发工作包括分类、编目、编研等，信息服务包括提供利用、用户分析和反馈等。不过，在网络和计算机技术的支撑下，电子文件开发利用工作可借助的手段更多，信息的表现形式更丰富，利用的效率更快，当然，安全问题也更为突出。

（一）电子文件开发利用中应该处理好的几对关系

1. 处理好方便利用与安全保护的关系

便于传输、操作是数字信息的特点，这既给利用带来了巨大方便，也给安全保护提出了难题。档案部门要对电子文件开发利用的优势和风险有清楚的认识，并引进科学的方法加以解决，既不能忽视可能存在的安全威胁，也不能过于保守，徒增无用的烦琐手续，甚至放弃信息时代提供的提升开发利用水平的机会。

2. 处理好利用成本和利用效益的关系

开发利用电子文件的前期投入较高，尤其是网络化利用。电子文件检索系统的开发、检索设备的购置、纸质文件的电子化、管理人员的培训都需要花费一定的资源，因此应对开发利用进行科学规划，与机构内、社会上的其他部门开展资源开发和服务方面的合作，加强监督与审计，尽量减少不必要的资源消耗。

（二）电子文件的检索

检索是最重要的开发利用工作，查全率、查准率的高低是决定用户满意度的关键因素。电子文件的检索工作，应满足以下要求：

1. 实现目录体系的标准化

制定、遵守目录标准，既是共享、互换信息的需要，也是持续建设档案目录的要求，是一件利在长远的工作。尤其是进馆文件，标准化目录是档案馆提供无缝检索的数据基础。文件检索标准包括规定著录项目的数据内容标准、规定著录项目之间关系的数据结构标准以及规定著录项目取值的数据值标准。

2. 提供多种检索途径

按照用户的使用方式，检索途径可以分为两类：一是主动式，即用户通过主动输入要查询的文件所包含的数据值来检索文件，如关键词、主题、时间、责任者、文种等。目前，较为普遍的检索途径是关键词，关键词或者来自题名，或者来自全文。在关键词检索中，布尔检索是较为常见的检索方式，用户可以根据需要，对多个关键词进行逻辑运算，更精确地表达检索需求。二是被动式，即系统为用户提供分类体系，用户按照既定的目录结构层层搜索，直至发现所需的文件。完善的检索系统，应该同时提供以上两种检索入口。

3. 展现文件层次结构

文件的价值往往不单独体现在某一份具体的文件上，而是体现在一系列相关的文件整体上。电子文件检索系统，尤其是档案馆的检索系统应能展现从文件集合到单份文件的层次结构。这种按照文件来源组织而成的等级结构，体现了文件、档案管理者关于文件来源、文件形成背景、文件间内在联系等方面的专业知识，是文件检索的特色所在，其最大的好处是能够让用户获得所需文件的完整的背景信息。

第六节　电子文件的保管与移交

一、电子文件的保管

手工管理中的保管是指对经过整理入库的档案的日常维护工作，一般发生在文件归档之后，基本方法是通过保护载体来维护信息的完整和有序。电子文件的保管则贯穿在文件整个生命周期之中，无法仅仅通过载体保护的方法来维护数字信息，工作内容和方法都较手工保管要复杂。

（一）电子文件的存储管理

存储管理的基本任务是为电子文件信息选择合适的存储设备（即载体）、存储方式和存储系统架构，并对载体实施保护。

1. 存储设备

（1）硬磁盘和磁盘阵列。硬磁盘即通常所称硬盘，利用电磁信号转化来记录和读出信息。按接口类型分有 ST506、IDE、SCSI 接口；按磁盘尺寸分有 14 英寸、8 英寸、5.25英寸、3.5 英寸等。作为计算机系统中最常用的外存，其存储容量大，采用随机存储方式，存取速度快，数据传输率高，可靠性高。适宜作为在线存储介质。

磁盘阵列应用磁盘数据跨盘技术，组合多个硬盘，使其协同工作。它容量极大，可以很好地满足多人在线并发访问，安全性好，能够免除单块硬盘故障所带来的灾难性后果，为许多大型系统所采用。

（2）磁带和磁带库。磁带是最早出现的磁存储介质。目前的计算机系统多采用二分之一英寸开盘式磁带和四分之一英寸盒式磁带。磁带存储容量较大，成本低，以串行方式记录数据，存取速度较慢，通常作为硬磁盘可靠又经济的大容量备份。

磁带库技术支持从装有多盘磁带的磁带匣中自动搜索磁带、拾取磁带并放入驱动器中，可实现数据的连续备份、智能恢复、实时监控和统计，整个存储容量可达数万 GB。

（3）光盘和光盘塔、光盘库。光盘采用激光技术写入和读出信息，主要包括只读光盘、一次写入光盘和可擦写光盘三种。其中只读光盘只能用来检索或者播放已经记录在盘上的信息，如 CD-ROM、CD-I、VCD、DVD 等。一次写入光盘可根据需要录入信息，但只能写入一次，一旦录入便不能再进行修改和删除。可擦写光盘允许反复擦写信息。光盘成本低、制作简单、容量大、体积小。一次写入光盘是档案部门常用的光盘类型。

光盘塔由几台或十几台 CD-ROM 驱动器并联构成，可同时支持几十个到几百个用户访问信息。光盘库是一种可存放几十张或几百张光盘并带有机械手和一个光盘驱动器的光盘柜。它利用机械手从机柜中选出一张光盘送到驱动器进行读写，或将光盘取出放置到机柜的指定位置上。光盘库容量极大，适用于具有海量多媒体信息的存储。

2. 存储方式

（1）在线存储。在线存储是指存储设备和所存储的数据时刻保持可直接、实时、快速访问的状态，通常选用硬盘、磁盘阵列作为在线存储设备，性能好，但价格相对昂贵。

（2）离线存储。离线存储也称脱机存储，存储设备和所存储的数据远离系统应用，无法直接访问。通常选用磁带、光盘等作为离线存储介质，容量大，价格相对低廉。需要离线存储的数据包括在线数据的备份，以及不常用的数据。

（3）近线存储。近线存储即近似在线存储，是介于在线存储和离线存储之间的一个存储级别，所采用的设备通常是由廉价磁盘组成的磁盘阵列。访问量不大的数据可采取近线存储的方式。

3. 存储系统架构

信息化建设初期，若要访问数据，必须将存储设备与某服务器或客户机直接相连，这样的存储系统架构称为直接附加存储（Direct Attached Storage，DAS）。随着对更高存取效率和更低存储成本的追求，出现了网络附加存储（Network Attached Storage，NAS）和存储区域网络（Storage Area Network，SAN）这两种新的存储系统架构。网络附加存储将存储设备直接连在网络上，按照 TCP/IP 协议进行通信。存储区域网络将各种存储设备集中起来形成一个存储网络，以便于数据的集中管理。2008 年 2 月立项的福建省电子文件与电子档案数据接收中心的基本思路就是采用存储区域网络光纤通道存储系统。

4. 存储设备的保护

行业标准《磁性载体档案管理与保护规范》（DA/T 15—1995）可用于指导磁性载体的保管，考虑到颁布年限已经不短，且更多地面向录音、录像档案的载体保护，在应用时需要结合当前成熟的技术成果适当变通。规范光学载体的标准《电子文件归档光盘技术要求和应用规范》正在征求意见之中。对电子文件载体的保护重点在于对影响载体的物化因素的控制，具体措施包括：控制适宜的温湿度，应在温度 15℃～27℃、相对湿度 40%～60% 的范围内选定一组值；防止灰尘，不能用手直接接触光盘的信息部，使用后应放在盘盒中储存；防止外来磁场，确保磁性载体的记录不受磁场的破坏；防止机械震动；防止光线（特别是紫外线）和有害气体的影响；加强日常管理维护工作等。

（二）电子文件信息维护

1. 电子文件信息维护体系

可能危害电子文件信息的因素，除了质量受损的存储设备之外，还包括计算机技术自身的固有缺陷，病毒、木马等恶意程序，地震、洪水等天灾，火灾、盗窃等人祸，不合理、不完善的安全保护制度，怀有恶意企图的用户等各种因素。因此在机构和档案馆内部应构筑涵盖制度、管理、人员、技术在内的全面的信息维护体系，包括制定出完善的规章制度，合理分配和有效监督各类人员的管理权限，培训和考核人员，采用可靠的安全保障技术等。当然，广义上的电子文件信息维护体系还包括相应的法律规范和道德规范，这需要全社会的努力。

2. 电子文件信息维护的关键技术

（1）加密。加密的目的是让非法用户无法读懂信息，其原理就是在参数（即密钥）的指示和控制下，通过一定的规则（即加密算法）将原本可读懂的数据（即明文）转换为伪随机的乱码（即密文）。合法用户若要读懂数据，则需要在密钥的指示和控制下，通过算法将密文还原为明文，这个过程称为解密。

加密技术包括对称加密技术和非对称加密技术两种。如果加密密钥与解密密钥相同，则为对称加密，又称私钥加密。对称加密技术的特点在于使用简单快捷，密钥较短但破译困难，但是存在密钥难于安全分发、难于管理等问题，不适用于开放系统，一般用于不在政府确定的保密范围之内的民用敏感信息。如果加密密钥和解密密钥不同，则为非对称加密，又称公钥加密。其中加密密钥可公之于众，称为公钥，解密密钥只有解密人自己，称为私钥。非对称加密技术的保密强度不及对称加密技术，但密钥管理、传递简单，适用于开放系统，且可用于数字签名。实际上两种加密技术也可以综合应用。经过加密的电子文件一般应解密后保存。

（2）身份认证。身份认证技术旨在确认用户的身份。

在用户进入计算机系统时验证其身份技术包含口令认证、智能卡认证、USB Key 认证、生物认证等。口令认证通过验证用户输入的用户名和口令来验证其身份，是最常见的认证技术。智能卡是一种内置集成电路的芯片，芯片中存有与用户身份相关的数据，用户登录时将智能卡插入专用的读卡器读取其中的信息，以验证用户的身份。USB Key 是一种 USB 接口的硬件设备，它内置单片机或智能卡芯片，可以存储用户的密钥或数字证书，利用 USB Key 内置的密码算法实现对用户身份的认证，是目前较流行的一种验证方式。基于公钥基础设施（Public Key Infrastructure，PKI）的 USB Key 还可以用作数字签名。公钥基础设施是利用公钥加密技术提供安全服务的基础设施。生物认证技术以人体唯一的、可靠的、稳定的生物特征（如指纹、虹膜、脸部、掌纹等）为依据，通过图像处理、模式识别的方法来验证用户身份。这几种验证方法的成本依次增加，安全性也依次增加。

在接收、查看信息时验证信息发送者的主流技术是数字签名，数字签名可以防止冒充、抵赖，同时还能验证信息在传送或存储过程中未被篡改。数字签名本质上是公钥加密技术的一种应用。在 PKI 系统中，如果用某人的私钥来加密明文，由于其公钥是公布于众的，能够得到公钥的用户都可以打开信息，并且能够确认信息发送者系私钥拥有者，私钥加密的结果形成了数字签名，其他人因没有该私钥，故无法签名，也就无法伪造、篡改文件。当然以上只是对数字签名原理的简单说明，在实际应用中，非对称加密技术还需要结合单向函数运算一起使用。

3. 权限控制

为保护国家和机构秘密、知识产权、个人隐私，需要在分析机构规章制度、业务性质、利用风险的基础上，合理定义各类用户、各类文件的访问权限，并在业务系统和电子文件管理系统中实现，以保证合法用户访问的便利，防止非法用户的恶意访问。权限控制应当尽可能细致，防止未经授权就对信息采取存取、收集、利用、公布、删除、修改和销毁等操作。

4. 长期可存取

长期可存取技术即保障电子文件长期可读性的技术，包括转换为开放格式、迁移、采用多格式阅读软件等，在本章第二节中已有阐述。

5. 备份

备份是信息安全保障最重要的辅助措施，可为受损或崩溃的信息系统提供良好的、有效的恢复手段。备份不仅是数据文件的备份，在复杂系统中，还需要对数据文件所依赖的系统环境和应用程序进行备份操作。备份时需要根据相关制度确认备份的方式，确定备份的存储设备、套数，明确是否需要异地备份。备份最好自动执行。

6. 物理隔离

物理隔离是将不同网络相分离，保证其不相连，其目的在于隔断非法用户的访问链路。凡涉及国家秘密的计算机信息系统，不得直接或间接地与国际互联网或其他公共信息网络相连接，必须实行物理隔离。物理隔离技术发展很快，从最初的双机双网方案，到安装在计算机硬盘上的隔离卡，再到网闸这种独立的物理隔离设备，在保证两个独立主机系统间永不连接的条件下，内外网切换访问的便利性在不断增加。

7. 防火墙

防火墙是一种逻辑装置，通常处于机构内网与外网之间，通过监测、限制、更改跨越防火墙的数据流，限制来自外网的用户对内部网络的访问以及管理内部用户访问外界的权限，对外部网络屏蔽有关被保护网络的信息、结构，从而实现对网络的安全保护。防火墙不能有效控制发生在内部的非法访问。

8. 入侵检测

入侵检测系用于监控网络和计算机系统是否出现被入侵或滥用的征兆，可以阻断发生在内部的非法访问，是对防火墙技术的有效补充。

二、电子文件的移交进馆

在我国电子文件的移交进馆还没有成为一种普遍的、常规的管理活动，2000 年之后全国陆续开展的电子政务试点项目、电子文件中心建设、数字档案馆工程等开始了这方面的尝试，并取得一定的经验。发达国家电子文件移交进馆的实践历时要长，相对要成熟一些。

（一）移交方式

电子文件的移交进馆主要有介质移交和网络移交两种，目前以介质移交为主。在政府专网已经建成运转的一些地方，则通过专网向档案馆移交电子文件。

（二）移交时间

移交时间分为定期移交和实时移交两种。采取介质移交方式的，一般是定期移交，而通过网络移交电子文件的，则可实时进行。由于文件形成时间尚短，一般未满 10 年至 20 年的进馆时间规定，所以已经进馆的电子文件，其纸质复制件一般仍保存在原单位。

（三）移交要求

移交要求主要集中在格式、载体规格、元数据这三个方面。

虽然都是出于保证电子文件长期可读性来考虑其格式要求，但各个国家、地区、地方档案馆对进馆电子文件的格式要求不尽相同。比如英国国家档案馆可以接受的文件格式主要有 Postscript，TIFF，SGML，PDF 等；澳大利亚国家档案馆则以两种格式保存同一份电子文件：原始格式和 XML 格式；安徽省电子文件中心推荐了文本文件格式为 PDF/A、CEB，图像文件格式为 TIFF、JPEG，视频格式为 MPEG、AVI，音频格式为 MP3、WAV。尽管还是有个别的私有格式，总体上还是以由国际标准组织制定和认可的开放格式为主，同时也兼顾了本国、本语言档案信息资源安全管理的需要。

电子文件移交进馆之后可以转换载体，故而对于载体规格要求的严格程度不一，比如英国国家档案馆际推荐了使用 WORM 技术的 CD-ROM 和 CD-R、4mm 的数字音频磁带、DVD 之外，还推荐了 ZIP 盘和软磁盘；而澳大利亚维多利亚州公共档案馆的规定则要严格得多，只接收 CD-R，DVD-5，DDS-1、DDS-2、DDS-3 或 DDS-4 磁带，LTO-1 或 LTO-2 磁带，并对光盘的染料类型、容量、刻录模式以及磁带的存档格式等作出详细规定。

电子文件元数据对于其真实性、完整性维护至关重要，各档案馆在这个方面的要求日趋严格和完善。除了要求提交文件目录之外，安徽省电子文件中心还要求以 XML 格式对电子文件元数据进行封装，将封装对象和电子文件一起移交。

为加强对电子文件信息的控制，应对原单位在电子文件移交进馆之后如何处理作出规定。

（四）移交手续

移交双方应对移交文件及相关材料的数量、质量进行核对审查，并签字确认。

思考与复习题

1. 简述电子文件的概念和三要素。
2. 简述电子文件的技术特点及其对管理提出的要求。
3. 电子文件管理的目标有哪些？
4. 结合实际谈谈电子文件管理的方法要点有哪些？这些要点在实施时可能面临哪些困难？如何解决？
5. 简述电子文件形成阶段的管理内容和注意事项。
6. 电子文件鉴定工作包括哪些内容？
7. 简述电子文件双重鉴定的方法。
8. 电子文件逻辑归档和物理归档之间有何区别和联系？
9. 电子文件的著录有哪些特点？哪些是电子文件这种文件类型所独有的？
10. 电子文件的著录和元数据管理之间关系如何？
11. 电子文件检索应满足哪些要求？为什么？
12. 电子文件存储管理包括哪些内容？
13. 电子文件信息维护体系涉及哪些方面的内容？
14. 结合国内外实践，简述电子文件的移交要求。

第十七章

档案数字化

内容提要

本章重点讲四个方面的内容：一、档案数字化的概念和工作流程。二、档案数字化工作的要求。三、档案数字化的关键技术。四、档案数字化案例。

第一节　档案数字化的概念和工作流程

一、档案数字化的概念

对于档案数字化，有广义和狭义两种理解。狭义的档案数字化，又称数字化加工或数字化转换，是指通过一定的技术手段将存储于传统载体上的、以模拟形态存在的档案信息转化为以数字形态存在的、计算机可以识别和处理的信息的过程。可以转换为数字化信息的档案类型包括纸质档案、照片档案、录音档案、录像档案、缩微胶片等，转换之后的数字信息可以有文本、图形、图像、音频、视频等多种媒体格式。广义的档案数字化，是指通过一定的技术手段将存储于传统载体上的、以模拟形态存在的档案信息转化为以数字形态存在的、计算机可以识别和处理的信息，并加以存储、组织、检索、维护的过程。狭义的档案数字化是广义的数字化的基础和核心。本书采用的是广义的档案数字化概念。

二、档案数字化的工作流程

档案数字化的工作流程包括管理流程和业务流程两个方面，如图 17—1 所示。管理流程以档案数字化工作为管理对象，通过指挥、计划、组织、控制等手段对该项工作进行部署，并保证顺利实施。业务流程以档案信息资源为操作对象，通过模数信号转换、目录录入、数据库建设、软件应用等手段获得有序、可用的数字化信息。业务流程是档案数字化工作流程的主体，管理流程是业务流程的保障。

按照工作内容，业务流程又可以分为应用系统开发流程和数字化资源建设流程两个方面。应用系统开发流程负责设计、实施、维护档案管理系统，为数字化档案的加工、处理、存储、提供利用和保存提供工具。数字化资源建设流程则借助于档案管理系统创建、管理数字化档案，并向用户提供多样化的利用服务。应用系统开发流程和数字化资源建设流程相辅相成，并行开展。

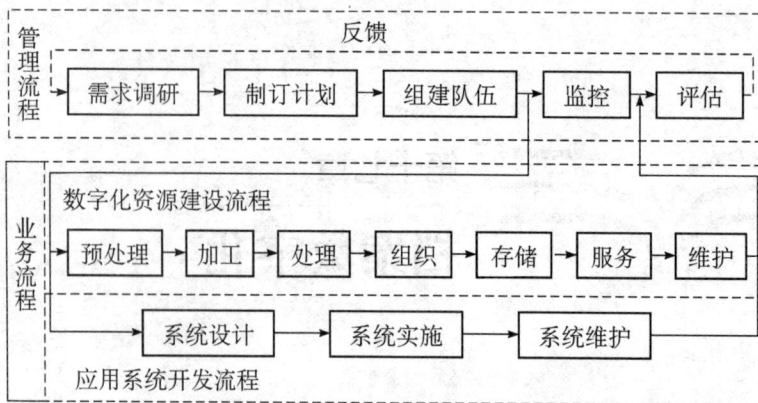

图 17—1 档案数字化的工作流程

（一）档案数字化的管理流程

1. 开展档案数字化工作需求调研

在具体开展档案数字化之前，先对此项工作的实际需求展开调研，包括调查档案馆（室）藏的数量、质量，现有管理和服务状况；归纳国内外同类机构的经验教训；分析档案数字化工作的效益；研究档案数字化工作的可行性和必要性；明确档案数字化的工作目标，以及为达成目标所需资金、人员、时间、制度等条件；对档案数字化工作提出相关建议等。可聘请第三方机构或人员参与需求调研，最终需形成调研报告。

2. 制订档案数字化工作计划

应在调查研究的基础上制订档案数字化工作计划，明确档案数字化工作的目标、工作内容、人员组织和职责分工、主要技术指标和方法、验收依据、安全管理措施、进度安排、经费预算、招投标事宜等。制订科学合理的工作计划，有助于合理安排各项资源，监督、检查工作质量和工作进度，保证档案数字化的合法化和标准化，并获得较高的投资回报。

3. 组建工作队伍，配备相关条件

档案数字化工作的组织形式主要包括以下几种：

（1）外包式。即通过签订合同的方式由档案馆以外的人员（通常来自数字化专业公司）承担档案数字化工作。采用这种组织方式，一方面较少占用馆（室）内部的人力资源，不影响其他日常工作的开展；另一方面通过购买社会专业化服务，可以提高工作效率，节约成本。外包式是档案数字化工作常用的组织模式，需要注意的是从事档案数字化业务的公司一般缺乏档案专家和长期从事档案专业工作的技术队伍，存在工作质量不符合档案管理要求的风险，需要在合同中明确质量要求和验收标准，并施以必要的监督和指导。

（2）自建式。即成立专门从事档案数字化工作的工作机构，或从相关处室抽出有关人员组成临时小组，前者适合长期性的档案数字化工作，后者适合工作量集中、任务急、为时短的档案数字化项目。档案人员熟悉档案业务，可有效保证数字化成果的质量，但可能造成档案馆（室）人手紧张，影响日常工作。

（3）内外组合式。即由档案馆（室）工作人员和社会上招聘的人员共同组成档案数字化队伍。这种组织方式综合了外包式和自建式的优点，数字化成果质量和工作效率高，也有利于通过实践锻炼培养技术骨干。

队伍组建完毕之后，需要为之配备一定的工作条件，包括场所、资金、时间等。应明确和制定相关的规章制度，如档案数字化加工操作规程、档案机读目录格式等，以保证档案数字化的科学性和规范化。必要时还应对有关人员进行培训，使其更全面清楚地了解档案数字化的方法和要求。

4. 监控档案数字化工作的开展

在具体开展档案数字化预处理、加工、处理、组织、存储、服务、维护的业务流程中，有关责任方要按照工作计划开展必要的监督和检查，及时发现问题，并予以纠正和调整。

5. 评估数字化工作成果

在档案数字化业务告一段落之后，应组织相关力量，采取科学的评估方法对数字化工作成果进行评估，内容涉及数字化资源的利用率、易用性、保存情况等多个方面。评估人员可能来自档案馆（室）内部、第三方机构，也可以是两者的结合。评估结果是改进后续档案数字化工作的依据，也可为档案部门争取更多数字化方面的投入提供必要的支持。

（二）数字化档案资源建设流程

1. 预处理

预处理又称前处理，是数字化档案资源建设的第一步，主要内容包括鉴选、清点、登记、整理、清洁、修复等。

鉴选是指依据档案数字化的目的，按照一定的原则和方法对数字化对象加以鉴定、选择，只有符合要求的实体档案，包括纸质档案、缩微胶片、录音录像、照片等，才有必要进行数字化转换。确系要数字化的对象，应对其规格、数量进行清点、登记，并开展必要的整理、清洁和修复工作，使待数字化的实体档案及其目录有序化，为下一步的数字化转换做好准备，提供规范的目录数据和可直接进行数字化加工的实体。具体工作内容包括目录的规范、补全、修正，以及档案实体的扫灰、除虫、拆卷、分类、修复等。需要指出的是，对于老旧的录音、录像磁带，数字化加工之前也应进行修复处理。老旧磁带普遍存在电声指标下降、磁粉脱落、霉变、粘连等现象，影响其正常播放和原录信号的提取，对其实施必要的修复、清洁和坚固处理，可保证正常播放操作，并且得到高质量的源信号。

2. 数字化加工/转换

数字化加工/转换的主要内容是将记录在传统载体的档案信息通过模数转换技术和设备转换为以数字形式表示的信息资源。不同类型的实体档案，模数转换技术和设备不同。纸质档案、照片的数字化加工主要采用扫描仪、数码相机等设备加以扫描或拍照，缩微胶片的数字化主要采用缩微胶片扫描仪加以扫描。录音档案的数字化设备主要是音频采集卡，录像档案的数字化设备则是视频采集卡，录音、录像的输出设备通过特定的音视频传输线与音频采集卡、视频采集卡相连，音频采集卡、视频采集卡安装在计算机上。

这一阶段的关键问题在于有关技术参数的选择。在选择技术参数时，应兼顾三个方面的需求：

（1）原始信息的保真，数字信息应尽可能清晰、准确地再现档案原件的面貌。

（2）用户利用的便利，数字信息应便于传输、浏览，可满足不同用户的操作要求。

（3）档案原件的保护，数字化加工过程要保证档案原件，尤其是濒危档案不受损失。这些方面的需求可能是矛盾的，比如从存档的角度来看，要求数字失真程度低，失真度越小的计算机文件容量越大；从利用的角度看，容量大的文件传输速度慢。积极吸纳国际、国内成熟稳定的标准规范、指南、手册的规定和建议，切实把握数字化信息资源利用和管理的需求，将有助于提高数字化加工的水准。

3. 信息处理

信息处理是指对数字化加工所得的图像、多媒体信息等加以适当的处理，以符合利用需求。具体的工作内容包括核对（对照原始档案进行）、压缩、去边、去污、去噪、去干扰，采用光学符号识别（OCR）技术对图像中的文字加以识别，通过矢量化技术将光栅图像转化为矢量图形等。在需要的情况下，还可嵌入数字水印，以保护数字化档案资源的知识产权。

4. 信息组织

信息组织负责建立机读目录和索引，创建目录、全文、多媒体等数据库，并将数字化信息（图像、原文、音频、视频等）与目录、索引信息加以挂接。

若在数字化加工之前已建有机读目录，则需要补充一些必要的著录项目，如数字化档案信息资源的计算机文件名、存储位置、格式等；还可能需要修正完善一些必要的著录项目，如关键词、摘要等。著录是档案智力控制的手段，机读目录的著录质量，关系到数字化档案信息的查检和维护工作的难易，历来都是理论和实践关注的重点，著录标准化又是重中之重。对于有研究价值的历史档案信息，这个阶段还可能需要开展必要的研究工作，比如对原文中人名、地名信息的考证，应将考证结果和考证依据资料一并予以著录。

5. 信息存储

信息存储是指为数字化档案及其目录信息选择恰当的存储介质、存储方式和存储架构。数字化档案信息资源的存储要求、方法与电子文件的存储要求、方法基本一致。

6. 信息服务

便于传输、利用是数字信息的一大特色，在更大范围为更多用户提供更及时、更满意的服务也是档案数字化的根本动力。综合档案馆的数字化馆藏凡属公开范围的，宜通过互联网网站的方式对外发布，提供在线利用。档案室的数字化信息则宜通过内部网络为内部用户所共享。负有公共服务职责的机构，也应考虑通过在线查询、就地阅览等方式对公众提供服务。

具体利用方式要视馆藏的具体情况而言。目前国内外很多数字影像的在线服务方式是提供免费的在线目录检索和小尺寸、低分辨率图像的浏览，而原始尺寸、高分辨率的影像利用，则需要申请付费使用。数字化手段在很大程度上提高了档案馆的服务能力和响应速度，一些档案馆已经接近或达到商业机构的服务水准。

7. 信息维护

应对数字化之后的档案及其目录信息予以长期保存，维护其完整、可读、可用，以保护投资价值。对于数字化档案信息资源的维护要求、方法与电子文件的维护要求、方法基本一致。

(三) 应用系统开发流程

1. 系统设计

系统设计是开发档案管理系统功能模块的过程。系统功能模块主要包括两类：一是档案数字化业务类，该类功能模块是开展数字化档案资源建设的基本工具，提供档案数字化信息加工、处理、著录、发布、检索、维护等功能；二是应用系统管理类，该类功能模块是系统管理员对系统加以实施和维护的工具，提供用户管理、基础数据维护、元数据自定义、日志管理等功能。为保证档案管理系统的质量，设计过程中软件编程人员应与用户反复沟通，经过严格的测试才能将系统交付使用。

2. 系统实施

系统实施是安装、应用档案管理系统的过程。伴随着软硬件应用的，是相关标准规范的贯彻实施和原有工作方式的变革。为使有关人员尽快熟悉、掌握档案管理系统，应开展必要的培训。培训方式包括面对面的培训、提供用户手册、提供在线帮助功能等。在实施的过程中若出现问题，要予以恰当调整。应在数字化加工之前完成系统的设计与实施工作。

3. 系统维护

系统投入日常使用之后，要保证其持续、安全运行。一旦发生灾难，应在尽可能短的时间内恢复。若系统功能已经难以满足工作要求，应对之加以升级甚至更换。

第二节　档案数字化工作的要求

在注重效益、统筹规划、需求导向、保障安全这四大档案信息化发展原则的指导下，档案数字化工作应该满足以下几个方面的具体要求：

一、目标合理

档案数字化工作投入巨大。如某市档案馆从 2000 年 10 月开始在近 5 年的时间内，对馆藏利用频繁的婚姻、私人建房审批、土地房产证等档案进行计算机条目输入，只建成了 6 个包含 80 多万条目录的数据库，投入则达 160 多万，这项工作还没有涉及数字化加工。[①] 而数字化加工的工作量和投资规模要占到档案信息化投入的近一半。[②] 现实中很多档案数字化项目在缺乏科学论证和需求分析的情况下仓促上马，其成果往往束之高阁，或仅限于内部使用，档案利用率并没有如期望的那样得到大幅提升。业内人士近年来不断呼吁加强成本效益观念，对档案数字化加以科学规划。

树立清晰、合理的目标是确保效益、科学规划的关键。总的来说，档案数字化的目标在于建立高质量的、便于使用的数字化资源，可以长久保存、反复使用，可以被广泛、方

---

①　参见龚燕华：《谈成本与效益——对档案数字化的理性思考》，载《浙江档案》，2005 (11)。

②　参见张照余、吴品才：《档案信息化建设现状、问题与对策》，载《档案管理》，2007 (6)。

便地获取，可以应用于不同的环境，具体包括以下四个方面：

（一）方便用户查询和利用

数字形式的信息可以实现快速检索、异地传输、远程利用，易于进行复制、更改等操作。数字化可以极大地提高档案信息的易用性，为档案价值的充分发挥创造便利条件。这是档案数字化工作最为普遍、最为重要的目标。

（二）支持电子化业务流程

随着信息化的深入，越来越多的单位采用了基于计算机网络的工作方式，工作效率得以极大提升。然而，并非所有业务环节都能直接生成电子文件，尤其是对外业务，如外单位来文、保险合同、银行票据等，将这些业务文件数字化，纳入业务系统，可以借助于信息技术，提升文件处理流程的效率。

（三）保护档案原件

制作珍贵历史档案的数字副本，可以减少因档案利用时的物理接触对其造成的损伤。此外，当档案实体难以保持原有状态时，通过数字化，其信息生命可凭借数字方式得以延续。比如，记录在磁带上的录音、录像档案，因磁性载体的老化、利用频繁等原因可能造成磁粉脱落，而每一次的转录都可能产生失真和噪音，从而导致声音、图像信息质量的下降，甚至无法使用。将模拟声音、图像信号转化为数字信号存储和发送，在处理时很少会引入噪声，从而减少了原有信号质量进一步降低的几率。

此外，将档案数字化信息异地保存，还是防范天灾人祸对档案造成毁灭性打击的有效方法。

（四）汇聚分散保存的档案信息

通过网络可以汇聚分散存储在各地的档案信息，实现信息资源的跨库检索和综合开发利用，实现更广范围内的资源整合和资源共享。比如欧洲虚拟档案馆项目（www. eva-eu. org）统一开放和提供存放于欧洲各地档案馆的、关于安特卫普和伦敦这两个欧洲城市的照片档案，并为今后更方便地利用其他照片馆藏建立一个框架。

设计档案数字化的目标，需回答"面向哪些用户以何种方式提供什么样的资源服务"的问题。目标的合理性很大程度上体现在数字化对象的鉴选上。《纸质档案数字化技术规范》（DA/T 31—2005）中规定了两大鉴选原则：其一，合法性原则，进行数字化的档案必须符合国家档案开放规定以及有关规定，属于开放范畴的档案才能数字化；其二，价值性原则，属于归档范围且应当永久或长期保存的、社会利用价值高的档案可进行数字化。此外，实用性原则、抢救性原则[①]、特色性原则[②]也是档案界总结出来的带有一定普遍性的鉴选原则。所谓实用性原则，即将常用档案作为数字化的重点对象，以保证数字档案的

---

① 参见梁伟、李学广：《数字档案馆建设创新》，载《中国档案》，2005（4）。

② 参见方毓宁：《馆藏档案数字化十原则》，载《中国档案》，2004（3）。

利用率；所谓抢救性原则，即应对面临字迹消退、载体脆化等危险状态的历史档案进行数字化；所谓特色性原则，即选择本馆（室）独有的、具有资源优势的档案加以数字化。各单位还需要结合本单位档案数字化的具体目标做进一步的筛选。无论是合法性原则、价值性原则，还是实用性原则、抢救性原则、特色性原则，都要结合各单位的具体情况加以灵活应用。

二、遵守法规

档案数字化加工和服务要在法律框架和行业规范下进行，以保护合法权益，避免非法利用。档案数字化工作需要遵守的法规主要包括四类：

（一）关于档案公开和保密的法规

此类法规对数字化档案信息服务的范围予以限定。档案部门提供数字化档案信息服务，既要履行法定的信息公开义务，保障公民的知情权，同时也不得泄露国家秘密和机构秘密。相关法规包括：《中华人民共和国档案法》、《中华人民共和国保守国家秘密法》、《中华人民共和国政府信息公开条例》等。

《中华人民共和国档案法》规定：国家档案馆保管的档案，一般应当自形成之日起满30年向社会开放。经济、科学、技术、文化等类档案向社会开放的期限，可以少于30年，涉及国家安全或者重大利益以及其他到期不宜开放的档案向社会开往的期限，可以多于30年。《中华人民共和国保守国家秘密法》规定：国家秘密是关系国家的安全和利益，依照法定程序确定，在一定时间内只限一定范围的人员知悉的事项。《中华人民共和国政府信息公开条例》规定：行政机关应当及时、准确地公开政府信息，但不得公开涉及国家秘密、商业秘密、个人隐私的政府信息；不得危及国家安全、公共安全、经济安全和社会稳定。若行政机关对政府信息不能确定是否可以公开时，应当依照法律、法规和国家有关规定报有关主管部门或者同级保密工作部门确定。可以看出上述条款乃原则性规定，对具体执行的支持力度有限，档案信息公开范围、公开时间的确定，还有待于实践探索和进一步细化的法律规定。

（二）保护知识产权的法规

按照《中华人民共和国著作权法》的规定，部分档案是不受著作权法的保护，如法律、法规，国家机关的决议、决定、命令和其他具有立法、行政、司法性质的文件等。但档案部门还收藏有其他性质的档案，如企业档案、个人档案等，这些档案的数字化加工可能涉及其复制权，网络发布、提供利用可能涉及其发表权、信息网络传播权、汇编权，此类档案的数字化加工和提供服务可能引起法律争议。虽然《信息网络传播权保护条例》规定：图书馆、档案馆、纪念馆、博物馆、美术馆等可以不经著作权人许可，通过信息网络向本馆馆舍内服务对象提供本馆收藏的合法出版的数字作品和依法为陈列或者保存版本的需要以数字化形式复制的作品，不向其支付报酬，但不得直接或者间接获得经济利益。但后续条款严格限定了数字化复制的条件：前款规定的为陈列或者保存版本需要以数字化形式复制的作品，应当是已经损毁或者濒临损毁、丢失或者失窃，或者其存储格式已经过时，并且在市场上无法购买或者只能以明显高于标定的价格购买的作品。正因为如此，《文献档案资料数字化工作导则》（GB/T 20530—2006）指出：只有通过正规渠道获取的，一般不会引起版权争议的文献档案资料才可以作为数字化的对象。

（三）隐私权保护的法规

数字化档案的服务不得侵犯个人隐私，关于这一点已经达成广泛共识。档案数字化工作要注意保护私人信息不受他人非法搜集、刺探、公开利用和侵扰。我国尚没有隐私权保护的专门法规出台，有关隐私权保护的规定散见于若干法律法规中，如《中华人民共和国民法通则》、《中华人民共和国民事诉讼法》、《中华人民共和国未成年人保护法》等。档案数字化实践中的个人隐私保护，应当充分尊重国际惯例，尊重当事人意见。

（四）网络服务行为规范

基于数字化档案信息的开发利用是充分发挥档案价值，获得广泛收益的有效途径。在一些情况下，除了通过网络提供原文和目录信息的查找服务之外，以数字方式加工三次文献并出版发行也是开发利用的具体方式，这时需要遵守《电子出版物管理规定》、《互联网出版管理暂行规定》等有关规定。

三、遵循标准

在档案数字化建设过程中，标准问题一直广受重视，但目前为止效果尚难如人意。这和档案数字化工作的目标定位有一定关系。如果数字化后的档案信息资源只为内部使用，没有跨部门、跨机构、跨地区的共享，那么标准化程度如何并无大碍。标准的重要性只有在共享中才得以彰显，越普遍的共享，越需要以遵守标准为前提。

（一）标准概览

档案数字化涉及要素众多，包括资源、软件、硬件、业务过程、业务方法等，这些要素都是标准化的对象。目前，已经出台的相关国际、国家、行业标准如表 17—1 所示，其中没有包括信息安全技术类的标准，而此类标准中仅国家标准就有 50 多个。正在酝酿的国际、国家、行业标准如表 17—2 所示。随着工作的深入，将有更多标准面世。

表 17—1　　　　　　　　　　　　　已出台的档案数字化标准

类别	标准代号	标准名称	规范对象
国际标准	ISO14721：2003	空间数据与信息移交系统——开放档案信息系统（OAIS）参考模型	系统设计
	ISO/TS 12033：2001	电子成像——文件图像压缩方法选择导则	信息存储
	ISO19005—1：2005	文档管理——电子文档长久保存格式——第 1 部分：1.4 版 PDF 的使用（PDF/A-1）	信息存储

续前表

类别	标准代号	标准名称	规范对象
国家标准	GB/T 20530—2006	文献档案资料数字化工作导则	档案数字化整体工作
行业标准	DA/T 18—1999	档案著录规则	信息组织
	DA/T 31—2005	纸质档案数字化技术规范	数字化资源建设流程
	DA/T 33—2005	明清档案目录中心数据采集标准——明清档案机读目录数据交换格式	信息组织
	DA/T 17.5—1995	全国革命历史档案数据采集标准——革命历史档案机读目录软磁盘数据交换格式	信息组织
	DA/T 20.4—1999	民国档案目录中心数据采集标准——民国档案机读目录软磁盘数据交换格式	信息组织

表 17—2 待出台（正在制定或征求意见）的档案数字化标准

类别	标准名称	规范对象
国际标准	档案数字化标准	档案数字化整体工作
	信息与文献——电子文件长期保存需求（ISO/CD TR 26102）	信息维护
行业标准	电子文件管理系统功能需求	系统设计
	电子文件归档光盘技术要求和应用规范	信息存储
	电子文件管理细则之二：长久保存格式需求	信息存储
	缩微胶片数字化转换技术规范	数字化资源建设流程
	录音档案数字化技术规范	数字化资源建设流程
	录像档案数字化技术规范	数字化资源建设流程

（二）标准的配套与执行

相比单个标准的制定，标准之间的配套性、衔接性，以及标准的贯彻落实同样值得重视。以机读目录格式为例，1999 年之后，天津、江苏、浙江、福建、安徽、上海陆续制定文书档案目录数据库结构与著录格式的标准，且互不相同，这将是未来实现跨区域的目录交换和共享的一个隐患。在多标准共存的局面下，档案数字化工作一般遵循如下采标原则：凡是已有相应国家标准的，应优先采用国家标准；当国家标准尚未制定时，可参照和采用相应的国际标准。

在遵循标准的过程中还应认识到标准升级或更新可能导致的风险。《文献档案资料数字化工作导则》（GB/T 20530—2006）规定了两方面的指导原则：其一，数据兼容。在兼容未来发展技术的基础上，遵循普遍性、权威性、合理性等原则建立的行业标准或企业内部标准，可过渡性的保留使用。但其信息发布和数据传输部分的设计，应采用模块化堆叠设计，以保证在国家标准或国际标准颁布实施时，信息发布和数据传输可根据新的标准体系方便地升级。其二，数据共享。为了使采用新标准对原系统的影响最小化，减少投入风险，凡采用内部标准设计的系统，均须考虑建立在二次检索基础上的数据共享接口设计，并至少为数据的重复使用和管理建立联机和脱机使用的两种模式。

四、管理集成

"管理集成"也是"注重效益"原则的要求，即将档案数字化融入档案馆（室）的整体工作中，与其日常管理工作相结合。具体体现在三个方面：

（一）基础工作集成

档案馆（室）应将开展数字化工作看成是一个提高基础工作质量的契机。通过预处理工作，夯实基础工作、实现综合效益的主要途径有三：其一，将数字化对象的鉴选与档案鉴定工作结合起来，消除重复件和无须继续留存的档案，将真正具有永久查考利用价值的档案列入数字化范围；其二，将数字化对象的鉴选和破损档案的抢救修复工作结合起来，延长珍贵档案的物理寿命；其三，将数字化对象的整理、编目工作和档案整理、编目工作结合起来，提高分类、著录、编目的规范化水平。

（二）信息服务集成

档案部门在开展档案数字化加工之前，可能已经利用档案辅助管理软件提供检索服务；在开展档案数字化工作的同时，可能也在开展电子文件管理工作。应将计算机档案辅助管理、电子文件管理和档案数字化工作结合起来，突出地表现在为用户提供机读目录、数字化档案原文信息、电子文件信息的集成服务，让用户通过统一的界面，即可查找所有可用的数字信息。

（三）管理系统集成

管理系统的集成是工作集成的手段。应保证档案辅助管理系统、电子文件管理系统（或系统模块）、档案数字化系统（或系统模块）的集成，包括数据集成和功能集成，避免数据不兼容、不关联、不一致，减少重复投入，降低系统的应用成本。

五、互助协作

加强档案部门、业务部门、技术部门、咨询部门以及其他信息资源管理部门等有关方面的互助合作，发挥优势互补，共享成果和经验，可以避免不必要的重复劳动，提高档案数字化的效率。各有关方面的互助协作主要体现在以下几个方面：

（一）档案数字化成果的交换共享

传统环境中，因地域阻隔、利用需要等原因，各地档案馆（室）之间存在较为普遍的馆（室）藏重复的情况。由于网络环境中存储在某节点处的数字化档案可以方便地为所有网络用户共享，因此，有关主管部门应加强协调，减少各地档案馆（室）重复加工、转换相同档案的现象。对于重复件，采用"一家转换，多家共享"的数字化加工模式，由一家为主承担数字化加工，数字化成果则在广泛范围内交换与共享。

（二）档案数字化工作经验的交流共享

档案部门、图书馆、情报机构等信息资源管理部门之间应积极交流数字化工作经验，相互学习和借鉴，积极防范档案数字化风险，提高整体水平。

（三）档案数字化课题的联合攻关

为提升档案数字化工作的技术含量和业务水准，避免低水平重复建设，档案部门应该集中智慧和经验，就档案数字化中的重点问题和难点问题进行联合攻关，并在合理范围内共享研究成果、试验（试点）成果。

（四）档案数字化业务的外包共建

档案数字化加工、机读目录录入等工作较为细致、烦琐，工作量大，一般可外包给专业化公司来承担。档案部门以相对较低的成本购买专业化水平较高的社会化服务，而将主要精力放在业务监控和数字化资源的开发利用上，以此提高档案数字化的速度和质量。

六、强化核查

档案数字化工作覆盖的业务内容多，在工作外包的情况下，接触档案原件、档案目录，开展数字化加工、数据录入的人数众多，造成质量差错、安全事故的风险点也较多，宜强化监督、审核和检查工作。

（一）数字化档案原文质量核查

通过将数字化档案与其原件对比，检查数字化转换后的信息质量，包括对文字内容的校对，图像、音频、视频质量的检查，密级校核等。如发现遗漏、数据失真、数据错误，应及时弥补。

（二）机读目录核查

机读目录是档案检索的依据，应确保准确、完整。为此需要加强数据录入的校对和审核，有时需要开展多次校核。有些单位采用"一稿双录、人机双校"的数据录入和校验模式，即由两名不同的录入员分别录入两份数据，由软件自动对比校验，若发现不一致，再由人工校对。这种模式依据概率论中"两个不同的人在同一个地方，犯同一错误的概率几乎为零"的原理，校对效率高，错误率低。

（三）数据挂接核查

用户若要最终能够获取档案原文信息，除了目录要准确之外，还需要在档案数字化原文与机读目录之间建立准确的挂接。一般采用抽查的方法来进行数据挂接核查，抽检比率不低于 5%。

（四）安全审查

安全审查贯穿于档案数字化业务全过程。预处理阶段侧重于对档案出库、入库、拆卷、装订进行检查，确保原件不损坏、不丢失，内容不泄露。数字化加工、存储、组织、服务、维护阶段则着重对各种安全技术、安全管理措施的效果进行检查和审计。

第三节　档案数字化的关键技术

档案数字化的每一个阶段都会应用到特定的技术。本章着重阐述将模拟信息转化为数字信息的数字化加工技术，以及将数字化加工所得信息加以识别以提高计算机处理能力的自动识别技术。数字化档案信息资源的存储、组织、检索和长期维护的技术方法与电子文件存储、组织、检索和长期维护的技术方法趋同。

一、数字化加工技术

采用不同材质、记录方式的档案，数字化加工技术不同。纸质档案、照片、底片、缩微胶片的数字化主要采用扫描技术，当扫描效果不好，或者载体无法扫描时，也可采用数码拍摄的方法。录音、录像档案则主要采用针对声音、视频的模数转换技术，也可采用数字录音、数字摄像的方法。

（一）扫描技术

扫描是通过扫描仪获取档案原文图像的技术。扫描仪的基本工作原理是将光线照到待扫描对象上，感光元件接收到反射光线，再将光波转换为数字信息。市场上扫描仪的种类很多，应参考各类扫描仪的技术指标，并结合档案的特点、经费的情况加以选择。

1. 扫描仪的技术指标

（1）光学分辨率。光学分辨率体现了扫描仪在扫描时所能达到的精细程度，是衡量扫描仪性能高低的重要指标，用每英寸捕获的光点数来表示，单位为 dpi（dots per inch）。分辨率越高，扫描出来的图像越清晰。扫描仪的光学分辨率一般用两个数字相乘，如 600dpi×1 200dpi，其中前一数字为横向分辨率，后一数字则代表纵向分辨率或是机械分辨率，在判断扫描仪光学分辨率时，应以最小的一个为准。

（2）色彩位数。也称色深，是指描述一个像素点颜色信息的二进制位数，它一般采用红绿蓝（RGB）三通道的数值总和来表达，常见的有 24 位、30 位、36 位、42 位等，其中每个通道的数值位数分别为 8 位、10 位、12 位和 14 位。这是反映扫描仪识别色彩的能力和能够描述的颜色范围的性能指标，决定了颜色还原的真实程度。色彩位数越大，扫描的效果越好、越逼真，扫描过程中的失真就越少。

（3）灰度级。该指标反映了扫描时提供由暗到亮层次范围的能力，即从纯黑到纯白之间平滑过渡的能力。灰度级越大，扫描结果的层次就越丰富，扫描的效果越好。常见的灰度级为 8 位，即 256 级。

（4）扫描幅面。该指标反映了扫描仪所能扫描纸张的大小，一般有 A4（297mm×216mm）、A4 加长（216mm×356mm）、A3（297mm×420mm）这几种，工程扫描仪还可使用 A0（841mm×1 189mm）幅面。

（5）扫描速度。该指标是指扫描仪从预览开始到图像扫描完成后光头移动的时间。可用扫描标准 A4 幅面所用的时间或完成一行扫描的时间来表示。

（6）接口类型。扫描仪提供的可与计算机相连的接口类型主要有 SCSI、EPP、USB、IEEE1394 等。

2. 扫描仪的类型

档案数字化工作用到的扫描仪类型主要包括平板式扫描仪、胶片扫描仪、鼓式扫描仪等。

（1）平板式扫描仪。又称平台式扫描仪、台式扫描仪，主要用于扫描纸质档案。其光学分辨率在 300dpi～8 000dpi 之间，色彩位数从 24 位到 48 位。部分产品可安装透明胶片扫描适配器，用于扫描透明胶片。少数产品可安装自动进纸实现高速扫描。扫描幅面一般为 A4 或是 A3。零边距扫描仪是用来扫描古籍档案的一种特殊类型的平板式扫描仪，用该扫描仪可不拆装、压迫原件。

（2）胶片扫描仪。又称底片扫描仪或接触式扫描仪，用于扫描各种透明胶片，包括缩微胶片和底片。其光学分辨率在 1 000dpi 以上，一般可达 2 700dpi。

（3）鼓式扫描仪。又称滚筒式扫描仪，是扫描仪中的高端产品，特点是以点光源逐个像素地进行采样，效果好。光学分辨率在 1 000dpi～8 000dpi，色彩位数从 24 位到 48 位。扫描速度较慢，扫描一幅图可花费几十分钟甚至几个小时。

3. 扫描件技术参数的选择

扫描件主要的技术参数包括分辨率、色彩模式、色彩位数、文件格式、压缩算法等。

（1）分辨率。扫描图像的分辨率与扫描仪的光学分辨率既有联系也有区别。后者是硬件设备的分辨率，体现的是扫描仪捕获精细图像的能力；前者是利用扫描设备获得的图像的分辨率，是描述图像本身精细程度的一个量度。除了 dpi 之外，有时也用 ppi（pixels per inch）来表示图像分辨率，指每英寸长度上扫描图像所含有像素点的个数。在扫描仪采集图像时，扫描仪的每一个样点和所形成图像的每一个像素相对应，因此扫描时设定的 dpi 值与扫描形成图像的 ppi 值是相等的，此时两者可以画等号。但其他情况下，dpi 和 ppi 未必相同。

（2）页面大小。扫描图像一般采用 A4 幅面的页面尺寸。有些档案由于年代久远或纸张特殊不是 A4 大小，可视情况扫描成 A3 或其他页面大小。若纸张大于一个 A4 页面，则可把档案扫描成多个 A4 文件，事后通过图像拼接再还原为原大小。

（3）色彩模式和色彩位数。扫描图像的色彩模式有三种：黑白模式、灰度模式和彩色模式。采用黑白模式的扫描图像系黑白二值图像，只有黑白两级灰度，每个像素只用一个二进制位来记录色彩。采用灰度模式和彩色模式的扫描图像系连续色调静态图像，以多于两级灰度的不同浓淡层次或以不同颜色通道组合而成，每个像素颜色的表示位数大于一位。

（4）文件格式和压缩算法。常用的图像格式有 TIFF 和 JPEG 两种标准格式。TIFF 格式支持多页存储，可进行无损或有损压缩，支持多种压缩算法，包括 CCITT G3、CCITT G4、RAW、LZW、JPEG 等。JPEG 既是一种单页存储的图像格式，又是一种标准的压缩算法，允许采用不同的压缩比例对文件进行压缩。TIFF 格式适合保存高质量的原件，JPEG 则是互联网上主流图像格式，适合屏幕显示。此外，还可采取 GIF、PDF 等格式提供扫描图像的利用。

为扫描件确定合适的技术参数，主要有如下两个角度：

（1）扫描件的使用目的。扫描件的用途主要包括保存、浏览、预览、打印等。可以为同一份档案建立多个数字副本，选择不同的技术参数。作为图像采集的直接成果，原版图像的主要作用在于保存和生成派生文件，应尽可能保持原件的视觉信息。浏览、预览图像则分别用于高清晰度和低清晰度要求的屏幕显示。打印图像则用于打印输出。表 17—3 反映的是美国西部八州数字扫描的最佳实践指南，该指南主要着眼于扫描件的使用目的推荐了有关技术参数。[1]

表 17—3　　　　　　　　　　美国西部八州数字扫描的最佳实践指南

技术参数			
图像分辨率	长边 300ppi～1 600ppi	150ppi	72ppi
尺寸大小	与原稿等大	长边 600 像素	长边 100 像素～200 像素
色深	1 位单色 8 位灰度 24 位彩色	1 位单色 8 位灰度 24 位彩色	1 位单色 8 位灰度 8 位索引彩色 24 位彩色
文件格式	TIFF	JPEG	JPEG、GIF
压缩	无损压缩	JPEG，中等质量压缩	JPEG，低质量压缩

（2）档案原件的质量情况。《纸质档案数字化技术规范》（DA/T 31—2005）主要着眼于档案原件的情况，对色彩模式、扫描分辨率加以规定，它指出：页面为黑白两色，并且字迹清晰、不带插图的档案，可采用黑白二值模式进行扫描；页面为黑白两色，但字迹清晰度差或带有插图的档案，以及页面为多色文字的档案，可采用灰度模式扫描；页面中有红头、印章或插有黑白照片、彩色照片、彩色插图的档案，可视需要采用彩色模式进行扫描；分辨率一般均建议选择≥100dpi；需要运用光学字符识别（Optical Character Recognition，OCR）进行汉字识别的档案，扫描分辨率建议选择≥200dpi。

实际工作中，应综合考虑扫描件的使用目的和档案原件的质量情况，来决定扫描件的技术参数，保证各参数之间协调、匹配。

（二）录音档案的模数转换技术

通过由放音设备、音频采集卡（声卡）、音频输入线、计算机等设备以及相应的音频

---

[1]　See "Western States Digital Imaging Best Practice-Quick Reference," http：//www.bcr.org/cdp/digitaltb/digital_imaging/quick-ref.html.

数字化软件搭建而成的录音档案数字化转换系统，可以将模拟声音信号转化为数字音频信号。其主要工作过程包括采样、量化和编码。通过系统的设置，该过程可以批量化、自动化进行。

1. 采样

模拟的声音信号是连续变化的信号。采样是指每隔一定的时间间隔，采集模拟声音信号的幅度值作为样本，以样本表示原来的信号。采样频率是采样过程中的重要技术参数，即每秒钟采集多少个声音样本，这是用数字信号表达声音精确度高低的参数。采样频率越高，即采样的时间间隔越短，声音波形就表达得越精确。理论上采样频率应大于声音信号最高频率的两倍，常见的采样频率有 11.025kHz、22.05kHz、44.1kHz、48kHz 等。其中，达到 CD 音质的采样频率为 44.1kHz。

2. 量化

量化是指度量样本幅度值并表示为二进制码的过程。量化之前要规定信号的量化精度。量化精度，又称样本大小、量化比特率，是指样本振幅值的等级，一般用二进制位数来表示，如 8 位、16 位等，达到 CD 音质的量化精度是 16 位，16 位的量化精度可以划分 $2^{16} = 65\,536$ 个量化级别。根据量化精度，可以明确每一个量化级别对应的幅度范围，将样本幅度值与之比较，就可以得出离散的量化值。量化精度越高，量化级别就越多，声音还原效果越好。除了量化精度外，本阶段的主要技术参数还有声道数，常见的声道数包括单声道、双声道、5+1 声道、7+1 声道等，声道数越多，音质越好。

3. 编码

编码是指用相应位数的二进制代码按照规定的格式表示量化后的样本。编码阶段的技术参数有编码方式、文件格式、压缩算法等。常见的编码方式包括脉冲编码调制（Pulse Code Modulation，PCM）无压缩编码和 MPEG-1 Layer 3 压缩编码方式等，利用前者可形成 WAV 格式的音频文件，利用后者形成的音频文件为 MP3 格式。WAV 格式也支持多种压缩算法，通用性好，保真度高，常用作音频文件的存档格式。MP3 压缩比高，音质较好，是互联网上流行的音频格式，可用于录音档案的提供利用。此外，还可采用 RM、MOV 等流媒体格式提供网络利用。凡压缩编码形成的音频文件在使用过程中，重复编码和解码会导致内容质量的损伤。

（三）录像档案的模数转换技术

通过由放像设备、视频采集压缩卡、视频输入线、计算机、编辑机等设备以及相应的视频数字化处理软件搭建而成的录像档案数字化转换系统，可以将模拟视频信号转化为数字视频信号。其主要工作过程同样包括采样、量化和编码。录像档案数字化过程比录音档案数字化过程要复杂，除了采集音频信号之外，还要采集视频信号，而后者是由一系列静止的图像组成。

录像档案数字化之后形成的视频文件，可根据用途选用 MPEG1（VCD 格式）、MPEG2（DVD 格式）、MPEG4、RM、MOV、ASF 等中的一种或多种格式。其中 MPEG1、MPEG2 主要用于存档，MPEG4、RM、MOV、ASF 则是用于网络传输的流媒体格式。目前档案部门多采用 MPEG2 格式，相应的数据传输率不低于 4Mbps。

二、自动识别技术和方法

目前在档案数字化领域得以应用的自动识别技术主要有光学字符识别技术和图形矢量化技术。另外，语音识别技术也有一定的应用潜力。

（一）光学字符识别技术

1. 光学字符识别简介

光学字符识别是指通过扫描仪等光学输入设备读取文字图像信息，通过检测暗、亮的模式确定其形状，然后用字符识别方法将形状翻译成计算机文字的过程。通过光学字符识别技术可获取印刷或打印文字、表格、手写字体、版面信息等，其中文字包括简体字、繁体字、英文字符等。

目前手写体的识别率还没有达到应用的程度，光学字符识别技术主要用于识别印刷或打印文字，即使印刷质量较差的文字的识别率也可达到95％以上。市场上很多扫描仪都捆绑有通用的光学字符识别技术软件，但若需特定功能，还要另外购买专业级光学字符识别技术软件。如银行、邮政、税务、海关、统计等需日常处理大量表格信息录入的部门，一般要用到特定的光学字符识别技术产品。如今光学字符识别技术大量应用于行政公文、书面合同、银行票据、增值税发票等档案的数字化领域，节省了人工输入劳动，提高了工作效率。

2. 光学字符识别技术的工作过程

光学字符识别技术的主要工作过程包括图像采集、图像预处理、特征抽取、对比特征、判断识别、人工校正和成果输出。

（1）图像采集。通过扫描仪等光学设备将图像传入计算机，是光学字符识别技术的第一步。

（2）图像预处理。其任务是将整体图像分割为一个个的文字图像，包括图像的正规化、去噪、图像矫正、图像分析、文字行与字分离等。

（3）特征抽取。这是光学字符识别技术的核心，目的在于捕获字符的主要特征。特征可分为两类：统计特征和结构特征，前者如文字区域内的黑点与白点数比，后者如笔画端点、交叉点之数量及位置。目前大多光学字符识别技术产品采用的是结构特征抽取法。

（4）对比特征。特征抽取之后，将之与比对数据库或特征数据库中的记录进行比对。

（5）判断识别。根据不同的特征，选用不同的方法进行比较，识别出字符。

（6）人工校正。光学字符识别技术的识别率尚未达到100％，自动识别后，人工校对和更正是必需的，汉字、英文字母和数字的混排以及标点符号都是容易出错的地方。

（7）结果输出。应将识别结果以恰当的方式予以存储，可以单独存成一份计算机文件，也可以将有关数据填入数据库中。

（二）图形矢量化技术

图形矢量化，是对扫描所得的光栅图像数据加以分析、识别，最终重建其中的图形对象、形成矢量数据的过程。将光栅图像数据转换成矢量图形数据，即以坐标方式记录图形要素的几何形状。矢量化之后，可以利用计算机直接调用、编辑、计算、统计、分析图形要素，如点、线、面等，从而提高图形利用的效率。矢量化是图纸复用、自动理解的基础，在工程设计、工程管理、测绘等众多领域得到较广泛的应用，发挥了较大价值。与光学字符识别技术相类似的是，图形矢量化也无法全部由计算机系统自动完成，在自动识别后，还需要经过人工处理、分层、添色后，才能达到与原图一致的效果。

（三）语音识别技术

语音识别是将语音信号转变为相应的文本或命令的过程。语音识别是一门交叉学科，涉及领域信号处理、模式识别、概率论和信息论、发声机理和听觉机理、人工智能等领域。语音识别技术的应用受到语音的词汇量、清晰度、口音等条件的限制，中文语音识别产品市场化的时间不长，识别率有待提高，档案数字化领域尚无应用实例。

第四节　档案数字化案例

为使读者更为深入地理解档案数字化工作中各活动、各要素之间的关联和互动，本节将通过中国台湾"'中央研究院'历史语言研究所藏内阁大库档案数位化[①]计划"这个案例的介绍和分析，让读者有更为直接的认识。

"'中央研究院'历史语言研究所藏内阁大库档案数位化计划"[②] 是中国台湾于2002年起开始执行的第一期"数位典藏计划"中的一个分支计划。"数位典藏计划"旨在将台湾地区重要的文物典藏数字化，以数位典藏促进人文、社会、产业与经济的发展，下设内容发展、技术研发、训练推广、应用服务、维运管理五个分项计划。"中央研究院"历史语言研究所（简称"史语所"）承担了"内容发展分项计划"之下的"珍藏历史文物数位化典藏计划"，"内阁大库档案数位化计划"是其中的第五个分支计划，旨在提升内阁大库档案的学术研究价值与科普价值，同时永久保存重要的文化遗产。

一、内阁大库档案管理沿革

史语所藏内阁大库档案具有极高的学术价值，在20世纪的二三十年代与殷墟甲骨文、汉晋简牍、敦煌千佛洞卷轴、中国境内古外族遗文并称五大新发现，深受史学界的重视。据1952年的统计，史语所藏内阁大库档案总计31万多件，内容非常丰富。档案内容多涉及一般行政事务，其中许多材料是会典或则例中所没有的，对于研究制度史、社会史、经济史等具有重要价值。

1930年史语所开始整理内阁大库档案，但因政治局势不稳、经费困难等原因，大规模的整理工作直到1981年才得以展开。至1995年，史语所将已整理完成的部分档案陆续刊印出版。1996年起史语所正式开展档案数字化工作，将档案原件制成影像文件存入光

---

① 台湾地区所称"数位化"等同于内地所称"数字化"。
② 参见史语所明清档案工作室网站相关内容，http://archive.ihp.sinica.edu.tw/mct/index.htm。

盘保存。2001 年起按照授权使用的方式，提供网络在线阅览及复印服务。

虽然史语所藏内阁大库档案数字化工作已进行多年，但是开始时仅着眼于档案的保存与服务学术研究两项目标，并未开展档案元数据与规范文件（authority file）① 的研究，致使该工作在数字文化传承、数字化质量以及国际合作上都存在不足。自 2002 年起，为了提高内阁大库档案数据库的质量和检索效率，加强与其他数字信息的互通和共享，"内阁大库档案数位化计划"的重点转为研究档案整理工作、档案著录格式及著录方式，建立符合国际标准的档案元数据及规范文件，以及规划数据库及著录模块的系统架构。

二、内阁大库档案数字化的保障

为了提高数字化质量，史语所从人员配备和分工，设备、技术和规范支持及经费安排上给予了充分的保障。

（一）人力保障

史语所整合多方力量开展档案数字化工作，包括数位典藏计划的聘任人员、明清档案工作室的人员、计划执行的研究人员等，所有参与人员按照业务分为五组：整理组、摘录组、数字档案组、规范资料组、行政组。各组分工如表 17—4 所示。

表 17—4　　　　　　　　　内阁大库档案数位化计划的组织分工

组名	分工
整理组	扫灰、除虫、补缀、分类、登录、封存上架
摘录组	登记内阁大库目录及全文著录
数字档案组	扫描、数字摄影、校对影像
规范资料组	著录人名、地名等名称
行政组	处理行政业务、制定相关规范、系统模块规划、开发、检测

（二）设备、技术和规范保障

设备、技术和规范保障，由史语所"资源共享计划"及"数位典藏计划"中的"技术研发分项计划"支持，内容包括档案管理技术、数字影像技术、检索技术、其他技术、法律要求、其他相关管理规则、其他网络服务功能七个方面。其中，档案管理技术包括档案整理、档案著录、档案著录编码、规范控制、内容分析、修复维护等；数字影像技术包括影像制作方式与格式、硬件规格选择、检测标准、存储环境与载体、容量等；检索技术包括索引制作、检索接口、全文检索、影像检索、逻辑运用等；其他技术包括缺字处理、数字水印、网络付费机制、权限管理等；法律要求涉及知识产权、网络行为规范等；其他相关管理规则包括明清档案工作室作业管理规范、内阁大库档案扫描及校验相关作业标准、明清档案工作室《档案人员工作伦理》等。

---

① 为了提高检索的效率，对档案中出现的人名、地名、团体、标题等名称进行统一规定、著录、编码的规范性文件。

（三）经费保障

史语所将此分支计划与史语所里原有档案业务进行了区分，主要经费重点用于档案的增值分析及数字化档案的制作（含影像与目录）、系统的整合规划上，原有业务经费主要用于档案的整理维护、管理及提供利用上。

三、内阁大库档案数字化的流程

史语所为内阁大库档案数字化工作制定了一套严谨的流程，整个数字化工作包括整体规划、实体整理、数字化、应用几个阶段，其中整体规划是对档案数字化业务进行全盘计划，实体整理、数字化、应用则是档案数字化业务的三个主要阶段。工作流程如图17—2所示。

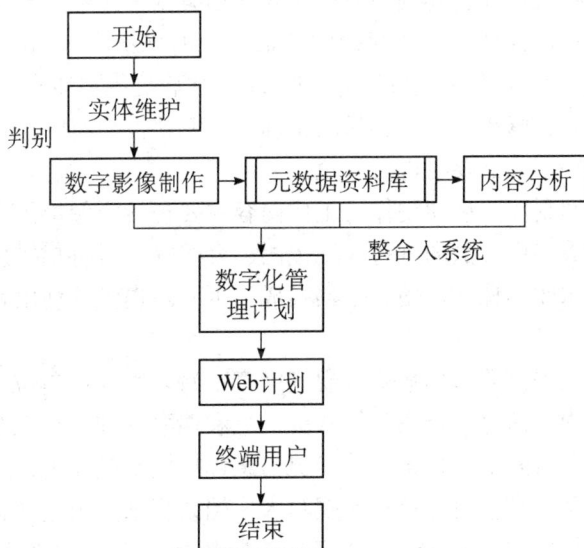

图17—2 内阁大库档案数字化的工作流程

（一）实体整理阶段

实体整理阶段主要开展以下五个方面的工作：

1. 原件检查

检查原件的实体状况，以决定后续处理的方法。

2. 原件扫灰

用软刷清除原件上的蠹鱼、虫卵、霉斑及灰尘。

3. 修复、裱褙

档案原件如果较为完整，原则上还是会经过补洞、喷水润平等整理过程。若有破损或残缺，就需要修补、裱褙，以尽力维护档案原件的完整性，目前内阁大库档案多采用干裱的方式。

4. 原件校核登录

数字化加工结束之后，要校核档案的完整性及其排列次序，再钤印典藏章，进行登录编号。

5. 入库上架

原件登录后，以中性纸逐件包装，将一定数量的档案装入典藏箱中，封上典藏标签，进行上架，保存在恒温恒湿条件的库房中。

（二）数字化阶段

此阶段的工作包括影像扫描、目录编制、增值分析三个方面，这三个方面同步进行。

1. 影像处理

（1）原件扫描、数字摄影。根据档案数字化的不同用途，制定数字影像的规格；再根据原件的实体整理状况决定制作数字影像的方法，分为扫描法与数字摄影法。折件多用扫描方式进行数字化，超大尺寸、卷轴型或太残破的档案则采用数字摄影法。扫描外包给厂商操作，数字摄影则自行开展。用作存档的扫描图像的规格为 300dpi、灰度或彩色模式、TIFF 格式，由系统直接降阶转存为 150dpi 或 72dpi 之后提供在线利用。

（2）数字影像校对、修正。校核影像的正确性、完整性与清晰度，主要检查是否有漏页、重复页、少字、缺字，必要时进行修正。

（3）数字影像后期制作。后期制作的工作内容主要包括影像接图，采用扫描法的进行系统自动合档，采用数字摄影法的进行人工接图、合档等，再将扫描所得的典藏数字档案进行降阶转档、嵌入水印等操作，使数字档案成为可实际提供给利用者的数字影像。

2. 目录编制

（1）目录著录。根据《明清档案著录规则（草案）》，以件为单位，编写提要目录。提要目录主要包括档案内容信息、档案载体状况信息和档案管理信息三个方面，其中内容信息包括具奏人、官衔、时间等；档案载体状况信息包括档案是完整或残缺、装潢、裱褙与否、保存状况等；档案管理信息包括摘要撰写人、档案将来的用途等。

此外，还要针对档案的内容写出 60 字左右的摘要，对于内阁大库档案已有的摘要"贴黄"，则要全部录入。

（2）目录校对。进行在线著录之后，由系统打印校对报表，进行校对与修正。

3. 增值分析

（1）规范文件著录。规范文件著录主要包括如下四个步骤：其一，决定规范文件的性质属于人名规范文件或者地名规范文件；其二，从档案中摘录人名与地名；其三，选择考证与参考资料，按照考证的可信度排列，并查找、记录数据来源与位置；其四，根据《明清档案人名规范文件著录规则（草案）》、《明清档案地名规范文件著录规则（初稿）》，进行资料的考证比对并予以著录。

（2）规范文件校对。校对分为自校与互校两种。由系统打印校对报表或在线校对，并进行修正。

（三）应用阶段

1. 系统挂接

连接影像文件、目录、规范文件，执行系统功能，提供检索，并进行权限控制。系统以档案著录编码（Encoded Archival Description，EAD）的标准格式反映内阁大库档案管理全宗、全宗、案、件四个层次的元数据项目。目前已可以从网上进行目录检索，影像部分则需申请付费使用。

2. 开放利用

制定档案阅览规则，在系统控制下，为用户提供检索、阅览目录及阅览全文影像等服务。

四、内阁大库档案数字化的成果

内阁大库档案数字化成果主要表现在系统模块、规范、系统规格、数字化档案数量四个方面。至 2006 年计划一期结束时，建成了整合式档案管理自动化系统以及明清档案主题分析 webgis 测试系统，制定了《明清档案著录规则》、《明清档案人名规范文件著录规则》、《明清档案地名规范文件著录规则》等规范，编制了整合式档案管理自动化系统架构、功能需求书、元数据需求规格书等系统规格，建成并提供在线利用 206 434 笔已整合好的内阁大库档案的目录和影像，以及 5 809 笔人名规范文件。

目前，中国台湾的"数位典藏计划"已进入二期，"珍藏历史文物数位化典藏计划"的二期为"数位知识总体经营计划"，"内阁大库档案数位化计划"的二期为"明清档案数位知识网络"，在已有数字化成果的基础上继续深入，并征集明清档案数字内容，开展数据库系统与网络平台规划，整合明清学术研究资源。

思考与复习题

1. 如何理解档案数字化的概念？
2. 简述档案数字化工作中的管理流程。
3. 简述档案数字化工作中的业务流程。
4. 简述档案数字化工作的目标。
5. 我国现有法律法规的相关规定对档案数字化工作有哪些影响？
6. 我国现有标准对档案数字化工作有哪些影响？
7. 在档案数字化领域，档案部门如何与其他部门开展互助协作？
8. 扫描仪的技术指标有哪些？
9. 如何选择扫描件的技术参数？
10. 简述录音、录像档案数字化加工过程。
11. 自动识别技术有哪些？在档案数字化工作中的应用如何？
12. 结合本章第四节的案例，谈谈档案数字化工作的关键因素有哪些。

图书在版编目（CIP）数据

档案管理学/王英玮，陈智为，刘越男编著 . —4 版 . —北京：中国人民大学出版社，2015.6
新编 21 世纪档案学系列教材
ISBN 978-7-300-21507-5

Ⅰ.①档…　Ⅱ.①王…　②陈…　③刘…　Ⅲ.①档案管理学-高等学校-教材　Ⅳ.①G271

中国版本图书馆 CIP 数据核字（2015）第 133413 号

"十二五"普通高等教育本科国家级规划教材
新编 21 世纪档案学系列教材
档案管理学
第四版
王英玮　陈智为　刘越男　编著
Dangan Guanlixue

出版发行	中国人民大学出版社		
社　　址	北京中关村大街 31 号	邮政编码	100080
电　　话	010－62511242（总编室）	010－62511770（质管部）	
	010－82501766（邮购部）	010－62514148（门市部）	
	010－62515195（发行公司）	010－62515275（盗版举报）	
网　　址	http://www.crup.com.cn		
	http://www.ttrnet.com（人大教研网）		
经　　销	新华书店		
印　　刷	北京宏伟双华印刷有限公司	版　次	1989 年 1 月第 1 版
规　　格	185 mm×260 mm　16 开本		2015 年 7 月第 4 版
印　　张	25	印　次	2016 年 3 月第 2 次印刷
字　　数	586 000	定　价	45.00 元

关联课程教材推荐

ISBN	书名	作者	定价
978-7-300-03824-7	档案学概论（第二版）	冯惠玲	19.00 元
978-7-300-02125-6	档案管理学基础（第三版）	陈兆祦等	19.00 元
978-7-300-13294-5	文书学（第二版）	王　健	39.00 元

配套教学资源支持

尊敬的老师：

衷心感谢您选择使用人大版教材！

秉承"出教材学术精品，育人文社科英才"的出版理念，我社为教材打造配套教学资源，帮助老师拓展教学思路，革新教学方式。相关的配套教学资源，请到人文分社网站（www.crup.com.cn/rw）下载，或是随时与我们联系，我们将向您免费提供。

联系人信息：

地址：北京海淀区中关村大街 31 号 211 室　　龚洪训 收　　邮编：100080

电子邮件：gonghx@crup.com.cn　　电话：010-62515637　　QQ：6130616

欢迎您随时反馈教材使用过程中的疑问、修订建议等，让我们与教材共成长。建议一经采纳，即有好书奉送。

如有相关教材的选题计划，也欢迎您与我们联系，我们将竭诚为您服务！

选题联系人：	电子邮件：	电话：
潘　宇	pany@crup.com.cn	010-62515634
宋义平	songyp@crup.com.cn	010-62511866

俯仰天地　心系人文

www.crup.cn/rw

中国人民大学出版社 人文分社网站

欢迎登录浏览，了解图书信息，下载教学资源